中國學術思想 研究輯刊

四 編
林 慶 彰 主編

第 16 冊

唐代《春秋》義疏之學研究
——以詮解方法與態度爲中心

江 右 瑜 著

花木蘭文化出版社

國家圖書館出版品預行編目資料

唐代《春秋》義疏之學研究——以詮解方法與態度為中心／江
右瑜 著 — 初版 — 台北縣永和市：花木蘭文化出版社，2009
〔民 98〕

目 4+304 面；19×26 公分

（中國學術思想研究輯刊 四編：第 16 冊）

ISBN：978-986-6449-15-4（精裝）

1. 春秋（經書） 2. 詮釋學 3. 研究考訂 4. 唐代

621.7 98001916

ISBN - 978-986-6449-15-4

9 789866 449154

中國學術思想研究輯刊
四 編 第十六冊 ISBN：978-986-6449-15-4

唐代《春秋》義疏之學研究
——以詮解方法與態度爲中心

作 者 江右瑜
主 編 林慶彰
總 編 輯 杜潔祥
出 版 花木蘭文化出版社
發 行 所 花木蘭文化出版社
發 行 人 高小娟
聯絡地址 台北縣永和市中正路五九五號七樓之三
電話：02-2923-1455／傳眞：02-2923-1452
網 址 http://www.huamulan.tw 信箱 sut81518@ms59.hinet.net
印 刷 普羅文化出版廣告事業
封面設計 劉開工作室
初 版 2009 年 3 月
定 價 四編 28 冊（精裝）新台幣 46,000 元

唐代《春秋》義疏之學研究
——以詮解方法與態度爲中心

江右瑜　著

作者簡介

江右瑜，臺灣省彰化縣人。國立彰化師範大學國文系博士。現任教於大葉大學、亞洲大學兼任助理教授。

提　　要

　　唐代《春秋》學的發展，中前期以義疏之學為主，孔穎達《春秋正義》、徐彥《春秋公羊傳注疏》及楊士勛《春秋穀梁傳注疏》的先後完成，標幟著魏、晉以來義疏之學的總結。《春秋》三《疏》雖同為唐代《春秋》義疏之學的代表，但三者在徵引的內容、經傳關係、三《傳》取捨、論述句法、論述焦點、詮解進路、詮解目的等方面各有不同，這些詮解方法與態度上的差異固然源於《春秋》三《傳》在家法上的獨特性，但也透顯出唐人對《春秋》學的反省與定位，真實反映了唐代義疏之學的多樣面貌。藉由《春秋》三《疏》與唐代中後期啖助等人的新《春秋》相較，也可進一步釐清唐代《春秋》學發展演變的軌跡。

目

次

第一章 緒 論

第一節 研究動機與目的

一、研究動機

　　中國經學的發展，至唐代《五經正義》，以迄九經義疏的完成，是一個重要的轉折點，皮錫瑞（1850～1908）《經學歷史》言：

> 唐人義疏，其可議者誠不少矣；而學者當古籍淪亡之後，欲存漢學於萬一，窺鄭君之藩籬，舍是書無徵焉。是又功過互見，未可概論者也。……自《正義》、《定本》頒之國胄，用以取士，天下奉為圭臬。唐至宋初數百年，士子皆謹守官書，莫敢異議矣。故論經學，為統一最久時代。〔註1〕

馬宗霍（1898～？）《中國經學史》云：

> 自《五經定本》出，而後經籍無異文；自《五經正義》出，而後經義無異說。每年明經，依此考試，天下士民，奉為圭臬。蓋自漢以來，經學統一，未有若斯之專且久也。……蓋自大曆而後，經學新說日昌，初則難疏，繼則難注，既則難傳，於是離傳言經，所謂猶之楚而北行，馬雖疾而去愈遠矣。〔註2〕

〔註1〕 皮錫瑞：《經學歷史》（臺北：藝文印書館，1996 年），〈經學統一時代〉，頁221～223。

〔註2〕 馬宗霍：《中國經學史》（臺北：臺灣商務印書館，1986 年），第九篇〈隋唐之經學〉，頁94～105。

李師威熊《中國經學發展史論》曰：

> 隋唐的羣經義疏之學，是經六朝慢慢發展而成；而宋代治經的轉向，
> 又是植因於隋唐。……總之隋唐經學是以正義、義疏之學之主流，
> 它與當時科舉制度緊密的結合在一起，在中國經學發展史上形成了
> 獨特的局面。〔註3〕

章權才《魏晉南北朝隋唐經學史》云：

> 如果說，南北朝時代是經學的分立時代，那麼，隋唐時代則是經學
> 重新統一的時代。……不過，必須指出，唐代經學的統一局面也不
> 是一成不變的。到了中唐，有些經學家衝破了思想禁錮，提出了許
> 多新鮮的理論和主張，經學面貌又出現了新的流勢。〔註4〕

尋繹上述諸說，將唐代經學視爲一「統一」階段，是學界普遍的看法。初唐
《五經定本》及《五經正義》的先後完成，再加上用以科舉取士，政治因素
使經學定於一尊。此時的經學是承襲六朝以來的義疏之學，以總結舊說爲主，
屬於漢學之承襲。這種經學一統的局面，至中唐大曆年間開始產生變化，啖
助（724～770）、趙匡（？～？）、陸淳（？～806）等人的新《春秋》學，「援
經擊傳」〔註5〕開「通學」〔註6〕新說，使經學爲之一變，也下開宋代以己意
說經之先聲。

　　綜觀唐代經學，《春秋》學的發展是個重要關鍵。〔註7〕其中，《春秋》三

〔註3〕 李師威熊：《中國經學發展史論》上冊（臺北：文史哲出版社，1988年），第
　　　　六章〈隋唐經籍及義疏之學〉，頁279。

〔註4〕 章權才：《魏晉南北朝隋唐經學史》（廣東：廣東人民出版社，1996年），第九
　　　　章〈爲適應中央集權政治需要的唐初《五經正義》的撰定〉，頁247。

〔註5〕 〔宋〕晁公武：《郡齋讀書志》，卷1下〈春秋類〉，收於《景印文淵閣四庫全
　　　　書》（臺北：臺灣商務印書館，1984年），頁674～175。云：「啖、趙以後學
　　　　者，喜援《經》擊《傳》，其或未明，則憑私臆決，其失也穿鑿。」

〔註6〕 《經學歷史》，〈經學統一時代〉，頁231。云：「唐人經說傳今世者，惟陸淳本
　　　　啖助、趙匡之說，……此等議論，頗能發前人所未發。惟《三傳》自古各自
　　　　爲說，無兼采《三傳》以成一書者：是開通學之途，背顓門之法矣。」

〔註7〕 唐代經學的發展，於《五經正義》刊行之際，實已有股反動的力量，比如王
　　　　元感、劉知幾、元行沖等人，皆欲突破《五經正義》的藩籬，以樹立新說。
　　　　然至大曆年間啖助等人的《春秋》學，始蔚爲潮流。林慶彰〈唐代後期經學
　　　　的新發展〉即謂「就個別的經書來說，以《春秋》的研究最受注意。」見林
　　　　慶彰編：《中國經學史論文選集》上冊（臺北：文史哲出版社，1992年），頁
　　　　674；章群〈啖、趙、陸三家《春秋》之說〉亦云：「唐代後期經學，實以《春
　　　　秋》爲主流。」見林慶彰、蔣秋華主編：《啖助新《春秋》學派研究論集》（臺

《傳》義疏，雖同爲經學「統一」階段的產物，但三者撰述的立場及目的各不相同，也各自呈顯出不同的義疏型態。孔穎達（574～648）等人奉詔纂脩的《春秋左傳正義》（以下得簡稱爲孔《疏》）爲《五經正義》之一，標幟著官學系統；楊士勛（？～？）一方面參與孔《疏》的脩纂，但又以私人身份撰述了《春秋穀梁傳注疏》（以下得簡稱爲楊《疏》），《四庫全書總目》曾比較孔《疏》與楊《疏》，謂二者「詳略殊觀，固其宜也。」〔註8〕至於徐彥（？～？）《春秋公羊傳注疏》（以下得簡稱爲徐《疏》）亦爲私人撰述之義疏，但其體例卻又異於他疏。《春秋》三《疏》於詮解的方式及態度上各有特色，透過三《疏》的相互參照研究，將有助於瞭解唐代義疏之學的概況。且藉由總結舊論的三《疏》，與啖助以降的新學相比較，將可進一步釐清唐代《春秋》學演變的軌跡與脈絡。

二、研究目的

　　《春秋》三《疏》爲唐代《春秋》義疏之學的代表，在整個唐代經學中亦別具代表性。唐代諸經義疏中，《春秋》三《疏》在義疏體例上具備經、傳、注、疏四者，層級清楚明確；在撰脩方式上，同時包含官脩與私撰二者；在論述內容上，三《疏》各依本傳作疏，但又同解《春秋》，既互有關連，又因本傳家法而各自呈現出不同的詮解特色。所以透過《春秋》三《疏》的研究，不僅可清楚展現唐代義疏之學的多樣面貌，也可進一步瞭解《春秋》三《傳》家法上的差異。

　　唐代《春秋》學的發展，中前期《春秋》三《疏》的先後完成，標幟著魏、晉以來《春秋》學的總結；中後期啖助等人的新《春秋》學興起，一改之前的義疏之學，而以會通三《傳》、己意說經的詮解方式，開啓經學發展上的新思潮。比較唐代前後二期的《春秋》學，最大的轉變即在於詮解方法與態度上的革新。《春秋》三《疏》立基於本傳的立場上，以廣採前人舊疏的方式，對經、傳、注進行再詮解，但啖助以降的《春秋》學者，則是以「會通」、「折衷」的方法，積極打破家法囿限。這種詮解方法與態度上的不同，使得

　　　　北：中央研究院中國文哲研究所，2002 年），頁 74。

〔註8〕　〔唐〕楊士勛：《春秋穀梁傳注疏》（臺北：臺灣古籍出版有限公司，2001 年），
　　　　〈四庫全書總目〉，頁 2。云：「（穀梁疏）其書不及穎達書之賅洽，然諸儒言
　　　　《左傳》者多，言《公》、《穀》者少，旣乏憑藉之資，又《左傳》成於衆手，
　　　　此書出於一人，復鮮佐助之力，詳略殊觀，固其宜也。」

唐代《春秋》學產生重大的變化。

　　長久以來，學界論唐代經學，普遍關注於《五經正義》及啖助等人的新《春秋》學，而往往忽略對《穀梁》楊《疏》及《公羊》徐《疏》二疏的探討，尤其咸少對三《疏》做一整體的研究。因此本論文即以《春秋》三《疏》做爲研究對象，並將焦點置於「詮解方法與態度」上，藉由探討三《疏》間有關詮解方法及態度上的異同，以期對唐代《春秋》學的發展有更深入的瞭解，本論文預期的研究成果有四：

（一）瞭解唐代《春秋》義疏之學的詮解差異與特色

　　經學的傳衍，由經而傳而注而疏，說經更趨細密。傳以解經、注以述傳、疏以申注，經、傳、注、疏四者體例各不相同。《春秋》三《傳》以傳文之體躋身經書之列，如何處理經、傳、注三者間的異同與評價，實則反映了三《疏》對經、傳、注、疏四者關係的定位。唐代《春秋》三《疏》各依本傳作疏，所呈現的詮解特色，也源於三《傳》家法上的差異。所以透過這種詮解方式與進路的探討，一方面可瞭解三《疏》對《春秋》學的繼承與反省，另一方面也有助於對唐代「義疏」體例的瞭解與認識。

（二）呈現唐代經學發展的不同面相

　　唐代經學的發展，由《五經正義》至《九經義疏》的陸續完成，使得羣經達到前所未有的統一局面。但在唐代義疏中，依撰脩方式的不同，又可分爲官脩正義與私人注疏兩大系統。今《春秋》三《疏》同解《春秋》，但《左氏》孔《疏》屬於官脩正義之一，而《公羊》徐《疏》及《穀梁》楊《疏》則爲私人撰脩，透過三《疏》的比較研究，將可大略反映唐代義疏中官脩與私撰的分野，對唐代經學研究提供不同的面相。

（三）說明《春秋》三《疏》對傳統注疏學的承襲概況

　　唐代義疏作爲傳統注疏學之總結，運用了漢代以來的名物訓詁、集注集解等方式，不僅保存了許多前儒舊說，書中徵引的古籍文獻，範圍更是涵蓋經、史、子、集四部，可謂爲唐以前文獻研究的總合。《春秋》三《疏》中徵引了許多唐以前《春秋》學的前人舊解，以及名物訓詁、典章制度等，透過三《疏》對這些資料的取捨及評價，大致反映唐人對歷來《春秋》學的態度與評價。

（四）釐清《春秋》三《疏》與中唐以降《春秋》學的關係

　　學術文化的發展有其演變的軌跡，由唐初總結的義疏之學，至中唐創新

的己意說經，其間必有脈絡可尋。中國經學是一種不斷層累轉化的學問，在總結舊說與創立新說之間，尋繹兩者轉化的軌跡，亦是本論文欲達到的研究目標。藉由《春秋》三《疏》的剖析，與中唐以降啖助、趙匡、陸淳之新《春秋》學派，以及盧仝（？～835）、陳岳（？～？）相較，找尋兩者間的異同與關聯，以明朗唐代《春秋》學的演化與發展。

第二節　研究範圍與方法

一、研究範圍

　　《說文解字》曰：「疏，通也。」段玉裁注曰：「疏之引申，爲疏闊、分疏、疏記。」〔註9〕經籍中以「義疏」命名者，《隋書・經籍志》中即載錄有晉人伊說《尚書義疏》四卷、劉宋明帝時《周易義疏》十九卷、劉宋雷肅之《義疏》、……等五十五種，〔註10〕可知南朝以降，以「義疏」命經籍者已相當普遍，其他如講疏、疏、義、大義、義略、述義等，亦與義疏文體相似，皆是「針對前人傳注而加以闡揚」，〔註11〕李師威熊曾云：

> 爲經作疏的風氣，自兩晉已來，已相當的普遍，如《易》經有劉宋劉瓛的《周易義疏》。《尚書》有北周蔡大寶的《尚書義疏》三十卷，《詩》經有三國吳陸機的《毛詩草木鳥獸蟲魚疏》二卷，劉瓛有《毛詩序義疏》一卷，北周沈重有《毛詩義疏》二十八卷，陳顧越有《毛詩義疏》。……在《春秋》三《傳》方面：有陳沈文阿《春秋左氏經傳義略》二十五卷。……這些有關群經義疏的著作，已洋洋大觀，隋代更爲盛行。所以唐初孔穎達等奉敕撰《五經正義》，賈公彥、徐

〔註9〕　〔漢〕許慎撰、〔清〕段玉裁注、〔民國〕魯實先正補：《說文解字注》（臺北：黎明文化事業股份有限公司，1989 年），頁 751。

〔註10〕關於經籍中最早以「義疏」著書名者，戴君仁〈經疏的衍成〉一文中，依據《經義考》謂：「義疏之最早者，當是晉人伊說的《尚書義疏》，見《七略》。」見《經學論文集》（臺北：黎明文化事業股份有限公司，1982 年），頁 119。牟潤孫〈論儒釋兩家之講經與義疏〉中則據姚振宗《隋書經籍志考証》，謂「覈之南北朝史籍，其時講經而著義疏講疏者，猶有多人，而當推《隋書・經籍志》所載宋人明中東宮《孝經義疏》一卷爲最早。」見《注史齋叢稿》（臺北：臺灣商務印書館，1990 年），頁 244。雖然戴、牟二氏的說法有異，但可知以「義疏」命經籍者，在晉、宋之間已開其端。

〔註11〕《中國經學發展史論》上冊，第六章〈隋唐經籍及義疏之學〉，頁 247。

> 彥、楊士勛等爲其他經作疏，乃因襲前代而來，也可以說是南北朝
> 諸家義疏之學的集大成，使經學、聖道復歸一統，定於一尊，與漢
> 武帝採董仲舒議，罷黜百家，表彰六經，獨尊儒術的作法，十分類
> 似。〔註12〕

初唐孔穎達奉敕脩撰的《五經正義》，與賈、徐、楊三人的私人義疏，皆是南
北朝以來「諸家義疏之學的集大成」，也是唐代中前期經學的主要成就。

　　依照新、舊《唐書》的記載，唐代《春秋》三《傳》的「義疏」之學，
包括徐文遠的《左傳義疏》、孔穎達《春秋左傳正義》、徐彥《春秋公羊傳注
疏》及楊士勛《春秋穀梁傳注疏》四書。徐文遠名曠，師從沈重，唐高祖時
任國子博士，爲隋末唐初的知名儒者，曾撰《左傳義疏》六十卷。〔註13〕徐
氏《左傳義疏》雖撰於孔穎達《春秋左傳正義》之前，但清代《經義考》中
已言其「佚」，〔註14〕後人著述中也未見關於此書的援引與評論，或許是孔穎
達《春秋左傳正義》出，他家義疏或統攝其間，遂而寢廢。因此，由現今存
佚情形及傳流影響而言，唐代《春秋》義疏之學，實以孔穎達《春秋左傳正
義》、徐彥《春秋公羊傳注疏》及楊士勛《春秋穀梁傳注疏》三書爲代表。

　　唐代《春秋》學的發展，中前期以《春秋》三《疏》的「義疏」之學爲
主。中期以降，啖助等人的新《春秋》學興起，使得唐代《春秋》學，甚至
是唐代經學產生了重大的轉變，其間轉變的關鍵即在於「詮解方法與態度」
上的差異。歷來學者對唐代《春秋》學的研究，多側重於啖助等人新《春秋》
學之創發，卻甚少對《春秋》三《疏》進行一全面的整理與研究。因此，本
論文即以孔穎達《春秋左傳正義》、徐彥《春秋公羊傳注疏》、楊士勛《春秋
穀梁傳注疏》三書爲主要研究對象，並以「詮解方法與態度」爲論述焦點。
先比較《春秋》三《疏》在詮解方法與態度上之異同，釐清三《疏》「義疏」
《春秋》的特色，以展現唐代義疏之學的多樣面貌。其後，再將研究擴展至
啖助、趙匡、陸淳之《春秋》學，以及盧仝《春秋摘微》、陳岳《春秋折衷論》
等現存唐代《春秋》專著，將《春秋》三《疏》與這些中後期的《春秋》學
相比較，以期對唐代《春秋》學有一更全面、更清楚的瞭解。

〔註12〕《中國經學發展史論》上冊，第六章〈隋唐經籍及義疏之學〉，頁256～257。

〔註13〕徐文遠事蹟見《舊唐書》，卷189上〈列傳‧儒學上〉；以及《新唐書》，卷198
　　　　〈列傳‧儒學上〉。

〔註14〕〔清〕朱彝尊：《經義考》，卷176〈春秋〉，收於《景印文淵閣四庫全書》，頁
　　　　679～379

二、研究方法

本論文以《春秋》三《疏》爲主要研究對象,透過三《疏》於詮解方法與態度上的相互參照,以呈現三《疏》在詮解上的差異與特色,所以論文的研究方法普遍是以「比較法」及「計量法」爲主,一方面以數量統計的方式,歸納三《疏》在援引對象及訓解對象上比重,說明三《疏》論述的焦點與輕重;另一方面則針對各個議題,對三《疏》進行比較、參照,以突顯三《疏》間的異同。

除此之外,在論述的過程中,除了對基本文獻的梳理與掌握外,亦積極去探究文本背後的蘊涵,期許對傳統文獻進行後設的反省與創發。近代學者傅偉勳曾提出「創造的詮釋學」,由實謂、意謂、蘊謂、當謂、必謂五層,[註15]嘗試爲中國傳統經典研究,提出一適用的方式論,其云:

> 第一層次基本上關涉到原典校勘、版本考據與比較等等基本課題,只有此層算是具有所謂「客觀性」。它是創造的詮釋學必須經過的起點,但非重點所在,更不可能是終點。「實謂」層次所獲致的任何嶄新而證成(justified)的結論,立即多少影響上面四層的原有結論。在第二層次,通過語意澄清、脈絡分析、前後文表面矛盾的邏輯解消、原思想家時代背景的考察等等工夫,儘量「客觀忠實地」了解並詮釋原典或原思想家的意思(meanings)或意向(intentions)。第三層次則關涉種種思想史的理路線索、原思想家與後代繼承者之間的前後思維聯貫性的多面探討、歷史上已經存在的(較爲重要的)種種原典詮釋等等,通過此類研究方式,了解原典或原思想家學說(已成一種伽達瑪所云「歷史傳統」)的種種可能的思想蘊涵,如此超克「意謂」層次上可能產生的詮釋片面性或詮釋者個人的主觀臆

[註15] 傅偉勳:〈創造的詮釋學及其應用——中國哲學方法論建構試論之一〉,《從創造的詮釋學到大乘佛學:「哲學與宗教」四集》(臺北:東大圖書公司,1990年),頁 10。傅氏云:「做爲一般方法論的創造的詮釋學,共分五個辯證的層次,不得隨意越等跳級。這五個層次是:(1)『實謂』層次——『原思想家(或原典)實際上說了什麼?』(2)『意謂』層次——『原思想家想要表達什麼?』或『他所說的意思到底是什麼?』(3)『蘊謂』層次——『原思想家可能要說什麼?』或『原思想家所說的可能蘊涵是什麼?』(4)『當謂』層次——『原思想家(本來)應當說出什麼?』或『創造的詮釋學者應當爲原思想家說出什麼?』以及(5)『必謂』層次——『原思想家現在必須說出什麼?』或『爲了解決原思想家未能完成的思想課題,創造的詮釋學者現在必須踐行什麼?』」

斷。在第四層次，詮釋學者設法在原思想家教義的表面結構底下掘發深層結構，據此批判地考察在「蘊謂」層次所找到的種種可能義蘊（meanings）或蘊涵（implications），從中發現最有詮釋理據或強度的深層義蘊或根本義理出來，這就需要他自己的詮釋學洞見（hermeneutic insight），已非「意謂」層次的表層分析或平板而無深度的詮釋可比。到了第五層次，創造的詮釋學家不但爲講話原思想家的教義，還要批判地超克原思想家的教義局限性或內在難題，爲後者解決後者所留下而未能完成的思想課題。〔註16〕

中國傳統經典的研究，除了須考量原典文本的考證、校勘、訓詁等客觀問題外，還包括論述理路及思想史脈絡的演變與發展，藉以探究經典中所蘊涵的深層意旨，並進而批判、反省、創發傳統經典的現代價值。

　　本論文的進行，亦參酌傅氏「創造的詮釋學」的觀點，針對此三《疏》的文本進行考校、比較的工夫，除了釐清三《疏》詮解的進路與特色外，並進一步探究唐代《春秋》學發展的內在理路。其中，《左氏》孔《疏》爲《五經正義》之一，屬官脩系統，成於眾人之手；楊士勛雖曾參與孔《疏》的纂述，但《穀梁》楊《疏》卻是其以私人身份獨立完成；《公羊》徐《疏》私人撰述的色彩更爲強烈。三《疏》於撰述的作者身份及用意上，一開始即不相同，疏文中詮解的方式與重心亦各有差異。透過這種詮解方式與態度的梳理及相互比較，以期對唐代《春秋》學的發展有更清楚且深入的瞭解，並進一步進行後設的反省與創發，希冀對唐代義疏之學提供新的研究面相。

〔註16〕〈創造的詮釋學及其應用——中國哲學方法論建構試論之一〉，《從創造的詮釋學到大乘佛學：「哲學與宗教」四集》，頁10～11。

第二章　唐代《春秋》學發展概況

第一節　唐代學術概況

一、初唐的政治與科舉

初唐崇尚儒學，唐高祖（566～635）積極搜校經籍，〔註1〕太宗（599～649）時則推展許多崇文措施，《舊唐書》載：

> 至（武德）三年，太宗討平東夏，海內無事，乃銳意經籍，於秦府開文學館，廣引文學之士，下詔以府屬杜如晦等十八人為學士，給五品珍膳，分為三番，更直宿于閣下。及即位，又於正殿之左，置弘文學館，精選天下文儒之士虞世南、褚亮、姚思廉等，各以本官兼署學士，令更日宿直。聽朝之暇，引入內殿，講論經義，商略政事，或至夜分乃罷。又召勳賢三品已上子孫，為弘文館學生。貞觀二年，停以周公為先聖，始立孔子廟堂於國學，以宣父為先聖，顏子為先師。大徵天下儒士，以為學官。數幸國學，令祭酒、博士講論，畢，賜以束帛。學生能通一大經已上，咸得署吏。又於國學增築學舍一千二百間，太學、四門博士亦增置生員，其書算各置博士、學生，以備藝文，凡三千二百六十員。其玄武門屯營飛騎，亦給博

〔註1〕〔後晉〕劉昫：《新校本舊唐書》（臺北：鼎文書局，1992年），卷46〈志・經籍上〉，頁1962，云：「煬皇好學，喜聚逸書，而隋世簡編，最為博洽。及大業之季，喪失者多。貞觀中，令狐德棻、魏徵相次為祕書監，上言經籍亡逸，請行購募，并奏引學士校定，群書大備。」又卷73〈列傳・令狐德棻〉，頁2597，云：「時承喪亂之餘，經籍亡逸，德棻奏請購募遺書，重加錢帛，增置楷書，令繕寫。數年間，群書略備。」

士，授以經業，有能通經者，聽之貢舉。是時四方儒士，多抱負典
籍，雲會京師。〔註2〕

唐太宗即位後設置弘文館，大徵儒士以爲學官，並增置太學及四門博士，使
得儒生士子集聚京師。太宗還對「前代名儒」大加襃揚，並將左丘明、公羊
高、穀梁赤、劉向、鄭玄、何休、杜預、范甯等歷來經傳注者二十一人皆配
享孔廟，極力推崇儒學。〔註3〕

　　另一方面，爲了解決歷來經籍散亂的情形，太宗貞觀年間開始進行了一
連串經籍考定的措施，首先是顏師古（581～645）受詔考正五經，確立五經
文字之定本。之後，孔穎達奉詔修撰正義，經籍更趨於統一，《舊唐書》云：

太宗又以經籍去聖久遠，文字多訛謬，詔前中書侍郎顏師古考定《五
經》，頒於天下，命學者習焉。又以儒學多門，章句繁雜，詔國子祭
酒孔穎達與諸儒撰定《五經》義疏，凡一百七十卷，名曰《五經正
義》，令天下傳習。〔註4〕

顏師古的《五經定本》，將五經的文字予以統一，解決歷來經籍文字散亂訛謬
的現象；而孔穎達《五經正義》的纂修，則爲解決南北朝以來「儒學多門，
章句繁雜」的弊病，以求說經定於一尊。《五經定本》與《五經正義》完成後，
遂「令天下傳習」，並詔令「每年明經令依此考試」，〔註5〕藉由科舉的力量，
使經學的發展形成定於一尊的局面。

　　唐代科舉制度沿襲自隋制，科舉諸科中以明經及進士爲時人所尚，其中
明經取《禮記》、《春秋左氏傳》爲大經；《毛詩》、《周禮》、《儀禮》爲中經；
《易》、《尚書》、《春秋公羊傳》、《春秋穀梁傳》爲小經。通二經以上者，即
爲明經。〔註6〕明經雖以九經爲主，但諸經於唐代的發展各不相同。唐玄宗

〔註2〕　《新校本舊唐書》，卷189上〈列傳‧儒學上〉，頁4941。

〔註3〕　《新校本舊唐書》，卷189上〈列傳‧儒學上〉，頁4941。云：「十四年，詔曰：
　　　　『梁皇侃、褚仲都，周熊安生、沈重，陳沈文阿、周弘正、張譏，隋何妥、
　　　　劉炫等，並前代名儒，經術可紀。加以所在學徒，多行其疏，宜加優異，以
　　　　勸後生。可訪其子孫見在者，錄名奏聞，當加引擢。』二十一年，又詔曰：『左
　　　　丘明、卜子夏、公羊高、穀梁赤、伏勝、高堂生、戴聖、毛萇、孔安國、劉
　　　　向、鄭眾、杜子春、馬融、盧植、鄭玄、服虔、何休、王肅、王弼、杜元凱、
　　　　范甯等二十一人，並用其書，垂於國胄。既行其道，理合襃崇。自今有事太
　　　　學，可與顏子俱配享孔子廟堂。』其尊重儒道如此。」

〔註4〕　《新校本舊唐書》，卷189上〈列傳‧儒學上〉，頁4941。

〔註5〕　《新校本舊唐書》，卷4〈本紀‧高宗上〉，頁71。

〔註6〕　〔宋〕宋祁、歐陽修：《新校本新唐書》（臺北：鼎文書局，1992年），卷44

（685～762）開元八年國子司業李元瓘（？～？）上疏云：

> 《三禮》、《三傳》及《毛詩》、《尚書》、《周易》等，並聖賢微旨，
> 生徒教業，必事資經遠，則斯道不墜。今明經所習，務在出身，咸
> 以《禮記》文少，人皆諳讀。《周禮》經邦之軌則，《儀禮》莊敬之
> 楷模；《公羊》、《穀梁》，歷代宗習。今兩監及州縣，以獨學無友，
> 四經殆絕。既事資訓誘，不可因循。其學生望請各量配作業，並貢
> 人預試之日，習《周禮》、《儀禮》、《公羊》、《穀梁》，並請帖十通五，
> 許其入策。以此開勸，即望四海均習，九經該備。〔註7〕

科舉取士雖以九經為主，但因「《禮記》文少，人皆諳讀」，反觀《周禮》、《儀
禮》、《公羊》、《穀梁》卻「四經殆絕」，李氏點出諸經發展失衡的現象，認為此
現象「不可因循」，故上奏議請鼓勵研讀此四經，希望藉由政治的力量，延續經
學的發展。開元十六年國子祭酒楊瑒（？～？）亦上奏〈請定帖經奏〉云：

> 今之舉明經者，主司不詳其述作之意，每至帖試，必取年頭月尾，
> 孤經絕句。自今已後，考試者盡帖平文，以存大典。今之明經，習
> 《左氏》者十無一二，恐《左氏》之學廢。又《周禮》、《儀禮》、《公
> 羊》、《穀梁》，亦請量加優獎。〔註8〕

除了《周禮》、《儀禮》、《公羊》、《穀梁》四經外，楊氏提及「習《左氏》者
十無一二，恐《左氏》之學廢。」因此建議以獎勵的方式，提倡此五經的研
習。〔註9〕由此可知，明經雖以九經取士，但《春秋》三《傳》及《周禮》、《儀
禮》二經的發展，顯然備受冷落。當權者欲透過科舉的方式將經學予以統一，
但經學的發展卻反因科舉的囿限而轉趨消沈。

〈志‧選舉上〉，頁 1159～1160。云：「唐制，取士之科，多因隋舊，然其大
要有三。由學館者曰生徒，由州縣者曰鄉貢，皆升于有司而進退之。其科之
目，有秀才，有明經，有俊士，有進士，有明法，有明字，有明算，有一史，
有三史，有開元禮，有道舉，有童子。而明經之別，有五經，有三經，有二
經，有學究一經，有三禮，有三傳，有史科。此歲舉之常選也。其天子自詔
者曰制舉，所以待非常之才焉。……凡《禮記》、《春秋左氏傳》為大經，《詩》、
《周禮》、《儀禮》為中經，《易》、《尚書》、《春秋公羊傳》、《穀梁傳》為小經。
通二經者，大經、小經各一，若中經二。通三經者，大經、中經、小經各一。
通五經者，大經皆通，餘經各一，《孝經》、《論語》皆兼通之。」

〔註7〕 〔清〕董誥等編：《全唐文》（上海：上海古籍出版社，1990 年），卷 304 李元
瓘〈請令貢舉人習《周禮》等經疏〉，頁 1368。

〔註8〕 《全唐文》，卷 298 楊瑒〈請定帖經奏〉，頁 1338。

〔註9〕 楊瑒上奏一事，詳見《新校本舊唐書》，卷 185 下〈列傳‧良吏下〉之楊瑒傳。

二、唐代《春秋》學專著

《舊唐書・經籍志》中著錄的唐代《春秋》學著作僅孔穎達《春秋正義》及楊士勛《春秋穀梁傳疏》二種，《新唐書・藝文志》則著錄有三十一種，整理史書中相關的唐代《春秋》學專著總計有四十六種，存佚的情形如下：〔註10〕

	時代	作者	書名	史書著錄	輯存情形
1		孔穎達	春秋左傳注疏・疏	新《唐》、《崇》、《郡》「春秋正義36卷」《經》「存」	存60卷
2		徐彥	春秋公羊傳注疏・疏	《崇》、《郡》「春秋公羊疏30卷」（不著撰人） 《直》「春秋公羊傳疏30卷」（不著撰者） 《經》「徐彥春秋公羊傳疏，通考30卷・存」	存28卷
3		楊士勛	春秋穀梁傳注疏・疏	舊《唐》「春秋穀梁傳疏13卷」 新《唐》「穀梁疏12卷」 《崇》「春秋穀梁疏30卷」 《直》「春秋穀梁傳疏12卷」《經》「存」	存20卷
4		陸德明	春秋三傳音義	《文淵閣書目》「《春秋陸德明音義》一部三冊」	存16卷〔註11〕
5		陸德明	春秋三傳注解傳述人		存1卷
6		陸德明	春秋釋文	《直》「三傳釋文8卷」	存8卷
7		徐文遠	左傳義疏	新《唐》「左傳義疏60卷」《經》「佚」	
8		徐文遠	左傳音	新《唐》「左傳音3卷」《經》「佚」	
9		陰弘道	春秋左氏傳序	新《唐》「春秋左氏傳1卷」 《崇》「春秋左氏傳序1卷・闕」 《經》「注春秋左氏傳序・佚」	
10		王玄度	注春秋左氏傳	新《唐》「注春秋左氏傳・亡」《經》「佚」	
11		王元感	春秋振滯	新《唐》「春秋振滯20卷」 《經》「佚」	
12	玄宗開元	李氏（失名）	三傳異同例	新《唐》「三傳異同例13卷」《經》「佚」	

〔註10〕此表主要依時間先後予以編排，表中「史書著錄」一欄則是標著新、舊《唐書》，以及《崇文總目》（標明《崇》）、《直齋書錄解題》（標明《直》）、《郡齋讀書志》（標明《郡》）、《經義考》（標明《經》）等史書著錄的情形。

〔註11〕陸德明《春秋三傳音義》於宋後已附於注疏中刊行，此書之卷數在新、舊《唐書》及《崇文總目》、《直齋書錄解題》、《郡齋讀書志》、《經義考》六書中皆未見錄載，僅《文淵閣書目》中載錄「一部三冊」，今《叢書子目類編》中收有《陸氏三傳釋文音義》16卷。

13		啖助	春秋集傳	《經》「春秋集傳‧佚」不著卷數	《玉函山房輯佚書》輯1卷
14		啖助	春秋例統‧補遺	《經》「春秋統例‧佚」不著卷數	《玉函山房輯佚書》輯1卷
15		趙匡	春秋闡微纂類義統	《經》「春秋闡微纂類義統10卷‧闕」	《玉函山房輯佚書》輯1卷
16		陸淳	春秋（啖趙）集傳纂例	新《唐》「集傳春秋纂例10卷」《經》「存」 《郡》「春秋纂例10卷」 《直》「春秋集傳纂例10卷」	存10卷
17		陸淳	春秋（集傳）微旨	新《唐》「春秋微旨2卷」《經》「今本三卷‧存」 《崇》「集傳春秋微旨2卷」 《郡》「春秋微旨6卷」	存3卷
18		陸淳	春秋集傳辨疑	新《唐》「春秋辨疑7卷」《經》「存」 《崇》「集傳春秋辯疑7卷」 《直》「辨疑7卷」	存10卷
19		陸淳	集注春秋	新《唐》「集注春秋20卷」（質）《經》「佚」	
20	代宗大歷	施士丐	春秋傳	《經》「春秋傳‧佚」	
21		樊宗師	春秋集傳	新《唐》「春秋集傳15卷」《經》「佚」	
22		盧仝	春秋摘微	《郡》「春秋摘微4卷」 《經》「通考四卷，中興書目一卷‧佚」	《南菁書院叢書》輯1卷
23	德宗貞元	韓滉	春秋通	新《唐》「春秋通1卷」《經》「春秋通例‧佚」	
24		殷侑	公羊春秋注	《經》「公羊春秋注‧佚」	
25	憲宗元和	馮伉	三傳異同	新《唐》「三傳異同3卷」《經》「佚」	
26	憲宗元和	劉軻	三傳指要	新《唐》「三傳指要15卷」《經》「佚」	
27	憲宗元和	不著人名	春秋加減（國子監承詔）	新《唐》、《崇》、《直》「春秋加減1卷」	
28	敬宗	韋表微	春秋三傳總例	新《唐》「春秋三傳總例20卷」《經》「佚」	
29	文宗太和	許康佐等	集左氏傳	新《唐》「集左氏傳30卷」《經》「佚」	
30	文宗	高重	春秋纂要	新《唐》「春秋纂要40卷」別名「經傳要略」《經》「佚」	
31		李瑾	春秋指掌	新《唐》、《崇》「春秋指掌15卷」《經》「佚」	

32		陸希聲	春秋通例	新《唐》《崇》「春秋通例 3 卷」《經》「佚」	《玉函山房輯佚書》輯 1 卷
33		張傑	春秋圖	新《唐》、《崇》「春秋圖 5 卷」《經》「佚」	
34		張傑	春秋指元	新《唐》「春秋指元 10 卷」《崇》「闕」《經》「佚」	
35	武宗會昌	黃敬密	春秋圖	《經》「春秋圖 1 卷・佚」	
36	宣宗大中	裴安時	左氏釋疑	新《唐》「左氏釋疑 7 卷」《經》「佚」	
37	懿宗咸通	第五泰	左傳事類	新《唐》「左傳事類 20 卷」《經》「佚」	
38	懿宗咸通	成玄	公穀總例	新《唐》「公穀總例 10 卷」《經》「佚」	
39		郭翔	春秋義鑑	新《唐》「春秋義鑑 30 卷」《經》「佚」	
40		皮日休	春秋決疑	《經》「春秋決疑 10 卷・存」	存
41	唐末	孫郃	春秋無賢臣論	《經》「春秋無賢臣論 1 卷・存」	存
42	唐末	陳岳	春秋折衷論	新《唐》、《崇》「折衷春秋 30 卷」《郡》、《直》「春秋折衷論 30 卷」《經》「佚」	《玉函山房輯佚書》輯 1 卷
43		盧藏用	春秋後語	新《唐》「春秋後語 10 卷」	敦煌殘本,或為偽
44		柳宗元	非國語	新《唐》、《崇》、《郡》「非國語 2 卷」	存

　　上述四十四種唐代《春秋》學專著中,清儒朱彝尊《經義考》中明言「佚」或「闕」者即有三十種,〔註 12〕現今僅存全本十二種,輯佚七種,可見散佚的情形相當嚴重。在這些現存的唐代《春秋》專著中,屬中前期者除了陸德明的三《傳》音義及釋文外,即為《春秋》三《傳》義疏,此三《疏》不僅為唐代《春秋》義疏的代表,也是唐代三《傳》注疏學的僅存之作。

三、《春秋》三《疏》的成書過程

(一)《左氏》孔《疏》

　　今本《春秋左傳正義》三十六卷,取杜預(222～284)《集解》為注,為《五經正義》之一。孔穎達〈春秋正義序〉中曾自述纂修的成員與方式,其云:

〔註 12〕此四十四種《春秋》著作中,《經義考》中未著錄者有六種,至於著錄的三十八種中,標明「存」者八種、「佚」者二十九種、「闕」者一種。而《經義考》標明「闕佚」的三十種中,現今輯存者有六種。

（劉炫疏）比諸義疏，猶有可觀。今奉勅刪定，據以爲本，其有疎漏，以沈氏（沈文阿）補焉。若兩義俱違，則特申短見。雖課率庸鄙，仍不敢自專，謹與朝請大夫國子博士臣谷那律、故四門博士臣楊士勛、四門博士臣朱長才等，對共參定。至十六年，又奉勅與前脩疏人及朝散大夫行大學博士上騎都尉臣馬嘉運、朝散大夫行大學博士上騎都尉臣王德韶、給事郎守四門博士上騎都尉臣蘇德融、登仕郎守大學助教雲騎尉臣隋德素等對勅，使趙弘智覆更詳審，爲之正義，凡三十六卷，冀貽諸學者，以裨萬一焉。（《春秋左傳正義・春秋正義序》，頁 5）〔註13〕

《春秋正義》之纂修成員包孔穎達、谷那律、楊士勛、朱長才等人，之後並經馬嘉運、王德韶、蘇德融、隋德素、趙弘智等人覆審。至於義疏的方式則是取杜預《集解》爲主，再旁據劉炫（？～？）、沈文阿（？～？）二疏以補之。

關於《五經正義》的始修之年，新舊《唐書》未詳載，僅《唐會要》云：

貞觀十二年。國子祭酒孔穎達。撰五經義疏一百七十卷。名曰義贊。有詔改爲五經正義。太學博士馬嘉運每掎摭之，有詔更令詳定，未就而卒。〔註14〕

貞觀十二年（638）時，《五經正義》已初修完成，而孔穎達在諸經正義前皆提及「至十六年，又奉勅與前修疏人及諸人對勅」，並經某人「覆更詳審」一事，可知貞觀十六年（642）時曾修訂一次。又據《新唐書・儒學傳》載：

初，穎達與顏師古、司馬才章、王恭、王琰受詔撰五經義訓凡百餘篇，號義贊，詔改爲正義云。雖包貫異家爲詳博，然其中不能無謬，博士馬嘉運駁正其失，至相譏詆。（太宗時）有詔更令裁定，功未就。永徽二年，詔中書門下與國子三館博士、弘文館學士考正之。於是尚書左僕射于志寧、右僕射張行成、侍中高季輔就加增損，書始布下。〔註15〕

〔註13〕〔唐〕孔穎達等：《春秋左傳正義》（臺北：臺灣古籍出版有限公司，2001 年）。由於《春秋》三《疏》於本論文中出現的次數極爲頻繁，爲了檢索方便，也避免註釋過於繁多，對於《春秋》三《疏》引文的出處，一律於引文後以括號說明，而不另標註釋。

〔註14〕〔宋〕王溥：《唐會要》（臺北：世界書局，1989 年），卷 77〈貢舉下・論經義〉，頁 1405。

〔註15〕《新校本新唐書》，卷 198〈列傳・儒學上〉，頁 5644。

《舊唐書‧高宗紀》云：

> 四年，……三月壬子朔，頒孔穎達《五經正義》於天下，每年明經
> 令依此考試。〔註16〕

《五經正義》完成後，馬嘉運（？～？）駁正其失，太宗時即詔使修正，高宗（628～683）永徽二年（651）復詔改正增損，至永徽四年（653）始頒行天下。由貞觀十二年至永徽四年，《五經正義》的修撰歷經數年，幾經刊定，始正式頒布。

（二）《公羊》徐《疏》

今本《春秋公羊傳注疏》二十八卷，取何休（129～182）《解詁》爲注本，是魏晉以降《公羊》學的代表之作，宋代邢昺（932～1010）刊定十三經義疏時，將其收入，成爲現今《十三經注疏》中的定本。然而，關於《春秋公羊疏》的作者，迄今猶有爭議。《隋書‧經籍志》中著錄有「《春秋公羊疏》十二卷」〔註17〕，但未著撰者，卷數亦與今本不同。新、舊《唐書》皆未見錄。至宋代《崇文總目》載「《春秋公羊疏》三十卷」，並謂：

> 不著撰人名氏。援証淺局，出於近世。或云徐彥撰。皇朝邢昺等奉
> 詔是正，始令太學傳授，以俻《春秋》三家之旨。〔註18〕

此是現存有關徐彥撰疏的最早記載，但其言「或云」，顯然帶有臆測的成份。晁公武（1105～1180）《郡齋讀書志》亦載「《春秋公羊疏》三十卷」，云：

> 不著撰人。李獻民云徐彥撰。以何氏「三科九旨」爲宗本，其說曰
> 何氏之意「三科九旨」，正是一事爾。〔註19〕

李獻民（？～？）爲北宋時人，〔註20〕晁氏既謂「不著撰人」，又謂「李獻民云徐彥撰」，可見北宋時雖已有「徐彥撰疏」的說法，但學者對此說法多持保留的態度，對「徐彥」的生平也闕如未詳，且當時《春秋公羊疏》卷數爲三

〔註16〕《新校本舊唐書》，卷4〈本紀‧高宗上〉，頁71。

〔註17〕〔唐〕魏徵：《新校本隋書》（臺北：鼎文書局，1992年），卷32〈志‧經籍一〉，頁931。

〔註18〕〔宋〕王堯臣等：《崇文總目》，卷2〈春秋類〉，收於《景印文淵閣四庫全書》，頁674～18。

〔註19〕《郡齋讀書志》，卷1下〈春秋類〉，收於《景印文淵閣四庫全書》，頁674～174。

〔註20〕《郡齋讀書志》，卷3下〈小說類〉，收於《景印文淵閣四庫全書》，頁674～235。著錄「《雲齋廣錄》十卷」，云：「皇朝政和中李獻民撰。分九門，記一時奇麗雜事。」可知「李獻民」爲北宋徽宗時人。

十卷，與今本二十八卷有異。

　　至《四庫全書總目》始對此疏的作者及卷數有較詳細的論述，其云：

> 彥疏，《文獻通考》作三十卷，今本乃止二十八卷，或彥本以經文
> 併爲二卷，別冠於前，後人又散入傳中，故少此二卷，亦未可知也。
> 彥疏，《唐志》不載，《崇文總目》始著錄，稱「不著撰人名氏，或
> 云徐彥」。董逌《廣川藏書志》亦稱：「世傳徐彥，不知時代，意其
> 在貞元、長慶之後。考疏中『邲之戰』一條，猶及見孫炎《爾雅注》
> 完本，知在宋以前。又『葬桓王』一條，全襲用楊士勛《穀梁傳疏》，
> 知在貞觀以後。中多自設問答，文繁語複，與邱光庭《兼明書》相
> 近，亦唐末之文體。」董逌所云不爲無理，故今從逌之說，定爲唐
> 人焉。（《春秋公羊傳注疏‧四庫全書總目》，頁 2）〔註21〕

其謂宋時的《春秋公羊疏》三十卷，即爲今本二十八卷。至於「徐彥」的年
代，則依宋代董逌（？～？）《廣川藏書志》之論，謂徐彥當爲唐太宗貞觀之
後，宋以前之人。只是此種說法亦未得到學者的全面認可，如阮元（1764～
1849）即云：

> 徐彥疏，《唐志》不載，《崇文總目》始著錄，亦無撰人名氏。宋董
> 逌云：「世傳徐彥所作，其時代里居不可得而詳矣。」光祿寺卿王鳴
> 盛云「即《北史》之徐遵明」，不爲無見也。蓋其文章似六朝人，不
> 似唐人所爲者。《郡齋讀書志》、《書錄解題》並作三十卷，世所傳本
> 乃止二十八卷，其參差之由亦無可考也。（《春秋公羊傳注疏‧校勘
> 記序》，頁 9）

阮氏先載錄董逌之言，再舉王鳴盛（1722～1797）「即《北史》之徐遵明」
的說法，認爲王氏的說法「不爲無見」，阮氏並由文章風格上，論此書「不似
唐人所爲」，對唐人徐彥之說提出質疑。直至今日，學者論《春秋公羊傳注疏》
的作者或曰六朝人、或曰唐人、或曰唐代徐彥，〔註22〕猶有爭議，在無法完

〔註21〕〔唐〕徐彥：《春秋公羊傳注疏》（臺北：臺灣古籍出版有限公司，2001年）。
〔註22〕關於《春秋公羊傳注疏》的作者，主要有三種說法：一，主張爲六朝人者，
　　　　如潘重規〈春秋公羊疏作者考〉（收於《學術季刊》4卷1期，1955年9月）、
　　　　趙伯雄《春秋學史》（濟南：山東教育出版社，2004年），潘、趙二人皆認爲
　　　　《公羊疏》作者爲北朝人，只是潘氏更推斷爲北魏高允，趙氏則有所不從；
　　　　二，主作者爲唐人者，如龔鵬程〈唐代的公羊學：徐彥義疏研究〉（收於《興
　　　　大中文學報》12期，1999年6月），謂徐彥是否爲其作者，固難確定，但《公
　　　　羊疏》大體仍可視爲唐代之物，只是時間不必遲至晚唐；三，主作者爲唐代

全推翻舊說的情況下，今仍從《四庫全書》之論，視其爲唐人徐彥之作。

關於此疏的評價，後世的論述不多，《崇文總目》謂其「援証淺局」，〔註23〕清齊召南則評曰「其文與孔穎達《春秋正義》、楊士勛《穀梁疏》體式稍殊，發明甚少」，〔註24〕此書取何休《解詁》爲注，立論也大體依何注之意，於義理闡揚上少有發明創見者，但「體式稍殊」，倒是點出了徐《疏》與孔《疏》、楊《疏》間的差異。《公羊》學的發展至漢以後漸趨消沈，〔註25〕唐代徐《疏》的撰脩，一方面承續總結前人舊說，另一方面也對《公羊》學的發展寄予新的期許，其不同的義疏體式則反映了當時不同的詮解態度與方法。

（三）《穀梁》楊《疏》

今本《春秋穀梁傳注疏》爲楊士勛所撰，其取范甯（339～401）《集解》爲注，共二十卷。楊士勛的生平於新、舊《唐書》中皆未載，僅孔穎達〈春秋正義序〉中提及「故四門博士臣楊士勛」，〔註26〕曾參與《春秋正義》的編纂，《四庫全書總目》進一步推論其「亦貞觀中人」。〔註27〕《春秋穀梁傳注疏》爲楊士勛以私人身份撰脩，《四庫全書總目》評曰：

> 其書不及穎達書之賅洽，然諸儒言《左傳》者多，言《公》、《穀》者少，既乏憑藉之資，又《左傳》成於眾手，此書出於一人，復鮮佐助之力，詳略殊觀，固其宜也。（《春秋穀梁傳注疏·四庫全書總目》，頁2。）

清鍾文烝（1818～1877）《春秋穀梁經傳補注·序》則稱其：

徐彥者，則如簡博賢〈徐疏公羊述稿〉（收於《興大中文學報》3期，1990年1月）、戴維《春秋學史》（長沙：湖南教育出版社，2004年），仍以作者爲唐代徐彥，且時代約於孔穎達之後。此外日本學者如狩野直喜、重澤俊郎、衫浦豐治等人，對此議題亦有研究，但同樣各說紛紜，未有定論，此參見〈日本學者論公羊注疏專輯（一）〉（收於《中國文哲研究通訊》12卷2期，2002年6月）、〈日本學者論公羊注疏專輯（二）〉（收於《中國文哲研究通訊》12卷4期，2002年12月）二文。

〔註23〕《崇文總目》，卷2〈春秋類〉，收於《景印文淵閣四庫全書》，頁674～18。參見頁16引文。

〔註24〕《春秋公羊傳注疏·考證跋語》，收於《景印文淵閣四庫全書》，頁145～532。

〔註25〕《新校本隋書》，卷32〈志·經籍一〉，頁933。云：「及《公羊》、《穀梁》浸微，今殆無師說。」《公羊》學的著作，至何休《解詁》之後，僅《春秋公羊疏》一書，不著撰人，可見《公羊》學的發展，魏、晉以來業已式微。

〔註26〕《春秋左傳正義·春秋正義序》，頁3。

〔註27〕《春秋穀梁傳注疏·四庫全書總目》，頁2。

　　江左中興，妄謂《穀梁》膚淺，不足立學，相沿至唐初，謂之小學，
　　而《穀梁》之學益微。苟非有范甯、徐邈闡明於前，楊士勛輩續述
　　於後，則《穀梁傳》之在今日，幾何不爲十六篇《書》、三家《詩》
　　之無徵不信哉？吾於此歎唐人義疏之功大也。〔註28〕

此書雖不及官修正義賅洽，但作爲私人撰脩的義疏著作，或是對於《穀梁》
學的流傳，皆別具重要價值，是現今研究《穀梁》學的主要著作，也是唐人
義疏的代表作之一。

第二節　前人研究成果評述

　　關於近幾十年來臺灣地區的研究概況，在《六十年之來國學》〔註29〕、《經
學研究論著目錄》〔註30〕、《五十年來的經學研究》〔註31〕等書，及〈臺灣近
五十年來《春秋》經傳研究綜述〉（上）（下）〔註32〕二文中皆有詳論。此外，
在《春秋總義著述考》〔註33〕、《春秋公羊傳著述考》〔註34〕、《春秋穀梁傳
著述考》〔註35〕、《左傳著述考》〔註36〕等書中則對歷來《春秋》相關著作做
一番整理及說明。

一、唐代經學研究

（一）經學史專著

　　現今關於經學史的論著不少，包括皮錫瑞《經學通論》〔註37〕、《經學

〔註28〕〔清〕鍾文烝：《春秋穀梁經傳補注》（北京：中華書局，1996 年），頁 2～
　　　　3。
〔註29〕程發軔編：《六十年來之國學》（臺北：正中書局，1972 年），其中冊（一）第
　　　　五、六、七篇，分別爲論《公羊》學、《穀梁》學及《左氏》學。
〔註30〕林慶彰主編：《經學研究論著目錄》（1912～1987）（臺北：漢學研究中心，1994
　　　　年）。
〔註31〕林慶彰主編：《五十年來的經學研究》（臺北：臺灣學生書局，2003 年）。
〔註32〕張高評：〈臺灣近五十年來《春秋》經傳研究綜述〉（上），《漢學研究通訊》
　　　　23 卷 3 期，2004 年 8 月；〈臺灣近五十年來《春秋》經傳研究綜述〉（下），《漢
　　　　學研究通訊》23 卷 4 期，2004 年 11 月。
〔註33〕周何編著：《春秋總義著述考》（臺北：國立編譯館，2004 年）。
〔註34〕周何編著：《春秋公羊傳著述考》（臺北：國立編譯館，2003 年）。
〔註35〕周何編著：《春秋穀梁傳著述考》（臺北：國立編譯館，2003 年）。
〔註36〕周何編著：《左傳著述考》（臺北：國立編譯館，2003 年）。
〔註37〕皮錫瑞：《經學通論》（臺北：臺灣商務印書館，1989 年）。

歷史》、馬宗霍《中國經學史》、本田成之《中國經學史》〔註38〕、李威熊《中國經學發展史論》（上）、安井小太郎等講述，林慶彰、連清吉譯《經學史》〔註39〕、吳雁南、秦學頎、李禹階主編《中國經學史》〔註40〕、許道勛、徐洪興《中國經學史》〔註41〕及章權才《魏晉南北朝隋唐經學史》等，這些書中皆有一章或數章的篇幅提到唐代經學的相關發展，但其中多側重於《五經正義》的論述，而咸少對徐《疏》、楊《疏》作較全面的探討，以下即擇其數本簡述其對《春秋》三《疏》的看法：

　　1. 皮錫瑞《經學歷史》〈經學統一時代〉

　　皮氏評《五經正義》曰「議孔《疏》之失者，曰彼此互異，曰曲徇注文，曰雜引讖緯。」〔註42〕此論成為現今學界論述《五經正義》得失時普遍的說法。只是書中偏重論述孔《疏》，至於徐《疏》及楊《疏》則幾乎不曾提及。

　　2. 馬宗霍：《中國經學史》第九篇〈隋唐之經學〉

　　馬氏針對皮氏批評孔《疏》「曲徇注文」之三失說，提出反駁，謂「是三端誠孔《疏》之可議者，然疏不駁注，體則使然；讖緯之傳，其來已古，……至彼此互異，則又以所作非一人，所采非一書，體之大者裁然難密，亦勢之無可如何者也。」〔註43〕其對孔《疏》加以辯護，並批評徐、楊二疏「因乏憑藉，難言賅洽，以視孔、賈，遂覺去之彌遠。」〔註44〕

　　3. 李師威熊：《中國經學發展史論》（上）第六章〈隋唐經籍及義疏之學〉

　　李師書中詳述唐代學術背景及相關《春秋》著作，並分別評論《春秋》三《疏》的得失，此外，書中還特別關注「在羣經義疏大一統的主流下，也有反正統的支流在」，〔註45〕包括馬嘉運、王元感、王行沖對《五經正義》的

〔註38〕本田成之：《中國經學史》（臺北：廣文書局，1990年）。

〔註39〕安井小太郎等講述，林慶彰、連清吉譯：《經學史》（臺北：萬卷樓圖書公司，1996年）。

〔註40〕吳雁南、秦學頎、李禹階主編：《中國經學史》（福州：福建人民出版社，2001年）。

〔註41〕許道勛、徐洪興：《中國經學史》（上海：上海人民出版社，2006年）。

〔註42〕《經學歷史》，〈經學統一時代〉，頁215。

〔註43〕《中國經學史》，第九篇〈隋唐之經學〉，頁100。

〔註44〕《中國經學史》，第九篇〈隋唐之經學〉，頁100。

〔註45〕《中國經學發展史論》（上冊），第六章〈隋唐經籍及義疏之學〉，頁274。

反省與影響。

> 4. 安井小太郎等講述，林慶彰、連清吉譯《經學史》第二篇〈唐宋的經
>   學史‧五經正義〉

此書作者批評孔穎達等人編纂《五經正義》雖有可取之處，但由時時徵引舊疏視之，認爲孔氏等人「未給予太多的用心」。〔註46〕

（二）學位論文

近幾十年來臺灣地區有關唐代經學，並涉及《春秋》三《疏》的學位論文，僅張寶三《五經正義研究》〔註47〕一書。書中主要將《五經正義》視爲一整體研究對象，論述其體式、內容、訓詁、修辭及對注文的補充與考正，條列詳細，是目前專論《五經正義》之作。

（三）單篇論文

有關唐代經學的單篇論文有：蘇瑩輝〈從敦煌本銜名頁論五經正義之刊定〉、〈略論五經正義的原本格式及其標記經、傳、注文起訖情形〉二文〔註48〕、謝保成〈經學的統一與變異〉〔註49〕、姜廣輝〈政治的統一與經學的統一——孔穎達與《五經正義》〉〔註50〕、張寶三〈唐代儒者解經之一側面——《五經正義》解經方式析論〉〔註51〕、野間文史〈《五經正義》之研究〉〔註52〕等篇，這些論文幾乎皆以《五經正義》爲研究範疇。其中，謝氏一文試著釐清唐代經學轉變的軌跡，而於文末提出三點結論：一爲中唐《春秋》學結束了自漢至唐三傳鼎立的局面，「變專門之學爲通學」；二爲中唐《春秋》學以其「理」與「教」同韓愈（768～824）「道統說」相通，經宋初石介（1005～1045）等人使二者合流，推進了理學的形成與發展；三此前《春秋》學中包含的「史

〔註46〕《經學史》，第二篇〈唐宋的經學史‧五經正義〉，頁106。云：「以孔穎達爲首的這些人是否爲這《正義》盡心盡力？關於這點，實際上，這批人並未給予太多的用心，是毫無疑問的。」

〔註47〕張寶三：《五經正義研究》（臺北：臺灣大學中文研究所博士論文，1992年）。

〔註48〕此二文皆收於蘇瑩輝：《敦煌論集續編》（臺北：臺灣學生書局，1983年）。

〔註49〕謝保成：〈經學的統一與變異〉，《經學今詮續編》（瀋陽：遼寧教育出版社，2001年）。

〔註50〕姜廣輝：〈政治的統一與經學的統一——孔穎達與《五經正義》〉，《經學今詮三編》（瀋陽：遼寧教育出版社，2002年）。

〔註51〕張寶三：〈唐代儒者解經之一側面——《五經正義》解經方式析論〉，《經學今詮三編》。

〔註52〕〔日〕野間文史：〈《五經正義》之研究〉，《中國文哲研究通訊》15卷2期，2005年6月。

之貴實」的精神，在這次經學變異當中遭到了嚴重的踐踏。

二、唐代《春秋》學史研究

（一）《春秋》學史專著

現今《春秋》學史的著作有二本，其中對《春秋》三《疏》的評論如下：

1. 趙伯雄：《春秋學史》

趙氏依據潘重規的說法，推論《公羊疏》爲北朝學者之作，並批評此書爲「平庸」。〔註53〕其認爲唐代《春秋》義疏之學僅孔《疏》及楊《疏》二者，其評孔《疏》「是一部《春秋》經傳的闡釋性著作，同時也是一部研究性的著作。」〔註54〕評楊《疏》則依《四庫全書》「賅洽」之論。〔註55〕趙氏認爲孔、楊二《疏》皆遵守「疏不破注」的原則，只是前者偏重名物訓詁，後者則以闡發經、傳義理爲主。

2. 戴維：《春秋學史》

戴氏先論孔《疏》，認爲主脩者孔穎達、楊士勛、馬嘉運等人皆可能有北學服義的傾向，「由這些人疏釋《春秋》未出大紕漏，不攻擊杜義，只是稍有

〔註53〕趙伯雄：《春秋學史》，第四章〈魏晉南北朝時期的《春秋》學〉，頁345。云：「《崇文總目》對徐彥《公羊疏》的評價不是很高，稱此書『援証淺局』。按照我的理解，淺者不深之謂，局者不廣之謂。不深不廣，正是對徐疏的切中肯綮之評。徐彥作疏，只是往來穿穴于經傳之中，只是對經傳及何注做一些表面的解釋，滿足于對所謂書法、義例的歸納和舉証，滿足于使何注表面上看起來圓通自然，而對經義、傳義則很少有什麼發明。也許是受作者心胸、見識的限制，徐疏嚴格地在經、傳這個小圈子裏打轉，不肯（或許說不敢？不暇？不屑？）跨越雷池一步，我們從疏中絲毫也看不出作者帶有個性的政治傾向以及對時政的關切。這也總使我們希望從他的議論中發現一點有關此疏時代的線索的努力成爲徒勞。入唐以後，《公羊》學不大受歡迎，也許與《公羊疏》的這種平庸之態不無關係吧。」

〔註54〕趙伯雄：《春秋學史》，第五章〈隋唐五代時期的《春秋》學〉，頁355。云：「《正義》固然是一部《春秋》經傳的闡釋性著作，同時也是一部研究性的著作。而且從《正義》的基本傾向來說，《正義》的研究明顯偏重于文字名物之訓詁考証，這顯然與劉炫的學風有一定關係，劉炫以北人而治南學，免不了要帶有『窮其枝葉』的風氣。」

〔註55〕趙伯雄：《春秋學史》，第五章〈隋唐五代時期的《春秋》學〉，頁399。云：「《穀梁疏》很少有文字訓詁及典章文物的考訂等內容，《四庫提要》稱《穀梁疏》不如《左傳疏》『賅洽』，當是指此而言的。《穀梁疏》的主要內容就是闡發經、傳的義理，對范甯的注做進一步的解釋、說明、補充，一般也遵守『疏不破注』的原則。」

前後矛盾，可謂大幸。」而「曲循杜義」亦是此特殊環境下不得不爲之的標準；〔註56〕接著，其評楊《疏》有保存之功，但「對《穀梁》義的發展卻基本上沒有什麼貢獻。」〔註57〕戴氏將徐《疏》置於楊《疏》之後，謂徐《疏》當與劉炫、楊士勛的時代差不多，而非中晚唐，其並稱揚「徐彥《公羊疏》對比楊士勛的《穀梁疏》以及孔穎達的《左傳疏》，其最大特點是不但疏釋，還有對《公羊》大義的大量發揮，這是楊士勛與孔穎達未能做到的。」〔註58〕《春秋》三《疏》中戴氏特對徐《疏》加以稱許，此正與趙伯雄貶抑徐《疏》的態度相反。

（二）單篇論文

有關唐代《春秋》學的單篇論文有：周彥文〈從唐宋時期的《春秋》學著作論「文獻繫學」架構〉〔註59〕、林義正〈論中國經典詮釋的目的與方法——以《春秋》的詮釋爲例〉〔註60〕二篇，前文由唐、宋《春秋》學著作中，論《春秋》經、傳的三種關聯性；後文則從歷來《春秋》經籍中，探討《春秋》詮釋的目的與方法。

三、《春秋》三《疏》分論研究

張高評於〈臺灣近五十年來《春秋》經傳研究綜述〉一文中，曾評述了近五十年來《春秋》及三《傳》的研究概況，其云：

> 五十年來，《春秋》經傳之研究成果，以《左傳》學之探索和討論，最爲亮麗可觀。《春秋》學一經三傳之研究人口與業績，六朝以來迄今，大抵以《左傳》學遙遙領先，《春秋》學其次，《公羊》學又其

〔註56〕戴維：《春秋學史》，第六章〈隋唐《春秋》學〉，頁272。云：「《春秋正義》成于眾手，前文已說過，主事者孔穎達所精習者爲杜義之反對派服氏《春秋》，楊士勛著《穀梁傳疏》，論《左氏》『其失也誣』，馬嘉運、趙弘智都是北人，可能有北學服義的傾向，由這些人疏釋《春秋》未出大紕漏，不攻擊杜義，只是稍有前後矛盾，可謂大幸。當然也只有定下疏不破注，曲循杜義的死規，才可能壓制眾多意見不統一甚至相反的執筆人的各持己見的苗頭，使全書統一。」

〔註57〕戴維：《春秋學史》，第六章〈隋唐《春秋》學〉，頁278。

〔註58〕戴維：《春秋學史》，第六章〈隋唐《春秋》學〉，頁280。

〔註59〕周彥文：〈從唐宋時期的《春秋》學著作論「文獻繫學」架構〉，《書目季刊》33卷4期，2000年3月。

〔註60〕林義正：〈論中國經典詮釋的目的與方法——以《春秋》的詮釋爲例〉，《臺灣大學哲學論評》32期，2006年10月。

次,《穀梁》學向來寂寥冷清。〔註61〕

可知近五十年來臺灣地區《春秋》經傳的研究,以《左氏》獨盛,而《穀梁》最爲冷清。但若以唐代《春秋》三《疏》視之,則徐《疏》的相關研究反多於孔《疏》。

(一)《左氏》孔《疏》

1.《左氏》學史專著

目前有關《左氏》學史相關論著有沈玉成、劉寧《春秋左傳學史稿》及張高評《春秋書法與左傳學史》〔註62〕二書。前者是目前論《左氏》學史的專著,其中第七章〈從總結到轉變——隋唐〉評論孔《疏》曰「《正義》宗杜、申杜而又在一定程度上容納異說,這是它的長處」,但「曲循注文」確實不容諱言的缺點。〔註63〕張氏一書,雖有一部分論述了《左氏》學史的發展,但多側重於宋、明、清三代學者的著作,而未論及唐代學者。

2. 單篇論文

單篇論文方面,專論孔《疏》者較少。僅簡博賢〈孔穎達春秋左傳正義平議〉〔註64〕一篇,文中指出孔《疏》宗注及正注之處,及駁劉難服之失。

(二)《公羊》徐《疏》

專門針對徐《疏》爲研究者,多爲單篇論文,研究的內容則主要有作者考證及義理闡述二個重點:

1. 作者考證:

對徐《疏》的研究早期主要側重在作者的考據上,此方面的單篇論文即有:潘重規〈春秋公羊疏作者考〉、重澤俊郎著、潘重規譯〈春秋公羊疏作者時代考〉〔註65〕、簡博賢〈徐疏公羊述稿〉皆以作者考證爲論文焦點。再者,〈日本學者論公羊注疏專輯(一)〉收錄有日本學者七篇有關作者年代考證之作,〈日本學者論公羊注疏專輯(二)〉則收錄了五篇日本學者對於徐《疏》

〔註61〕〈臺灣近五十年來《春秋》經傳研究綜述〉(上),頁12。

〔註62〕張高評:《春秋書法與左傳學史》(上海:上海古籍出版社,2005年)。

〔註63〕沈玉成、劉寧:《春秋左傳學史稿》(江蘇:江蘇古籍出版社,1992年),第七章〈從總結到轉變——隋唐〉,頁181~182。

〔註64〕簡博賢:〈孔穎達春秋左傳正義平議〉,戴君仁等:《春秋三傳論文集》(臺北:黎明文化事業股份有限公司,1981年)。

〔註65〕重澤俊郎著、潘重規譯:〈春秋公羊疏作者時代考〉,《學術季刊》4卷2期,1955年12月。

版本考證的研究。

2. 義理闡述

　　著重徐《疏》義理的研究論著，有龔鵬程〈唐代的公羊學：徐彥義疏研究〉及拙著〈反省與重建——《春秋公羊疏》的解經態度與立場〉。〔註66〕龔氏一文認為徐《疏》代表了一種儒家的「聖典解經學」，其一方面由此書概推唐代今文學的概況；二則以比較其與「歷史解經學」的不同；三則分析其屬辭比事的詞例之學；四則說明《公羊》學家對「《春秋》大義」的闡述。拙著一文，則由徐《疏》對《公羊》學的「二創」反省，論述其謹守《公羊》學的立場。

（三）《穀梁》楊《疏》

　　《春秋》三《傳》的研究，歷來多以《左氏》、《公羊》二傳為多，《穀梁》傳則備受冷落，雖然清代時《穀梁》學曾一度振興，但民國之後相關的研究仍然甚少，〔註67〕其中對楊士勛《春秋穀梁傳注疏》的研究更是寥寥可數。

1. 學位論文

　　陳秀玲《楊士勛〈春秋穀梁傳注疏〉之研究》〔註68〕是近五十年來針對楊《疏》研究的唯一一部學位論文。此文主要論述楊《疏》疏正范正、發明經傳、駁議他傳他注三方面，條列詳細，但對經、傳、注、疏的論述系統缺乏一宏觀的梳理。

2. 單篇論文

　　關於《穀梁》楊《疏》的單篇論文有張寶三〈楊士勛及其《穀梁傳疏》相關舊說考辨〉〔註69〕、文廷海〈《春秋穀梁傳注疏》引書考論〉〔註70〕及拙

〔註66〕拙著〈反省與重建——《春秋公羊疏》的解經態度與立場〉，《逢甲人文社會學報》11 期，2005 年 12 月。

〔註67〕張高評：〈臺灣近五十年來《春秋》經傳研究綜述（下）〉，《漢學研究通訊》23 卷第 4 期，2004 年 11 月，頁 3～10。張氏於文中云：「以《經義考》著錄言，歷代《穀梁》學專著僅有 24 種。若合《二傳》、《三傳》、《四傳》、《五傳》言之，亦不過 50 餘種，冷寂情況可以想見。今統計五十年來《穀梁》學之研究，以學位論文方式呈現者共 6 部，其中博士論文 1 部，其餘為碩士論文。……《春秋》經傳之研究，《穀梁》學向來較冷清。無論歷代論著、博士碩士學位論文，或當代學者專書，要皆如此。學報、期刊等單篇論文，亦反映此種現象。」

〔註68〕陳秀玲：《楊士勛〈春秋穀梁傳注疏〉之研究》（臺中：中興大學中文研究所碩士論文，1995 年）。

〔註69〕張寶三：〈楊士勛及其《穀梁傳疏》相關舊說考辨〉，《第二屆唐代文化研討會》

著〈楊士勛《春秋穀梁傳注疏》解經態度析論〉。〔註71〕張氏文中主要針對清儒柳興恩及周中孚的說法提出反駁，認爲楊士勛未必爲劉炫之徒，而《穀梁傳疏》亦非楊士勛所自創；文氏之文，則以經、史、子、集四類來標錄《穀梁疏》之引書，但其標錄的方式過於簡略，且將《左氏》、《公羊》僅列於經部，未能突顯三傳間的關聯性；拙著則由體例及特色上分析楊《疏》的解經方式。

（臺北：臺灣學生書局，1995 年 9 月）。

〔註70〕文廷海：〈《春秋穀梁傳注疏》引書考論〉，《南陽師範學院學報》（社會科學版）4 卷 7 期，2005 年 7 月。

〔註71〕拙著〈楊士勛《春秋穀梁傳注疏》解經態度析論〉，《高師大國文學報》3 期，2005 年 12 月。

第三章　三《疏》對前儒典籍的徵引與評論

第一節　三《疏》徵引的內容與特色

　　廣引前人舊說是「義疏」體例的特色之一，《春秋》三《疏》中徵引的對象相當廣泛，上至先秦，下至隋代，依作者分類，三《疏》徵引的總數約有二百二十一項，遍及經、史、子、集四部。(《春秋》三《疏》徵引的概況詳見附表一《春秋》三《疏》引書表〉及附表二《春秋》三《疏》引書分類詳表〉)

一、徵引的時代與範疇

（一）時代：上至先秦下迄隋

　　《春秋》三《疏》所援引的對象，總計約二百二十一項，時代上及先秦，下迄隋代，以《穀梁》楊《疏》所引及的陸德明（556～627）年代最末。〔註1〕其間還包括許多難以考定作者或是猶有爭議者，如《星經》〔註2〕、《歸藏易》

〔註1〕　《春秋》三《疏》引及「陸德明」者，僅見《春秋穀梁傳注疏·宣二年》，卷12，頁219。傳「趙盾入諫，不聽。出亡，至於郊。」注「必三年者，古疑獄三年而後斷，《易》曰『繫用徽纆，示于叢棘，三歲不得凶』是也。」疏文中云：「『《易》曰「繫用徽纆，示于叢棘，三歲不得，凶」』者，《易·坎卦》上六爻辭，但《易》本『繫』作『係』。陸德明云：『實，置也。』……馬融云：『徽纆，索也。』陸德明云：『三糾繩曰徽，二糾繩曰纆。』劉表云：『三股為徽，兩股為纆。』」疏中二次提及「陸德明」。

〔註2〕　《星經》一書，《隋書·經籍志》中載錄有《星經》二卷，但未言作者名氏。《春秋》三《疏》中僅徐《疏》徵引二次。如《春秋公羊傳注疏·哀十三年》，卷28，頁709。經「冬，十有一月，有星孛于東方。」傳「何以書？記異也。」

〔註3〕、《孔子家語》〔註4〕、《逸周書》〔註5〕、緯書類二十七種；或是史書未載者，如《書傳略說》〔註6〕、《八代記》〔註7〕、《草木志》〔註8〕、《玄中要記》〔註9〕等書，及蘇寬〔註10〕、魏武全〔註11〕等人；或標幟不清者，如《爾雅音義》〔註12〕、《字書》〔註13〕、《陰陽書》〔註14〕、《堪輿》〔註15〕等書。

注「周十一月，夏九月，日在房心。」疏云：「《堪輿》云『九月日體在大火』，故曰日在房心也。云房心，天子明堂布政之庭，出《堪輿》，《星經》亦云也。」

〔註3〕 《歸藏易》一書，《隋書・經籍志》中載錄十三卷。《春秋》三《疏》中僅孔《疏》援引二處，比如《春秋左傳正義・襄九年》，卷30，頁997，傳「始往而筮之，遇艮之八。」注「《周禮》：『大卜掌《三易》。』然則雜用《連山》、《歸藏》、《周易》。二《易》皆以七八爲占。故言遇艮之八。」疏文中曾云：「世有《歸藏易》者，僞妄之書，非殷《易》也。」

〔註4〕 《孔子家語》一書，《春秋》三《疏》中孔《疏》及徐《疏》皆有引及，其中孔《疏》引及二十餘次，徐《疏》引及十餘次。

〔註5〕 《逸周書》一書，《春秋》三《疏》中皆有引及，尤其〈謚法〉一篇，被引用的次數最多。

〔註6〕 《書傳略說》一書，史書未載，《春秋》三《疏》中僅出現一次，見《春秋公羊傳注疏・隱元年》，卷1，頁11。經「元年，春，王正月。」傳「王正月也。」疏云：「凡草物皆十一月動萌而赤，十二月萌牙始白，十三月萌牙始出而首黑，故各法之，故《書傳略說》云『周以至動，殷以萌，夏以牙』。」

〔註7〕 《八代記》一書，史書未載，《春秋》三《疏》中徐《疏》曾引及一次，見《春秋公羊傳注疏・隱元年》，卷1，頁13。經「元年，春，王正月。」傳「桓幼而貴，隱長而卑。」注「禮，年二十見正而冠。」疏云：「若以襄九年《左傳》言，魯襄公年十二而冠也。依《八代記》，即少昊亦十二而冠，則知天子諸侯幼即位者，皆十二而冠矣。」

〔註8〕 《春秋》三《疏》中曾有一處引及〈草木志〉，《春秋公羊傳注疏・莊十八年》，卷8，頁184。經「秋，有蜮。」疏云：「即〈草木志〉云『在水中射人影即死』是也。」疏文中提到〈草木志〉，卻未說明此出自何處。

〔註9〕 《玄中要記》一書，史書未載，《春秋》三《疏》中僅出現一次，見《春秋左傳正義・宣四年》，卷21，頁697。傳「宰夫將解黿，相視而笑。」疏云：「《說文》云『黿，大鱉也』。《玄中要記》曰：千歲之黿能與人語。」

〔註10〕 「蘇寬」一名，生平事蹟史書未載，《春秋》三《疏》中僅孔《疏》引及，但徵引的次數多達二十餘次。

〔註11〕 「魏武全」一名，他書未見載，《春秋》三《疏》中亦僅孔《疏》提及一次，見《春秋左傳正義・文十二年》，卷19下，頁623，傳「宣子曰：『秦獲穿也，獲一卿矣。秦以勝歸，我何以報？』乃皆出戰，交綏。」注「《司馬法》曰：……然則古名退軍爲綏。秦、晉志未能堅戰，短兵未至，爭而兩退，故曰交綏。」疏云：「魏武全引《司馬法》云『將軍死綏』，舊說綏，郤也。言軍郤，將當死。綏必是退軍之名。」依「《司馬法》云『將軍死綏』」一句，亦見於陳壽《三國志・魏志》，卷1〈武帝・建安七年〉之文中，故疑孔《疏》之「魏武全」或爲「魏武帝」之誤。

〔註12〕 歷來爲《爾雅》作《音義》者，《舊唐書》載錄有郭璞「《爾雅音義》一卷」

上述這些難斷時代的書名及人名，約計有近三十餘項。

　　以斷代視之，將三《疏》所徵引的對象分為先秦、兩漢、三國、兩晉、南北朝隋五階段，每一階段徵引的情形又各有不同：

1. 先秦時期（包括遠古及春秋、戰國時代）

　　此時期所徵引的書籍及人物遍及四部，總計約四十五項。而以四部分類而言，經部十九項最多，十三經之文本皆屬此時期。除此之外，以子部次之，其中又以《世本》及《逸周書》的援引為多。四部中徵引最少者為集部，僅「屈原」一類。

2. 兩漢時期

　　《春秋》三《疏》援引種類最多者為兩漢時期，約計六十五項。此時期又以經部類為大宗，三《疏》所徵引的漢代經籍與經師，皆分別超過全疏引書的三分之一，可見漢代經學在三《疏》論述中的重要地位。而在每一對象徵引的次數上，則明顯偏重於服虔（？～？）、鄭玄（127～200）、何休、鄭眾（？～？）、許慎（30～124）等人，及李巡、孫炎、樊光《爾雅》注等，皆多達數十次。

3. 三國時期

　　三《疏》援引魏、蜀、吳三國時期者約有二十三項，三國中又以曹魏十餘項最多，蜀漢則僅譙周、劉表二人，為最少。此時期的徵引中，四部的分佈情形差異甚大，經部居首，約十餘項，子部則完全未有引及，史、集兩部中亦僅孔《疏》有所援引。值得注意的是，三國以降，楊《疏》未再引及史、子、集部三部之典籍或人物，徐《疏》亦僅有史部西晉潘岳《關中記》及子部西晉張華《博物志》二書，明顯看出楊《疏》及徐《疏》的援引以兩漢經部為重。

　　　　及曹憲「《爾雅音義》二卷」，《宋史》中則載有陸德明「《爾雅音義》二卷」，今徐《疏》於〈宣十二年〉及〈襄十六年〉分別提及「《音義》」一書，但未說明作者是誰。

〔註13〕《字書》在《隋書‧經籍志》中即有著錄多種，但皆未知作者名氏。《春秋》三《疏》中孔《疏》曾三次提及《字書》，如《春秋左傳正義‧宣二年》，卷21，頁684。傳「宰夫胹熊蹯。」疏云：「字書『過熟曰胹』。」

〔註14〕依新、舊《唐書》所載錄，呂才與王粲皆著有《陰陽書》，今《春秋左傳正義‧僖十五年》中曾引及此書，但未稱作者為何。

〔註15〕史書所載錄的《堪輿》相關書籍不少，今《春秋左傳正義‧昭七年》及《春秋公羊傳注疏‧哀十三年》分別援引「《堪輿》」一名，但未言作者。

4. 兩晉時期

兩晉時期的典籍及人物，《春秋》三《疏》約引用三十八項，其中又以《春秋》類十餘項爲多，其他經部及子、集二部則不超過三項。較特別的是，此時期的史部書籍有十項，爲史部各時期之首，但除了徐《疏》曾一次引及潘岳《關中記》外，其餘皆爲孔《疏》所徵引，可以清楚看出孔《疏》重史的特色。

5. 南北朝及隋

南北朝及隋時期的三《疏》引書約有十五項，爲各時期中最少者。而四部中史、子、集三部徐、楊二《疏》皆闕如未提，僅孔《疏》徵引南朝范曄《後漢書》、北齊魏收〈聘遊賦〉及袁淑《俳諧集》三者。經部中亦以孔《疏》徵引的對象爲多，包含衛冀隆、秦道靜、賀道養、田僧紹、崔靈恩、沈文阿、劉炫、王邵、薛道衡等人，是三《疏》中唯一引及《春秋》類南朝經師者。至於徐、楊二《疏》，徐《疏》南北朝學者僅引及劉宋「庾蔚」一人，楊《疏》則有衛冀隆、顧野王《玉篇》及隋代劉炫、陸德明等人，其中隋代唐初的「陸德明」爲三《疏》徵引對象中年代最晚者。

（二）範疇：遍及經史子集四部

在《春秋》三《疏》所徵引的二百二十一項中，依《隋書・經籍志》的四部分類，總計經部約有一百四十一項，史部及子部皆三十餘項，集部則僅爲十餘項。三《疏》所徵引者皆以經部爲大宗，其中孔《疏》以史部次之，徐、楊二《疏》則子部多於史部，三《疏》中皆以集部爲最少。

1. 經　部

《春秋》三《疏》的徵引以經部爲主要對象，總計一百四十一項，比重約占徵引總數的百分之六十四。此經部徵引中，《春秋》類即占了約一半，《春秋》類中又以兩漢學者爲多。至於緯書，三《疏》總共徵引二十七項，[註16]其中孔《疏》十八項，徐《疏》二十二項，楊《疏》十一項，就數量上視之，三《疏》徵引的情形差異不大，但若由徵引次數而言，各種緯書的徵引大多

〔註16〕《春秋》三《疏》對緯書的稱謂不甚統一，比如三《疏》皆有「《春秋緯》」，但孔《疏》和徐《疏》另有「《春秋說》」；又孔《疏》有「《易緯》」，徐《疏》無「《易緯》」有「《易說》」；而孔、楊二《疏》有「《禮緯》」，徐《疏》則無「《禮緯》」而有「《禮說》」；又徐《疏》有「《孝經緯》」及「《孝經說》」，但孔、楊二《疏》則僅有「《孝經說》」。三《疏》所稱的緯書略有不同，此異稱又是否爲一，難以詳考，故今列表將不同的稱謂皆分列一類，共計二十七種。

不超過五次，〔註17〕唯獨徐《疏》中引及《春秋說》多達六十餘次，其對緯書的依賴由此可見。此外，三《疏》在援引經部對象時，多著錄經師人名而不稱其書名，此與史、子、集三部多稱書名而少載人名的情況較爲不同。

2. 史　部

三《疏》所徵引的史部三十四項，比重約占徵引總數的百分之十五。此三十四項中，孔《疏》即援引逾三十項，但徐、楊二《疏》卻皆不及十項，孔《疏》重史的特性極爲明顯。而三《疏》所徵引的史部書籍又多集中在《史記》、《世本》、《漢書》三書。〔註18〕除此三書外，楊《疏》史部書籍則僅高誘《呂氏春秋注》及李奇《漢書注》二書；徐《疏》較楊《疏》略多，徵引的史書還包括《晏子春秋》、《八代記》、張華《博物志》及潘岳《關中記》；孔《疏》中所徵引的史部書籍最爲廣泛，除了《竹書紀年》、《汲冢書瑣語》等先秦古書外，與徐、楊二《疏》不同的是，孔《疏》中還引用了許多魏、晉的史注及方志，包括魏蘇林《漢書音義》、張晏《漢書索隱》，吳萬震《南州異物志》、張勃《吳錄地理志》、周處《風土志》、劉歆期《交洲記》、裴洲《廣州記》等書。

3. 子　部

三《疏》所徵引的子部書籍約三十三項，比重約占徵引總數的百分之十五，其中又多集中在孔《疏》，至於徐、楊二《疏》所徵引者僅約十項。而由時代視之，三《疏》所徵引的子書中，先秦典籍即占三分之二，東漢之後，僅有孔、徐二《疏》所徵引的西晉張華《博物志》及孔《疏》所徵引的郭義恭《廣志》二項。至於徵引的次數方面，除了孔《疏》對《司馬法》(或言《司馬兵法》)及《孟子》二書的援引超過十次外，其餘子書皆不及十次。

4. 集　部

三《疏》徵引的集部書籍共十三項，比重僅占徵引總數的百分之六，不僅是四部中最少者，而且每一種引用的次數皆不超過五次，其中孔《疏》十

〔註17〕《春秋》三《疏》所徵引的緯書中，徵引次數超過五次者，僅有徐《疏》的「《禮說》」六次、「《孝經說》」七次，以及「《春秋說》」的六十餘次。

〔註18〕《春秋》三《疏》所徵引的史部對象中，以「《史記》」或「司馬遷」徵引的次數最多，其中，又以孔《疏》之百餘次居首，徐《疏》及楊《疏》亦有十餘次；徵引《世本》者，孔《疏》亦超過百次，楊《疏》約十餘次，但徐《疏》則僅一處提及；至於徵引《漢書》者，則孔《疏》提及二十餘次，徐、楊二《疏》則僅二、三次。

三項全引及，徐《疏》僅徵引「《離騷》」一書，楊《疏》則全無徵引者，是四部中三《疏》徵引種類差異最大者。

二、三《疏》徵引的特色

（一）《左氏》孔《疏》——廣博量多

在三《疏》徵引總數二百二十一項中，孔《疏》援引的對象約一百八十一項，占了其中的百分之八十，爲三《疏》中援引種類最多、範圍最廣者。雖然此與孔《疏》篇幅遠多於徐、楊二《疏》有關，但由四部分類來看，孔《疏》所援引的對象，除了經部以外，史、子、集三部所占的比重，皆爲三《疏》之冠。而徐、楊二《疏》則明顯偏重在經部的援引上，此二《疏》所援引的經部種類，比重皆高達百分之八十，但反觀孔《疏》中經部的援引僅有百分之六十，孔《疏》引書在四部的分佈上差距最小。

除了經部外，孔《疏》援引的史部典籍約三十一項，不僅占全《疏》徵引的百分之十七，也分別爲徐、楊二《疏》史部援引種類的五、六倍，《左氏》「以史傳經」的解經特色充份反映在孔《疏》的徵引上，再者，史部引書中魏晉史著、方志即占一半以上，亦是孔《疏》援引上的一大特色。孔《疏》對子部的徵引二十八項，所占比重與徐、楊二《疏》差距不大。但其援引的集部約十三項，則囊括了三《疏》徵引的集部總數，此亦與徐《疏》的一項，與楊《疏》的零項，形成極大對比。

由時代分佈情形來看，孔《疏》中徵引對象以兩漢時期最多，南北朝時期最少。但比重最少的南北朝及隋時期，也徵引有十三項典籍，遠多於徐《疏》的零項，及楊《疏》的四項。整體而言，孔《疏》不僅徵引的種類最多，次數也最多，除了九經之外，《國語》、《爾雅》、《世本》、《史記》等書，及賈逵、服虔、何休、杜預、劉炫等人，皆援引數百次以上，可見其旁徵博引的廣度與深度。

（二）《公羊》徐《疏》——多緯書，重經典

《公羊》徐《疏》徵引的對象總計約八十九項，在三《疏》援引總數中，引用了近四成，其中經部約七十一項，和楊《疏》一樣，所占比重皆高達百分之八十。只是疏中所徵引的《春秋》類書籍或人物，卻爲三《疏》最少者，尚不及經部的三成。此外，徐《疏》中所徵引的緯書有二十二項，在三《疏》總引緯書二十七項中，占了大部分，是三《疏》中緯書種類最齊全，次數也

最多者，此反映出徐《疏》詮解中濃厚的讖緯色彩。

除了經部以外，徐《疏》徵引的史部六項、子部十一項，但集部僅《離騷》一書。而在時代的分佈上，徐《疏》的援引偏重先秦時期及兩漢時期兩階段，自三國以降，經部的徵引不超過十項，史、子、集三部亦僅有《關中記》及《博物志》兩書。

由單一種類的援引次數上視之，徐《疏》的詮解偏重於經典或著名經師的援引，其中九經、《論語》、《爾雅》等書，以及賈逵、何休、鄭玄等人，援引的次數皆多達數十次者，是援引較頻繁者。

（三）《穀梁》楊《疏》——少訓詁，時代最晚

楊《疏》徵引的種類約計八十一項，是三《疏》中徵引種類最少者，僅占三《疏》總數的百分之三十七。而楊《疏》此八十餘種的徵引中，四部差異甚大，其中經部六十四項最多，史部只有五項，子部十二項，集部則完全沒有引及。

與徐《疏》相同，楊《疏》的徵引亦明顯偏重在經部，但和徐《疏》不同的是，楊《疏》中經部《春秋》類的援引比例將近四成五，其中又多集中於兩漢及兩晉時期。特別的是，楊《疏》對訓詁及字書的援引相當少，經部小學類僅《字林》與《玉篇》二書，且其對《爾雅》及相關注解的援引亦不多，甚至對於《爾雅》注家李巡、孫炎、樊光、舍人等人，更是隻字未提，此與孔《疏》頻引《爾雅》及其注文的情形大相逕庭，也可看出楊《疏》少訓詁、多闡義的詮解特性。

在時代的分佈上，孔、徐二《疏》皆側重於漢代時期的援引，但楊《疏》中卻是先秦時期的徵引略多於兩漢時期，主要原因即是子部十二項引書中即有九項屬於先秦書籍或人物。至於單一種類的援引次數上，除了三《禮》之外，就以鄭玄、糜信、杜預、范甯、徐邈等經師援引的次數多，可見其偏重於《穀梁》學者的論述。此外，疏中引及「陸德明」，為三《疏》中援引對象時代最晚者，也是楊《疏》徵引的重要特色。

第二節　三《禮》的大量運用

《春秋》三《疏》廣引先儒群書，徵引的人名或書籍多以經部為主，其次為史部，子部次之，集部類書籍則為最少。而經部中除了《春秋》三《傳》

之外，即以《周禮》、《儀禮》、《禮記》三書爲多，此三《禮》中又以《禮記》的徵引次數最多，《周禮》次之，《儀禮》較少。〔註19〕史部的徵引則側重在《史記》或司馬遷。而且特別的是，三《疏》在廣泛徵引三《禮》及《史記》的同時，還罕見地加入一些褒貶的評論，這在三《疏》的論述方式上誠屬特別。綜觀三《疏》，除了分判經師的取捨外，對於徵引的典籍，疏文多僅說明取捨的理由，而較少涉及褒貶的語辭。但三《疏》在援引《周禮》、《禮記》及《史記》三書時，卻多次加入優劣的評論，尤其在孔《疏》中，評論的情形更爲普遍，語氣也更爲強烈。由三《疏》對三《禮》及《史記》的廣泛徵引及評論，一方面反映三《疏》詮解的重心與特色，另一方面也代表了三《疏》處理經、史文獻的基本立場。其中，對《周禮》與《禮記》的評論，涉及到經籍的分判與會通；對《史記》的批評，則透顯出經、史的取捨與立場。

三《疏》大量徵引三《禮》，包括徵引三《禮》經文，以及鄭玄、鄭眾、鄭興等人的注文。在徵引經文時，三《疏》多標明篇名，其中《禮記》中以〈曲禮〉、〈檀弓〉、〈月令〉三篇，及鄭玄注引用的次數最多；《周禮》中則天官、地官、春官、夏官、秋官、多官六篇引用的狀況極爲平均，引用的注文亦遍及鄭玄、鄭眾、鄭興三家注；至於《儀禮》則集中於〈士喪禮〉、〈聘禮〉及鄭玄注。

由三《禮》經文及相關注文的大量援引，可看出三《疏》詮解《春秋》，著力於禮制典章及名物訓詁的說解。但三《禮》所載之禮制，與《春秋》傳、注的說法並不盡相合，所以三《疏》在廣引三《禮》的同時，亦得面臨經籍異說的取捨問題。其中，三《疏》徵引次數最多的《禮記》，與《春秋》傳、注相異的情形較多，而普遍被認可爲周法代表之《周禮》，亦與《春秋》傳、注偶有差池，所以三《疏》中爲了分判其間的差異，罕見地針對《周禮》及《禮記》提出一些評語。透過這些疏文中少見的批評語詞，可看出三《疏》對《周禮》及《禮記》二書的評價，也進一步瞭解三《疏》在處理經籍上的立場與態度。

一、對《周禮》異說的處理

《春秋》三《疏》都已注意到《周禮》與《春秋》傳、注的不盡相同，《穀

〔註19〕《左氏》孔《疏》徵引《禮記》及《周禮》的次數皆多達四百餘次，《儀禮》則有一百四十餘次：《公羊》徐《疏》徵引《禮記》一百五十餘次，《周禮》二十餘次，《儀禮》三十餘次：《穀梁》楊《疏》則徵引《禮記》約五十餘次，《周禮》二十餘次，《儀禮》則十餘次。總計三《疏》所徵引三《禮》中，皆以《禮記》爲多，《儀禮》最少。

梁》楊《疏》論四時田獵之名時，曾云：

> 《周禮》有四時之田，春蒐，夏苗，秋獮，冬狩，皆用夏之四仲之
> 月。然周之正月，則是夏之十一月，故《左氏》以此狩爲得時。今
> 范云「春而言狩，蓋用冬狩之禮」，以爲失時者，蓋周公未制禮之時，
> 權用此法，故得時節不同，其名亦異。仲尼脩《春秋》，改周之文，
> 從殷之質，因以爲《春秋》制也。……《左傳》、《周禮》、《爾雅》
> 並云：「春曰蒐，夏曰苗，秋曰獮，冬曰狩。」《公羊》之文，則「春
> 曰苗，秋曰蒐，冬曰狩」。此傳之文，則「春曰田，夏曰苗，秋曰蒐，
> 冬曰狩」。所以文不同者，《左氏》之文，是周公制禮之名；二傳之
> 文，或《春秋》取異代之法，或當天子諸侯別法。經典散亡，無以
> 取正也。（《春秋穀梁傳注疏·桓四年》卷3，頁47）

《春秋》三《傳》對於四時之名各有不同，其中《周禮》與《左氏》同，而與
《公》、《穀》異。楊《疏》認爲《左氏》之說是採用「周公制禮之名」，故與《周
禮》相合，但楊士勛強調孔子脩《春秋》是「改周之文，從殷之質」，故自與周
法不同，也否定了《左氏》之說。至於《公》、《穀》二說，楊氏謂或「《春秋》
取異代之法」，或「天子諸侯別法」，其孰是孰非，因「經典散亡，無以取正」，
難斷是非。楊氏認爲《周禮》代表周法，但也指出《春秋》與周法之不同。

　　同樣地，《左氏》孔《疏》及《公羊》徐《疏》也認可《周禮》爲周法之代
表，並由《春秋》取材之差異，來處理《春秋》與《周禮》禮制之不盡相合。

（一）《左氏》孔《疏》：「正法」與「時制」

　　孔《疏》中注意到《左氏》與《周禮》間的差異，孔《疏》一方面試圖
調和經典間的差說，一方面則由「正法」與「時制」，來處理《左氏》與《周
禮》間的不同。〈宣十二年〉傳「其君之戎分爲二廣，廣有一卒，卒偏之兩。」
注「《司馬法》：百人爲卒，二十五人爲兩。車十五乘爲大偏。」疏云：

> 「百人爲卒」，「二十五人爲兩」，《周禮》亦有此文。但《周禮》無
> 偏，故杜并引《司馬法》耳。……舊偏於穰苴前而已有，則應《周
> 禮》有文，但以亡没者多，故《禮》文不具。（《春秋左傳正義·宣
> 十二年》卷23，頁741～742）

杜預注文引《司馬法》解釋兵制，但《司馬法》中部分文字實同於《周禮》，
只是《周禮》無「偏」制，杜〈注〉中僅言《司馬法》而未提及《周禮》，孔
《疏》解釋《周禮》原本應有這些記載，但因「亡没者多」，使其記載不若《司

馬法》詳實，故杜氏僅言《司馬法》。換言之，《周禮》原本應是完備詳盡的，今所見之《周禮》實有「文不具」之缺失，這是流傳過程中所產生的散佚所致。此版本上的缺失，致使杜預不取《周禮》。在不影響《周禮》原有價值的情況下，孔《疏》由版本散佚調和《周禮》與杜〈注〉之不同。

今本《周禮》既非完備，故杜〈注〉不全依其說，〈隱四年〉「夏，公及宋公遇于清。」注「遇者，草次之期。」疏云：

> 〈曲禮下〉云：「諸侯未及期相見曰遇，相見於郤地曰會。」……《周
> 禮》「冬見曰遇」，則與此別。劉、賈以遇者用冬遇之禮，故杜難之。
> 《釋例》曰：「遇者，倉卒簡儀，若道路相逢遇者耳。《周禮》『諸侯
> 冬見天子曰遇』，劉氏因此名以說《春秋》，自與傳違。案《禮》『春
> 日朝，夏日宗，秋日覲，冬日遇』，此四時之名。今者《春秋》不皆
> 同之於《禮》。」……草次，猶造次。造次，倉卒，皆迫促不暇之意。
> （《春秋左傳正義·隱四年》卷3，頁97）

劉炫取《周禮》以難杜，孔《疏》爲杜〈注〉辯駁時，取《禮記·曲禮》爲證，並藉杜預《釋例》之言，強調「《春秋》不皆同之於《禮》」。但此處孔《疏》並未說明二者不同的理由。而在〈昭十三年〉中孔《疏》則試著調和各經典的異說，〈昭十三年〉傳「是故明王之制，使諸侯歲聘以志業，間朝以講禮，再朝而會以示威，再會而盟以顯昭明。」注「十二年而一盟，所以昭信義也。凡八聘四朝再會，王一巡守，盟于方嶽之下。」疏云：

> 《尚書·周官》曰：「六年，五服一朝。又六年，王乃時巡，考制度
> 于四岳。諸侯各朝于方岳，大明黜陟。」如彼文，六年五服諸侯一
> 時朝王，即此再朝而會是也。此傳之文與《尚書》正合。杜言巡守
> 盟于方獄，闇與彼義符同，明此是周典之舊法也。而《周禮》之文，
> 不載此法。〈大行人〉云：「侯服，歲壹見，其貢祀物。」「甸服，二
> 歲壹見，其貢嬪物。」「男服，三歲壹見，其貢器物。」「采服，四
> 歲壹見，其貢服物。」「衛服，五歲壹見，其貢材物。」「要服，其
> 貢貨物。」先儒說《周禮》者，皆以彼爲六服，諸侯各以服數來朝，
> 與此傳文無由得合。先達通儒未有解者，古書亡滅，不可備知。然
> 則《尚書·周官》是成王號令之辭，《尚書》之言定是正法，《左氏》
> 復與彼合，言必不虛。《周禮》又是明文，不得不信。蓋周公、成王
> 之時，即自有此二法也。……蓋此傳及《尚書》是正禮也。〈大行人〉

歲壹見者，是遣使貢物，非親朝也。（《春秋左傳正義・昭十三年》
卷 46，頁 1526～1527）

諸侯盟會之制，《尚書・周官》的「六年，五服一朝」與《左氏》「六年而一
會」〔註 20〕的說法相合，但《周禮》未載此法。先儒說解《周禮》時，反將
〈大行人〉中的「侯服」、「甸服」、「男服」、「采服」、「衛服」、「要服」視爲
「六服」，〔註 21〕並謂「諸侯各以服數來朝」。如此則形成《尚書》與《周禮》，
也就是《左氏》與《周禮》間的不同，孔《疏》疏解注文時，即嘗試調和二
說，其先謂「《尚書・周官》是成王號令之辭」，強調《尚書》之言爲「正法」，
以此論證《左氏》「言必不虛」，維護了《左氏》的可信度；其後，孔《疏》
又指「《周禮》又是明文，不得不信」，在同樣認可《尚書》、《左氏》與《周
禮》經典地位的情況下，孔《疏》由《周禮・大行人》之文辭上加以疏通，
並引〈大行人〉及〈大宗伯〉之文，〔註 22〕認爲「〈大行人〉歲壹見者，是遣
使貢物，非親朝也。」將《尚書》與《周禮》二說之別，歸諸於「親朝」與
「遣使」形式上算法的差異，而非實質上的不同。「諸侯各以服數來朝」語出
鄭玄《禮記》注，〔註 23〕孔《疏》爲了調和《左氏》與諸經間的差異，將此

〔註20〕《春秋左傳正義・昭十三年》，卷 46，頁 1524。傳「再朝而會以示威，再會
而盟以顯昭明。」杜注云：「六年而一會，以訓上下之則，制財用之節。十二
年而一盟，所以昭信義也。凡八聘四朝再會，王一巡守，盟于方嶽之下。」

〔註21〕〔唐〕賈公彥：《周禮注疏》（臺北：藝文印書館，影印清嘉慶二十年江西南
昌府學刊本，1981 年），卷 37〈大行人〉，頁 564～565。經「邦畿方千里，其
外方五百里，謂之侯服，歲壹見，其貢祀物：又其外方五百里，謂之甸服，
二歲壹見，其貢嬪物：又其外方五百里，謂之男服，三歲壹見，其貢器物：
又其外方五百里，謂之采服，四歲壹見，其貢服物：又其外方五百里，謂之
衛服，五歲壹見，其貢材物：又其外方五百里，謂之要服，六歲壹見，其貢
貨物。」鄭玄注曰：「此六服」，疏云：「此一經見九州諸侯依服數來朝。」

〔註22〕《春秋左傳正義・昭十三年》，卷 46，頁 1526。疏云：「《周禮》每歲壹見，
唯言貢物，何必見者即是親朝，各計道路短長，或當遣使貢耳。先儒謂彼爲
朝，未有明據。〈大行人〉又云：『十有二歲，王巡守殷國。』巡守之歲，《周
禮》同於《尚書》，六年一朝，《尚書》何以違禮？又〈大宗伯〉云：『時見曰
會，殷見曰同。』鄭玄以爲時見『無常期』也。『諸侯有不順服者，王將有征
討之事』，『合諸侯而命事焉』。『十二歲王如不巡守，則六服盡朝』，謂之殷見。
鄭以時見無常期者，出自鄭之意耳，非有明文可據也。」

〔註23〕〔唐〕孔穎達：《禮記正義》（臺北：藝文印書館，影印清嘉慶二十年江西南
昌府學刊本，1981 年），卷 11〈王制〉，頁 225。經「諸侯之於天子也。比年
一小聘，三年一大聘，五年一朝。」鄭玄注曰：「此大聘與朝，晉文霸時所制
也。虞夏之制，諸侯歲朝周之制，侯、甸、男、采、衛、要六者，各以其

歧說歸因於先儒詮解上的錯誤，以「先達通儒未有解者」，再加上「古書亡滅」難以詳考，作爲二說歧異的原因。

　　上述孔《疏》所歸因的版本流傳中的「文不具」，以及後儒解經上的未通達，基本上皆是屬於詮解層面的問題，而非經典本身的衝突。但若詮解層面仍未能加以調和會通，孔《疏》只能回歸原典，以「正法」與「時制」做爲經典差異的主要理由。〈襄十四年〉傳「師歸自伐秦。晉侯舍新軍，禮也。成國不過半天子之軍。」注「成國，大國。」疏云：

> 〈夏官序〉云：「大國三軍，次國二軍，小國一軍。」當以公、侯爲大國，伯爲次國，子、男爲小國也。諸侯五等，唯有三等之命，伯之命數可以同於侯。其軍則計地大小，故伯國之軍不得同於侯也。此據《禮》正法耳。春秋之世，鄭置六卿，未必不爲三軍。（《春秋左傳正義・襄十四年》卷32，頁1062）

依照《周禮・夏官》之制，「伯國之軍不得同於侯」此爲「《禮》正法」，但孔《疏》也以鄭置六卿爲例，指出春秋之世，禮法僭越，現實的禮制未必依循「正法」。故〈襄十三年〉傳「新軍無帥，晉侯難其人，使其什吏率其卒乘官屬，以從於下軍，禮也。」疏云：

> 什吏，謂十人長也。……《周禮・夏官序》云：……不言十人有長。而此傳云「什吏」者，〈夏官〉所云，《周禮》之正法耳。其量時制事，未必盡然。《尚書・牧誓》有千人長、百夫長。〈齊語〉……〈吳語〉……引《司馬法》云……三者，數人置帥，皆以什計之，異於《周禮》。則晉人爲軍，或十人置吏也。（《春秋左傳正義・襄十三年》卷32，頁1043～1044）

《左氏》提到「什吏」的軍制，但《周禮・夏官》就無此種說法。孔《疏》既認可《周禮・夏官》爲「正法」，但也強調「量時制事，未必盡然」，正法與時制未必相合，故《左氏》與《周禮》相異，實則反映了正法與時制間的不同，孔《疏》並進一步引《尚書》、《國語》、《司馬法》三種異於《周禮》的說法，藉以支持《左氏》之說。換言之，孔《疏》雖認可《周禮》爲周代之正法，但也強調時制與正法並非完全盡合，因此《左氏》與《周禮》間遂存在著某種程度的差異，此差異一方面與文獻散亡，難以考知有關，但更大的原因實爲理論與現實間的差別，《周禮》所載者雖爲周代禮法，但春秋時周

服數來朝。」

法早已喪亂，《左氏》不合《周禮》，正是反映出孔子《春秋》是現實時制下的眞實記載。

（二）《公羊》徐《疏》：「周法」與「採摘古制」

孔《疏》由正法與時制來處理《周禮》與《左氏》傳、注之異說，而徐《疏》則視《春秋》爲孔子採摘古制而成，將《春秋》與《周禮》之周法作了區隔。徐《疏》對於《周禮》的評論，主要是在面臨《周禮》與何休注文的差異時而發，徐氏一方面條列諸書異說，另一方面又以孔子《春秋》爲「採摘古制」而成，作爲何休不取《周禮》之解釋。〈襄二十九年〉「闇弒吳子餘祭。」注文提到「以刑爲闇。古者肉刑：墨、劓、擯、宮，與大辟而五。」疏云：

> 知五刑爲此等者，正以《元命包》云「墨、劓辟之屬各千，臏辟之
> 屬五百，宮辟之屬三百，大辟之屬二百，列爲五刑，罪次三千」是
> 也。案《周禮·司刑》職云「墨罪五百，劓罪五百，刖罪五百，宮
> 罪五百，大辟五百」，凡二千五百，與此違者，鄭《駁異義》云「皋
> 陶改臏爲剕」。〈呂刑〉有剕，周改剕爲刖。然則〈司刑〉職，周刑
> 也。孔子爲《春秋》，採摘古制，是以《元命包》之文，與〈司刑〉
> 名異，條目不同。（《春秋公羊傳注疏·襄二十九年》卷21，頁532）

古代五刑之說，《周禮·司刑》與《元命包》的稱謂不一，何休注取《元命包》而不取《周禮》，徐《疏》解釋《周禮·司刑》所載的禮法雖爲「周刑」，但孔子之《春秋》是「採摘古制」而成，故何休不取《周禮》。換言之，孔子作《春秋》，雖記周代事，但非依周代法，所以站在《公羊》學家的立場，代表周法的《周禮》反不若緯書可信。這種「《春秋》不依周法」的主張，成爲徐《疏》解釋何休取捨的基本論調，也反映出緯書在《公羊》學詮解經書上的主導地位。〔註24〕

因孔子《春秋》是「採摘古制」而成，故代表周法的《周禮》，不僅在詮解《春秋》上無法與緯書相比，也不若他經可取，〈莊十年〉「秋，九月，荊

〔註24〕徐《疏》中取緯書來反駁《周禮》者，共有二處，除了〈襄二十九年〉外，在〈桓二年〉，卷4，頁86。經「夏，四月，取郜大鼎于宋。」傳「宋始以不義取之，故謂之郜鼎。」注「禮，祭，天子九鼎，諸侯七，卿大夫五，元士三也。」疏云：「《春秋說》文。而〈膳夫〉云『王日一舉，鼎十有二物』，何氏不取也。而〈士冠禮〉、〈士喪禮〉皆一鼎者，〈士冠〉、〈士喪〉略於正祭故也。」何休注取《春秋說》文，徐《疏》先指出何注出處，再取《周禮·膳夫》異說，強調「何氏不取」。

敗蔡師于莘，以蔡侯獻舞歸。」傳「荊者何？州名也。」注「州謂九州：冀、兗、青、徐、楊、荊、豫、梁、雍。」疏云：

> 然則何氏此注九州之名及次第皆依〈禹貢〉之州界，不敢依〈職方〉與《爾雅》，何者？正以〈禹貢〉爲正典故也。……然則《爾雅》九州有幽、營，無梁、青，蓋是殷制，故與〈禹貢〉不同。案今〈禹貢〉則有梁、青，無幽、營，蓋是夏之法矣。……然則《周禮》有青、幽、并也，若對《爾雅》，則長青、并，無徐、營；若對〈禹貢〉，則長幽、并，無徐、梁矣。但〈職方〉周法，何氏不取，故此注不依之耳。（《春秋公羊傳注疏·莊十年》卷7，頁168～169）

關於九州之名與次第，徐《疏》指出《尚書》、《周禮》及《爾雅》三種異說，其比較三書之差異，謂《爾雅》爲殷制，《尚書·禹貢》爲夏法，《周禮·職方氏》則爲周法，三書各自代表了夏、商、周三代之制，其中何休取《尚書》之說，而不取《周禮》及《爾雅》，徐《疏》以「〈禹貢〉爲正典」，作爲何休取捨的解釋，其說明《周禮·職方》爲周法，故何氏不取，但並未說明未取《爾雅》殷制的理由。

二、對《禮記》的取捨

三《疏》所徵引的三《禮》中次數最多者即爲《禮記》，但《禮記》著述的時代與內容爭議頗多，故三《疏》在處理《禮記》與《春秋》傳、注異文時，不免多由《禮記》成書之年代加以批評，比如楊《疏》即云「《禮記》周末之書」，[註25] 以明《禮記》與《穀梁》之間的不同，而孔《疏》及徐《疏》在廣引《禮記》的同時，還加入不少評論的語詞。

（一）《左氏》孔《疏》：「《禮記》漢世書」

孔《疏》對《禮記》的批評是明確且強烈的，疏文中多次提到「《禮記》後人所錄」，視其爲漢人傳聞之作。〈桓五年〉傳「凡祀，啓蟄而郊」，注「啓蟄，夏正建寅之月，祀天南郊」，疏云：

> 如此傳注，必是建寅之月方始郊天，周之孟春未得郊也。《禮記·明

〔註25〕《春秋穀梁傳注疏·成六年》，卷13，頁252。經「二月，辛巳，立武宮。」注云：「舊說曰：武公之宮廟毀已久矣。故傳曰『不宜立也』。《禮記·明堂位》曰：『魯公之廟，文世室也。武公之廟，武世室也。』言世室則不毀也，則義與此違。」疏云：「《禮記》稱『世室』，此傳云不宜立者，《禮記》周末之書，以其廟不毀，故謂之世室；此以武公之廟毀來已久，今復立之，故云不宜立。」

堂位》曰：「魯君孟春乘大輅，載弧韣，以祀帝於郊。季夏六月，以
禘禮祀周公於太廟。」季夏，周之六月，即孟春是周之正月矣。又
《雜記》云：「孟獻子曰：『正月日至，可以有事於上帝，七月日至，
可以有事於祖。七月而禘，獻子為之。』」如彼《記》文，則魯郊以
周之孟春，而傳言「啓蟄而郊」者，《禮記》後人所錄，其言或中或
否，未必所言皆是正禮。襄七年傳孟獻子曰「啓蟄而郊」，《禮記》、
《左傳》俱稱獻子，而《記》言「日至」，傳言「啓蟄」，一人兩說，
必有謬者。若七月而禘，獻子為之時應有七月禘矣。烝嘗過則書，
禘過亦應書。何以獻子之時不書七月禘也？是知獻子本無此言，不
得云《禮記》是而《左傳》非也。〈明堂位〉言正月郊者，蓋春秋之
末，魯稍僭侈。見天子冬至祭天，便以正月祀帝。《記》者不察其本，
遂謂正月為常。（《春秋左傳正義‧桓五年》卷6，頁194）

關於魯郊的時間，《左氏》和《禮記》各有不同的記載。《左氏》謂「啓蟄而
郊」，杜預進一步解釋「啓蟄」為「夏正建寅之月」。而《禮記‧明堂位》則
載「孟春」魯郊祭天，《禮記‧雜記》也引孟獻子之言謂「正月日至」祭天。
魯郊之月，《禮記》主「周正建子之月」，與《左氏》「夏正建寅之月」，正月
的時間不同。此外，關於《禮記‧雜記》所載孟獻子一事，於《左氏》中亦
有相關的記錄，〈襄十七年〉傳文曰「夏，四月，三卜郊，不從，乃免牲。孟
獻子曰：『吾乃今而後知有卜筮。夫郊祀后稷，以祈農事也。是故啓蟄而郊，
郊而後耕。今既耕而卜郊，宜其不從也。』」同樣記載孟獻子的談話，但對於
魯郊的時間，《禮記》言「日至」，《左氏》則言「啓蟄」，孔《疏》不得不質
疑「《禮記》、《左傳》俱稱獻子，而《記》言『日至』，傳言『啓蟄』，一人兩
說，必有謬者。」因此孔《疏》嘗試予以分判是非，其先對〈雜記〉提出疑
惑，謂若七月而禘，則經、傳當有相關記載，但今未書「七月禘」，故推論「是
知獻子本無此言」，以推翻《禮記‧雜記》記載的可信度；接者孔《疏》再論
《禮記‧明堂位》的孟春祭天，是以春秋末年諸侯僭禮為正禮，是「《記》者
不察其本」之誤。其強調《禮記》為後人所錄，故「未必所言皆是正禮」。上
述《左氏》與《禮記》魯郊異說的論述，同樣見於〈僖三十一年〉〔註26〕及

〔註26〕《春秋左傳正義‧僖三十一年》，卷17，頁538。傳「『夏，四月，四卜郊，
不從，乃免牲』，非禮也。」疏云：「《記》言正月，謂周正建子之月，與傳啓
蟄而郊，其月不同。《禮記》是後儒所作，不可以難《左傳》。」

〈襄七年〉〔註27〕二處疏文中，孔《疏》不厭其煩的重覆引證，只為強調「《禮記》後人所錄」，故不得以《禮記》非《左氏》。

《左氏》與《禮記》除了在禮制上的不盡相合外，在某些史事的記載上，亦略有出入，上述孟獻子之事為一證，〈莊十一年〉乘丘之役及〈昭九年〉晉侯飲酒之事亦為一證，〈莊十一年〉傳「乘丘之役，公以金僕姑射南宮長萬，公右歂孫生搏之。」疏云：

> 〈檀弓〉云：「魯莊公及宋人戰于乘丘縣，賁父御、卜國為右。」車右與此不同者，《禮記》後人所錄，聞於所聞之口，其事未必實也。案傳云：「公子偃先犯宋師，公從而大敗之。」則本非交戰。《禮記》稱「馬驚，敗績，公隊，佐車授綏，御與車右皆死之」。必如《記》言，則是魯師敗績，經安得稱「公敗宋師于乘丘」？傳、《記》不同，固當《記》文妄耳。（《春秋左傳正義·莊十一年》卷9，頁281）

乘丘之役，魯師是勝是敗，《左氏》與《禮記》有截然不同的說法，其中《禮記·檀弓》以卜國為車右，並以魯戰敗，而《左氏》則謂歂孫生為車右，魯敗宋師。孔《疏》以《春秋》經文為證，謂非魯師敗，其批評《禮記》是經口授而由後人寫定，所以「聞於所聞之口，其事未必實也」，直斥「《記》文妄耳」；又〈昭九年〉傳「初，公欲廢知氏而立外嬖，為是悛而止。」疏云：

> 公心欲廢知氏，故輕悼子之喪，不廢飲酒，得藺以禮責之，乃知君臣義重，其禮不可輕廢，為是悛而止。悛，改也，改革前意也。《禮記》記此事，飲酒事同，而其言盡別。《記》是傳聞，故與此異。二者必有一謬，當傳實而記虛也。（《春秋左傳正義·昭九年》卷45，頁1467）

關於悼子之喪，晉平公飲酒，屠蒯規諫一事，《禮記》見載於〈檀弓下〉，〔註28〕

〔註27〕《春秋左傳正義·襄七年》，卷30，頁976～977。傳「是故啟蟄而郊，郊而後耕。今既耕而卜郊，宜其不從也。」注「啟蟄，夏正建寅之月。耕謂春分。」疏云：「《釋例》又曰：『僖公、襄公夏四月卜郊，但譏其非所宜卜，不譏其四月不可郊也。孟獻子曰「啟蟄而郊，郊而後耕」，耕謂春分也，言得啟蟄，即當卜郊，不得過春分也。』是言此卜在春分之後，故獻子譏之。據傳，獻子此言郊天之禮，必用周之三月。而〈雜記〉云：『孟獻子曰：「正月日至，可以有事於上帝。七月日至，可以有事於祖。」七月而禘，獻子為之也。』此與《禮記》俱稱獻子，二文不同，必有一謬。《禮記》後人所錄，《左傳》當得其真。若七月而禘，獻子為之，則當獻子之時，應有七月禘者。烝、嘗過則書，禘過亦宜書。何以獻子之時，不書七月禘也？足知《禮記》之言，非獻子矣。」

〔註28〕《禮記正義》，卷9〈檀弓下〉，頁177～178。經：「知悼子卒，未葬，平公飲酒，師曠、李調侍，鼓鐘。杜蕢自外來，聞鐘聲曰：『安在？』曰：『在寢。』

其中所敘述的對話與《左氏》不同。〔註29〕孔《疏》指出《左氏》與《禮記》「飲酒事同，而其言盡別」，認為「二者必有一謬」，但其未加論證，僅以「《記》是傳聞」，作為「當傳實而記虛」的分判原則。

孔《疏》一再強調《禮記》是經口授而由後人寫定，故視《禮記》為「漢世書」，〈昭二十五年〉傳「左師展將以公乘馬而歸，公徒執之。」疏云：

> 古者服牛乘馬，馬以駕車，不單騎也。至六國之時，始有單騎。蘇秦所云「車千乘，騎萬匹。」是也。〈曲禮〉云「前有車騎」者，《禮記》漢世書耳。經典無騎字也。炫謂此左師展將以公乘馬而歸，欲共公單騎而歸，此騎馬之漸也。（《春秋左傳正義·昭二十五年》卷51，頁1684）

孔《疏》舉蘇秦之言，主張戰國六國時始有單騎的情形，故「經典無騎字」，今《禮記·曲禮》有「前有車騎」一詞，正可見其為漢世之書。其由文字上加以論證，批評《禮記》非經典；又〈桓五年〉傳「龍見而雩」，杜注「龍見，建巳之月。」疏云：

> 此龍見而雩，定在建巳之月，而〈月令〉記於仲夏章者，鄭玄云：「雩之正當以四月。凡周之秋，三月之中而旱，亦脩雩祀而求雨。因著正雩於此月。」失之矣。杜君以為〈月令〉秦法，非是周典。穎子嚴以龍見即是五月。《釋例》曰：「〈月令〉之書出自呂不韋，其意欲

杜蕢入寢，歷階而升，酌，曰：『曠飲斯。』又酌，曰：『調飲斯。』又酌，堂上北面坐飲之。降，趨而出。平公呼而進之，曰：『蕢，曩者爾心或開予，是以不與爾言。爾飲曠何也？』曰：『子卯不樂。知悼子在堂，斯其為子卯也大矣。曠也，大師也，不以詔，是以飲之也。』『爾飲調何也？』曰：『調也，君之褻臣也，為一飲一食，亡君之疾，是以飲之也。』『爾飲何也？』曰：『蕢也宰夫也，非刀匕是共，又敢與知防，是以飲之也。』平公曰：『寡人亦有過焉，酌而飲寡人。』杜蕢洗而揚觶。公謂侍者曰：『如我死，則必無廢斯爵也。』至于今，既畢獻，斯揚觶，謂之杜舉。」

〔註29〕《春秋左傳正義·昭九年》，卷45，頁1465～1467。傳云：「晉荀盈如齊逆女，還，六月，卒于戲陽。殯于絳，未葬。晉侯飲酒，樂。膳宰屠蒯趨入，請佐公使尊。許之。而遂酌以飲工，曰：『女為君耳，將司聰也。辰在子卯，謂之疾日。君徹宴樂，學人舍業，為疾故也。君之卿佐，是謂股肱。股肱或虧，何痛如之！女弗聞而樂，是不聰也。』又飲外嬖嬖叔，曰：『女為君目，將司明也。服以旌禮，禮以行事，事有其物，物有其容。今君之容，非其物也，而女不見，是不明也。』亦自飲也，曰：『味以行氣，氣以實志，志以定言，言以出令。臣實司味，二御失官，而君弗命，臣之罪也。』公說，徹酒。初公欲廢知氏而立其外嬖，為是悛而止。」

爲秦制，非古典也。……」是言〈月令〉不得與傳合也。（《春秋左
傳正義‧桓五年》卷6，頁195～196）

「見龍而雩」的時間，杜預謂「建巳之月」，《禮記‧月令》則定於「仲夏」，
孔《疏》引杜預《釋例》之言曰「〈月令〉之書出自呂不韋」，《禮記‧月令》
屬秦法，而非周典，故自與《左傳》不合。孔《疏》不僅將《禮記》視爲漢
人傳聞之作，甚至還謂《禮記》爲秦制，一方面由成書方式上來否定《禮記》
的可信度，另一方面則由內容上大大區隔了《禮記》與《春秋》的關係，以
突顯「傳是記虛」的基本原則。

（二）《公羊》徐《疏》：「《禮記》正非典」

與孔《疏》相比，徐《疏》對《禮記》的批評即較爲和緩，其一方面批
評《禮記》「非正典」，另一方面又取《禮記》以駁《左》、《穀》二傳。〈僖二
十八年〉「公朝于王所。」傳「天子在是，則曷爲不言天子在是？不與致天子
也。」何休注「時晉文公年老，恐霸功不成。」疏云：

> 〈檀弓下〉篇云「晉獻公之喪，秦穆公使人弔公子重耳」，且曰「喪
> 亦不可久也，時亦不可失也，孺子其圖之」，鄭玄注云「孺，稚也。」
> 孺子猶稚子，則於僖九年獻公卒時，仍謂之稚子。今得稱云年老者，
> 正以《禮記》非正典，何氏不醇取之。（《春秋公羊傳注疏‧僖二十
> 八年》卷12，頁302）

依《禮記‧檀弓》鄭玄注，僖九年晉獻公卒時，晉文公重耳仍爲「稚子」。然
今僖二十八年何休注謂「時晉文公年老」，《禮記》與何〈注〉的說法顯然有
所出入。依《史記‧晉世家》所言「獻公即位，重耳年二十一」，[註30] 僖九
年晉獻公二十六年卒，如此則僖二十八年時文公年已六十六，確如何休所言
的「年老」。只是此處徐《疏》不多加論證，僅以「《禮記》非正典」作爲批
駁《禮記》的理由。「《禮記》非正典」一語於徐《疏》中共出現兩次，除了
上述〈僖二十八年〉外，另一處見於〈僖三十一年〉「夏，四月，四卜郊，不
從，乃免牲，猶三望。」傳「魯郊，非禮也。」注「謂之郊者，天人相與交
接之意也。」疏云：

> 何氏以爲〈郊特牲〉云「於郊故謂之郊」，《禮記》非正典，故不從
> 之。（《春秋公羊傳注疏‧僖三十一年》卷12，頁311）

[註30] 〔漢〕司馬遷：《新校本史記》（臺北：鼎文書局，1992年），卷39〈世家‧
晉世家〉，頁1656。

對於「郊」字的解釋，何〈注〉「天人相與交接之意」，徐《疏》另引《禮記·郊特牲》異說，強調何氏不取《禮記》是因「《禮記》非正典」。徐《疏》認爲因《禮記》非正典，所以何休不完全依循其解，但何爲「正典」？徐《疏》並未於文中說解，〔註31〕此二處疏文中也僅指出何〈注〉不取《禮記》，但並未說明何說的依據與出處。

　　徐《疏》中二次對《禮記》提出「非正典」的批評，表面上看來，似乎大大否定了《禮記》的價值性，但在〈襄十五年〉中徐《疏》卻又以《禮記》以駁二傳，〈襄十五年〉「劉夏逆王后于齊。」傳「劉夏者何？天子之大夫也。劉者何？邑也。其稱劉何？以邑氏也。」注「《禮記·王制》曰：天子三公之田視公侯，卿視伯，大夫視子男，元士視附庸。」疏云：

> 《公羊》之義，天子圻內不封諸侯，故如此解，即引〈王制〉以證
> 之，與《左氏》、《穀梁》之義異。（《春秋公羊傳注疏·襄十五年》
> 卷20，頁506）

徐《疏》指出何《注》是取《禮記·王制》爲證，而與《左氏》、《穀梁》二傳相異。顯然《禮記》雖非正典，但仍足以作爲支持《公羊》，以駁二傳的重要依據。其實，仔細審視這些疏文，徐《疏》對《禮記》的評論，皆出於對何休注文的取捨的說明，何注取者則依取之，何注捨者則斥爲「非正典」，但對於何注取捨的依據及標準，則顯然非爲疏文所欲論述的重點。

第三節　對《史記》的評論

　　三《疏》徵引的對象皆以經部爲大宗，除了經部以外，孔《疏》以史書居次，史部中又以《史記》的援引爲多，〔註32〕次數多達一百五十餘次，較《世本》九十餘次爲多，亦遠遠超過《漢書》的七十餘次；而《公羊》徐《疏》及《穀梁》楊《疏》雖在引書種類上，子書略多於史書，但在單一種類的援引次數上，史部《史記》的援引次數亦遠超過史、子、集三部之他書，可見

〔註31〕「正典」一詞在徐《疏》中共出現三次，除了上述二處謂《禮記》外，另一處見〈莊十年〉，卷7，頁169。疏文以「〈禹貢〉爲正典」爲理由，說明何休取夏法〈禹貢〉，而不取殷制《爾雅》及周法《周禮·職方氏》。徐《疏》認爲孔子作《春秋》是採摘古制而成，故其否定商、周之制，而取夏法爲「正典」，「正典」所指涉的意涵，顯然還包含時代的考量。

〔註32〕三《疏》援引《史記》時，或稱「史記」，或稱「太史公書」，或稱「司馬遷」，或稱「馬遷」，稱謂並不統一，但所指實爲司馬遷《史記》一書。

三《疏》對《史記》的普遍重視。然而，三《疏》在廣泛徵引《史記》的同時，疏文中也罕見地加入一些負面的抨擊，這在孔《疏》中尤爲明顯，也多少反映了孔《疏》對《史記》的矛盾態度。

一、與《春秋》傳、注相抵牾

（一）傳聞於人，未得盡信

三《疏》對《史記》的援引，取材多側重在〈本紀〉、〈世家〉及〈諸侯年表〉三方面，或註明注文出處，〔註33〕或解釋諸侯世系，〔註34〕或補充生平年月〔註35〕、或載錄史事本末，〔註36〕或用以訓釋音義，〔註37〕或說明成書經過〔註38〕等，尤其孔《疏》與楊《疏》於十二公的名號之下，皆引《史記》及《周

〔註33〕 三《疏》中援引《史記》以說明注文出處者，如《春秋公羊傳注疏·定十年》，卷26，頁661。經「齊人來歸運、讙、龜、陰田。」注「齊侯自頰谷會歸，謂晏子曰：『寡人獲過於魯侯，如之何？』晏子曰：『君子謝過以質，小人謝過以文。齊嘗侵魯四邑，請皆還之。』」疏文釋曰：「皆《晏子春秋》及《家語》、《孔子世家》之文。」

〔註34〕 三《疏》中取《史記》以解釋諸侯世系者，如《春秋穀梁傳注疏·僖五年》，卷7，頁136～137。經「公及齊侯、宋公、陳侯、衛侯、鄭伯、許男、曹伯會王世子于首戴。」疏云：「案《史記·年表》，此時齊侯，桓公也；宋公，桓公也；陳侯，宣公也；衛侯，文公也；鄭伯，文公也；許男，僖公也；曹伯，昭公也。其王世子者，即惠王之世子，名鄭，後立爲襄王是也。」

〔註35〕 三《疏》中取《史記》以補充生平年月者，如《春秋左傳正義·定十二年》，卷56，頁1836。傳「仲由爲季氏宰，將墮三都。……仲尼命申句須、樂頎下伐之。」杜注「仲尼時爲司寇。」疏云：「《史記·孔子世家》云：定公以孔子爲中都宰，一年，四方皆則之。由中都宰爲司空，由司空爲大司寇。十年會于夾谷時已爲司寇矣，十四年孔子由大司寇攝行相事。是此時仲尼爲司寇。」

〔註36〕 三《疏》中取《史記》以記史事本末者，如《春秋公羊傳注疏·宣三年》，卷15，頁378。經「三年，春，王正月，郊牛之口傷，改卜牛。牛死，乃不郊，猶三望。」傳文「王者必以其祖配」一句，注「祖謂后稷，周之始祖，姜嫄履大人迹所生。」疏云：「〈周本紀〉云『有邰氏女曰姜嫄，爲帝嚳元妃，出野，見巨人迹，心忻然說，欲踐之，踐之身動，如孕者，居期而生子，以爲不祥，棄之隘巷，或棄山林寒冰之上』云云，『姜嫄以爲神，遂收養長之。初欲棄之，因名曰棄』是也。」

〔註37〕 三《疏》中取《史記》以訓釋音義者，如《春秋左傳正義·桓十八年》，卷7，頁244。傳「夏，四月，丙子，享公。使公子彭生乘公，公薨于車。」杜注「彭生多力，拉公幹而殺之。」疏云：「莊元年《公羊傳》曰……何休云：『撠，折聲也。』〈齊世家〉云：『襄公使力士彭生抱上魯君車，因摺殺魯桓公，下車則死矣。』撠、摺、拉，音義同也。」

〔註38〕 三《疏》中取《史記》以說明古書成書者，如《春秋左傳正義·桓五年》，卷

書・謚法》〔註39〕二書作爲魯公世系的說明，此是孔、楊二《疏》的共同體例。
然而孔、楊二《疏》雖廣引《史記》，但也注意到《史記》與《春秋》傳、注的
不盡相合。楊《疏》於〈襄二十一年〉傳「庚子，孔子生。」疏云：

> 仲尼以此年生，故傳因而錄之。《史記・世家》云襄公二十二年生者，
> 馬遷之言，與經典不同者非一，故與此傳異年耳。(《春秋穀梁傳注
> 疏・襄二十一年》卷 16，頁 302)

疏文提到「馬遷之言，與經典不同者非一」，此包含兩種涵意：一爲《史記》
與「經典」的區分，《史記》雖爲正史，卻與「經典」不同，此處的「經典」
指的是《穀梁》傳；再者，「不同者非一」，則指出《史記》與《春秋》經、
傳相異者不在少數，《史記》不僅非同於「經典」，其與「經典」間亦普遍存
在相異的情形。

　　《穀梁》楊《疏》中點出《史記》與《春秋》經、傳的不同，其評論的
語詞較爲含蓄。但在孔《疏》中，其批駁《史記》的立場則極爲鮮明，孔《疏》
援引《史記》一百五十餘次中，直言《史記》謬誤者則近二十處，比如〈文
十八年〉傳「高辛氏有才子八人，伯奮、仲堪、叔獻、季仲、伯虎、仲熊、
叔豹、季貍。」疏云：

> 《史記》稷、契皆爲帝嚳之子，而上句注云「其苗裔」者，《史記》
> 堯亦帝嚳之子，則稷、契，堯之親弟。以堯之聖，有大德之弟，久
> 而不知，舜始舉用。以情而測，理必不然。且云世濟其美，其間必
> 應累世，不容高辛之下即至其身。馬遷傳聞於人，未必盡得其實。〈世
> 族譜〉取《史記》之說，又從而譏之云「案鯀則舜之五世從祖父也。
> 而及舜共爲堯臣，堯則舜之三從高祖，而妻其女，此《史記》之疑
> 者」。然則以其不可悉信，故言苗裔以該之。(《春秋左傳正義・文十
> 八年》卷 20，頁 665)

若依《史記》記載，對照之前杜預注文，則堯、稷、契三人當爲親兄弟，皆

6，頁 190。傳「曼伯爲右拒，祭仲足爲左拒，原繁、高渠彌以中軍奉公，爲
　魚麗之陳。」注提及《司馬法》一書，孔《疏》則引《史記》曰：「《史記》
　稱齊景公之時，有田穰苴善用兵，景公尊之，位爲大司馬。六國時，齊威王
　用兵行威，大放穰苴之法，乃使大夫追論古者司馬兵法，而附穰苴其中，凡
　一百五十篇，號曰《司馬法》。」

〔註39〕《左氏》孔《疏》於十二公之名號下，皆引《史記》及《周書・謚法》釋之；
　　　　而《穀梁》楊《疏》十二公中，僅「哀公」下未提及《史記》，其餘皆同。

為高辛帝嚳之子。孔《疏》認為如此的論述於情理不合，其提出二點質疑：一為若稷、契為堯弟，堯時為何未舉用賢弟？二則堯為舜之三從高祖，如何妻其女？孔《疏》認為此說法「以情而測，理必不然」，故批評《史記》所載為「馬遷傳聞於人，未必盡得其實」，其並引證杜預〈世族譜〉，謂杜預雖取《史記》之說，但實為譏諷而存疑之。既取《史記》又質疑之，即是孔《疏》對《史記》的基本態度。

　　與楊《疏》〈襄二十一年〉的態度相近，《史記》與《春秋》傳、注之不盡合，是孔《疏》批評《史記》的主因，以〈僖五年〉為例，傳「會于首止，會王大子鄭，謀寧周也。」注「惠王以惠后故，將廢大子鄭而立王子帶，故齊桓帥諸侯會王大子，以定其位。」疏云：

> 二十四年傳曰：「不穀不德，得罪于母氏之寵子帶。書曰『天王出居于鄭』，辟母弟之難也。」如彼傳文，則襄王與子帶俱是惠后所生，但其母鍾愛其少子，故欲廢大子而立之。〈周本紀〉云：「襄王母早死，後母曰惠后，生叔帶。」與傳不同，《史記》謬也。（《春秋左傳正義·僖五年》卷12，頁391）

關於襄王與子帶是同母或是異母兄弟，《左氏》與《史記》的說法不同，疏文以〈僖二十四年〉傳文，反駁《史記·周本紀》之說，強調「與傳不同，《史記》謬也」；又〈成八年〉傳「六月，晉討趙同、趙括。武從姬氏畜于公宮。」注「趙武，莊姬之子。莊姬，晉成公女。」疏云：

> 《史記·趙世家》云：「趙朔娶晉成公姊為夫人。」案傳，趙衰適妻是文公之女，若朔妻成公之姊，則亦文公之女。父之從母，不可以為妻；且文公之卒，距此四十六年，莊姬此時尚少，不得為成公姊也。賈、服先儒皆以為成公之女，故杜從之。《史記》又稱有屠岸賈者，有寵於靈公，此時為司寇，追論趙盾弒君之事，誅趙氏，殺趙朔、趙同、趙括，而滅其族。案二年傳「欒書將下軍」，則於時朔已死矣。同、括為莊姬所譖，此年見殺，趙朔不得與同、括俱死也。於時晉君明，諸臣彊，無容有屠岸賈輒廁其間，得如此專恣。又說云，公孫杵臼取他兒代武死，程嬰匿武於山中，居十五年，因晉侯有疾，韓厥乃請立武為趙氏後，與《左傳》皆違，馬遷妄說，不可從也。（《春秋左傳正義·成八年》卷26，頁843）

針對《史記》所記載的趙朔妻的身份，及屠岸賈誅趙氏、公孫杵臼和程嬰救

孤之事，孔《疏》取《左氏》之說一一反駁，批評「與《左傳》皆違，馬遷妄說，不可從也。」再者，〈襄二十九年〉吳公子札至魯觀樂，疏云：

> 風有十五，國其名，皆與《詩》同，唯其次第異耳。則仲尼以前，
> 篇目先具，其所刪削，蓋亦無多。記傳引《詩》，亡逸甚少，知本先
> 不多也。《史記・孔子世家》云：「古者詩三千餘篇，孔子去其重，
> 取三百五篇。」蓋馬遷之謬耳。（《春秋左傳正義・襄二十九年》卷
> 39，頁 1263）

孔《疏》以「記傳引《詩》，亡逸甚少」，以駁斥《史記》孔子刪《詩》之說。上述三例中，或論世族統系，或敘遠古史事，或言經書形成，孔《疏》對於《史記》與《左氏》相違之處，一概皆謂「馬遷妄說」。

（二）孔《疏》依杜預而取捨

除了依《左氏》論斷《史記》外，孔《疏》亦依承杜預以取捨《史記》，〈定四年〉傳「蔡叔，康叔之兄也。」注「蔡叔，周公兄；康叔，周公弟。」疏云：

> 《史記・管蔡世家》云……如彼文，則蔡叔，周公弟也。今以蔡叔
> 爲周公兄者，以僖二十四年傳富辰言文之昭十六國，蔡在魯上，明
> 以長幼爲次，賈逵等皆言蔡叔周公兄，故杜從之。馬遷之言多辟謬，
> 故不用《史記》爲說。（《春秋左傳正義・定四年》卷54，頁1778）

對於諸侯譜系，《史記》與《左氏》有相異的看法，杜氏依賈逵等先儒之說，不取《史記》，孔《疏》解釋因「馬遷之言多辟謬，故不用《史記》爲說。」同樣是《史記》與《左氏》相異，〈定四年〉中孔《疏》依杜氏而不取《史記》，但在〈昭二十七年〉時，孔《疏》則是依杜氏而取《史記》，〈昭二十七年〉傳「我，王嗣也，吾欲求之。」注「光，吳王諸樊子也，故曰我王嗣。」疏云：

> 〈吳世家〉云……是《史記》以光爲諸樊之子，僚爲夷昧之子也。
> 襄二十九年《公羊傳》曰……《世本》云「夷昧及僚，夷昧生光」。
> 服虔云：夷昧生光而廢之，僚者，夷昧之庶兄，夷昧卒，僚代立，
> 故光曰「我，王嗣也」。是用《公羊》爲說也。杜言「光，吳王諸樊
> 子」，用《史記》爲說也。班固云「司馬遷采《世本》爲《史記》」，
> 而今之《世本》與遷言不同，《世本》多誤，不足依憑，故杜以《史
> 記》爲正也。（《春秋左傳正義・昭二十七年》卷52，頁1707）

關於吳公子光與夷昧的關係，服虔取《公羊》及《世本》之說，但杜預卻不

依此，反而取《史記》爲說，孔《疏》解釋因「《世本》多誤，不足依憑」。《史記》與《世本》相較，《史記》較《世本》可信，故此處孔《疏》依承杜預以《史記》爲正。孔《疏》曾謂「杜據《世本》、《史記》作〈世族譜〉」，〔註40〕但孔《疏》既批評《史記》，又謂「《世本》多誤，不足依憑」，作爲杜氏取《史記》捨《世本》的理由，可見《史記》雖多謬，但《世本》又較《史記》不可信。《世本》、《史記》、〈世族譜〉三書雖具有先後的緊密關係，但在價值評判上卻是後優於前，新優於舊，其評價的因素，孔《疏》的宗杜占了重要的關鍵，但也顯示出孔《疏》對遠古文獻的不信任。孔《疏》對版本問題的探討，多著重在版本流傳過程中的傳抄與闕誤，年代越古，流傳的時間越久，這種闕誤的情況將會越嚴重，其文獻的可信度也就越低。因此孔《疏》謂「杜注《春秋》，又爲《釋例》，前後經、傳勘當備盡。」〔註41〕後人的詳實考據，往往較古書文本可信，其稱讚杜預詳考《春秋》，立論一以杜說爲主。

　　孔《疏》對《史記》或取或捨，以《左氏》傳文及杜說爲其分判的準則，至於劉炫取《史記》以規杜者，孔《疏》一概以批駁《史記》作爲反擊，比如〈哀十九年〉傳「冬，叔青如京師，敬王崩故也。」疏云：

> 《史記·十二諸侯年表》敬王四十一年孔子卒，四十三年敬王崩。則敬王崩在他年也。〈周本紀〉云，敬王崩，子元王立，八年崩，子定王立。〈六國年表〉定王元年，《左傳》盡此，則傳以定王元年終矣。杜〈世族譜〉云「敬王三十九年，魯哀公十四年，獲麟之歲也。四十二年而敬王崩，敬王子元王十年，《春秋》之傳終矣」。與《史記》不同者。但《史記》世代年月，事多舛錯，故班固以文多抵牾謂此類也。案《世本》「敬王崩，貞王介立。貞王崩，元王赤立」。宋忠注引「《太史公書》云『元王仁生貞王介』，與《世本》不相應，不知誰是」，則宋忠不能定也。又〈帝王世紀〉敬王三十九年，《春秋》經終。四十四年敬王崩，子貞定王立。貞定王崩，子元王立。是《世本》與《史記》參差不同。良以書籍久遠，事多紕繆，故杜違《史記》，亦何怪焉？劉炫以杜與《史記》不同而規其過，未知劉意能定與否。（《春秋左傳正義·哀十九年》卷60，頁1960）

依《左氏》記載，孔子卒於哀公十六年，敬王崩于哀公十九年，兩事相隔三

〔註40〕《春秋左傳正義·昭四年》，卷42，頁1386。
〔註41〕《春秋左傳正義·宣九年》，卷22，頁714。

－50－

年，此即與《史記‧十二諸侯年表》相隔二年的說法不同，亦與杜預〈世族譜〉中「敬王三十九年，魯哀公十四年」及「四十二年而敬王崩」的說法有異。此外，敬王崩後王位的傳承，《史記》、《世本》、《帝王世紀》亦各有異說。對此，孔《疏》未說明杜預〈世族譜〉與《左氏》的差異，其僅以班固之言批評《史記》，再也以「書籍久遠，事多紕謬，故杜違《史記》，亦何怪焉？」為杜預的異說尋求辯解，以反駁劉炫依《史記》規杜之說；又〈文十六年〉傳「先君蚡冒所以服陘隰也。」注「蚡冒，楚武王父。」疏云：

> 劉炫云：案〈楚世家〉，蚡冒卒，弟熊達殺蚡冒子而代立，是為楚武
> 王。則蚡冒是兄，不得為父。今知不然者，以〈世家〉之文，多有
> 紕繆，與經、傳異者，非是一條。杜氏非不見其文，但見而不用耳。
> 劉以〈世家〉規杜，非也。（《春秋左傳正義‧文十六年》卷20，頁
> 650）

楚王與蚡冒是父子？抑或兄弟？杜〈注〉及《史記‧楚世家》的說法不同，劉炫以此規杜，孔《疏》反以「〈世家〉之文，多有紕繆，與經、傳異者，非是一條。」批駁《史記》以維護杜說。

其實，《左氏》與《史記》同樣載錄大量的遠古史事，因為記載的詳略，及敘述的差異，往往使得同一史事呈現不同的樣貌。再者，誠如孔《疏》所言「書籍久遠，事多紕謬」，遠古之事，已難詳考，孔《疏》以「馬遷傳聞於人，未必盡得其實」，質疑《史記》的可信度，那「博采簡牘」〔註42〕的《左氏》，何嘗不也是一種「傳聞於人」？至於杜〈注〉，本即訓解《左氏》之用，孔《疏》依杜預取捨《史記》，並以批駁《史記》達到駁劉護杜的目的，卻缺乏一詳實的說明與論證，其對《史記》的批評不免失於客觀。

二、孔《疏》由文辭上否定

（一）文辭鄙妄

有時孔《疏》亦著眼於文辭敘述上，以批評《史記》失真有違常理。〈僖六年〉傳曰「冬，蔡穆侯將許僖公以見楚子於武城。許男面縛，銜璧，大夫衰絰，士輿櫬。楚子問諸逢伯，對曰：『昔武王克殷，微子啟如是。武王親釋其縛，受其璧而祓之。焚其櫬，禮而命之，使復其所。』楚子從之。」疏云：

> 案〈宋世家〉云：「微子開者，殷帝乙之首子而帝紂之庶兄。周武王

〔註42〕《春秋左傳正義‧序》，卷1，頁10。疏云：「丘明作傳皆博采簡牘眾記。」

　　克殷，微子乃持其祭器造於軍門，肉袒面縛，左牽羊，右把茅，膝
　　行而前以告。於是武王乃釋微子，復其位。成王誅武庚，乃命微子
　　代殷之後，國於宋。」《史記》之言，多有錯謬。微子手縛於後，故
　　以口銜璧，又焉得牽羊把茅也？此皆馬遷之妄耳。(《春秋左傳正義·
　　僖六年》卷 13，頁 399)

對於傳文所提及的微子告武王一事，孔《疏》引述《史記·宋世家》的一段
文字，再予以質疑批駁之。《史記·宋世家》曾記載周武王克殷後，微子「肉
袒面縛，左牽羊，右把茅，膝行而前以告。」孔《疏》對此提出質疑，其謂
「微子手縛於後，故以口銜璧，又焉得牽羊把茅也？」《史記》的敘述顯然語
詞前後矛盾，於理不合，故直言此爲「馬遷之妄耳」，並強調「《史記》之言，
多有錯謬」。其實，將《史記》與《左氏》的記載加以比較，《史記》較《左
傳》多了「左牽羊，右把茅，膝行而前以告」等文字，而這些溢增的文字，
則成爲孔《疏》批駁《史記》的焦點；同樣針對敘述上的批評，還包括〈哀
七年〉傳「大伯端委以治周禮，仲雍嗣之，斷髮文身，贏以爲飾，豈禮也哉？
有由然也。」疏云：

　　〈吳世家〉云：「大伯及仲雍，皆周大王之子，而王季歷之兄也。季
　　歷賢，而有聖子昌，大王欲立季歷以及昌，於是大伯、仲雍二人乃
　　奔荊蠻，文身斷髮，示不可用。大伯之奔荊蠻，自號句吳。荊蠻義
　　之，從而歸之千餘家，立爲吳大伯。大伯卒，無子，弟仲雍立。」
　　是說大伯、仲雍適吳之由也。……此傳言大伯端委，仲雍斷髮，《史
　　記》云二人皆文身斷髮，然則文身斷髮，自辟害耳。《史記》以爲「示
　　不可用」，二人亡去，遠適荊蠻，則周人不知其處，何以須示不可用
　　也？皆馬遷繆耳。(《春秋左傳正義·哀七年》卷 58，頁 1889)

關於大伯、仲雍讓弟季歷，而俱適吳一事，《左氏》與《史記》的記載詳略互
異，其中《史記》多了「文身斷髮，示不可用」等字句，孔《疏》即針對這
些文句進行批駁，斥「馬遷繆耳」。

　　〈桓十六年〉傳曰「宣姜與公子朔構急子。公使諸齊，使盜待諸莘，將
殺之。壽子告之，使行。不可，曰：『棄父之命，惡用子矣！有無父之國則可
也。』及行，飲以酒。壽子載其旌以先，盜殺之。急子至，曰：『我之求也，
此何罪？請殺我乎！』又殺之。」對於「載其旌」一詞，疏云：

　　〈世家〉云：「與太子白旌，而告盜曰，見白旌者殺之。」或當以白

旄爲旌，但馬遷涉此文而爲之說，其辭至鄙，未必其言可信也。（《春

秋左傳正義‧桓十六年》卷7，頁240）

《史記》的記載見於〈衛康叔世家〉，[註43] 孔《疏》僅以「其辭至鄙」的批
評，否定《史記》的可信度。只是所謂之「至鄙」之辭爲何？疏文並未說明。
顯然除了與《左氏》、杜說相異外，文辭的鄙俗、不合情理也是孔《疏》批評
《史記》的另一焦點。

（二）依己意取捨

上述諸例中，孔《疏》將《左氏》與《史記》之文相較，針對《史記》
增溢的文字仔細考察，認爲這些文辭，或不合情理，或文辭鄙俗，直斥司馬
遷敘述文句上的缺失，進而質疑其可信度。依孔《疏》的態度，其認爲《史
記》在敘述語辭上遠不如《左氏》質樸，司馬遷以己意增添的文字，反而增
加了《史記》的失眞性。

〈桓十六年〉中孔《疏》由「其辭至鄙」來否定《史記》的可信度，疏
文中並未詳明「至鄙」之辭爲何？考察《史記‧衛康叔世家》原文，亦難知
孔《疏》之意？因缺乏明確的論證，此一評判難脫主觀的好惡，但文中已透
露，孔《疏》對司馬遷某些敘述筆法的不甚認同。比如〈僖六年〉中針對《史
記》記載微子告武王一事，對情節不合理的質疑，〈哀七年〉謂《史記》敘述
大伯、仲雍讓弟適吳一事，文中「示不可用」之冗詞爲「謬」，這些批評中，
孔《疏》皆針對《史記》的敘述筆法提出否定，謂《史記》文辭或「鄙」、或
「繆」、或「妄」。司馬遷的敘述筆法成爲孔《疏》否定《史記》的原因之一。

在〈哀十九年〉例證中，孔《疏》曾舉班固「文多抵牾」的評論，作爲
「《史記》世代年月，事多舛錯」的論證。班固之言見於《漢書‧司馬遷傳》，
其云：

司馬遷據《左氏》、《國語》，采《世本》、《戰國策》，述楚漢春秋，

接其後事，訖于天漢。其言秦漢，詳矣。至於采經摭傳，分散數家

[註43] 《新校本史記》，卷37〈世家‧衛康叔世家〉，頁1593。云：「宣公自以其奪
太子妻也，心惡太子，欲廢之。及聞其惡，大怒，乃使太子伋於齊而令盜遮
界上殺之，與太子白旄，而告界盜見持白旄者殺之。且行，子朔之兄壽，太
子異母弟也，知朔之惡太子而君欲殺之，乃謂太子曰：『界盜見太子白旄，即
殺太子，太子可毋行。』太子曰：『逆父命求生，不可。』遂行。壽見太子不
止，乃盜其白旄而先馳至界。界盜見其驗，即殺之。壽已死，而太子伋又至，
謂盜曰：『所當殺乃我也。』盜并殺太子伋，以報宣公。」

之事，甚多疏略，或有抵牾，亦其涉獵者廣博，貫穿經傳，馳騁古今，上下數千載間，斯以勤矣。又其是非頗繆於聖人，論大道則先黃老而後六經，序遊俠則退處士而進姦雄，述貨殖則崇勢利而羞賤貧，此其所蔽也。然自劉向、揚雄博極　書，皆稱遷有良史之材，服其善序事理，辨而不華，質而不俚，其文直，其事核，不虛美，不隱惡，故謂之實錄。〔註44〕

班固批評司馬遷「抵牾」，主要是《史記》中「采經摭傳，分散數家之事」時，所造成的前後不一的情形，屬於載錄史事上前後不統一的缺失。至於《史記》的文辭，班固反而稱許其「辨而不華，質而不俚，其文直，其事核，不虛美，不隱惡，故謂之實錄。」班固所謂的「質而不俚」、「其文直」，顯然即與孔《疏》「鄙」、「繆」的觀點相悖。孔《疏》只取班固批評司馬遷之語，卻未論及班固對《史記》敘述文辭上的稱許。當然，班固對司馬遷的評價仍待商榷，但由班固之言，也多少對比出孔《疏》對《史記》敘述文辭的否定，猶有主觀的爭議空間。

　　上述批評中，孔《疏》對《史記》描繪情境的敘述筆法，似乎不太認同。但細研孔《疏》對《史記》的援引，其態度並非全然如此，比如〈昭二十二年〉傳「賓孟適郊，見雄雞自斷其尾。問之，待者曰：『自憚其犧也。』遽歸告王，且曰：『雞其憚爲人用乎！人異於是。犧者實用人，人犧實難，己犧何害？』」注「言設使寵人如寵犧，則不宜假人以招禍難。使犧在己，則無患害。己喻子朝，欲使王早寵異之。」疏云：

> 犧者，繫養之名耳。言寵飾者，當養之時，必爲之服飾以異之，如今之繫五采也。《史記》稱，楚王欲以莊周爲國相，謂使者曰「郊祭犧牛，養之數歲，衣以文繡，牽入大廟。是時欲爲狐豚，豈可得乎」？是亦飾之事。（《春秋左傳正義·昭二十二年》卷50，頁1640）

爲了說明寵人如寵犧的道理，孔《疏》除了訓釋杜注字詞外，還援引《史記·老子韓非列傳》中莊周婉拒楚王爲相的寓言故事。〔註45〕此事與《春秋》經、

〔註44〕〔漢〕班固：《新校本漢書》（臺北：鼎文書局，1983年），卷62〈列傳·司馬遷〉，頁2737。

〔註45〕《新校本史記》，卷63〈列傳·老子韓非傳〉，頁2145。云：「楚威王聞莊周賢，使使厚幣迎之，許以爲相。莊周笑謂楚使者曰：『千金，重利；卿相，尊位也。子獨不見郊祭之犧牛乎？養食之數歲，衣以文繡，以入大廟。當是之時，雖欲爲狐豚，豈可得乎？子亟去，無污我。我寧游戲污瀆之中自快，無

傳無直接關連，但孔《疏》爲說解注意，取《史記》所載事例爲證；又〈昭
二十九年〉傳「衛侯來獻其乘馬，曰啓服，暫而死。公將爲之櫝。子家子曰：
『從者病矣，請以食之。』乃以幃裹之。」注「禮曰，敝幃不弃，爲埋馬也。」
疏云：

> 〈檀弓〉文也。禮有埋馬之法，子家子請以馬肉食從者者，以公將
> 爲之櫝，所以深抑之。公感子家子之言，方始依禮以幃裹之。《史記・
> 滑稽傳》云：「楚莊王有所愛馬，衣以文繡，置之華屋之下，席之以
> 路牀，啗之以棗脯。馬病肥死，欲以棺椁大夫禮葬之。優孟者，故
> 楚之樂人也。多辨，常以談笑風諫。於是入門大笑。王驚而問其故。
> 優孟曰：『馬者，王之所愛也，以楚國之大，何求不得，而以大夫禮
> 葬之？薄，請以人君禮葬之。』王曰：『何如？』對曰：『臣請以雕
> 玉爲棺，文梓爲椁，發甲卒爲穿壙，老弱負土，廟食大牢，奉以萬
> 戶之邑。諸侯聞之，皆知大王賤人而貴馬也。』王曰：『寡人過一至
> 於此！爲之奈何？』優孟曰：『請大王以六畜葬之。以壟竈爲椁，銅
> 歷爲棺，齊以薑桂，薦以木蘭，祭以粳稻，衣以火光，葬之人腸。』
> 於是王乃使以馬屬大官，無令天下聞之。」彼亦此之類也。（《春秋
> 左傳正義・昭二十九年》卷53，頁1728）

此段疏文中，除了前兩二行釋杜〈注〉外，孔《疏》援引《史記・滑稽傳》
的大段文字，[註46] 只爲說明「彼亦此之類也」，以與傳文事蹟相互參照。雖
然其間的文字與《史記》原文略有小異，但孔《疏》不厭其煩地援引大段文
字，幾占了全段疏文的六分之五，可見孔《疏》對司馬遷《史記》敘述筆法
的認可。由此可知，孔《疏》對《史記》文詞「鄙」、「妄」的批評，僅是針

　　爲有國者所羈，終身不仕，以快吾志焉。』」
[註46] 《新校本史記》，卷126〈滑稽列傳〉，頁3200。云：「楚莊王之時，有所愛馬，
　　衣以文繡，置之華屋之下，席以露牀，啗以棗脯。馬病肥死，使群臣喪之，
　　欲以棺椁大夫禮葬之。左右爭之，以爲不可。王下令曰：『有敢以馬諫者，罪
　　至死。』優孟聞之，入殿門。仰天大哭。王驚而問其故。優孟曰：『馬者王之
　　所愛也，以楚國堂堂之大，何求不得，而以大夫禮葬之，薄，請以人君禮葬
　　之。』王曰：『何如？』對曰：『臣請以彫玉爲棺，文梓爲椁，梗楓豫章爲題
　　湊，發甲卒爲穿壙，老弱負土，齊趙陪位於前，韓魏翼衛其後，廟食太牢，
　　奉以萬戶之邑。諸侯聞之，皆知大王賤人而貴馬也。』王曰：『寡人之過一至
　　此乎！爲之奈何？』優孟曰：『請爲大王六畜葬之。以壟灶爲椁，銅歷爲棺，
　　齋以薑棗，薦以木蘭，祭以糧稻，衣以火光，葬之於人腹腸。』於是王乃使
　　以馬屬太官，無令天下久聞也。」

對某些事例而論，特別是在《史記》與《左氏》敘述衝突時，爲了維護《左氏》，而在詮解的過程中選擇性的加入己意的評判。

第四節　小　結

　　《春秋》三《疏》對前儒典籍的徵引總計二百二十餘種，時代上至遠古，下至隋代，其中以兩漢時期最多，先秦次之，而以陸德明爲年代最晚者；範疇上則遍及經、史、子、集四部，四部中以經部爲大宗，尤多《春秋》類的專著與經師，史部略多於子部，集部最少。而經部的徵引中，除了《春秋》三《傳》外，即以三《禮》爲多，史部則以《史記》居冠。其中特別的是，三《疏》在援引《周禮》、《禮記》、《史記》三書的同時，還罕見地加入一些褒貶的評論，此現象一方面反映三《疏》對《春秋》傳、注與他書異說的處理方式，另一方面也顯露三《疏》以經爲本位的詮解立場。

　　《公羊》徐《疏》及《左氏》孔《疏》皆注意到《周禮》與《春秋》傳、注，尤其是與《春秋》注文間，存在著某些詮解上的出入。原本，這只是《周禮》與《春秋》後人注文的不同，但因義疏多承注文而來，在徐、孔二《疏》疏極度依循注文的情況下，這種《周禮》與《春秋》注文的差異，反而升高至《周禮》與《春秋》經典間的差異，此在上述孔《疏》〈隱四年〉明指《春秋》與《周禮》異的疏文中可得到論證。換言之，這種表面上看來經典上的衝突，實非源於經典本身，而是由疏文詮解態度上的尊崇「注文」所導致。《周禮》爲禮之正法，代表周代之法制，其內容及版本上皆具有一定的信度，經典的地位不容質疑，因此如何會通《周禮》與《春秋》傳、注間的差說，如何在不推翻《周禮》經典地位的情況下，同樣維持住《春秋》注文的正確性？遂成爲二《疏》關注的焦點之一。面對《周禮》與《春秋》傳、注間的衝突，二《疏》皆試圖由《春秋》意旨上加以會通。徐《疏》主張《春秋》爲孔子「採摘古制」而成，具聖人制法之新意，自然不全然依循周時禮制，故《周禮》雖爲經典，但反不若《春秋》緯書貼近聖人意旨；孔《疏》則一方面強調《周禮》爲「正法」，另一方面又謂《左氏》反映的實爲「時制」。理論與現實的不同，成爲孔《疏》解決經典衝突的基本依據，除此之外，孔《疏》還注意到版本流傳、後人詮解上可能產生的錯誤與失真。對於詮解問題上的考量與詮解方式上的操作，孔《疏》顯然比徐《疏》較爲細膩及全面。

　　至於《禮記》，《左氏》孔《疏》則稱其爲漢人傳聞之作，是爲「秦法」，《公羊》徐《疏》謂其「非正典」，《穀梁》楊《疏》視爲「周末之書」。雖然三《疏》對於《禮記》的著述時代，看法略有不同，但三《疏》普遍由時代上來區隔其與《春秋》傳、注的差異，《禮記》既是後世之書，自與《春秋》不盡相合。其中，孔《疏》對《禮記》的批評尤爲強烈，孔《疏》中不僅一再重申「《傳》實而《記》虛」的取捨原則，強調《禮記》爲後人所錄，爲「妄」，爲「傳聞」，甚至還明確指出《禮記‧月令》爲秦法，其對《禮記》的不信任，也大致反映《左氏》古文學家對今文《禮記》的排斥。

　　三《疏》大量徵引《周禮》、《禮記》及《儀禮》，可見其對三《禮》的倚重。然而《周禮》與《禮記》二書，卻與《春秋》傳、注間，存在著某些隔閡。而由三《疏》對《周禮》、《禮記》異說的處理，可以發現，三《疏》解決經文異說的方式大體雷同，皆是立基於本傳的基本看法上，由孔子作《春秋》的方式加以立論。《春秋》三《傳》對於孔子作《春秋》之意旨，及《春秋》所體現的法制，皆各有不同的主張。孔《疏》謂孔子作《春秋》是「量時制事」，反映當時的現實法制；徐《疏》以「孔子爲《春秋》，採摘古制」而成；楊《疏》主張「仲尼脩《春秋》，改周之文，從殷之質」。三《疏》的看法，實則皆承襲其本傳的一貫主張。由《春秋》之不合周法，來說明與《禮》書的不同，以《春秋》本位的思考模式，解決諸經上的出入。

　　至於《史記》，三《疏》徵引的次數皆相當多，但《左氏》孔《疏》及《穀梁》楊《疏》在廣引《史記》的同時，卻也對《史記》提出不信任的質疑，尤其孔《疏》徵引《史記》的比例最高，但三《疏》中也僅有孔《疏》直接以「繆」、「妄」等強烈語詞來批駁《史記》，在疏文中針對引書加入批駁的字眼，已屬罕見，更何況批駁的次數還不在少數，孔《疏》對《史記》的強烈反應，其態度頗令人玩味。而細究上述孔《疏》駁斥《史記》的理由，不免有些牽強扞格之鑿痕。持平而論，孔《疏》對《史記》的批評，實則源於對《左氏》傳、注的維護，尤其劉炫屢取《史記》規杜，故否定《史記》，成爲孔《疏》駁劉護杜的方式之一。未涉及經、史取捨時，其以開放的態度援引《史記》，但當面臨《左氏》與《史記》異說時，則力駁《史記》以顯《左氏》之正宗。其對《史記》批評，實則皆以經學本位爲出發點。其依杜說取捨《史記》，也以《左氏》反駁司馬遷，孔《疏》在突顯其經學本位的立場時，也再次展現其謹遵杜說的詮解特色。

　　不僅孔《疏》有明顯經學本位的立場，《穀梁》楊《疏》中以「經典」區隔於《史記》，在某種程度上也是反映了這種經、史評價地位之高下。魏晉之後，史學蓬勃發展，雖然在書籍分類上，史部逐漸脫離經部而獨立，但史學終究難以擺脫經學的籠罩，經學具有聖人創制的崇高地位，唐代劉知幾（661～721）作《史通》，猶「志擬《春秋》」，〔註47〕史家著作史書，仍以經學之志作爲撰史的原則與目標。可見在唐代整個學術氛圍中，經學始終居於主導的地位。《春秋》三《疏》一方面廣引《史記》，另一方面又對《史記》異說嚴加批評，實則爲唐代學術氛圍之反映。

　　《春秋》三《疏》廣引群書二百二十餘種，其中《左氏》孔《疏》援引一百八十餘種，但清代劉文淇（1789～1854）作《左傳舊疏考證》一書，書中詳考孔《疏》引書，指出孔《疏》中有許多實是抄襲自舊疏者，劉氏曰：

> 疏中所引李巡、劉歆、舍人《爾雅》注，孔衍《公羊傳集解》，盧欽《公羊序》，鄭眾、馬融、彭仲博《左傳》注，衛冀隆《難杜》，秦道靜《釋杜》，劉欣期《交州記》，張勃《吳錄》，裴淵《廣州記》，《元中要記》，張奐《古今人論》，《隋志》或云已亡，或不著錄，疑皆非唐人所引也。〔註48〕

劉文淇取《隋書・經籍志》與孔《疏》相較，指出疏中所引之李巡、劉歆、舍人《爾雅》注，及孔衍、盧欽、彭仲博等，《隋書・經籍志》或云已亡，或不著錄，故懷疑「皆非唐人所引」者，劉氏以此爲孔《疏》雜入舊疏的例證。

　　《隋書》爲唐初魏徵（580～643）所作，魏徵與孔穎達、楊士勛等人同時期，魏徵當時得見之書籍，當與孔、楊諸人相去不遠。但今取《隋書・經籍志》與《春秋》三《疏》相較，三《疏》所徵引的二百二十餘種，多數未見載於《隋書・經籍志》。以經部《春秋》類爲例，《隋書・經籍志》中載錄前儒經師六十六位，但三《疏》在廣引前人舊疏時，卻僅提及了其中的二十八位，尚未及《隋志》之一半，此二十八位在三《疏》所徵引的《春秋》類總計六十餘種中，亦不及二分之一。而且除了上述引文所提及者外，《左氏》孔《疏》之鄭興、許惠卿、杜子春、束晳、臣瓚《漢書音義》等，《公羊》徐《疏》中之閔因敘、戴宏

〔註47〕〔唐〕劉知幾撰、浦起龍釋：《史通通釋》（臺北：里仁書局，1980年），卷10〈自敘〉，頁290。其中「志擬《春秋》」一詞爲清人浦起龍之釋詞。

〔註48〕〔清〕劉文淇：《左傳舊疏考正》，收於《續經解春秋彙編》（臺北：藝文印書館，1986年），卷747，頁2685。

《解疑論》、《八代記》及《穀梁》楊《疏》之鄭嗣、衛冀隆、李奇《漢書注》等，亦未見載於《隋志》中。而《公羊》徐《疏》中提及緯書二十餘種，但今見《隋志》中關於讖緯書籍的記載極為簡略，其曰：

> 至宋大明中，始禁圖讖，梁天監已後，又重其制。及高祖受禪，禁
> 之踰切。煬帝即位，乃發使四出，搜天下書籍與讖緯相涉者，皆焚
> 之，為吏所糾者至死。自是無復其學，祕府之內，亦多散亡。今錄
> 其見存，列于六經之下，以備異說。〔註49〕

《隋志》提到隋煬帝即位後焚禁讖緯，「自是無復其學，祕府之內，亦多散亡」，秘府中之讖緯多已散亡，私人撰脩的徐《疏》中卻猶能引及二十餘種，甚為可疑。由此可知，不僅是孔《疏》，徐、楊二《疏》與《隋志》之載錄亦差異甚大，以此推論三《疏》中皆有抄襲舊疏的嫌疑，而採襲舊疏為文，亦當為唐人義疏普遍使用的方式。

　　雖然《春秋》三《疏》皆有採襲舊疏之嫌，也不免招致勦竊之譏，但藉由廣徵博引的方式，疏文中倒也保留了許多唐前的文獻史料，日人本田成之評《五經正義》時即曰：

> 要之《五經正義》除《易》外，雖有老、莊、佛教底影響，然大體
> 是六朝以來研究名物制度之學。其中漢以後風俗習慣自然也有混
> 入。總之，《五經正義》是儒家所傳文化史的貴重的材料底集積。
> 〔註50〕

其視《五經正義》為六朝以來研究名物制度之珍貴材料。其實，不僅是《五經正義》，整個唐代義疏之學基本上皆為六朝以來經學的總合，藉由廣錄諸書舊解的方式，對文獻史料及詮解方式，作了承襲及集積的工作。這也是《春秋》三《疏》廣引前儒諸書的一大貢獻。

〔註49〕《新校本隋書》，卷32〈志‧經籍一〉，頁941。
〔註50〕《中國經學史》，第六章〈唐宋元明底經學〉，頁233。

第四章　三《疏》論《春秋》經、傳關係與三《傳》取捨

　　《春秋》三《傳》同爲《春秋》，但三《傳》於體例、內容上各不相同，唐人爲其作疏，首先觸及到的即是關於《春秋》經、傳關係，以及三《傳》評價的課題，其中包含了經、傳異文的處理，傳以解經的重要性，以及三《傳》差異及取捨等問題。

第一節　對《春秋》經、傳關係的看法

一、《左氏》孔《疏》：著重經、傳差異

　　對於《春秋》經、傳關係，孔《疏》大體上承襲並發揚杜預之說，主要藉由取材史料的不同，突顯《春秋》與《左氏》兩者於立文及用途上的差異，以強調出《左氏》「以史傳經」〔註1〕的重要特性。

（一）《春秋》與《左氏》取材、立文有異

　　關於《春秋》與《左氏》取材不同的說法，在杜預時即已提出，其謂「仲

〔註1〕　《左氏》「以史傳經」一詞，見於徐復觀：《中國經學史的基礎》（臺北：臺灣學生書局，1982 年），〈有關春秋左氏傳的補充材料〉，頁 265。徐氏云：「《左氏》所用的四種解經的形式，與《公》、《穀》所用的形式，皆可概稱之爲『以義傳經』。而《左氏》在四種以義傳經之外，更重要的則是『以史傳經』。以義傳經，是代歷史講話，或者說是孔子代歷史講話。以史傳經，則是讓歷史自己講話，並把孔子在歷史中所抽出的經驗教訓，還原到具體的歷史中，讓人知道孔子所講的根據。」

尼脩《春秋》，皆承策爲經。」〔註2〕而「傳之所據，非唯史策，兼采簡牘之記。」〔註3〕杜〈序〉中亦稱「《周禮》有史官，掌邦國四方之事，達四方之志。諸侯亦各有國史。大事書之於策，小事簡牘而已。《孟子》曰：楚謂之《檮杌》，晉謂之《乘》，而魯謂之《春秋》，其實一也。」〔註4〕《春秋》取材自史策，而《左氏》則兼采簡牘眾記。「史策」與「簡牘」雖同爲史料之書，但記載的事類性別卻不相同，《春秋》所取之「策」是記國家大事，《左氏》所取之「簡牘」則以小事爲主。孔《疏》承襲杜預之說，並進一步加以闡揚發揮，疏云：

> 此言大事小事，乃謂事有大小，非言字有多少也。大事者，謂君舉
> 告廟及鄰國赴告，經之所書皆是也。小事者，謂物不爲災及言語文
> 辭，傳之所載皆是也。……杜所以知其然者，以隱十一年傳例云「滅
> 不告敗，勝不告克，不書於策」。明是大事來告，載之策書也。策書
> 不載，丘明得之，明是小事傳聞，記於簡牘也。以此知仲尼脩經皆
> 約策書成文，丘明作傳皆博采簡牘眾記。（《春秋左傳正義・序》卷
> 1，頁9～10）

孔《疏》認爲《春秋》與《左氏》各自取材自「策書」與「簡牘」，不僅載記的事項性質各不相同，載錄的方法亦有差別。首先，《春秋》是摘約策書而成，策書的內容是「君舉告廟及鄰國赴告」等國之大事；而《左氏》則是「皆博采簡牘眾記」而成，簡牘所記者，爲策書不載之小事傳聞，「策書」與「簡牘」一載大事，一載小事，兩者的內容不相重疊。再者，《春秋》是「約」史策而成，擷裁取約爲其立文特色，《左氏》則重在「博采」，以搜奇廣記爲主。

這種經、傳取材上的差異，成爲孔《疏》論述《春秋》經、傳關係時的基本依據。其藉由取材內容及取材方式上的對比，強調出《春秋》與《左氏》兩者間的差異，並用以解釋經、傳立文不同的問題。〈隱十一年〉傳文載鄭敗宋師一事，此事於經文中未見記載，傳文解釋此爲諸侯「不告」故「不書於策」，杜注解釋「命者，國之大事政令也。承其告辭，史乃書之於策。若所傳聞行言，非將君命，則記在簡牘而已，不得記於典策。此蓋周禮之舊制。」孔《疏》則曰：

〔註2〕《春秋左傳正義・隱七年》，卷4，頁122。注云：「仲尼脩《春秋》，皆承策爲經。丘明之傳博采眾記，故始開凡例。」

〔註3〕《春秋左傳正義・隱元年》，卷2，頁70。注云：「莊二十九年傳例曰『凡物，不爲災，不書』，又於此發之者，明傳之所據，非唯史策，兼采簡牘之記。」

〔註4〕《春秋左傳正義・序》，卷1，頁9～10。

言「不書于策」者，明告命大事，皆書於國史正策，以見仲尼脩定，
悉因正策之文。（《春秋左傳正義·隱十一年》卷4，頁149）

「告、命」乃國之大事，皆書於國史正策。鄭敗宋師一事因其「不告」諸侯，
故正策未書，經文因襲正策，亦不書。杜氏強調「告、命」乃書於策，此爲
周禮舊典。孔《疏》則藉以指出仲尼脩經全依憑正策之文，書與不書皆以史
策爲據。但傳文是博采眾記而成，故詳載此事；又〈昭九年〉「許遷于夷。」
傳云：「二月，庚申，楚公子弃疾遷許于夷，實城父。」關於「夷」爲「城父」
一地二名之事，疏以經、傳來源不同解釋之，其云：

凡有二義，經書未改之名，傳以所改實之。……若經書已改之名，
則傳亦舉其已改，實其未改之號。……凡一地前後二名者，非謂經
時爲未改之名，傳時爲已改之名，乃於經、傳以前，上世之時，已
有所改前後之名。夫子集《史記》而爲經，丘明采簡牘而作傳，《史
記》或書其舊名者，即白羽、夾谷是也；或《史記》書其後名者，
即夷與垂葭是也。丘明據簡牘爲傳，以所改後名而實之。（《春秋左
傳正義·昭九年》卷45，頁1457～1458）

「夫子集《史記》而爲經，丘明采簡牘而作傳」，「經」據古史記而成，《史記》
或書舊名，或書後名，經皆依襲之；而「傳」則博采簡牘眾記，搜羅資料詳
細廣泛，記載也力求完備詳實。此處經書之「夷」爲後名，《左氏》以一地二
名的方式，以所改後名而「實」舊名的方法詳述之。孔《疏》強調《春秋》
與《左氏》由於取材對象及方式的不同，在立文上亦產生詳略及異文的現象。

《春秋》經文是約取自史策，史策書之則書，無之則闕之。而丘明作傳
博采簡牘眾記，力求完備詳實，以補經文的簡約。《春秋》與《左氏》詳略有
別，孔《疏》即直謂「經文多不具」，其云：

史之所記，皆應具文，而《春秋》之經文多不具，或時而不月，月
而不日，亦有日不繫月、月而無時者。史之所記，日必繫月，月必
繫時，《春秋》二百四十二年之間，有日無月者十四，有月無時者二，
或史文先闕而仲尼不改，或仲尼備文而後人脫誤。（《春秋左傳正義·
序》卷1，頁4）

《春秋》本屬於史書，來源亦取自史書，固當具備繫日月時的史書特色，但今
見《春秋》經文中的日月時多不完備。孔《疏》推論這種闕脫的現象，原因有
二：一爲「史文先闕而仲尼不改」，一爲「仲尼備文而後人脫誤」。前者是指取

材史料闕佚，孔子脩經時如實載錄，故亦闕之，屬於原始史料的問題；後者則爲仲尼脩經時完備，至寫定後傳抄始產生脫誤，屬於版本流傳上的失眞。

　　孔《疏》指出《春秋》經文「多不具」，這種闕脫，或爲本史之闕，或爲後人之闕。《春秋》來源爲國家史策，具有如實載錄的史書特性，但也因此囿於史料之限，經文難以完備，而脩定後的轉寫流傳，更增加其闕脫失眞的情形。換言之，孔子以史筆的方式載記經文，所以《春秋》雖爲經，但實爲「史記」，擁有史書殘闕及流傳脫誤等種種缺失，顚覆了《春秋》崇高不可質疑的聖典地位；但另一方面孔《疏》也強調這種不完備一始於脩經前史官之失，一始於脩經後後人之誤，皆非孔子聖人脩經時的著作誤失。經文容或有失，但聖人不容有失，故此經文缺失或歸因於原始史料，或爲版本流傳之誤。孔《疏》明白指出「經文多不具」的缺失，對經文內容及文字提出質疑與批評，但又極力維持孔子聖人的崇高地位，對孔子始終抱持尊崇的態度。

（二）《左氏》「以史傳經」

　　因爲《春秋》「經文多不具」，甚至不若傳文之詳實，所以《左氏》釋「經」，不重在「依經而釋」，杜預將《左氏》解經的方式分爲先經、後經、依經、錯經四者，〔註5〕孔《疏》解釋此四者曰：

> 丘明以爲經者聖人之所制，是不可刊削之書也，非傳所能亂之。假使傳有先後，不畏經因錯亂，故傳或先經爲文以始後經之事，或後經爲文以終前經之義，或依經之言以辨此經之理，或錯經爲文以合此經之異，皆隨義所在而爲之發。傳期於釋盡經意而已，是故立文不同也。（《春秋左傳正義・序》卷1，頁14）

孔《疏》揣摩丘明作傳之意，認爲「經」是聖人所制不可刊削之書，亦當不受傳文所錯亂，因此《左氏》釋經，原本即非一字一句的依經而釋，傳文與經文間亦不需有先後順序的必然性。《左氏》解《春秋》只是「期於釋盡經意而已」，故「隨義所在而爲之發」，本不在求「立文」的相同與否。也就是說，《春秋》與《左氏》，此經、傳二者在取材及立文上原本就不相同，經文又因史料及流傳而無可避免有所闕脫，在此情形下，傳以解經著重的即是「經意」，而非拘泥於字句上。

〔註5〕《春秋左傳正義・序》，卷1，頁14。杜預〈序〉中曾謂左丘明作傳之意曰：「左丘明受經於仲尼，以爲經者不刊之書也，故傳或先經以始事，或後經以終義，或依經以辯理，或錯經以合異，隨義而發。」

　　既然《春秋》與《左氏》在取材及立文上並不相同，經文亦多有簡約闕漏之處，所以《左氏》解經並不在經文的衍繹推陳上，而是側重於史料的補充與完備，藉由史料文獻的補充敘述，以使《春秋》經義更加闡明。《左氏》運用大量史料以補經文之簡略，甚至還有溢出經文，形成「傳不解經」的情形，例如〈莊二十六年〉經言魯事，傳言晉事，經、傳所言即各不相干，〔註6〕孔《疏》曰：

> 此年傳不解經，經、傳各自言事。伐戎、日食體例已舉，或可經是直文，不須傳說。曹殺大夫，宋、齊伐徐，或須說其所以，此去丘明已遠，或是簡牘散落，不復能知故耳。上二十年亦傳不解經，彼經皆是直文，故就此一說，言下以明上。(《春秋左傳正義・莊二十六年》卷10，頁325)

此種經、傳各言其事的情形，孔《疏》認為其理由有二，一為經是直文，一為簡牘散落不能知。疏文並舉〈莊二十年〉與之相較，〈莊二十年〉經文為「二十年，春，王二月，夫人姜氏如莒。夏，齊大災。秋，七月。冬，齊人伐戎。」而傳文未言及魯、莒、齊三國，反而僅提及鄭伯伐周一事。〔註7〕孔《疏》解釋〈莊二十年〉經是直文，自不須傳說，故傳文不言，但〈莊二十六年〉中「公會宋人、齊人伐徐」一事倒是仍須說明，所以推論或許是去古久遠，或是簡牘散落，「不復能知」所致。孔《疏》認為《左氏》之所以有「傳不解經」之書法，其原因一為經文直文不須解，一為史料闕漏而無從解，此兩者實非傳文之歧誤。作為一個經書的詮解者，《左氏》可說已極盡完備與確實，只是《左氏》既著重「以史傳經」，史料的存佚與否遂成為影響傳文解經成果的重要因素。

　　對於古代史料文獻的高度依存，使《左氏》與《春秋》的經、傳關係具有

〔註6〕《春秋左傳正義・莊二十六年》，卷10，頁324。經「二十有六年，春，公伐戎。夏，公至自伐戎。曹殺其大夫。秋，公會宋人、齊人伐徐。冬，十有二月，癸亥，朔，日有食之。」傳文「二十六年，春，晉士蒍為大司空。夏，士蒍城絳，以深其宮。秋，虢人侵晉。冬，虢人又侵晉。」杜注「此年經、傳各自言其者，或經是直文，或策書雖存而簡牘散落，不究其本末，故傳不復申解，但言傳事而已。」

〔註7〕《春秋左傳正義・莊二十年》，卷9，頁300～301。傳文為「二十年，春，鄭伯和王室，不克。執燕仲父。夏，鄭伯遂以王歸，王處于櫟。秋，王及鄭伯入于鄔。遂入成周，取其寶器而還。冬，王子頹享五大夫，樂及徧舞。鄭伯聞之，見虢叔，曰：『寡人聞之：哀樂失時，殃咎必至。今王子頹歌舞不倦，樂禍也。夫司寇行戮，君為之不舉，而況敢樂禍乎？奸王之位，禍孰大焉？臨禍忘憂，憂必及之。盍納王乎？』虢公曰：『寡人之願也。』」

緊密的關聯性，亦使其解經性質迥異於《公羊》、《穀梁》二傳。孔《疏》多次
提到《左氏》「丘明親受聖師」，〔註8〕或謂「未必面親授受使之作傳」，〔註9〕
雖然態度有些許不同，但都強調丘明與孔子的關係密切，其云：

> 丘明與聖同時，爲經作傳，經有他義，無容不盡，故專修丘明之傳
> 以釋經也。作傳解經，則經義在傳。（《春秋左傳正義·序》卷 1，
> 頁 26）

孔《疏》認爲《左氏》爲左丘明所作，左丘明與孔子時代相同，左丘明縱使
未面親授受自孔子，但其與孔子必然有密切的師承關係，對於孔子經義亦相
當瞭解，所以不僅「經有他義，無容不盡」，甚至於「作傳解經，經義在傳」。
孔《疏》極力強調丘明作傳是承自孔子之學，《左氏》所解經義即是代表孔子
意旨，其又謂：

> 丘明爲傳，所以寫仲尼之意。凡所改易，皆是仲尼，而於河陽之狩、
> 趙盾之弒、泄冶之罪，此三事稱仲尼曰者，史策所書，皆書實事。（《春
> 秋左傳正義·僖二十八年》卷 16，頁 526）

不論親授與否，左丘明之學皆是直承自孔子，其所闡釋之經義亦精確地與孔
子之意相合，所以「丘明爲傳，所以寫仲尼之意」，《左氏》可說是代表孔子
《春秋》意旨。

　　《左氏》因與孔子關係密切，故能深得孔子意旨，至於《公羊》、《穀梁》
二傳，孔《疏》曰：

> 《公羊》、《穀梁》口相傳授，因事起問意，與《左氏》不同，故引之
> 以解《左氏》，適足以自錯亂也。（《春秋左傳正義·序》卷 1，頁 26）

又曰：

> 史文既闕，仲尼不正之者，以無所褒貶，故因其詳略也。諸經所闕
> 者，或史文先闕，仲尼不改；或仲尼具文在後始闕。《公羊》、《穀梁》，
> 漢初始爲其傳，見其闕文，妄爲之說，非其實也。（《春秋左傳正義·
> 宣元年》卷 21，頁 673）

孔《疏》由傳授起因及寫定過程兩方面，來比較《左氏》與《公羊》、《穀梁》

〔註8〕　《春秋左傳正義·隱五年》，卷 3，頁 106。經文「五年，春，公矢魚于棠。」
　　　　傳文「春蒐、夏苗、秋獮、冬狩。」關於四時之獵名，《周禮·大司馬職》與
　　　　《公羊傳》、《穀梁傳》有異，孔《疏》云：「丘明親受聖師，故獨與《禮》合。」
〔註9〕　《春秋左傳正義·序》，卷 1，頁 14。杜〈序〉：「左丘明受經於仲尼。」孔《疏》
　　　　云：「丘明爲經作傳，故言受經於仲尼，未必面親授受使之作傳。」

之差異。傳授起因方面，《公》、《穀》二傳是「因事起問意」，多用問答的形式闡釋經義，與《左氏》「隨義而發」以「期於釋盡經意」的用意有別。一因「事」而起，一隨「義」而發，兩者解經的焦點及用意不盡相同；再者，由寫定過程視之，《左氏》寫定於左丘明，丘明「親受聖師」，縱使非面親授自孔子，但師承關係密切，而《公羊》、《穀梁》二傳卻是經過長期的口授階段，至漢初始加以寫定。《左氏》寫定時間與孔子時代相近，遠早於二傳，也避免了口授時期所可能產生的失真現象。孔《疏》極力區別《左氏》與二傳的不同，但持平而論，《公》、《穀》二傳中除了夾雜的問答體例之外，二傳解經亦著重闡義，亦同樣「期於釋盡經意」，二傳對經文的依存度並不比《左氏》低，反倒是著重「以史傳經」的《左氏》，尚有「傳不解經」的情形，孔《疏》由「因事」及「隨義」上去區分二者，似嫌主觀。

　　孔《疏》主觀地認定《左氏》的解經方式既異於《公》、《穀》二傳，文獻史料又較二傳完備且可信，別具「以史傳經」的特色，所以其又以「史著」的立場與標準去檢驗二傳。孔《疏》主張《春秋》經文「多不具」，或因史料之闕，或因傳抄之闕，經文中的日月時並不齊全，此是經文闕脫所致，非孔子刻意為之，故反對《公羊》、《穀梁》二傳的日月例，其云：

> 《公羊》、《穀梁》之書，道聽塗說之學，或日或月，妄生褒貶。先儒溺於二傳，橫為《左氏》造日月褒貶之例，故杜於大夫卒例備詳說之。仲尼刊定日月無褒貶，而此序言史官記事必繫日月時年者，自言記事之體須有所繫，不言繫之具否皆有義例也。（《春秋左傳正義・序》卷1，頁5）

對於《公羊》、《穀梁》二傳而言，日月例是《春秋》重要的褒貶義例，二傳屢屢於日月時之書與不書間闡述發揮孔子微言大意。但孔《疏》認為經文中的日月時是因史料闕佚而「多不具」，這種繫日月時的不完備，是因襲舊史正策所致，與褒貶義例無關，其強調「仲尼刊定日月無褒貶」，謂二傳「或日或月，妄生褒貶」，斥其為道聽途說之學。

　　同樣的，經文中的姓氏不一，亦屬闕脫的問題，〈宣元年〉「三月，遂以夫人婦姜至自齊。」此處夫人不書「氏」，杜注「不書氏，闕文。」疏曰：

> 夫人以姜為姓，舉姓而稱姜氏，去氏稱姜則不成文義。知不稱氏者，史闕文也。傳言「新作延廄」而經無「作」字，是作傳之時，經猶未闕，於後經始闕耳。此文傳亦無氏，知是本史先闕，故云史闕文

而不云經闕文也。史文既闕，仲尼不正之者，以無所褒貶，故因其
詳略也。諸經所闕者，或史文先闕，仲尼不改；或仲尼具文在後始
闕。《公羊》、《穀梁》，漢初始爲其傳，見其闕文，妄爲之說，非其
實也。《公羊傳》曰：「夫人何以不稱姜氏？貶。曷爲貶？譏喪娶。
喪娶者，公也，則曷爲貶夫人？內無貶于公之道也。內無貶于公之
道，則曷爲貶夫人？夫人與公一體也。」《穀梁》之意亦然。先儒取
以爲說。服虔云：古者一禮不備，貞女不從。故《詩》云：「雖速我
訟，亦不女從。」宣公既以喪娶，夫人從亦非禮，故不稱氏見略，
賤之也。（《春秋左傳正義・宣元年》卷 21，頁 673～674）

孔《疏》指出經文闕文有二種情況：一者「仲尼具文而後始闕」，若傳有言而
經未言，是爲「作傳之時，經猶未闕」，屬於後人傳寫之闕，如〈莊二十九年〉
經「新延廄」，傳謂「新作延廄」，杜注「經無『作』字，蓋闕。」〔註 10〕第
二種情形則是「史文先闕，仲尼不改」，若經未言傳亦未言，則知爲「本史先
闕」，即如〈宣元年〉婦姜未言氏之例。〈宣元年〉中《春秋》與《左氏》皆
不稱氏，但《公羊》、《穀梁》二傳同視不書氏爲貶意而多加闡釋，《左氏》學
者如服虔等亦援引二傳同說爲解。孔《疏》摒棄諸說，全依杜注「闕文」說
法，斥《公羊》、《穀梁》二傳爲妄說。尊重遠古史料的眞實呈現，而不刻意
著重文意上的通解，這是重視歷史價値的觀點的反映，孔《疏》以此「史」
觀評論三《傳》，獨尊《左氏》而對《公羊》、《穀梁》二傳語多批評。

二、《公羊》徐《疏》：濃厚的讖緯色彩

《春秋》三《疏》中皆有徵引緯書，偶取讖緯思想以解經，是《左氏》
孔《疏》與《穀梁》楊《疏》普遍採用的方式，但在《公羊》徐《疏》中卻
廣引讖緯之說，不僅援引的緯書種類及次數居三《疏》之首，甚至在論《春
秋》經、傳關係時，皆以讖緯之說爲據，以突顯出《公羊》與二傳的差異。

《公羊》徐《疏》於卷首「春秋公羊經傳解詁隱公第一」的標題下有一
大段疏文，疏文中以問答體的形式，論述了包括孔子作《春秋》的時間、依
據、釋名、用意等二十個《春秋》基本議題。在此一大段近似「前言」的疏
文中，一方面回應了歷來對《公羊》學的質疑，另一方面也積極爲其理論尋
求辯解之依據，其中極力闡述「得天命以制《春秋》」、「制《春秋》以授漢」、

〔註10〕《春秋左傳正義・莊二十九年》，卷 10，頁 334。

「三世」、「三科九旨」等《公羊》學說的重要思想，可視爲徐《疏》對《公羊》學說的總結，也反映出徐《疏》的論述立場。疏中依襲何休注說，並大量援引《春秋說》等緯書，將孔子塑造成先知素王的神秘形象，《春秋》成爲「王者之法」，爲孔子授漢制法之用。

（一）《春秋》授漢制說

關於《春秋》的脩撰過程、流傳及作用，何休注曰：「得麟之后，天下血書魯端門曰：趨作法，孔聖沒，周姬亡，彗東出，秦政起，胡破術，書記散，孔不絕。子夏明日往視之，血書飛爲赤鳥，化爲白書，署曰《演孔圖》，中有作圖制法之狀。孔子仰推天命、俯察時變，却觀未來，豫解無窮，知漢當繼大亂之后，故作撥亂之法以授之。」〔註11〕獲麟之後，孔子得血書端門之命，預知赤漢將起以代周，故脩《春秋》以授漢。其中「血書」、「端門之命」、「預知未來」、「周衰漢興」等觀念，本源於漢代讖緯之說，一方面將孔子神人化，另一方面透過《春秋》「授漢制說」，抬高漢代皇室的正統性與尊貴性。此是漢代儒生爲迎合當朝政權，將《春秋》與政治結合的時代產物，後爲《公羊》學大加闡揚，成爲漢代《公羊》學之基本理論。〔註12〕徐彥爲《公羊》作疏，論《春秋》撰脩的經過與原由，亦引此讖緯之說爲依據，其云：

> 問曰：《左氏》以爲魯哀十一年夫子自衛反魯，十二年告老，遂作《春秋》，至十四年經成，不審《公羊》之義，孔子早晚作《春秋》乎？
>
> 答曰：《公羊》以爲哀公十四年獲麟之後，得端門之命，乃作《春秋》，至九月而止筆，《春秋說》具有其文。（《春秋公羊傳注疏・隱元年》卷1，頁1）

《左氏》認爲孔子脩《春秋》始於魯哀公十二年告老後，歷經二年，至十四年經成。但徐《疏》反對此說，其謂孔子是於哀公十四年獲麟之後，得「端門之命」始作《春秋》，至九月而止筆。獲麟受「端門之命」爲孔子作《春秋》的重要關鍵。其並引閔因敘之言云：

> 案閔因敘云：「昔孔子受端門之命，制《春秋》之義，使子夏等十四

〔註11〕《春秋公羊傳注疏・哀十四年》，卷28，頁719
〔註12〕鍾肇鵬：《讖緯論略》（臺北：洪葉文化事業有限公司，1994年），〈前言〉，頁4～5。云：「爲了使經學與漢代的政治和現實密切結合，方士化的儒生於是神化孔子和經學。把孔子說成是一位能知過去、未來的『神聖』，把六經變成神學經典，於是就產生了『孔子爲漢制法』的神學預言。神化孔子及經學，在儒學宗教化的氣氛下，方士化的儒生炮製許多讖緯，於是就產生了讖緯神學。」

人求周史記，得百二十國寶書，九月經立。《感精符》、《考異郵》、《說
題辭》具有其文。」以此言之，夫子脩《春秋》，祖述堯、舜，下包
文、武，又爲大漢用之訓世，不應專據魯史，堪爲王者之法也，故言
据百二十國寶書也。周史而言寶書者，寶者，保也，以其可世世傳保
以爲戒，故云寶書也。(《春秋公羊傳注疏·隱元年》卷1，頁1～2)

依據《感精符》、《考異郵》、《說題辭》等《春秋說》緯書的說法，孔子使子
夏等十四人求周史記，後得「百二十國寶書」，此百二十國寶書即爲孔子作《春
秋》的材料，且既是據「百二十國」「寶書」，非專據魯史，孔子脩《春秋》
即是爲了「世世傳保以爲戒」，以立「王者之法」，由傳承上說，即是爲了「爲
大漢用之訓世」。徐《疏》又云：

《解疑論》云：「聖人不空生，受命而制作，所以生斯民，覺後生也。
西狩獲麟，知天命去周，赤帝方起，麟爲周亡之異，漢興之瑞，故
孔子曰『我欲託諸空言，不如載諸行事』。又聞端門之命，有制作之
狀，乃遣子夏等求周史記，得百二十國寶書，脩爲《春秋》……」
以此言之，則孔子見時衰政失，恐文、武道絕，又見麟獲，劉氏方
興，故順天命，以制《春秋》以授之。必知孔子制《春秋》以授漢
者。案《春秋說》云：「伏羲作八卦，丘合而演其文，瀆而出其神，
作《春秋》以改亂制。」又云：「丘攬史記，援引古圖，推集天變，
爲漢帝制法，陳敘圖錄。」又云：「丘水精治法，爲赤制功。」又云：
「黑龍生爲赤，必告云象使知命。」又云：「經十有四年春，西狩獲
麟，赤受命，倉失權，周滅火起，薪采得麟。」以此數文言之，《春
秋》爲漢制明矣。(《春秋公羊傳注疏·隱元年》卷1，頁3)

孔子受端門之命後，知周朝將衰，「劉氏方興」，故「順天命，以制《春秋》
以授之」，是以「《春秋》爲漢制明矣」。文中徐彥徵引了《春秋說題辭》、《春
秋演孔圖》、《春秋漢含孳》等《春秋說》的說法，〔註13〕以「赤帝」、「水精」、

〔註13〕黃復山：《東漢讖緯學新探》(臺北：臺灣學生書局，2000年)，〈《公羊傳注
疏》中之讖緯資料類編考釋〉，頁369。文中考證「伏羲作八卦，丘合而演
其文，瀆而出其神，作《春秋》以改亂制。」語出《春秋說題辭》而字詞略
爲更動；「丘攬史記，援引古圖，推集天變，爲漢帝制法，陳敘圖錄。」語
出《春秋演孔圖》；又「丘水精治法，爲赤制功。」語出《春秋漢含孳》；「黑
龍生爲赤，必告云象使知命。」語出《春秋漢含孳》而文字稍異；「經十有
四年春，西狩獲麟，赤受命，倉失權，周滅火起，薪采得麟。」亦語出《春
秋漢含孳》。

「黑龍」等五行圖讖之言，以證孔子制法授漢之說。在上述充滿讖緯色彩的論述中，孔子不僅只是位聖人，還是位承天受命、未卜先知的「神人」，因預知周衰漢興，故先制「王者之法」，以爲漢世之用。此時《春秋》不僅是單純的「賞善罰惡之書」，[註14] 而是具有濃厚的政治意圖。這種《春秋》「授漢制」說本源於漢代纖緯，唐人徐彥爲《公羊》作疏，明顯仍未跳脫此種論述。

（二）強調三《傳》差異性

在《公羊》學的系統中，孔子是聖人也是神人，《春秋》是孔子承天命而作的聖典，其內容自是不容質疑，更不會有《左氏》學者所強調的史闕脫誤的情形。今見徐《疏》中對《春秋》經文，除了比較各版本間的異文外，未見質疑或批駁之處。至於三《傳》評論，徐《疏》謂《春秋》「本出孔子而傳五家」，[註15] 其中「《公羊》之義，口授相傳，五世以後方著竹帛。」[註16]《公羊》經過長期的口授階段始著於竹帛，而孔子當初之所以口授，亦有一番神秘的原由，疏云：

> 孔子至聖，却觀無窮，知秦無道，將必燔書。故《春秋》之說口授子夏。度秦至漢，乃著竹帛，故《說題辭》云「傳我書者，公羊高也。」戴宏序云：「子夏傳與公羊高，高傳與其子平，平傳與其子地，地傳與其子敢，敢傳與其子壽。至漢景帝時，壽乃其弟子齊人胡母子都著於竹帛，與董仲舒皆見於圖讖。」是也。（《春秋公羊傳注疏·序》頁4）

孔子爲未卜先知的神人，不僅預知周衰漢興，也預知秦必燔書，故當初僅以口授傳《春秋》，以避開秦火。至漢景帝時，始由公羊壽及弟子胡母子都著於竹帛。徐彥引戴宏之說，說明《公羊》傳的傳承，其間也反映了二點看法，第一，徐氏認爲《公羊》學承自子夏，子夏則是直承孔子口授，雖然「孔氏之門徒受《春秋》，非唯子夏」，[註17] 但《公羊》學爲子夏所傳，歷五世方

〔註14〕《春秋公羊傳注疏·序》，頁3。何〈序〉：「昔者孔子有云：『吾志在《春秋》，行在《孝經》。』」疏云：「《春秋》者，賞善罰惡之書，見善能賞，見惡能罰，乃王侯之事，非孔子所能行，故但言志在而已。」

〔註15〕《春秋公羊傳注疏·序》，頁4。

〔註16〕《春秋公羊傳注疏·襄二年》，卷19，頁479。

〔註17〕《春秋公羊傳注疏·莊三年》，卷6，頁141。傳文提到「魯子曰」，疏云：「傳所以記『魯子』者，欲言孔氏之門徒受《春秋》，非唯子夏，故有他師矣。其隱十一年傳記『子沈子』者，欲明子夏所傳，非獨公羊氏矣，故輒記其人以廣義也。」

著於竹帛，其傳承脈絡是清楚明確；第二，之所以以口授的方式傳《春秋》，是孔子有意為之，以避開秦火。孔子預知秦將燔書，將使學術散亡，唯有口授才能真實保留孔子《春秋》之學。換言之，由於秦火之禍，口授比書傳更能完整保留孔子意旨，口授的《公羊》將比先著於竹帛的《左氏》較為可信。藉由神化孔子及《春秋》，建構了《春秋》與《公羊》學的緊密關係，也間接展示了《公羊》與《左氏》之優劣高下。

　　《春秋》三《傳》中，漢初《公羊》獨盛，東漢時劉歆、賈逵的提倡古文，欲奪《公羊》以興《左氏》，由此展開《公羊》、《左氏》今古文之爭。所以漢代以來《公羊》學皆以《左氏》為主要的批判的對象，何休〈序〉中即多次表達出對《公羊》失據為《左氏》所窮的憂慮。〔註18〕徐彥疏中雖也批評二傳，但態度已和緩許多，其未如何休一樣憂憤感歎，而是強調三《傳》間的差異性，以此區隔《公羊》與《左氏》、《穀梁》二傳的不同。其云：

　　　　三傳之理不同多矣，群經之義隨經自合，而顏氏之徒既解《公羊》，
　　　　乃取他經為義，猶賊黨入門，主人錯亂，故曰「失其句讀」。（《春秋
　　　　公羊傳注疏·序》，頁6）

三《傳》同解《春秋》，其理有同有異，徐《疏》側重三《傳》間的差異，強調「三傳之理不同多矣」，且「群經之義隨經自合」，故不得相互援引通解，反對援引《左氏》、《穀梁》二傳以解《公羊》的解經方式。徐氏認為漢代《公羊》學者莊彭祖、顏安樂等人，即為何〈序〉所批評的「說者」，〔註19〕犯了「援引他經失其句讀」錯誤，終於招致「猶賊黨入門，主人錯亂」的弊病，成為《公羊》學衰頹的重要原因。

　　徐《疏》提出三《傳》間、甚至群經間義理不得相合的主張。三《傳》之理既不得相合，自難以評論高下。徐彥為《公羊》作疏，一方面依承何注，另一方面謹守《公羊》學說，對《左》、《穀》二傳的論述實不多見，〈僖元年〉

〔註18〕《春秋公羊傳注疏·序》，頁6～8。何〈序〉云：「是以治古學貴文章者謂之俗儒，至使賈逵緣隙奮筆，以為《公羊》可奪，《左氏》可興。恨先師觀聽不決，多隨二創。此世之餘事，斯豈非守文、持論、敗績、失據之過哉！余竊悲之久矣。」

〔註19〕《春秋公羊傳注疏·序》，頁5～6。何〈序〉：「說者疑惑。至有倍經、任意、反傳違戾者。其勢雖問不得不廣，是以講誦師言至於百萬猶有不解，時加讓嘲辭，援引他經失其句讀，以無為有，甚可閔笑者，不可勝記。」疏云：「此『說者』，謂胡母子都、董仲舒之後，莊彭祖、顏安樂之徒。見經傳與奪異於常理，故致疑惑。」

謂「於義則《穀梁》爲短」及〈襄二十九年〉曰「於義《左氏》爲短」，是書
中罕見對二傳的評論。

〈僖元年〉「齊師、宋師、曹師城邢。」何注取〈僖五年〉「秋，八月，
諸侯盟于首戴。」及〈僖十四年〉「春，諸侯城緣陵。」二事爲例，以釋經文
言「師」而不言「諸侯」之意。〔註20〕徐《疏》針對其中〈僖十四年〉「城緣
陵」一事，取《穀梁》范注與何注相較，云：

> 案十四年《穀梁傳》曰「其日諸侯，散辭也。」，范氏云「直曰諸侯，
> 無大小之序，是各自欲城，無總一之者，非伯者所制，故曰散辭」……
> 范氏云「言諸侯城，則非伯者之爲可知也。齊桓德衰，所以散也。
> 何休曰『案：先是盟亦言諸侯，非散也。又《穀梁》美九年諸侯盟
> 于葵丘，即散，何以美之？』」於義則《穀梁》爲短。然則何氏彼處
> 廢《穀梁》不聽爲散辭，而此所引似作散辭者，何氏之意，直以言
> 諸侯者，見桓德衰，待諸侯然後能城之，故嫌《穀梁》以爲散辭耳。
> （《春秋公羊傳注疏・僖元年》卷10，頁235）

〈僖十四年〉經文中稱「諸侯」而不稱何人，《穀梁》傳謂「散辭也」，范甯注
則云「直曰諸侯，無大小之序，是各自欲城，無總一之者」，因齊桓德衰，諸侯
間無人爲首，故謂「散辭」。范注並引述何休批駁之言，指出何休反對《穀梁》
「散辭」之說，認爲此「諸侯」無譏貶之意。然今在〈僖元年〉中何注「嫌與
緣陵同」，似又以「散辭」爲譏貶意，故徐《疏》爲何休加以疏通，說明何注與
《穀梁》傳仍有所不同，文中提到「於義則《穀梁》爲短」，此雖是爲了闡釋何
休之意而發，但由徐《疏》特意強調何注與《穀梁》不同的態度，也可看出徐
《疏》對《穀梁》的質疑；類似地的批評，亦見於徐《疏》論《左氏》，〈襄二
十九年〉「吳子使札來聘。」傳文提及吳國兄弟四人讓國一事，謁、餘祭、夷昧
三人皆「輕死爲勇」，以求讓國予季子，傳文提到謁等祈死之事，徐《疏》云：

> 案成十七年《左氏傳》云晉士爕祈死下，何氏作《膏肓》難之，……
> 由此言之，死不可請，偶自天祿欲盡矣，非果死。今《左氏》以爲
> 果死，因著其事以爲信然，於義《左氏》爲短。然則今此謁等亦自
> 祈死，而得難《左氏》者，《公羊》此事，直見謁等愛其友弟，致國

〔註20〕《春秋公羊傳注疏・僖元年》，卷10，頁235。注云：「言諸師，則嫌與首戴
同，嫌實師；言諸侯，則嫌與緣陵同：嫌歸闖其遷，更與諸侯來城之，未必
反故人也。故順上文，則知桓公宿留城之爲一事也。」

無由，精誠之至而願早卒，遂忘死不可祈之義矣。猶如周公代死，
子路請禱之類，豈言謁等祈得死乎？而謁及餘祭之死，或入巢之門，
或閽人所殺，抑亦事非天眷也，豈如《左氏》以果死爲信然，故得
難之。（《春秋公羊傳注疏‧襄二十九年》卷21，頁534～535）

此處徐《疏》取《左氏》〈成十七年〉士燮求死一事與之相比。《左氏》〈成十
七年〉云：「晉范文子反自鄢陵，使其祝宗祈死，曰：『君驕侈而克敵，是天
益其疾也。難將作矣！愛我者唯祝我，使我速死，無及於難，范氏之福也。』
六月戊辰，士燮卒。」〔註21〕其謂晉士燮是祈死而果死。何休質疑此說，作
《膏肓》以難之。徐《疏》爲何氏說解，認爲「死不可請」，故批評《左氏》
之說不可信，謂「於義《左氏》爲短」，對《左氏》提出與《穀梁》相同的評
語。至於〈襄二十九年〉中，謁等三人亦是求死而果死，徐《疏》認爲傳文
是爲了強調「謁等愛其友弟」之讓國情操，故「忘死不可祈之義」，況且謁及
餘祭之死，是因人事，而「非天眷也」，與《左氏》之說終究有別。

　　徐《疏》雖曾對《左氏》、《穀梁》二傳提出質疑，但也指出《公羊》傳
中也有未通解經文之處，〈襄二年〉「己丑，葬我小君齊姜。」傳文質疑曰「齊
姜者何？齊姜與繆姜，則未知其爲宣夫人與？成夫人與？」何注云「齊姜者，
宣公夫人。九年繆姜者，成公夫人也。傳家依違者，襄公服繆姜喪未踰年，
親自伐鄭，有惡，故傳從內義，不正言也。」疏云：

　　《公羊》之義，口授相傳，五世以後方著竹帛，是以傳家數云無聞
　　焉爾。以此言之，容或未察，止作公羊氏實不分明。何以不得而要，
　　知傳序經意依違之者，正以文與桓九年曹世子射姑同故也。……然
　　則彼刺曹世子，而傳序經意不正言之，今此文正與彼同，故知亦依
　　違言之。（《春秋公羊傳注疏‧襄二年》卷19，頁479）

〈襄二年〉經「葬我小君齊姜」，而〈襄九年〉經「秋，八月，癸未，葬我
小君繆姜。」對於「齊姜」與「繆姜」的身份，《左氏》謂「齊姜」爲「成
公夫人」，「繆姜」爲「宣公夫人」，但《公羊》不得其解，直言「未知其爲
宣夫人與？成夫人與？」何〈注〉則明確指出「齊姜者，宣公夫人。九年繆
姜，成公夫人也」，故〈襄九年〉中襄公於母喪不踰年即伐鄭，是爲惡。徐
《疏》依循何〈注〉，解釋此或許爲公羊氏口授未明之故，徐氏並進一步指
出〈桓九年〉中傳文同樣亦未通解經文的情形。〈桓九年〉「冬，曹伯使其世

<hr>

〔註21〕《春秋左傳左義‧成十七年》，卷28，頁910～911。

子射姑來朝。」傳文曰「諸侯來曰朝，此世子也，其言朝何？《春秋》有譏
父老子代從政者，則未知其在齊與？曹與？」，〔註22〕〈桓九年〉曹世子代
朝與〈襄十一年〉中齊世子光序於諸侯之上，皆不合禮，傳文謂「齊與？曹
與？」質疑二者是否同譏，形成傳文未解經文之處。〈桓九年〉中何休注以
下文「卒葬詳錄」爲證，推論此處「雖非禮，有尊厚魯之心」，〔註23〕故不
以曹世子爲貶。〈桓九年〉、〈襄二年〉兩處中傳文不全依經解，反而另提疑
問，質疑褒貶。徐《疏》一方面依循何〈注〉褒貶，另一方面也指出《公羊》
傳解經，亦有未通之處。

三、《穀梁》楊《疏》：傳雖有三，而經旨一也

　　對於《春秋》經、傳關係，《穀梁》楊《疏》一方面推崇「經」的聖典地
位，另一方面則強調「傳」只爲解經之用，藉由經、傳高下之分立，來舖陳
三《傳》平等之看法。

（一）推崇「經」的聖典地位

　　首先，楊《疏》於卷首「春秋穀梁傳隱公第一」標題下疏云：

> 「春秋」者，此書之大名。傳之解經，隨條即釋，故冠大名於上也。……
> 仲尼所脩謂之「經」。「經」者常也，聖人大典，可常遵用，故謂之
> 「經」。穀梁所脩謂之「傳」，不敢與聖人同稱，直取傳示於人而已，
> 故謂之「傳」。（《春秋穀梁傳注疏·隱元年》卷1，頁1）

孔子所脩謂之「經」，「經」是聖人制訂，可常遵用之大典；穀梁氏所脩者，
不能與聖人同稱，而謂之「傳」。楊《疏》明確劃分經、傳的不同，「經」爲
聖人大典，具有崇高的地位，而「傳」僅爲釋經，不得與「經」並列同稱，
其名亦必將經名冠於其上。楊氏批評歷來簡稱爲「穀梁傳」的說法，其云：

> 此題（指〈春秋穀梁傳序〉），諸本文多不同，晉、宋古文多云《春
> 秋穀梁傳序》，俗本亦有直云《穀梁傳序》者。然「春秋」是此書之
> 大名，傳之解經，隨事則釋，亦既經傳共文，題名不可單舉。（《春
> 秋穀梁傳注疏·序》，頁2）

〔註22〕《春秋公羊傳注疏·桓九年》，卷5，頁110～111。
〔註23〕《春秋公羊傳注疏·桓九年》，卷5，頁111。注云：「在齊者，世子光也。時
　　　　曹伯年老有疾，使世子行聘禮，恐卑，故使自代朝，雖非禮，有尊厚魯之心，
　　　　傳見下卒葬詳錄，故序經意依違之也。小國無大夫，所以書者，重惡世子之
　　　　不孝甚。」

「傳以解經，隨事則釋」傳是依經而論，經、傳共文，故題名不可單舉，必冠「春秋」之大名於其上，而以「春秋穀梁傳」為全書之名。「經」與「傳」的關係，一方面是撰著者地位的不同，另一方面兩者又具有主從關係，「經」為聖人所制訂，具有典範的價值地位，「傳」是依「經」而釋，故以「經」為主。楊氏藉由「經」、「傳」的比較，突顯「經」的崇高地位。

《穀梁》范甯〈序〉言「孔子覯滄海之橫流，迺喟然而歎曰：『文王既沒，文不在茲乎！』言文王之道喪，興之者在己，於是就大師而正〈雅〉、〈頌〉，因魯史而脩《春秋》。……先王之道既弘，麟感而來應。因事備而終篇，故絕筆於斯年。成天下之事業，定天下之邪正，莫善於《春秋》」〔註24〕孔子自衛返魯後，有感於世衰道微，故正〈雅〉、〈頌〉，就魯史以成《春秋》。其中，范甯提到「麟感而來應」一事，楊《疏》云：

> 杜預解《左氏》，以為獲麟而作《春秋》。今范氏以作《春秋》然後麟至者，以麟是神靈之物，非聖不臻。……當孔子之世，周室陵遲，天下喪亂，豈有神靈之物無故而自來？明為仲尼脩《春秋》，麟應而至也。（《春秋穀梁傳注疏·序》，頁9）

楊《疏》先言《左氏》杜〈注〉「獲麟而作《春秋》」之說，再指出范注異於杜說者，認為孔子於亂世中以脩《春秋》，重振文、武之道，其後麒麟此神靈之物才會感應而來。雖然此說頗有神話色彩，但也指出了孔子《春秋》於亂世中「崇道抑邪」〔註25〕的重要性。

對於《春秋》的撰脩，《穀梁》傳中兩次提及「《春秋》之義，信以傳信，疑以傳疑。」〔註26〕強調《春秋》因襲史文的「實錄」特色，但又提到「變之不葬有三」，〔註27〕指出《春秋》仲尼有改舊義以見褒貶。楊《疏》承襲此說，謂孔子脩《春秋》之著述方式有改舊與因史二種方式，〈僖十九年〉「梁亡。」傳文「梁亡，鄭棄其師，我無加損焉，正名而已矣。梁亡，出惡正也。」

〔註24〕《春秋穀梁傳注疏·序》，頁7～9。

〔註25〕《春秋穀梁傳注疏·序》，頁9。疏云：「仲尼脩《春秋》，貴仁重德，崇道抑邪，弘大先王之道，麟感化而至。」

〔註26〕《春秋穀梁傳注疏·桓五年》，卷3，頁48。另一處見於《春秋穀梁傳注疏·莊七年》，卷5，頁83，傳云：「《春秋》著以傳著，疑以傳疑。」雖文字稍異，但其意相同。兩處范〈注〉皆謂「明實錄也」。

〔註27〕《春秋穀梁傳注疏·昭十三年》，卷17，頁336。經「冬，十月，葬蔡靈公。」傳曰：「變之不葬有三：失德不葬，弒君不葬，滅國不葬。然且葬之，不與楚滅，且成諸侯之事也。」

疏云：

> 仲尼脩《春秋》，亦有改舊義以見褒貶者，亦有因史成文以示善惡者。
> 其變之也，不葬有三：爲齊桓諱滅項之類，是改舊也；其梁以自滅
> 爲文，鄭棄其師之徒，是因史之文也。故傳云我無加損焉，正名而
> 已矣。（《春秋穀梁傳注疏·僖十九年》卷9，頁161）

孔子據舊史而脩《春秋》，或因襲史文，或更改舊義，其目的皆是以此示見善
惡褒貶。其中改舊義者，主要見於不書「葬」的書法上；而因襲史文舊義者，
也使經文中猶存詳略之別。

　　對於《春秋》經文，楊《疏》曾有一處提出「疑誤」的質疑，〈文五年〉
「王使毛伯來會葬。」疏云：

> 《左氏》、《公羊》及徐邈本並云召伯，此本作毛伯，疑誤也。（《春
> 秋穀梁傳注疏·文五年》卷10，頁191）

《穀梁》經文「毛伯來會葬」，但《左氏》、《公羊》二傳及徐邈《穀梁》注本
中「毛伯」皆作「召伯」，故楊氏「疑誤也」。此處所指陳的經文異文上的「誤」，
是指版本傳抄上的字誤，與經文本身的評價非關。《春秋》經文於流傳過程中
難免有些訛誤，故形成單一版本上傳抄的錯誤，考以諸本相校，即可知其差
異，並不影響「經」的價值與地位。且雖有二傳及古注爲證，但楊氏仍未直
以「召伯」代「毛伯」，而僅以「疑」字言之，顯示楊氏對經文的尊重及其謹
慎保守的立論性格。

　　上述〈文五年〉是楊《疏》唯一一處對經文的提出質疑的地方，但其質
疑的語氣頗多遲疑。同樣地，疏文中唯一一處指出經文之「闕文」，語氣同樣
保留謹慎，〈昭十年〉「十有二月，甲子，宋公成卒。」注云：「不書多，甯所
未詳。」疏云：

> 何休云：「去冬者，蓋昭娶吳孟子之年，故貶之。」范既不注，或是
> 闕文也。（《春秋穀梁傳注疏·昭十年》卷17，頁328）

此處經文未書「冬」，何休注及范甯注都提出疑問，何休解其爲貶，范甯則以
「甯所未詳」存而不論，楊《疏》依循范意，謂其「或是闕文」。雖然指明經
文中有不完備處，但由於對「經」地位的尊崇，楊《疏》的質疑皆語帶保留，
以「疑」字、「或」字等充滿不確定的語氣，點出問題的所在。

（二）持平看待三《傳》

　　楊氏尊崇《春秋》，對於三《傳》則是採取平等對待的態度，其謂「三傳

殊異，皆以通經爲主。」〔註28〕並未因疏《穀梁》而斥《公》、《左》二傳，也不受歷來爭論的影響，范〈序〉「《春秋》之傳有三，而爲經之旨一，臧否不同，褒貶殊致。」楊《疏》解釋三《傳》間的差異云：

　　聖人作法，本無二意，故傳雖有三，而經旨一也。云「臧否不同，褒貶殊致」者，「臧」謂事有所善，「否」謂理有所惡，以臧、否既異，故褒貶亦殊。謂若隱元年《左氏》貴儀父結盟，《公羊》善其趣聖；僖元年《公羊》善齊桓存邢，故稱「師」，《穀梁》以爲不足乎揚，故貶之；隱二年夫人子氏薨，《左氏》以爲桓母，《公羊》以爲隱母，《穀梁》以爲隱妻，是三《傳》異也。（《春秋穀梁傳注疏・序》，頁9）

聖人作經，其旨一也，本當無有二意，但「隨事則釋」的傳卻會因「臧否不同」，而形成「褒貶殊致」的情形，至於何爲「臧否不同」？「『臧』謂事有所善，『否』謂理有所惡」，事理上的評判差異，導致了三《傳》間善惡褒貶的不同。楊氏以〈隱元年〉、〈僖元年〉及〈隱二年〉三事爲例。〈隱元年〉「三月，公及邾儀父盟于蔑。」對於「儀父」稱名，《左氏》認爲因儀父日後能配合齊桓公尊王攘夷的主張，故以諸侯之名稱之。〔註29〕而《公羊》則強調託王於魯，以隱公爲受命之王，儀父因先與隱公盟，故給予褒賞之法。〔註30〕同樣是褒賞之意，但《左》、《公》二傳所述原因大不相同；〈僖元年〉「齊師、宋師、曹師次于聶北，救邢。」其中稱「齊師」不稱「齊侯」，《公羊》認爲「實與，而文不與」，實爲褒賞齊桓公能存邢之意。〔註31〕但《穀梁》卻持相

〔註28〕《春秋穀梁傳注疏・序》，頁11。范〈序〉「凡傳以通經爲主，經以必當爲理。夫至當無二，而三《傳》殊說，庸得不棄其所滯，擇善而從乎？既不俱當，則固容俱失。」疏云「三《傳》殊異，皆以通經爲主。『當』者謂中於道也。言聖人之經，以必中爲理。其理既中，計無差二，而三《傳》殊說，故范氏言不得不擇善而從之。」

〔註29〕《春秋左傳正義・隱元年》，卷2，頁56。傳文曰：「未王命，故不書爵。曰『儀父』，貴之也。」杜預注云：「王未賜命以爲諸侯，其後儀父服事齊桓以獎王室，王命以爲邾子。」

〔註30〕《春秋公羊傳注疏・隱元年》，卷1，頁17～18。傳曰：「儀父者何？邾婁之君也。何以名？字也。曷爲稱字？褒之也。曷爲褒之？爲其與公盟也。與公盟者眾矣，曷爲獨褒乎此？因其可褒而褒之。此其爲可褒奈何？漸進也。」何休注云：「《春秋》王魯，託隱公以爲始受命王，因儀父先與隱公盟，可假以見褒賞之法。」

〔註31〕《春秋公羊傳注疏・僖元年》，卷10，頁233。傳曰：「曷爲先言次，而後言救？君也。君則其稱師何？不與諸侯專封也。曷爲不與？實與，而文不與。文曷爲不與？諸侯之義，不得專封也。諸侯之義不得專封，則其曰實與之何？

反態度，認爲是「以其不足乎揚」的貶意，〔註32〕《公》、《穀》二傳一褒一貶，差異甚遠；至於第三例，〈隱二年〉「十有二月，乙卯，夫人子氏薨。」對於「夫人子氏」的身份，三《傳》說法各異，楊《疏》曰「《左氏》以子氏爲桓公之母，《公羊》以爲隱公之母，《穀梁》知是隱公之妻者，以隱推讓，據其爲君而亦稱公，故其妻亦稱夫人也。」〔註33〕上述三例，有《左》、《公》之異，有《公》、《穀》之異，也有三《傳》皆異者，內容上則牽涉身世考據、派別立場及褒貶判斷等方面，這些事理評判上的不同，遂形成「同說儒家，三《傳》各異，俱述經旨，而理味有殊也」〔註34〕的情形。楊《疏》強調雖傳分三家，但終究是「同說儒家」且「俱述經旨」，各家傳說雖有不同，但皆爲闡述經旨的一種徑路，經的價值也未受各家紛說而影響。

三《傳》同爲解經，但因事理判斷不同，造成臧否褒貶之差異，對於《三傳》得失，楊《疏》承鄭玄及范甯之說，云：

> 鄭玄《六藝論》云：「《左氏》善於禮，《公羊》善於讖，《穀梁》善於經。」是先儒同遵之義也。言「《左氏》善於禮」者，謂朝聘、會盟、祭祀、田獵之屬不違周典是也。「《公羊》善於讖」者，謂黜周王魯及龍門之戰等是也。「《穀梁》善於經」者，謂大夫曰卒，諱莫如深之類是也。（《春秋穀梁傳注疏・序》，頁3）

楊氏取歷來「先儒同遵」的鄭玄之說論三《傳》特色，並進一步取書中事例加以補充說明，謂鄭氏所謂之「《左氏》善於禮者」，是指《左氏》對朝聘、會盟、祭祀、田獵等禮的解釋不違周典；「《公羊》善於讖」，則指書中善於闡釋「黜周王魯」的微言大義；至於「《穀梁》善於經」，則指《穀梁》詳於經文中「大夫日卒不日卒」等事例。楊《疏》依鄭說，主張三《傳》各有所長。此外，范甯在〈序〉中曾對三《傳》提出「《左氏》豔而富，其失也巫。《穀梁》清而婉，其失也短。《公羊》辯而裁，其失也俗。」的批評，楊氏疏解時同樣舉書中事例爲證，云：

上無天子，下無方伯，天下諸侯有相滅亡者，力能救之，則救之可也。」

〔註32〕《春秋穀梁傳注疏・僖元年》，卷7，頁123～124。傳曰：「其不言曹伯，何也？以其不言齊侯，不可言曹伯也。其不言齊侯，何也？以其不足乎揚，不言齊侯也。」范注云：「救不及事，不足稱揚。」

〔註33〕《春秋穀梁傳注疏・隱二年》，卷1，頁14。

〔註34〕《春秋穀梁傳注疏・序》，頁11。范〈序〉謂「異端作而大義乖」，楊《疏》則謂「同說儒家，三傳各異，俱述經旨，而理味有殊也」。

「豔」者，文辭可美之稱也。云「其失也巫」者，謂多敘鬼神之事，
預言禍福之期，申生之託狐突，荀偃死不受含，伯有之屬，彭生之
妖是也。云「清而婉」者，辭清義通，若論隱公之小惠，虞公之中
知是也。云「其失也短」者，謂元年大義而無傳，益師不日之惡略
而不言是也。云「辯而裁」者，「辯」謂說事分明，「裁」謂善能裁
斷，若……三《傳》雖說《春秋》，各有長短，明非積年所能精究，
故要以沒身爲限也。（《春秋穀梁傳注疏・序》，頁13）

《左氏》文辭華美爲其長處，但多敘鬼神預言之事，則爲其失；《穀梁》雖「辭
清義通」，但猶有無傳，或略而不言的簡略弊病；至於《公羊》「說事分明」、
「善能裁斷」，但卻多雜俗是非之事。楊《疏》詳述三《傳》得失，總結而謂
「三《傳》雖說《春秋》，各有長短」。楊《疏》依承鄭玄及范甯的看法，強
調三《傳》各有特色、各有長短，對三《傳》主要採取平等客觀的態度。

第二節　三《傳》取捨

一、《左氏》孔《疏》：簡選《公》、《穀》二傳而去異端

孔《疏》雖抨擊《公》、《穀》二傳的日月例，謂其爲「道聽塗說之學」，
但對二傳亦非完全否定，其依襲杜預「簡二傳而去異端」的主張，作爲援引
二傳之依據，杜預〈序〉云：

古今言《左氏春秋》者多矣，今其遺文可見者十數家。大體轉相祖
述，進不成爲錯綜經文以盡其變，退不守丘明之傳。於丘明之傳，
有所不通，皆沒而不說，而更膚引《公羊》、《穀梁》，適足自亂。預
今所以爲異，專脩丘明之傳以釋經。經之條貫，必出於傳。傳之義
例，總歸諸凡。推變例以正褒貶，簡二傳而去異端，蓋丘明之志也。
（《春秋左傳正義・序》卷1，頁25～26）

杜預批評歷來說《左氏》者，皆不明左丘明之傳，或失於「有所不通，皆沒
而不說」，或失於「膚引《公羊》、《穀梁》，適足自亂」，故主張「簡二傳而去
異端」才能闡明《左氏》解經之意。這種「簡二傳而去異端」成爲孔《疏》
取捨二傳的依據。

（一）簡選二傳

如何「簡選二傳」而不流爲「膚引」？孔《疏》解釋曰：

　　若《左氏》不解，二傳有說，有是有非，可去可取，如是則簡選二傳，
　　取其合義而去其異端。杜自言以此立說，蓋是丘明之本意也。……莊
　　十九年「公子結媵陳人之婦于鄄」，杜注云「《公羊》、《穀梁》皆以爲
　　魯女媵陳侯之婦」。僖九年「伯姬卒」，杜注云「《公羊》、《穀梁》曰
　　『未適人』，故不稱國」。如此之類，是簡二傳也。先儒取二傳多矣，
　　杜不取者，是去異端也。（《春秋左傳正義・序》卷1，頁26～27）

所謂「簡選二傳」是僅針對「《左氏》不解，二傳有說」的部分，對《公羊》、《穀
梁》二傳進行審視，並對此部分之是非去取加以選擇判斷，以「取其合義而去
其異端」。孔《疏》主張解經猶以《左氏》爲主，《左氏》無說者，始參酌《公
羊》、《穀梁》二傳，再經由判斷同異，以決定去取。只是判斷的依據爲何？疏
中所提及的〈莊十九年〉「公子結媵陳人之婦于鄄」〔註35〕及〈僖九年〉「伯姬
卒」〔註36〕二例，此兩處經文《左氏》皆無傳，杜〈注〉援引《公羊》、《穀梁》
二傳同說者，以說解經文事理，孔《疏》認爲此即是所謂的「取其合義」者。

（二）去異端

　　至於「去異端」，孔《疏》解釋即爲「先儒取之而杜氏不取」者。對此孔《疏》
未多加以舉例說明，但從其他疏文中仍可看出其攘斥異端的態度，如〈昭三十
一年〉「冬，黑肱以濫來奔」，杜注「不書邾，史闕文。」孔《疏》云：

　　《公羊》、《穀梁》亦以濫爲邾邑，而傳解其無邾之意，言邾人以濫
　　封此黑肱，使爲別國，故不繫於邾。以非天子所封，故無子男爵號。
　　其言不可通於《左氏》，《左氏》無傳明是闕文。二傳見其文闕而妄
　　爲說耳。（《春秋左傳正義・昭三十一年》卷53，頁1748）

孔《疏》先於疏文中引述《公羊》、《穀梁》二說，顯示雖《左氏》無傳，但
《公》、《穀》皆有說明，同以濫爲邾邑。其後，疏文話鋒一轉，強調二傳之
說「其言不可通《左氏》」，因「《左氏》無傳，明是闕文」，故批評「二傳見

〔註35〕《春秋左傳正義・莊十九年》，卷9，頁297～298。經「秋，公子結媵陳人之
　　　　婦于鄄，遂及齊侯、宋公盟。」杜注：「無傳。公子結，魯大夫。《公羊》、《穀
　　　　梁》皆以爲魯女媵陳侯之婦，其稱陳人之婦，未入國，略言也。」疏云：「《公
　　　　羊傳》曰……《穀梁》文雖不明，其意亦爲魯女。《左氏》無傳，取彼爲說，
　　　　故云《公羊》、《穀梁》皆以爲魯女媵陳侯之婦。」
〔註36〕《春秋左傳正義・僖九年》，卷13，頁406～407。經「秋，七月，乙酉，伯姬
　　　　卒。」杜注：「無傳。《公羊》、《穀梁》曰：未適人，故不稱國。已許嫁，則以
　　　　成人之禮書，不復殤也。」疏云：「《公羊傳》曰：『此未適人，何以卒？許嫁
　　　　矣。婦人許嫁，字而笄之。死則以成人之喪治之。』《穀梁傳》意亦與之同。」

其文闕而妄為說」。持平而論，此處的《左氏》無傳，二傳同說的情形，實與上述〈莊十九年〉、〈僖九年〉二例無異。上述二例中簡選二傳，此處卻批評二傳為妄說，其差別的理由實在杜〈注〉，杜氏取之則取之，杜氏不取，則斥為異端，此處杜〈注〉直言「史闕文」，故以二傳為妄說。

又〈僖元年〉「十有二月，丁巳，夫人氏之喪至自齊」，杜注「不稱姜，闕文。」疏云：

> 《公羊傳》曰：「夫人何以不稱姜氏？貶。曷為貶？與弒公也。」《穀梁傳》曰：「其不言姜，以其弒二子，貶之也。或曰：為齊桓諱殺同姓也。」賈逵云：「殺子輕，故但貶姜。」……案禮之成否，在於薨葬，何以喪至獨得為重？喪至已加貶責，於葬不應備文，何故葬我小君，復得成禮？正以薨葬備禮，知其無所貶責，故杜以經無「姜」字，直是闕文。《公羊》、《穀梁》見其文闕，妄為之說耳。（《春秋左傳正義·僖元年》卷 12，頁 366）

對於夫人「不稱姜」一事，《左氏》無說，而《公羊》、《穀梁》則有同解，賈逵取二傳之「貶」說，但因杜〈注〉謂此為「闕文」，所以孔《疏》不取二傳及賈說，反批評二傳之說是「見其文闕，妄為之說耳」。上述二例中，皆《左氏》無傳而《公》、《穀》二傳有說，《左氏》先儒或援引二傳以為說，但只因杜氏謂此「闕文」。孔《疏》遂依此為判準，力排諸說，反斥二傳為妄說。這種「先儒取之而杜氏不取」，即為孔《疏》之「去異端」，顯然「異端」的判準即在杜氏。

當然，上述「去異端」之引文，主要是針對經文中姓氏稱謂上的書法而發，此與「簡選二傳」中擷取二傳以說明經文事理的情況稍有不同，但可看出，不論是稱謂姓氏，或是事理說明，孔《疏》皆以杜說為據。《春秋》與《左氏》皆因襲自史料，史料原本即有所不備，再加上流傳過程中的闕佚，經文難免有訛字闕文的情形產生，所以對於經文中人氏稱謂上的書或不書，孔《疏》一律視為經文闕文，而反斥二傳之說為「異端」。至於經文中的史事，《左氏》無說而二傳同說者，始取之以為補充。然而，不論是「簡選二傳」或是「去異端」，其取捨的標準完全取決於杜預。孔《疏》依杜〈注〉而為疏，在取捨三《傳》的態度上亦力排先儒諸說，獨尊杜說。

二、《公羊》徐《疏》：反對取他傳為義

徐《疏》強調「三傳之理不同多矣」，反對援引《左氏》、《穀梁》二傳以

解《公羊》的解經方式。此種態度反映於疏文中，今見徐《疏》中，雖不乏徵引二傳者，但其中多爲校讎考訂之用，而少爲經義之說明。

（一）取《左》、《穀》二傳以明版本異文

　　徐《疏》雖反對於義理上援引《左》、《穀》二傳以解《公羊》，但在考訂經文異文時，倒是屢屢徵引《穀梁》、《左氏》二傳，以明三《傳》版本異文，其中包括經文字詞、日時、地名及人名之參照比證上，如〈襄九年〉「九年，春，宋火」，疏云：

　　　　《左傳》、《穀梁》作「宋災」。（《春秋公羊傳注疏・襄九年》卷 19，
　　　　頁 492）

此處是引二傳以參照經文間的異字；而〈定三年〉「三月，辛卯，邾婁子穿卒。」其中之「三月」，疏云：

　　　　「三月辛卯」云云。《公羊》、《穀梁》皆作「三月」，《左氏》作「二
　　　　月」，未知孰正。（《春秋公羊傳注疏・定三年》卷 25，頁 638）

經文中的記月，《公羊》、《穀梁》二傳之「三月」即與《左氏》之「二月」有別。徐《疏》比較三《傳》經文上有關字詞及日時的差異，並強調「未知孰正」，不妄加分判。

　　至於地名上的異文，則如〈昭元年〉「晉荀吳帥師敗狄于大原」，疏云：

　　　　案《左氏》作「大鹵」字，《穀梁》與此同。（《春秋公羊傳注疏・昭
　　　　元年》卷 22，頁 547）

《公羊》、《穀梁》二傳經文中的地名「大原」，《左氏》則作「大鹵」；〈莊三十二年〉「三十有二年，春，城小穀。」疏云：

　　　　二傳作「小」字，與《左氏》異。（《春秋公羊傳注疏・莊三十二年》
　　　　卷 9，頁 214）

對於「小穀」地名，《公》、《穀》二傳作「小穀」，與《左氏》之「城穀」不同。〔註37〕對於地名上稱謂的不同，徐《疏》亦僅予於標明，而不加評論。

　　此外，徐《疏》對於三《傳》中人名音轉異字的情形，亦加以一一標明，如〈文七年〉「晉先蔑以師奔秦」，對於「先蔑」一名，疏云：

　　　　《左氏》、《穀梁》作「先蔑」。（《春秋公羊傳注疏・文七年》卷 13，

〔註37〕《春秋公羊傳注疏・莊三十二年》，卷 9，頁 214。註一中據阮元考校云：「解
　　　云『二傳作小字，與《左氏》異』。按今《左氏》亦作『小』字。據疏，蓋二
　　　傳作『城小穀』，《左氏》作『城穀』也。」

頁 335）

《公羊》經文中的人名「先眜」二傳皆作「先蔑」；又〈襄八年〉「鄭人侵蔡，獲蔡公子爕。」中之「公子爕」，疏云：

> 「公子爕」《穀》作「公子濕」。（《春秋公羊傳注疏·襄八年》卷 19，
> 頁 491）

〈昭六年〉「楚薳頗帥師伐吳。」之「薳頗」，疏云：

> 《左氏》、《穀梁》作「薳罷」字。（《春秋公羊傳注疏·昭六年》卷
> 22，頁 558）

古書中的人名，因音轉而形成異文的情形相當普遍，徐《疏》訓解經文時，亦一一標明三《傳》間的異文。由上述諸例，可見徐《疏》援引《左》、《穀》二傳者並不少，只是其援引二傳，多僅標明三《傳》經文異文的情形，而不涉及是非正誤的價值評判，甚至謂三《傳》異文「未知孰正」，對三《傳》異文採取持平客觀的態度。

（二）強調《公羊》與《左》、《穀》二傳「義異」

徐《疏》徵引《左》、《穀》二傳，除了作爲版本異文的標示外，也用以突顯三《傳》「義異」。〈襄十五年〉「劉夏逆王后于齊。」傳曰「劉夏者何？天子之大夫也。劉者何？邑也。其稱劉何？以邑氏也。」何休注引《禮記·王制》之說，以明「諸侯入爲天子大夫，不得氏國稱本爵，故以所受采邑氏，稱子。」可知「劉夏」本爲諸侯，入爲天子大夫，故以其采邑名之，徐《疏》云：

> 《公羊》之義，天子圻內不封諸侯，故如此解，即引〈王制〉以證
> 之，與《左氏》、《穀梁》之義異。（《春秋公羊傳注疏·襄十五年》
> 卷 20，頁 506）

徐《疏》依何注之意，認爲「劉夏」本爲諸侯，只是天子圻內不以「諸侯」名之，其並謂此說「與《左氏》、《穀梁》之義異」。以「義異」二字指出《公羊》與二傳之別，但並未詳言差異爲何。今見《左》、《穀》二傳傳文無說解此事，但《左氏》杜注「劉，采地。夏，名也。天子卿書字，劉夏非卿故書名。」〔註38〕《穀梁》范注亦曰「劉，采地。夏，名。書名，則非卿也。」〔註39〕《左氏》杜注及《穀梁》范注皆謂「劉夏非卿」，《穀梁》楊《疏》甚至謂《公羊》與范〈注〉同，但徐《疏》強調「與《左氏》、《穀梁》之義異」，

〔註38〕《春秋左傳正義·襄十五年》，卷 32，頁 1069。
〔註39〕《春秋穀梁傳注疏·襄十五年》，卷 15，頁 296。

卻未加申論，難知其原委。〔註40〕

又〈哀二年〉「二年，春，王二月，季孫斯、叔孫州仇、仲孫何忌帥師伐邾婁，取漷東田及沂西田。」疏云：

> 《公羊》之義，言田者，田多邑少故也。而《穀梁傳》云「取漷東田，漷東未盡也；及沂西田，沂西未盡也」，范氏云「以其言東西，則知其未盡也」，與此別。《左氏》以「漷東」、「沂西」爲邑名。（《春秋公羊傳注疏・哀二年》卷27，頁679）

此處論「地名」之異，經文中的「漷東」及「沂西」，《公羊》何注「漷、沂，皆水名。」而「田」字，徐《疏》解釋「田多邑少」。《穀梁》范氏注云「漷、沂，皆水名。」並引其從弟范邵之言曰「以其言東西，則知其未盡也。」〔註41〕徐《疏》謂《左氏》以「漷東」、「沂西」皆邑名。〔註42〕徐《疏》引《左》、《穀》二傳，以顯與《公羊》之別；又〈文十四年〉「冬，十月，甲午，叔孫得臣敗狄于鹹。」傳文「狄者何？長狄也。」何注「長狄」爲「蓋長百尺也。」疏云：

> 何氏蓋取《關中記》云：……其文《穀梁》、《左氏》與此長短不同者，不可強合。（《春秋公羊傳注疏・文十一年》卷14，頁344）

關於「長狄」的身高，諸書說法不同，三《傳》中《公羊》何〈注〉謂「百尺」，《穀梁》范〈注〉謂「五丈四尺」，〔註43〕《左氏》杜〈注〉則謂「三丈」。〔註44〕三《傳》對「長狄」的身高說法有異。徐《疏》指出《穀梁》、《左氏》

〔註40〕《春秋穀梁傳注疏・襄十五年》，卷15，頁296。疏云：「《公羊》以劉夏爲天子下大夫，今范云非卿，則亦以爲下大夫也。此時王者，案《世本》、《本紀》當頃王也。」其實此處楊氏反而謂《公羊》與范注合。然據《公羊》何注及徐《疏》，皆側重於「劉夏是諸侯，入爲天子大夫者」的身份，故仍與范注稍異。

〔註41〕《春秋穀梁傳注疏・哀二年》，卷20，頁383。經「及沂西田。」傳「沂西，未盡也。」注「漷、沂皆水名。邵曰：『以其言東西，則知其未盡也。』」

〔註42〕徐《疏》謂「《左氏》以『漷東』、『沂西』爲邑名」，但今見孔《疏》中未有此言，清儒陳浩考證云：「按：《左傳》但云『賂以漷、沂之田而受盟』，不云邑名也，即杜注亦不云二邑名。不知疏何所本。」見《春秋公羊傳注疏・考證》，卷27，收於《景印文淵閣四庫全書》，頁145～516。

〔註43〕《春秋穀梁傳注疏・文十一年》，卷11，頁201。楊《疏》中亦比較三《傳》及他書等異說，其云：「《春秋考異郵》云：『兄弟三人各長百尺，別之國欲爲君。』何休云：『長百尺。』范云：『五丈四尺者，讖緯之書，不可悉信。』以此傳云身橫九畝，故知是五丈四尺也。杜預注《左氏》云『三丈』，唯約《國語》仲尼稱『僬僥長三尺』，大者不過數之十，非經正文，故范所不言。」

〔註44〕《春秋左傳正義・文十一年》，卷19下，頁615。傳「冬，十月，甲午，敗狄于鹹，獲長狄僑如。」注「僑如，鄋瞞國之君，蓋長三丈。」

與《公羊》的不同，強調三《傳》「不可強合」的立場。

其實嚴格說起來，上述三例雖是針對經文字義上的解釋，但實則仍未脫人名、地名的範疇。徐《疏》援引二傳，著重在比較三《傳》經文敘事之異，並在論述中不斷重申三《傳》間的相異「不可強合」的主張。對於《春秋》三《傳》，徐《疏》著重的是三《傳》間的差異性與不可相合性，所以疏文中對《左》、《穀》二傳的援引多僅限於版本校讎上的關係，而無義理上的關連，《公羊》雖與《左氏》、《穀梁》同解《春秋》，但在義理上仍具有其獨立性與特殊性。

三、《穀梁》楊《疏》：兼取《左》、《公》二傳

《春秋》三《傳》同爲釋經，雖臧否褒貶有異，但各有優劣處，故楊《疏》中屢引《左氏》及《公羊》二傳，以與《穀梁》相互論證，其中同者則以證其同，異者則以存其異說，或是補《穀梁》無說者。

（一）存其異

楊氏爲《穀梁》作疏，兼取《左氏》、《公羊》二傳，尤其是三《傳》間之異文異說，疏中多取之以相互參照，如〈桓四年〉「四年，春，正月，公狩于郎。」疏云：

> 仲尼脩《春秋》，改周之文，從殷之質，因以爲《春秋》制也。……
> 《左傳》、《周禮》、《爾雅》並云：「春曰蒐，夏曰苗，秋曰獮，冬曰狩。」《公羊》之文，則「春曰苗，秋曰蒐，冬曰狩。」此傳之文，則「春曰田，夏曰苗，秋曰蒐，冬曰狩。」所以文不同者，《左氏》之文，是周公制禮之名；二傳之文，或《春秋》取異代之法，或當天子諸侯別法。經典散亡，無以取正也。（《春秋穀梁傳注疏·桓四年》卷3，頁47）

對於四時之禮，三《傳》說法各異，楊《疏》取《左氏》、《周禮》、《爾雅》及《公羊》等說法與《穀梁》相較，並解釋《左氏》、《周禮》及《爾雅》的說法是「周公制禮之名」，而《公羊》及《穀梁》之說，「或《春秋》取異代之法」、「或當天子諸侯別法」，三《傳》說法雖異，但皆有所本而非虛妄。楊氏認爲《春秋》之制是孔子改周從殷而成，既不同於周公之法，亦有改舊義以示褒貶者，待聖人逝而微言絕，三《傳》遂各以己意以解經，而依取材史料的不同，說解也就各異，《左氏》取自周文，雖與先秦典籍《周禮》、《爾雅》等書相符，卻未必合於孔子《春秋》之制，《公》、《穀》二說亦有所依據，在

難斷是非的情形下，楊氏只能以並陳異說的方式相互參照，並以「經典散亡，無以取正也」作結。楊《疏》認爲三《傳》皆有所本，各自取材於某個時代或某個階層的制度，其間的差異多反映了某個時空下的現實狀況，因此在無法還原孔子原意的情況下，只能採取並存的方式，呈現歷史的眞實面。

　　除了以並存的方式呈現三《傳》差異外，楊《疏》偶爾也會依己意加以取捨，如〈隱元年〉「十有二月，乙卯，夫人子氏薨。」對於「夫子子氏」的身份，楊《疏》云：

> 《左氏》以子氏爲桓公之母，《公羊》以爲隱公之母，《穀梁》知是隱公之妻者，以隱推讓，據其爲君而亦稱公，故其妻亦稱夫人也。夫旣不葬，故其妻亦不葬，以經文上下符合，故爲隱妻。而《左氏》桓未爲君，其母稱夫人，是亂嫡庶也。《公羊》以爲隱母，則隱見爲君，何以不書葬？若以讓不書葬，何爲書夫人子氏薨？故穀梁子以爲隱妻也。（《春秋穀梁傳注疏・隱元年》卷1，頁14）

關於「夫人子氏」爲何？《左氏》認爲是桓公之母，《公羊》以爲是隱公之母，《穀梁》則謂爲隱公之妻，三《傳》說法各異。楊《疏》先敘三《傳》異說，再依《穀梁》之意加以推論，得出「以經文上下符合，故爲隱妻」的結論，並對《左氏》及《公羊》說法提出質疑，以突顯《穀梁》說法的合理性；又如〈隱元年〉「秋，七月，天王使宰咺來歸惠公、仲子之賵。」疏文：

> 《公羊傳》云：「仲子者何？桓之母也。何以不言及仲子？仲子微也。」《左氏》亦以仲子爲桓之母。今《穀梁》以爲孝公之妾，惠公之母者。以文九年「秦人來歸僖公成風之襚」，彼若兼歸二襚，則先書成風：旣經不先書成風，明母以子氏，直歸成風襚服而已。成風旣是僖公之母，此文正與彼同，故知仲子是惠公之母也。鄭《釋廢疾》亦云：「若仲子是桓之母，桓未爲君，則是惠公之妾，天王何以賵之？則惠公之母，亦爲仲子也。」鄭云「亦爲仲子」者，以《左氏》、《公羊》皆言「仲子，桓公母」故也。然則魯女得並稱伯姬、叔姬，宋女何爲不得並稱仲子也？又仲子不稱夫人者，文九年「秦人來歸僖公成風之襚」，傳稱「秦人弗夫人也，即外之弗夫人而見正焉」，則此不稱夫人，理亦當然也。（《春秋穀梁傳注疏・隱元年》卷1，頁6）

與上段引文相似，此處亦是針對夫人的身份進行討論。《穀梁》對於「仲子」身份的說法，與二傳有別，《左氏》及《公羊》以「仲子」爲「桓之母」，《穀

梁》則主張爲「孝公之妾,惠公之母」,對此楊《疏》取〈文九年〉「秦人來歸僖公、成風之襚」之傳文,及鄭玄《釋廢疾》中對《公羊》說法的質疑,來支持《穀梁》的論點。〔註45〕對於三《傳》差異,楊氏疏文中並不吝於指陳,其對三《傳》異說,或並存之,或評判之,藉著相互參照說明,以呈現三《傳》說經的不同面貌。

(二)證其同

楊《疏》兼取二傳,對於三《傳》間說法相同者,也相互論證,如〈僖十五年〉「己卯,晦,震夷伯之廟。」傳曰「晦,冥也。震,雷也。夷伯,魯大夫也。因此以見天子至于士皆有廟。」疏云:

> 《公羊》以爲晦者爲晝日而晦冥,震者雷也,謂有雷擊夷伯之廟。此傳亦云「晦,冥也。震,雷也」,則不得從《左氏》爲月晦,與《公羊》同矣。《公羊》又以爲夷伯者,季氏之信臣,故震其廟以戒之。今此傳歷言天子以下廟數,以爲過制,故震之,與《公羊》異,《左氏》以爲夷伯有隱慝,故天命霹靂之,亦與《穀梁》不同也。(《春秋穀梁傳注疏·僖十五年》卷8,頁153)

《穀梁》謂「晦,冥也。震,雷也。」其字義的解釋與《公羊》同,而與《左氏》之「月晦」異,但對經文意義的看法,卻又三《傳》互異。三《傳》間有同有異,楊《疏》一一予以疏解,並比較三《傳》同異的情形,其中異者以顯其異,同者則証其同;又〈桓二年〉「夏,四月,取郜大鼎于宋。戊申,納于太廟。」對於傳文之「孔子曰:『名從主人,物從中國。』」疏文則取《左氏》爲證,其云:

> 「名從主人」者,謂本是郜作,繫之於郜。「物從中國」者,謂鼎在宋,從宋號也。言「物從中國」者,廣例耳,通夷狄亦然。其意謂鼎名從作者之主人,不問華戎,皆得繫之,若《左傳》稱「甲父之鼎」是也。(《春秋穀梁傳注疏·桓二年》卷3,頁43)

此處楊《疏》僅提及《穀梁》與《左氏》二傳,其援引《左氏》之說,同證《穀梁》之意;此外,亦有三《傳》同說者,〈隱元年〉「夏,五月,鄭伯克段于鄢。」傳文「段,鄭伯弟也。何以知其爲弟也?殺世子、母弟目君。以

〔註45〕關於「仲子」身份的討論,亦見於《春秋穀梁傳注疏·隱五年》,卷2,頁23。經「九月,考仲子之宮。」疏云:「《公羊》、《左氏》妾子爲君,其母得同夫人之禮。今《穀梁》知不然者。」亦是突顯《穀梁》與二傳之異。

其目君，知其爲弟也。」疏文：

> 殺世子、母弟皆目君。傳何以知非世子者，《左氏》、《公羊》亦以段
> 爲鄭伯之弟，故此傳亦同之。舊解以爲「世子申生」，傳曰：「目晉
> 侯，斥殺，惡晉侯也。」宋公殺世子，傳無明解，同例可知，故范
> 云：「痤之罪不子明矣。」然則書殺世子例，目君稱世子，其罪誅者
> 即不書。今段目君而不云世子，是弟可知，理亦通耳。不及取二傳
> 爲證，後進易曉。（《春秋穀梁傳注疏・隱元年》卷1，頁5）

何以知段非世子？楊《疏》先引《左氏》和《公羊》之說爲證，再由《穀梁》
傳、注之文加以論證，雖然其謂「不及取二傳爲證，後進易曉。」但取二傳
以證其同，顯然亦是一個強而有力的論證，《春秋》三《傳》雖臧否不同而有
異說，但三《傳》間仍有一緊密的詮釋關係，互相牽制也互相證成，若能從
三《傳》中找到相同的觀點，將成爲一論證的重要依據。

（三）補《穀梁》無說者

藉由三《傳》同異，可以相互論證說明，所以對於《穀梁》無說者，亦
可取《左》、《公》二傳以爲補充之。如〈成十五年〉「宋殺其大夫山。」疏文：

> 《左氏》以爲背其族，何休注《公羊》以爲譖華元，貶之，《穀梁》
> 無說，不知所從。（《春秋穀梁傳注疏・成十五年》卷14，頁268）

此處經文《穀梁》無傳，而《左氏》及《公羊》則有異說，楊《疏》兼取二
傳以參照之，但文末仍要強調「《穀梁》無說，不知所從。」可知兼取二傳以
補《穀梁》無傳之文，並非是以二傳解《穀梁》，而是僅爲並陳參照之用；同
樣地，對於《穀梁》無文，而《左氏》、《公羊》二傳同解者，楊《疏》亦審
慎視之，如〈成三年〉「秋，叔孫僑如帥師圍棘。」疏云：

> 《公羊》、《左氏》皆以棘爲汶陽之田邑，此傳無說，事或然也。（《春
> 秋穀梁傳注疏・成三年》卷13，頁248）

此處《穀梁》無傳，《公羊》及《左氏》則看法一致，皆解「棘」爲汶陽之田
邑，但楊《疏》仍然強調「此傳無說，事或然也」，不敢輕易取之；又〈莊三
十二年〉「公子慶父如齊。」疏云：

> 牙與慶父同謀殺般，所以牙被殺，慶父得出奔者，《左氏》、《公羊》
> 皆以爲牙欲廢般立慶父，故季子鴆殺之。《穀梁》不見季子歸魯之文，
> 亦無鴆牙之事，則叔牙被殺以不，不可知也。（《春秋穀梁傳注疏・
> 莊三十二年》卷6，頁118）

對於公子牙被殺的原因，《穀梁》無說，而《左氏》及《公羊》皆謂其「欲廢般立慶父」，遭季子「鴆殺之」。其實，今觀《左》、《公》二傳於此事論之甚詳，〔註46〕但楊《疏》仍以「《穀梁》不見季子歸魯之文，亦無鴆牙之事」，對鴆殺一事有所保留，不妄斷可否。三《傳》傳文簡繁不一，立論不盡相同，雖各有長短，但畢竟各有所據，不得混爲一談，故縱使《穀梁》無傳，仍不得全然以《左》、《公》二傳代之。因此楊《疏》一方面兼取二傳之說，另一方面仍要一一指明「《穀梁》無說」，故而「不知所從」，不敢妄依二傳以解《穀梁》。〔註47〕

第三節　小　結

綜觀三《疏》對經、傳關係的看法，大體上皆是依襲注說，只是依循的程度略有不同。《左氏》孔《疏》承襲杜預的說法，由取材及立文上區分經、傳差異，甚至更進一步指出經文「多不具」，以突顯《左氏》「以史傳經」的獨特性與重要性。其以「史」的觀點，聯繫《春秋》與《左氏》的關係，使得《左氏》與《公羊》、《穀梁》明顯不同。而在三《傳》取捨上，其採取「簡選二傳而去異端」的方式，只是「簡選」與「異端」判準全在於杜注，其對三《傳》的取捨，終究只爲依杜〈注〉的取捨爲取捨；《公羊》徐《疏》以漢代《公羊》思想詮解《春秋》，帶有濃厚的讖緯色彩，不僅視孔子爲預知未來的神人，亦以《春秋》爲漢世制法。當初孔子爲避秦火之禍，故以口授傳《公羊》，因而《公羊》遠比書傳的《左氏》更能保留聖人意旨。在依漢代《公羊》學，尤其是《春秋》緯書所建構的經、傳架構中，《春秋》與《公羊》具有緊密不可分的特殊關係，也從而展現《公羊》與《左》、《穀》二傳的差異。因此徐《疏》中雖有不少援引二傳之處，但多只作爲版本異文的說明，而少涉

〔註46〕《春秋左傳正義・莊三十二年》，卷10，頁343～344；及《春秋公羊傳注疏・莊三十二年》卷9，頁215～218。

〔註47〕楊《疏》取二傳以補《穀梁》無傳之文，多採並陳而不妄斷評判的態度，然而有一處例外者：《春秋穀梁傳注疏・襄十三年》，卷15，頁294，經「夏，取邿。」疏文云：「《公羊》以『邿』爲邾婁之邑，此傳雖無說，蓋從《左氏》爲國也。」此處《穀梁》無傳，而《公羊》以「邿」爲邑，《左氏》以爲國。楊《疏》雖仍強調「此傳無說」，但卻言「蓋從《左氏》」，其依《左氏》以「邿」爲國名的說法，只是取《左氏》而捨《公羊》的理由爲何？因其後無文，難知楊《疏》用意。

及經義的參較；《穀梁》楊《疏》尊崇《春秋》，謂「傳雖有三，而經旨一也」，三《傳》紛說皆不足以影響經旨，其雖也論述三《傳》差異，但著重的是三《傳》互有長短，其嘗試以平等的態度看待三《傳》諸說，同者證其同，異者存其異，或取二傳以補《穀梁》之無說，視三《傳》同爲解經的方式之一。

　　三《疏》在取捨三《傳》的同時，亦對歷來三《傳》地位的興衰提出看法，其中，《公羊》徐《疏》和《穀梁》楊《疏》，面對本傳於漢代以後的衰微，分別提出了反省。徐《疏》認爲《公羊》學的衰微，源於學派內部經師的解經錯誤所致，而楊《疏》則將三《傳》的興迭，歸因於帝王的好惡，屬於外在的政治環境影響。

　　《公羊》何休〈序〉中曾提出《公羊》學「二創」說，其云：

> 傳《春秋》者非一。本據亂而作，其中多非常異義可怪之論，說者疑惑，至有倍經、任意、反傳違戾者。其勢雖問不得不廣，是以講誦師言至於百萬猶有不解，時加讓嘲辭，援引他經失其句讀，以無爲有，甚可閔笑者，不可勝記也。是以治古學貴文章者謂之俗儒，至使賈逵緣隙奮筆，以爲《公羊》可奪，《左氏》可興。恨先師觀聽不決，多隨二創。此世之餘事，斯豈非守文、持論、敗績、失據之過哉！余竊悲之久矣。（《春秋公羊傳注疏・序》，頁 4〜8）

何休感慨《公羊》先師因失據敗績，遂爲《左氏》所窮，使《左氏》的發展凌駕於《公羊》之上。其中，何氏提出「二創」爲《公羊》衰落的主因。此「二創」所指爲何？何〈序〉中並未明言，因此舊說與徐《疏》各有異解，徐《疏》云：

> 「多隨二創」者，上文云「至有背經、任意、反傳違戾」者，與《公羊》爲一創；又云「援引他經失其句讀」者，又與《公羊》爲一創。今戴宏作《解疑論》多隨此二事，故曰「多隨二創」也。而舊云公羊先師說《公羊》義不著，反與《公羊》爲一創，賈逵緣隙奮筆奪之，與《公羊》爲二創，非也。（《春秋公羊傳注疏・序》，頁 7）

舊說以「公羊先師說《公羊》義不著」及「賈逵緣隙奮筆奪之」爲此「二創」，但徐《疏》強調舊說非也，其認爲何休所謂的「二創」，是指〈序〉文中所提及的「背經、任意、反傳違戾」及「援引他經失其句讀」二事，此二事皆起於「說者疑惑」，至於「說者」，疏云：

> 此「說者」，謂胡母子都、董仲舒之後，莊彭祖、顏安樂之徒。見傳

與奪異於常理，故致疑惑。（《春秋公羊傳注疏‧序》，頁5）

徐氏明言「說者」指的即是莊彭祖、顏安樂等人。莊彭祖、顏安樂是胡母生、董仲舒（176～104bc）之後的漢代《公羊》學家，因莊、顏二人對經、傳的理解疑惑不明，故在解經時產生背離經義的情形，又不明白三《傳》及群經間的義理各不相同而妄加援引，最後導致「解義不是，致他問難，遂爾謬說至於百萬言。」〔註48〕徐氏批評曰：

> 賈逵者，即漢章帝時衛士令也。言「緣隙奮筆」者，莊、顏之徒說
> 義不足，故使賈逵得緣其隙漏，奮筆而奪之，遂作《長義》四十一
> 條，云《公羊》理短，《左氏》理長，意望奪去《公羊》而興《左氏》
> 矣。鄭眾亦作《長義》十九條十七事，專論《公羊》之短，《左氏》
> 之長，在賈逵之前。何氏所以不言之者，正以鄭眾雖扶《左氏》而
> 毀《公羊》，但不與讖合，帝王不信，毀《公羊》處少，興《左氏》
> 不強，故不言之。豈如賈逵作《長義》四十一條，奏御于帝，帝用
> 嘉之，乃知古之爲眞也，賜布乃衣，將慭存立，但未及而崩耳。然
> 則賈逵幾廢《公羊》，故特言之。（《春秋公羊傳注疏‧序》，頁7）

因爲莊、顏說義之不足，使賈逵能「緣隙奮筆」，作《長義》四十一條批評《公羊》，終得帝王喜好，而興《左》廢《公》，故賈逵《左氏》的興起，皆是緣於《公羊》學者如莊、顏之徒的解經錯誤所致。徐《疏》將《公羊》學衰頹之「二創」，歸因爲《公羊》學者解經上的過失，屬於《公羊》學派內部解經的問題。

至於《公羊》經師的解經錯誤，徐彥認爲有「倍經、任意、反傳違戾」及「援引他經失其句讀」此「二創」，對於「倍經、任意、反傳違戾」，徐《疏》舉書中例證說明云：

> 言由疑惑之故，雖解經之理而反背於經。即成二年，逢丑父代齊侯
> 當左，以免其主。《春秋》不非而說者非之，是背經也；任意者，《春
> 秋》有三世異辭之言，顏安樂以爲從襄二十一年以後，孔子生記，
> 即爲所見之世，是任意。任意者，凡言見者，目觀其事，心識其理，
> 乃可爲見。故《演孔圖》云「文、宣、成、襄，所聞之世也」。而顏
> 氏分張一公而使兩屬，是其任意也。反傳違戾者，宣十七年，「六月，

〔註48〕《春秋公羊傳注疏‧序》，頁6。何〈序〉「是以講誦師言至於百萬猶有不解」，
疏云：「言由莊、顏之徒解義不是，致他問難，遂爾謬說至於百萬言。其言雖
多，猶有合解而不解者，故曰『猶有不解』矣。」

癸卯，日有食之」，案隱三年傳云某月某日朔，日有食之者，食正朔也，其或日，或不日者，或失之前，或失之後。失之前者，朔在前也，謂二日乃食，失正朔於前，是以但書其日而已；失之後者，朔在後也，謂晦日食，失正朔於後，是以又不書日，但書其月而已。即莊十八年「三月，日有食之」是也。以此言之，則日食之道不過晦朔與二日，即宣十七年言日不言朔者，是二日明矣。而顏氏以爲十四日日食，是反傳違戾也。（《春秋公羊傳注疏・序》，頁5）

「背經」者，指解經違背經義，徐《疏》以〈成二年〉「逢丑父代齊侯當左」一事爲例，批評《春秋》不非之，而「說者」非之，是後代經師違背《春秋》經旨；〔註49〕至於「任意」者，徐《疏》則以三世異辭之說爲例，《演孔圖》云「文、宣、成、襄，所聞之世也」，顏安樂卻將襄公分爲所聞世與所見世二世，故徐《疏》批其爲「任意」者；而「反傳違戾」者，即舉〈宣十七年〉、〈隱三年〉、〈莊十八年〉三處「日有食之」的經文相互論證，批評顏安樂的說法是違反傳說。上述三者，除了「反傳違戾」是指傳文本身解釋上的前後矛盾外，前兩者皆涉及《公羊》學的基本思想。「背經」者指違反《春秋》「王法說」，「任意」者則是關於「三世說」的界定，「王法說」及「三世說」皆爲《公羊傳》的核心理論，亦是其學說的主要特色。由此可知，「背經、任意、反傳違戾」是緣於對經義，尤其是對《公羊》學說的理解不清，而形成「雖解經之理而反背於經」的錯誤；至於「援引他經失其句讀」，則是指「取他經爲義」，造成「賊黨入門，主人錯亂」的弊病。〔註50〕

〔註49〕《春秋公羊傳注疏・成二年》，卷17，頁429～432。經「秋，七月，齊侯使國佐如師。己酉，及國佐盟于袁婁。」傳文曰：「逢丑父者，頃公之車右也。面見與頃公相似，衣服與頃公相似，代頃公當左。使頃公取飲，頃公操飲而至，曰：『革取清者。』頃公用是佚而不反。逢丑父曰：『吾賴社稷之神靈，吾君已免矣。』郤克曰：『欺三軍者，其法奈何？』曰：『法斷。』於是斷逢丑父。」何注曰：「如以衰世無絕頃公者，自齊所當善爾，非王法所得貴。」徐《疏》曰：「丑父權以免齊侯，是以齊人得善之，但《春秋》爲王法，是以不得貴耳。而《公羊說》、《解疑論》皆識丑父者，非何氏意，不足爲妨。」其謂「丑父權以免齊侯」，雖有保全其君之功，但《春秋》爲王法，不獨爲齊國，故不得貴耳。徐《疏》疏解何氏之意，主張《春秋》爲王法，故不獨爲齊人而善丑父，其並提及許慎《異義・公羊說》及戴宏《解疑論》「識丑父」的看法，與何氏有異。其實，此處經文簡略，頗難斷言《春秋》褒貶之態度，徐《疏》依何〈注〉疏解之，而以「《春秋》爲王法」爲立論原則。

〔註50〕《春秋公羊傳注疏・序》，頁6。何〈序〉「援引他經失其句讀。」疏云：「三

　　反觀舊說中的「二創」，一爲「公羊先師說《公羊》義不著」，是關於《公羊》學彰顯與否的問題；一爲「賈逵緣隙奮筆奪之」，則涉及《公羊》學與《左氏》學間的論戰，兩者皆爲《公羊》學說對應外在衝擊時的反應，是屬於外在客觀情勢的定位問題。舊說認爲《公羊》經師解經的錯誤並不足以重創《公羊》學的發展，學說的不彰顯及《左氏》的抨擊，才是《公羊》學衰微的主因。徐《疏》與舊說正代表對《公羊》學衰頹的二種看法。舊說中的「二創」，將《公羊》學之衰落歸因於外在客觀情勢的衝擊，而徐《疏》則主張內部解經的錯誤，才是導致衰微的主要原因。雖然徐《疏》亦稱「賈逵幾廢《公羊》」，不否認《左氏》的興起對《公羊》學派的發展產生極大的威脅，但徐氏仍強調賈逵之「緣隙奮筆」，終究起因於「莊、顏之徒說義不足，故使賈逵得緣其隙漏，奮筆而奪之」，外在客觀地位的升降，仍繫於內部解經的對錯與否。所以徐《疏》特意提出舊說以反駁之，代表徐氏對《公羊》學說的自信，及其對先儒經師的強烈不滿。其強調《公羊》學的流弊主要在內部的解經問題，而不是外在的客觀情勢，只要正確地彰顯《公羊》之義，即可力抗外在的不利因素，而與《左氏》相抗衡。

　　徐《疏》反省《公羊》學派的發展，認爲《公羊》學之不興，純然是學派內部解經的錯誤所致，此錯誤指的即是《公羊》經師解經方法及態度上的錯誤。而《穀梁》楊《疏》秉持平等看待三《傳》的基本態度，將三《傳》的興廢，視爲君王之好惡所致，其曰：

> 仲尼卒而微言絕，秦正起而書記亡。其《春秋》之書，異端競起，遂有鄒氏、夾氏、左氏、公羊、穀梁五家之傳。鄒氏、夾氏，口說無文，師既不傳，道亦尋廢。左氏者，……漢武帝置五經博士，《左氏》不得立於學官。至平帝時，王莽輔政，方始得立。公羊子名高，……其傳之者，有胡母子都、董仲舒、嚴彭祖之類。其道盛於漢武帝。穀梁子名淑，……漢宣帝好《穀梁》，擢千秋爲郎，由是《穀梁》之傳大行於世。然則三家之傳是非無取，自漢以來廢興由於好惡而已。
> （《春秋穀梁傳注疏·序》，頁3）

孔子歿後，《春秋》形成五家競起的情形，其中除了鄒氏、夾氏二家只說無文而不傳外，左氏、公羊、穀梁三家皆有所傳承，楊《疏》簡述三《傳》在漢

傳之理不同多矣，羣經之義隨經自合，而顏氏之徒既解《公羊》，乃取他經爲義，猶賊黨入門，主人錯亂，故曰『失其句讀』。」

代傳承的概況，及政治上興廢的情形，強調三《傳》雖各有起落，但實爲「是非無取」，甚至漢代以至唐初，三《傳》的發展，「廢興由於好惡而已」。三《傳》解經各有所長，也因此隨著帝王政治上的好惡，決定發展的廢興。楊《疏》純由客觀的時勢上看待三《傳》發展，瞭解帝王好惡與政治時局對學術的影響性，對於三《傳》於政治上的起落，強調「是非無取」，認爲歷史上的廢興，皆只是由乎人的好惡，而與評價高低無關。

第五章 三《疏》論述的句型與焦點

　　《春秋》三《疏》同為唐代《春秋》義疏之學的代表，但三《疏》在論述的句型上，各有繁簡之別，亦有某些慣用的語法。而在論述焦點上，三者亦各有所偏。這些論述型態上的差異，皆使三《疏》的詮解呈現不同的義疏特色。

第一節　《左氏》孔《疏》

一、長篇與重文

　　《左氏》孔《疏》疏文總計四千二百餘則（參見附表三：〈《春秋》三《疏》解經、傳、注分類詳表〉），其中釋經者僅八十餘則，釋傳者一千四百餘則，釋注者則為二千六百餘則，釋注者約占了全書之六成左右，由數量上而言，明顯偏重於釋注。而在這些疏文中，「長篇繁文」是其普遍的論述方式，與《公》、《穀》二疏相較，《公羊》徐《疏》與《穀梁》楊《疏》字數皆為數萬字，但孔《疏》即多達數百萬字，這種論述方式成為孔《疏》的一大特色，但也無可避免的產生一些重文及稱謂不一的情形。

（一）長篇繁文

　　「廣引諸說」是「義疏」體的共同特色，但在孔《疏》中這種特色尤較《公羊》、《穀梁》二疏明顯，孔《疏》於徵引及說解上皆較二《疏》更為繁細，不僅徵引之書籍數量及範圍，遠遠超過《公羊》、《穀梁》二疏，其疏文的句型篇幅亦較二疏為繁長。

　　孔《疏》慣於一則疏文中廣引諸說以證其同，以前人舊說作為疏文論證

之主體，以〈昭十七年〉爲例，〈昭十七年〉傳「鳲鳩氏，司空也。」杜注「鳲鳩，鴶鵴也。鳲鳩平均，故爲司空，平水土。」爲了訓解杜注，孔《疏》云：

> 《釋鳥》云：「鳲鳩，鴶鵴。」樊光曰：《春秋》云：「『鳲鳩氏，司空。』心平均，故爲司空。」郭璞曰：「今之布穀也。」孫炎曰：《方言》云：「鳲鳩，自關而東謂之戴勝。」陸機《毛詩義疏》云：「今梁宋之間謂布穀爲鴶鵴。」則布穀是鳲鳩明矣。而楊雄云：鳲鳩是戴勝也。今戴勝自生穴中，不巢生，雄言非也。《詩》云：「鳲鳩在桑，其子七分。」《毛傳》云：「鳲鳩之養其子，朝從上下，莫從下上，平均如一。」是鳲鳩平均，故爲司空。《尚書·舜典》云：「伯禹作司空，帝曰：禹，汝平水土，惟時懋哉。」是司空主平水土也。
>
> （《春秋左傳正義·昭十七年》卷48，頁1570～1571）

在上述二百餘字的疏文中，即徵引了《爾雅》及樊光、郭璞、孫炎之注，以及《詩》、《毛傳》、陸機《毛詩義疏》、楊雄及《尚書》等九種說法，用以說明「鳲鳩」爲今之「布穀」而非「戴勝」，以及「鳲鳩」與「司空」之關聯；又如〈成十七年〉傳「初，聲伯夢涉洹，或與己瓊瑰，食之。」注「瓊，玉。瑰，珠也。食珠玉，含象。」疏文訓解注文云：

> 瓊是玉之美者。《廣雅》云：「玫瑰，珠也。」呂靖《韻集》云：「玫瑰，火齊珠也。」含者或用玉，或用珠，故夢食珠玉爲含象也。《詩·毛傳》云：「瓊瑰，石而次玉。」《禮緯》：「天子含用珠，諸侯用玉，大夫用碧。」此聲伯得有瓊瑰者，案《周禮》天子含用玉，則《禮緯》之文未可全依，或可珠玉兼有，故《釋例》云：「珠玉曰含。」
>
> （《春秋左傳正義·成十七年》卷28，頁913）

爲了解注注文，疏文在此段一百五十餘字中同時徵引了《廣雅》、《韻集》、《毛傳》、《禮緯》、《周禮》、《釋例》等多書，來說明杜說之依據。這種「旁徵博引」的論述方式，在孔《疏》中運用的極爲頻繁，常常一段引文中即大量羅列了許多古籍及前人諸說。其大量舉證，但孔《疏》申說己意的部分則相對顯得極爲簡略。以上述兩處爲例，在大段的徵引後，孔《疏》多僅以數語略作取捨及說明，疏文的論述全以引文爲主體。甚至孔《疏》中還有全以引文爲主，連作疏者的申論也一併省略者，比如〈宣十二年〉傳「古者明王伐不敬，取其鯨鯢而封之，以爲大戮。」注「鯨鯢，大魚名。」疏云：

> 裴淵《廣州記》云：「鯨鯢，長百尺。雄曰鯨，雌曰鯢。目即明月珠

也，故死即不見眼睛也。」周處《風土記》云：「鯨鯢，海中大魚也。
俗說出入穴即爲潮水。」（《春秋左傳正義・宣十二年》卷23，頁753
～754）

爲了訓解注文之「鯨鯢，大魚名」五字，疏文徵引了裴淵《廣州記》及周處
《風土記》兩本晉代方志之書，整段疏文中僅載錄二書之引文，既未加任何
說明，也未見結語，以引文代替所有論述，顯然孔《疏》認爲引文已足以說
明注疏之意，所以於條列引文之外，不另作說明。

　　這種旁徵博引、廣存諸說的論述方式，使得孔《疏》疏文動輒長篇千言，
總觀全書，字數超過一千字者即有數十餘條，超過二千字者亦有二則。〔註1〕
以〈隱元年〉經文「元年，春，王正月」爲例，此處經文下，《穀梁》無疏，
《公羊》疏文有七十餘字，但反觀孔《疏》疏文卻多達千餘字，徵引了《公
羊》、《穀梁》二傳，及《爾雅・釋詁》、《禮記・檀弓》、《釋例》等書，及杜
預、鄭玄、孔安國、何休、服虔之說，而訓釋的內容，則包含了「經」、「元
年」、「王」及「正月」之義，尤其側重於改朔易服及《春秋》「正月」書例上，
其中爲了說明周之「正月」，疏文曰：

> 言「王正月」者，王者革前代，取天下，必改正朔，易服色，以變人
> 視聽。夏以建寅之月爲正，殷以建丑之月爲正，周以建子之月爲正，
> 三代異制，正朔不同。故《禮記・檀弓》云：「夏后氏尚黑，殷人尚
> 白，周人尚赤。」鄭康成依據緯候以正朔三而改，自古皆相變。如孔
> 安國以自古皆用建寅爲正，唯殷革夏命而用建丑，周革殷命而用建
> 子。杜無明說，未知所從。（《春秋左傳正義・隱元年》卷2，頁43）

疏文援引《禮記・檀弓》之文，並取鄭玄及孔安國之說，來說明三代改朔易
服之制，只是孔《疏》雖旁徵博引，但因「杜無明說，未知所從」，孔《疏》
對此遂無進一步的申述與取捨。可見旁徵博引，廣存諸說雖是孔《疏》爲文
的方式之一，但爲了謹遵杜〈注〉，對杜無明說者，孔《疏》多持保留的態度，
而不妄下定語。

（二）重文與稱謂不一

　　孔《疏》的論述以廣徵博引、長篇繁言爲主，其間不免有重覆冗贅的情
形產生，比如〈桓五年〉傳「曼伯爲右拒，祭仲足爲左拒，原繁、高渠彌以

〔註1〕孔《疏》疏文超過二千字者有二則，分別爲〈桓二年〉傳文「袞、冕、黻、
　　　珽」下的疏文，及〈桓五年〉傳文「凡祀，啓蟄而郊」下的疏文。

中軍奉公，爲魚麗之陳。先偏後伍，伍承彌縫。」注「《司馬法》：車戰二十五乘爲偏，以車居前，以伍次之，承偏之隙而彌縫闕漏也。五人爲伍，此蓋魚麗陳法。」爲了說明《司馬法》孔《疏》云：

> 《史記》稱齊景公之時，有田穰苴善用兵，景公尊之，位爲大司馬。六國時，齊威王用兵行威，大放穰苴之法，乃使大夫追論古者司馬兵法，而附穰苴其中，凡一百五十篇，號曰《司馬法》。「車戰二十五乘爲偏」，是彼文也。「五人爲伍」，《周禮‧司馬序官》文也。。（《春秋左傳正義‧桓五年》卷6，頁190）

孔《疏》依《史記》之言，說明《司馬法》的成書過程，作爲注文的補充，只是這段文字在〈宣十二年〉中又重覆出現。〈宣十二年〉傳「其君之戎分爲二廣，廣有一卒，卒偏之兩。」注「十五乘爲一廣。《司馬法》：百人爲卒，二十五人爲兩。車十五乘爲大偏。今廣十五乘，亦用舊偏法，復以二十五人爲承副。」疏云：

> 《史記》稱齊景公時，有司馬田穰苴，善用兵。至六國時，「齊威王使大夫追論古者《司馬兵法》，附穰苴於其中」，凡一百五十篇，號曰《司馬法》。「百人爲卒」，「二十五人爲兩」，「十五卒爲偏」，皆《司馬法》之文。「百人爲卒」，「二十五人爲兩」，《周禮》亦有此文。但《周禮》無偏，故杜并引《司馬法》耳。（《春秋左傳正義‧宣十二年》卷23，頁741）

此處注文再度提及《司馬法》，而孔《疏》解注時，亦同樣引述《史記》之文，重申《司馬法》的成書過程。比較〈桓五年〉及〈宣十二年〉兩段疏文，除了繁簡略異外，文字幾乎雷同。同樣的文字重覆出現，不免有重出冗贅之弊。

　　同樣的情形不僅一例，如〈閔二年〉及〈昭三年〉敍「羊舌」之氏。〈閔二年〉傳「羊舌大夫爲尉。」注「羊舌大夫，叔向祖父也。」疏云：

> 羊舌，氏也，爵爲大夫，號曰「羊舌大夫」，不知其名何也。此人生羊舌職，職生叔向，故爲叔向祖父。《譜》云：「羊舌氏，晉之公族，羊舌，其所食邑也。或曰：羊舌氏姓李，名果，有人盜羊而遺其頭，不敢不受，受而埋之。後盜羊事發，辭連李氏，李氏掘羊頭而示之，以明已不食，唯識其舌，舌存得免，號曰羊舌氏也。」「或曰」者，不知誰爲此言。杜所不從，記異聞耳。（《春秋左傳正義‧閔二年》卷11，頁361）

爲了解釋「羊舌」名號之由來，孔《疏》援引杜預〈世族譜〉的記載，其中杜氏以「或曰」的方式，存錄了李果存羊舌的異聞。而在〈昭三年〉傳「叔向曰：『晉之公族盡矣。肸聞之，公室將卑，其宗族枝葉先落，則公從之。肸之宗十一族，唯羊舌氏在而己，肸又無子。』」傳文中叔向之言再次提及「羊舌氏」一名，孔《疏》云：

> 〈世族譜〉云：「羊舌氏，晉之公族也。羊舌，其所食邑名。」唯言晉之公族，不知出何公也。杜云「同祖爲宗」，謂同出一公，有十一族也。〈譜〉又云：「或曰：羊舌氏姓李，名果。有人盜羊而遺其頭，不敢不受，受而埋之。後盜羊事發，辭連李氏，李氏掘羊頭示之，以明己不食，唯識其舌存，得免，號曰『羊舌氏』。」杜言「或曰」，蓋舊有此說，杜所不從，記異聞耳。（《春秋左傳正義·昭三年》卷42，頁1362～1363）

孔《疏》再次引杜預〈世族譜〉以釋「羊舌氏」一名，其中所徵引的〈世族譜〉文字「羊舌氏，晉之公族也。羊舌，其所食邑名。」及其後「或曰」云云，與〈閔二年〉所徵引者起迄一致，除了多個「而」字、少個「舌」字外，字數完全相同，甚至疏文結論「杜所不從，記異聞耳」二句亦同。

又如〈昭元年〉及〈定四年〉論「蔡蔡叔」之「蔡」字。〈昭元年〉傳「周公殺管叔而蔡蔡叔」，疏云：

> 《說文》云：「𣏪，散之也。從米，殺聲。」然則𣏪字，殺下米也。𣏪爲放散之義，故訓爲放也。隸書改作，已失本體。𣏪字不復可識，寫者全類蔡字，至有重爲一蔡字，重點以讀之者。（《春秋左傳正義·昭元年》卷41，頁1326）

孔《疏》取《說文》爲證，指「蔡蔡叔」之第一個「蔡」字本爲「𣏪」字，上殺下米，訓爲放散之義。後因隸定改寫時，不復可識，故寫爲「蔡」字，遂形成「蔡蔡叔」重字的情形。此段解釋「蔡」本爲「𣏪」的文字，亦見於〈定四年〉，〈定四年〉傳「管、蔡啓商，惎間王室，王於是乎殺管叔而蔡蔡叔。」注「周公稱王命以討二叔。蔡，放也。」疏云：

> 《說文》云：「𣏪，散之也。從米，殺聲。」然則𣏪字，殺下米也。𣏪爲放散之義，故訓爲放也。隸書改作，已失本體。𣏪字不復可識，寫者全類蔡字，至有爲一蔡字，重點以讀之者。（《春秋左傳正義·定四年》卷54，頁1785）

爲了解傳文中的「蔡蔡叔」一詞，孔《疏》再次徵引《說文》之言，說明第一個「蔡」字本爲「粲」字。與〈昭元年〉疏文的相較，此段疏文除了少一「重」字外，其餘完全雷同。同樣的文字同覆出現，不僅引書及徵引的文字相同外，連疏文論述的順序與敘述的語詞幾乎一模一樣。上述諸例，有論成書經過，有記名氏由來，有解傳文字詞，重文的情形不只一例。孔《疏》成於眾人之手，成書之際即已招致「雖包貫異家爲詳博，然其中不能無謬冗」〔註2〕的批評，故而有馬嘉運的駁正與覆審，但顯然這種雜冗的弊病，猶未能完全去除，所以疏文中還偶見上述重文冗贅的現象。

此外，孔《疏》中亦屢屢出現稱謂不統一的情形，比如人名稱謂上，或稱名，或稱字，體例並不統一，比如鄭玄或稱「鄭康成」〔註3〕、鄭眾或稱「鄭司農」〔註4〕、徐邈或稱「徐仙民」〔註5〕、潁容或稱「潁子嚴」〔註6〕、宋衷或稱「宋仲子」；〔註7〕而書名稱謂上，亦有前後不一致者，比如《國語》或稱《外傳》〔註8〕、《司馬法》或稱《司馬兵法》。〔註9〕其實，以字號或別號代稱，是歷來普遍的稱謂方式，但同一本書中，屢屢出現稱謂不統一的狀況，難免使其爲文略嫌紛雜，尤其還有一則疏文中前後稱謂不一的情形，比如〈昭元年〉傳「吾與子弁冕端委，以治民、臨諸侯，禹之力也。」疏云：

> 《周禮·司服》於士服之下云：「其齊服有玄端、素端。」鄭玄云：……
> 如鄭此言，唯士服當端制，大夫以上不復端也。服虔云：「禮衣端正
> 無殺，故曰端。文德之衣尚褒長，故曰委。」案：《論語·鄉黨》：「非
> 帷裳，必殺之。」鄭康成云：……然則朝祭之服當曳地，服言是也。
> （《春秋左傳正義·昭元年》卷41，頁1323）

同一處疏文中，前引「鄭玄」《周禮注》，後引「鄭康成」《論語注》，人名稱

〔註2〕《新校本新唐書》，卷198，〈列傳·儒學上〉，頁5644。

〔註3〕孔《疏》中提到「鄭玄」的次數約數百次，但「鄭康成」一名也出現了十餘次。

〔註4〕孔《疏》中「鄭眾」一名出現六十餘次，但「鄭司農」一名亦出現有十餘次。

〔註5〕孔《疏》中提及「徐邈」者有一處，見〈序〉「春秋左氏傳序」，頁1。但提及「徐仙民」者亦有一處，見〈昭二十年〉，頁1608。

〔註6〕關於潁容，孔《疏》中多稱「潁氏」，但「潁容」一名出現兩次，見〈序〉，頁25，及〈哀十四年〉，頁1928；稱「潁子嚴」者一次，見〈桓六年〉，頁196。

〔註7〕孔《疏》中「宋忠」一名出現三次，「宋仲子」一名出現五次，比如〈序〉，頁5，謂《世本》「宋忠注」；〈莊五年〉，頁259，又謂《世本》「宋仲子注」。

〔註8〕孔《疏》中「國語」一名出現四十餘次，而「外傳」一名則出現十餘次。

〔註9〕孔《疏》中「司馬法」一名出現二十餘次，「司馬兵法」一名則出現三次。

呼前後不統一；〔註10〕又如〈隱元年〉傳「初，鄭武公娶于申，曰武姜。」
注「申國，今南陽宛縣。」疏云：

> 《外傳》説伯夷之後曰「申呂雖衰，齊許猶在」，則申呂與齊許俱出
> 伯夷，同爲姜姓也。《國語》曰「齊許申呂由大姜」，言由大姜而得
> 封也。(《春秋左傳正義·隱元年》卷2，頁57)

論「申國」之世系，前稱「《外傳》」，後稱「《國語》」，兩者實爲一書，卻在
同一則疏文中前後稱謂不一。這種稱謂上的紛雜，使其爲文缺乏一統整性。
而由這些疏文中的冗贅及紛雜之失，可知孔《疏》雖體例龐大、搜廣精博，
但在材料的統整及審校上，猶有未盡之處，也招致後人不少批評，清儒俞正
燮（1775～1804）在〈五經正義〉一文中即云：

> 唐《五經正義》，本名義贊，止百餘篇，後刊定，乃詔名《正義》。《書》、
> 《詩》、《左傳》用劉焯、劉炫，《禮記》用皇侃。其中復有刪理、補
> 修、詳審。永徽中，又考正增損始成書。……《春秋》僖四年《正
> 義》引《中侯》云：「齊桓霸，過八流以自廣。」《詩》汝墳《正義》
> 引《左傳》「衡流而彷徉」爲句，《春秋》哀十七年《正義》讀「方
> 羊裔焉」爲句，是二劉先不自詳審，孔穎達等亦不曾詳審也。……
> 《書·舜典》鞭作官刑，《正義》云「大隋造律始除之。」〈武成〉
> 「罔有敵於我師。」《正義》云：史官敘事，得稱我者，猶如今文章
> 之士，皆云我大隋耳。〈呂刑〉宮辟疑赦，《正義》云：大隋造律，
> 除宮刑。是孔穎達等兩奉唐敕考定詳審，而於其書不曾寓目。〔註11〕

俞正燮指出《五經正義》於刊定後，又幾經補修詳審、考正增損，但今疏文
中猶有許多文字不合理之處，甚至還二次出現稱呼「我大隋」者，俞氏認爲
此是劉焯、劉炫「先不自詳審」，孔穎達等人援引二劉「亦不曾詳審」的結果，
所以其譏諷孔穎達雖兩奉敕考定，但實則「不曾寓目」。

二、引證與反證

廣引諸書，是孔《疏》爲文的特色之一，其中，最常徵引者爲杜預《釋
例》及劉炫《規過》二書。全書約四千則的疏文中，引及《釋例》者將近五

〔註10〕《春秋左傳正義·襄十一年》，卷31，頁1026。亦出現同一則疏文中，前後
　　　　分別出現「鄭玄」及「鄭康成」之稱謂不一的情形。
〔註11〕〔清〕俞正燮：《癸巳存稿》，二〈五經正義〉，收於《續經解春秋類彙編》，
　　　　卷841，頁1355。

百則，引及劉炫規杜之言，則有三百二十餘則。

（一）廣引杜預《釋例》

孔《疏》曾簡述杜預生平，引王隱《晉書》云：

> 王隱《晉書》云：預，知謀深博，明於治亂，當稱德者非所企及，
> 立言立功，預所庶幾也。大觀群典，謂《公羊》、《穀梁》詭辯之言，
> 又非先儒說《左氏》，未究丘明之意，橫以二傳亂之，乃錯綜微言，
> 著《春秋左氏經傳集解》。又參考眾家，為之釋例。又作〈盟會圖〉、
> 〈春秋長歷〉，備成一家之學，至老乃成。（《春秋左傳正義·隱元年》
> 卷2，頁38）

疏文藉王隱之語，稱譽杜預「立言立功，預所庶幾」，文中提及杜預的《春秋》學著作，除了《春秋左氏經傳集解》外，尚有《釋例》一書，其中包含〈盟會圖〉、〈春秋長歷〉等篇章。〔註12〕杜氏〈序〉中曾自敘二書著作之方式及意旨，其云：

> 預今所以為異，專脩丘明之傳以釋經。經之條貫，必出於傳。傳之
> 義例，揔歸諸凡。推變例以正褒貶，簡二傳而去異端，蓋丘明之志
> 也。其有疑錯，則備論而闕之，以俟後賢。然劉子駿創通大義，貫
> 景伯父子、許惠卿，皆先儒之美者也，末有潁子嚴者，雖淺近亦復
> 名家，故特舉劉、貫、許、潁之違，以見同異。分經之年，與傳之
> 年相附，比其義例，各隨而解之，名曰《經傳集解》。又別集諸例及
> 地名、譜第、歷數，相與為部，凡四十部，十五卷，皆顯其異同，
> 從而釋之，名曰《釋例》。將令學者觀其所聚，異同之說，《釋例》
> 詳之也。（《春秋左傳正義·序》卷1，頁26～28）

〔註12〕〔晉〕杜預：《春秋釋例》（臺北：臺灣中華書局，1980年），〈四庫全書提要〉，
頁2，云：「今考〈土地名〉篇稱孫氏僭號於吳，故江表所記特略，則其屬稿，
實在平吳以前，故所列多兩漢三國之郡縣，與晉時不盡合。至〈盟會〉、〈長
歷〉則皆書中之一篇，非別為一書。……其書自《隋書·經籍志》而後並著
於錄，均止十五卷。惟元吳萊作〈後序〉云四十卷。豈元時所行之本，卷次
獨分析乎？自明以來，是書久佚，惟《永樂大典》中尚存三十篇，並有唐劉
賁原〈序〉。其六篇有釋例而無經傳，餘亦多有脫文。謹隨篇掇拾取孔穎達《正
義》及諸書所引《釋例》之文補之，校其訛謬，釐為四十六篇，仍分十五卷，
以還其舊，吳萊〈後序〉亦併附焉。」〈土地名〉、〈盟會圖〉、〈春秋長歷〉皆
為《釋例》書中之一篇。此書早已散佚，今本是後人輯自《永樂大典》的三
十篇，再加上孔《疏》及諸書引錄之文加以補之。

杜預自敘《經傳集解》在體例上是「分經之年，與傳之年相附，比其義例，各隨而解之」，目的在「聚集經傳爲之作解」；〔註13〕至於《釋例》一書，則是集「諸例及地名、譜第、歷數」爲四十部十五卷，著重在「觀其所聚」、「顯其異同」。一爲隨經傳解之，一爲觀聚以顯異同，此兩書互爲表裏，爲杜預《春秋》學之總結。今孔《疏》取杜預《經傳集解》爲注，杜預之《釋例》則成爲參酌的主要依據。

　　孔《疏》中引證《釋例》的次數極爲頻繁，或以《釋例》補無注之文，或以〈世族譜〉說明世系興滅，或以〈長歷〉校經傳日月，運用的範圍相當廣泛。值得注意的是，孔《疏》不僅廣取《釋例》爲證，甚至進一步的以《釋例》校正經、傳、注文之誤。比如〈莊二十二年〉「夏，五月。」疏云：

> 《釋例》曰：「年之四時，雖或無事，必空書首月，以紀時變，以明歷數。莊公獨稱『夏五月』，及經四時有不具者，丘明無文，皆闕謬也。」（《春秋左傳正義・莊二十二年》卷9，頁305）

此處傳、注無說，孔《疏》整段取杜氏《釋例》引文補充之。杜氏《釋例》中認爲此處經文未書時，是爲經文之闕，屬於經文日時之「不具」，而左丘明作傳亦未書，則爲左丘明「闕謬」之誤。

　　孔《疏》曾述「杜君采《太史公書》、《世本》，旁引傳記，以爲〈世族譜〉，略記國之興滅。」〔註14〕〈世族譜〉爲杜預采《史記》、《世本》二書而成，雖然孔《疏》認爲《史記》、《世本》謬誤不少，〔註15〕但對〈世族譜〉卻是頗爲認可，〈襄十五年〉傳「楚公子午爲令尹，公子罷戎爲右尹，蒍子馮爲大司馬。」杜注「子馮，叔敖從子。」疏云：

> 案《世本》，蒍艾獵是孫叔敖之兄，馮是艾獵之子。則馮是叔敖兄之子也。杜《集解》及《釋例》皆以蒍艾獵、叔敖爲一人，馮是叔敖之子。《世本》轉寫多誤，杜當考得其眞。（《春秋左傳正義・襄十五年》卷32，頁1071）

〔註13〕　《春秋左傳正義・序》，卷1，頁28。疏文謂：「杜言『集解』，謂聚集經傳爲之作解，何晏《論語集解》乃聚集諸家義理以解《論語》，言同而意異也。」

〔註14〕　《春秋左傳正義・隱元年》，卷2，頁37。

〔註15〕　孔《疏》中援引《史記》、《世本》二書的次數很多，但也罕見地於多次以「繆」、「誤」批評二書，其中尤以《史記》的批駁最多，此反映了孔《疏》經學本位的立場，也體現了孔《疏》遵《左》宗杜的一貫態度，此方面論述詳見論文第三章第三節〈對《史記》的評論〉。

關於叔敖與馮的關係，《世本》與杜預之《集解》、《釋例》說法有異，孔《疏》謂「杜當考得其眞」，故批評《世本》「轉寫多誤」。孔《疏》認爲〈世族譜〉雖取材自《世本》，但《世本》成書年代久遠，難免有傳抄轉寫之誤，反觀杜預著作，不僅年代較近，且是經過一番詳考的工夫，其言當較可信，可見孔《疏》對杜說的依循。

　　孔《疏》宗杜，廣引《釋例》之說，但杜氏《集解》與《釋例》二書偶有相異的情形，此時孔《疏》則將此異說，視爲是後人轉寫所形成的矛盾。〈定十一年〉「多，及鄭平。叔還如鄭涖盟。」注「還，叔詣曾孫。」疏云：

　　　　〈世族譜〉云：「叔還，叔弓曾孫也。」又《世本》云：「叔弓生定伯閻，閻生西巷敬叔，叔生成子還。」還爲叔弓曾孫，杜云「叔詣曾孫」，轉寫誤耳。（《春秋左傳正義・定十一年》卷56，頁1834）

杜〈注〉謂叔還爲「叔詣曾孫」，但孔《疏》指出〈世族譜〉及《世本》中皆以叔還爲「叔弓曾孫」。此處杜〈注〉與〈世族譜〉出現異說的情形，孔《疏》取《世本》支持〈世族譜〉的說法，認爲杜〈注〉爲誤，但也強調此誤非爲杜誤，而爲後人傳抄時的「轉寫誤耳」。

　　除此之外，關於《春秋》經、傳之日月，孔《疏》幾乎全以杜預〈長歷〉爲準，〈僖五年〉傳「五年，春，王正月，辛亥，朔，日南至。」注「周正月，今十一月。冬至之日，日南極。」疏云：

　　　　杜〈長歷〉僖元年閏十一月，此年閏十二月。又閏之相去，歷家大率三十二月耳。杜於此閏相去凡五十月，不與歷數同者，杜推勘《春秋》日月上下置閏，或稀或概，自準春秋時法，故不與常歷同。（《春秋左傳正義・僖五年》卷12，頁388）

孔《疏》指出杜預〈長歷〉實與常歷不同，但又強調〈長歷〉是杜預推勘《春秋》所得，所以雖與常歷不同，但「自準春秋時法」，故仍以〈長歷〉爲論說之依據；甚至在〈襄二十七年〉中孔《疏》還以〈長歷〉校正經文，〈襄二十七年〉經「多，十有二月，乙亥，朔，日有食之。」注「今〈長歷〉推十一月朔，非十二月。傳曰：辰在申，再失閏。若是十二月，則爲三失閏，故知經誤。」疏云：

　　　　此經言十二月，而傳言十一月，今杜以〈長歷〉推之，乙亥是十一月朔，非十二月也。傳曰：「辰在申，再失閏矣。」若是十二月，當爲辰在亥，以申爲亥，則是三失閏，非再失也。推歷與傳合，知傳

是而經誤也。(《春秋左傳正義・襄二十七年》卷 38，頁 1210)

杜注引〈長歷〉推論此「朔」當爲十一月，而非十二月，故直指「經誤」。孔《疏》承襲杜〈注〉，強調此處是「傳是而經誤」。孔《疏》多次提到杜預〈長歷〉與常歷不同，強調「春秋之世，歷法錯失，所置閏月，或先或後，不與常同。杜唯勘檢經傳上下月日以爲《長歷》」，〔註16〕因爲春秋之世，歷法錯亂，本不合常歷，而杜氏之〈長歷〉是杜預針對《春秋》經、傳加以「勘檢」而成，故不僅較常歷可信，甚至還可以用來校正日月「多不具」的經文以及經歷轉寫闕誤的傳文。

由上述數例中可知，孔《疏》不僅廣引《釋例》爲證，甚至取《釋例》以正經、傳、注之異文，在孔《疏》眼中，《釋例》是杜預蒐補細勘，經過詳考的成果，其可信度不僅高於杜預所取材的常歷、《世本》、《史記》，甚至凌駕於偶有闕文的《春秋》經、傳，成爲其立論的主要依據。孔《疏》承襲杜說，認爲《春秋》與《左氏》在取材及立文上本身即有詳略之差異，再加上史料文獻在流傳的過程中可能產生的闕脫及訛誤，所以書成久遠的經、傳，反倒不若近世詳考之論可信，此種「後出轉精」的態度一方面體現了孔《疏》對杜說的遵循，另一方面也反映了孔《疏》對遠古史料文獻的不信任。

（二）引劉炫之說以爲反證

孔《疏》中所徵引的先儒舊說，以杜預《釋例》及劉炫規杜之言爲最多，只是其徵引兩書的作用卻是完全相反，其引《釋例》是爲了說明論證，但提及劉炫《規過》時，卻是用於反證申杜之用。比如〈僖十七年〉「夏，滅項。」杜注「項國，今汝陰項縣。公在會，別遣師滅項，不言師，諱之。」疏云：

> 知非師少不言師，而言「諱之」者，沈云：襄十三年傳云「用大師
> 焉曰滅」。此既稱滅，故知用大師。劉炫云：案傳，「齊人以爲討」，

〔註16〕《春秋左傳正義・文元年》，卷18，頁557。疏云：「杜爲〈長歷〉，置閏疏數無復定準。凡爲歷者，閏前之月中氣在晦，閏後之月中氣在朔。僖五年正月朔旦冬至，則四年當閏十二月也。杜〈長歷〉僖元年閏十一月，五年閏十二月。與常歷不同者，杜以襄二十七年再失閏，司歷過。昭二十年『二月，己丑，日南至』，哀十二年『十二月螽』，云火猶西流，司歷過。則春秋之世，歷法錯失，所置閏月，或先或後，不與常同。杜唯勘經傳上下月日以爲《長歷》，若日月同者，則數年不置閏月。若日月不同，須置閏乃同者，則未滿三十二月頻置閏，所以異於常歷，故《釋例》云春秋日有頻月而食者，有曠年不食者，理不得一一如筭，以守恒數，故歷無有不失也。始失於毫毛，尚未可覺，積而成多，以失弦望朔晦，則不得不改憲以順之。」

> 討其滅國,非討用師,既不諱滅,何以諱師?炫謂將卑師少稱人,
> 不可自言魯人,故不稱師。炫不達此旨,以爲將卑師少以規杜過,
> 非也。(《春秋左傳正義‧僖十七年》卷14,頁446)

此處滅項不稱「師」,杜預以其「諱之」,但劉炫卻認爲是「將卑師少」,依《春秋》書例本當書「人」,但又不可自言魯人,故遂不言。孔《疏》先申述杜說,後取劉炫規杜之語反駁之,以再一次闡釋杜意。引劉炫規之說以爲反證,是孔《疏》爲文慣用的論述方式。總觀全書,孔《疏》提及「劉炫」時,皆反駁者多,肯定者少。

劉炫爲北人,與劉焯竝稱,皆以聰敏博學著世,其學術淵源難以詳考,只知《北史》謂其曾受學於北周熊安生與王通(584~618),〔註17〕《崇文總目》及《直齋書錄解題》則謂其傳杜學,〔註18〕可推知劉炫與杜學頗有淵源,孔穎達〈春秋正義序〉云:

> 今校先儒優劣,杜爲甲矣,故晉宋傳授,以至于今。其爲義疏者,
> 則有沈文阿、蘇寬、劉炫。然沈氏於義例粗可,於經傳極疎;蘇
> 氏則全不體本文,唯旁攻賈、服,使後之學者鑽仰無成;劉炫於
> 數君之內,實爲翹楚,然聰惠辯博,固亦罕儔,而探賾鉤深,未
> 能致遠。其經注易者,必具飾以文辭;其理致難者,乃不入其根
> 節。又意在矜伐,性好非毀,規杜氏之失,凡一百五十餘條,習
> 杜義而攻杜氏,猶蠹生於木而還食其木,非其理也。雖規杜過,
> 義又淺近,所謂捕鳴蟬於前,不知黃雀在其後。案僖公三十三年
> 經云:「晉人敗狄于箕」杜注云:「郤缺稱『人』者,未爲卿。」
> 劉炫規云:「晉侯稱『人』與殽戰同。」案殽戰在葬晉文公之前,
> 可得云背喪用兵,以賤者告。箕戰在葬晉文公之後,非是背喪用

〔註17〕〔唐〕李延壽:《新校本北史》(臺北:鼎文書局,1991年),卷82,〈列傳‧儒林下〉,頁2767。其「劉炫傳」,載其生平經歷,其中提及劉氏曾受學於熊安生,傳末評曰:「炫性躁競,頗好俳諧,多自矜伐,好輕侮當世,爲執政所醜,由是官途不遂。著《論語述議》十卷、《春秋攻昧》十卷、《五經正名》十二卷、《孝經述議》五卷、《春秋述議》四十卷、《尚書述議》二十卷、《毛詩述議》四十卷,注《詩序》一卷、《算術》一卷,并所著文集,竝行於世。」

〔註18〕《崇文總目》,卷2,收於《景印文淵閣四庫全書》,頁674~18。〈春秋正義〉云:「至晉杜預專治《左氏》,其後有沈文阿、蘇寬、劉炫皆據杜說。」《直齋書錄解題》,卷3,收於《景印文淵閣四庫全書》,頁674~561。〈春秋左氏傳正義〉云:「自晉宋傳杜學爲義疏者,有沈文阿、蘇寬、劉炫。」

兵，何得云「與穀戰同」？此則一年之經，數行而已，曾不勘省上下，妄規得失。……此等皆其事歷然，猶尚妄說，況其餘錯亂，良可悲矣！然比諸義疏，猶有可觀。今奉勑刪定，據以爲本，其有疎漏，以沈氏補焉。若兩義俱違，則特申短見。（《春秋左傳正義‧春秋正義序》，頁4～5）

孔《疏》以杜〈注〉爲諸注「甲」者，至於義疏，則以沈文阿、蘇寬、劉炫三家爲佳，其中劉炫又爲其中翹楚，雖然劉疏猶有「未能致遠」及「義又淺近」的弊病，但「比諸義疏，猶有可觀」，故孔《疏》取其疏爲本，其有疏漏者，始以沈文阿補之。文中提到劉炫「習杜義而攻杜氏」，劉炫本宗杜學，但在申杜的同時，也予以規杜，只是此一百五十餘規杜之言，被孔《疏》喻爲「猶蠹生於木而還食其木」，爲非理之論，而在疏文中當作反證之用。

　　由疏文屢引劉規再加以反駁的論述方式視之，「宗杜駁劉」似乎是孔《疏》的主要立場，但清儒劉文淇於《左傳舊疏考正》一書中，將孔《疏》與舊疏加以比對詳考，發現孔《疏》對劉炫的依襲，遠比字面表現出來的多。其曰：

近讀《左傳疏》，反覆根尋，乃知唐人所刪定者，僅駁劉炫說百餘條，餘條皆光伯《述議》也。……唐書孔穎達本傳云本名義贊，後詔改爲正義，今《左傳疏》間有刪改未盡言「今贊」者，即是〈義贊序〉所謂「特申短見」者也。其言「今贊」皆在舊疏之後而別爲一說，又疏凡云今刪定知不然者，斯則沖遠之筆，與〈序〉奉勑刪定之言合，其無刪定之文，必光伯原本，足知勦襲舊疏斷非沖遠之意，而出於永徽諸臣之增損也。〔註19〕

劉文淇認爲孔《疏》大體上是依襲劉炫《春秋左傳述議》而成，劉文淇於書中逐條指出孔《疏》中不標「劉炫曰」但實引劉炫者，並推論孔穎達撰成之初，當有標明人名，直至「永徽諸臣之增損」始將人名刪去，而形成「勦襲舊疏」的情形。劉文淇並取成書於貞觀十年的《隋書》與孔《疏》相較，證明今本孔《疏》中實是雜揉許多前人舊疏而成，而且採襲最多者，即爲劉炫《述議》之言。

　　劉文淇的論證雖猶有爭議，〔註20〕但其揭橥了孔《疏》大量援襲劉炫的

〔註19〕《左傳舊疏考正》，〈自序〉，收於《續經解春秋類彙編》，卷747，頁2681～2682。

〔註20〕張寶三《五經正義研究》中謂「劉文淇於襄公二十一年傳『季武子以公姑姊

實際情況，雖不確知刪減人名「勦襲舊疏」是否非爲孔穎達原意，但可知劉炫的學說對孔《疏》影響極大，皮錫瑞在其《經學歷史》一書中即曰：

> 案《左氏正義》，雖詳亦略，盡棄賈、服舊解，專宗杜氏一家。劉炫
> 規杜，多中杜失；乃駁劉申杜，強爲飾說。嘗讀《正義》，怪其首尾
> 橫決，以爲必有僞說。考各本皆如是，疑莫能釋。後見劉文淇《左
> 傳舊疏考證》，乃知劉炫規杜，先申杜而後加規；《正義》乃翦截其
> 文，以劉之申杜者列於後，而反以駁劉；又不審其文義，以致不相
> 承接。首尾橫決，職此之由。《易》、《書》之疏，間亦類此，特未若
> 《左傳疏》之甚耳。〔註21〕

孔《疏》襲劉，或註明出處，或隱沒其名，疏中駁劉申杜之言，實亦翦截倒置劉炫之說而成。皮氏批評孔《疏》這種援襲錯置的方式，使得疏文產生「首尾橫決」、「不相承接」的弊病。今本孔《疏》一方面以未註明出處的方式，大量勦襲劉炫《述議》之說，但另一方面又特別以標明出處的方式，取劉炫規杜之說以爲反證，只是其反駁規杜之言，又多是襲自劉炫而成。由字面上視之，取劉炫爲反證，論述上似乎刻意突顯出褒杜貶劉的評價，但透過清儒對內容上的詳考，可知劉炫對孔《疏》的影響實不比杜預小，而孔《疏》對劉說的大量援引，似乎也代表了其對劉炫明貶暗褒的態度。

第二節 《公羊》徐《疏》

《公羊》徐《疏》全書約有三千六百餘則疏文，其中尤以解注之文爲多，約占全書之八成。而由疏文內容分析，針對不同的訓釋對象，徐《疏》各有不同的訓釋焦點與慣用語法，比如詮解經文時，偏重於版本考校；詮解傳文時，則屢以「故執不知問」的類似句型以說明傳意；至於詮解注文時，則慣以「在某文」或「某書文」等句型，詳考何休注文之出處。

一、依訓解對象而有不同的詮解焦點與慣用語法

義疏之學其訓解的對象包括經、傳、注三者，徐《疏》在針對不同的訓解對象時，訓釋的語詞與著重的焦點也略有不同。

　　妻之』條，謂正義乃襲用《經典釋文》之語，其說恐非。另劉文淇斷正義中
　　『定本』爲舊疏所引，亦難確信。」見是書頁87，註70。
〔註21〕《經學歷史》，〈經學統一時代〉，頁218。

（一）解經：重視版本考校

　　雖然徐《疏》詮解經文時，仍不乏有闡釋《春秋》義例者，〔註22〕或是訓詁音讀者，〔註23〕但「版本異文」實為其詮釋經文的重心。由數量上統計，徐《疏》釋經者一百二十餘則，遠低於釋傳的六百餘則，更不及於釋注之十分之一。而在此一百二十餘則的釋經條文中，比較各版本間經文異字者即占了約六成。可見徐《疏》訓解經文時，以「版本異文」為重心。

　　在考校版本異文時，徐《疏》慣用「某書作某」之句型來載錄他本異字，其中取三《傳》經文相互校讎，是最常使用的方式。比如〈僖二十一年〉「秋，宋公、楚子、陳侯、蔡侯、鄭伯、許男、曹伯會于霍，執宋公以伐宋。」徐《疏》云：

　　　　《左氏》作「盂」，《穀梁》作「雩」，蓋誤，或所見異。（《春秋公羊
　　　　傳注疏・僖二十一年》卷11，頁283）

對於經文「會于霍」之地名「霍」字，三《傳》各不相同，疏文以「《左氏》作『盂』」及「《穀梁》作『雩』」之「某書作某」的句型，標舉三《傳》異字，文末並謂「蓋誤」、「或所見異」，對於二傳之異字雖有存疑，但又無法確定，故以模稜兩可的語氣作結；上述〈僖二十一年〉之例，是三《傳》皆異，而在〈襄元年〉中則是《左》、《穀》二傳同，而與《公羊》異，〈襄元年〉「夏，晉韓屈帥師伐鄭。」疏云：

　　　　《左傳》、《穀梁》「屈」作「厥」字也。（《春秋公羊傳注疏・襄元年》
　　　　卷19，頁477）

關於經文中的人名「韓屈」之「屈」字，《左》、《穀》二傳皆為「厥」字，與《公羊》之「屈」字有異；此外，亦有《公羊》與一傳同，而與一傳異者，如〈定三年〉「三月，辛卯，邾婁子穿卒。」疏云：

　　　　《公羊》、《穀梁》皆作「三月」，《左氏》作「二月」，未知孰正。（《春
　　　　秋公羊傳注疏・定三年》卷25，頁638）

〔註22〕由則數上而論，徐《疏》詮解經文時，闡釋經義者約近五十則，是訓解經文的另一重點，其中尤其側重於《春秋》義例的闡釋，比如〈桓元年〉，卷4，頁80，謂「《春秋》之例，若尊者之盟，則大信時，小信月，不信日」；〈閔二年〉，卷9，頁224，論「《春秋》之例，大國之邊例月，小國書時」。此皆是以《春秋》義例來說明經文書法。

〔註23〕徐《疏》詮解經文時，著重訓詁音讀者，如〈襄十年〉，卷19，頁494，論地名「偪陽」之「偪」字；〈莊二十二年〉，卷8，頁188，謂「肆大省」之讀音。上述二例中，徐《疏》以反切及方言的音訓方式訓解經文。

又〈昭二十一年〉「冬，蔡侯朱出奔楚。」疏云：

> 《左氏》與此同，《穀梁》作「蔡侯東」。（《春秋公羊傳注疏·昭二
> 十一年》卷 23，頁 589）

〈定三年〉中的「三月」一詞，《公》、《穀》同，而《左氏》獨作「二月」；〈昭
二十一年〉中的蔡侯名，《左》、《公》二傳作「朱」，而《穀梁》作「東」。上
述諸例中，或謂名氏，或謂地名、或謂時月，三《傳》之經文互有不同，徐
《疏》皆以「某書作某」的句型，標錄三《傳》異文的情形。

除了取三《傳》經文爲參校的主要依據之外，有時疏文中亦省略書名，
僅標明「正本」、「一本」、「有作」等語，來存錄版本異文的情形。比如〈襄
七年〉「鄭伯髡原如會」，疏云：

> 正本作「頑」字，亦有一本作「原」字，非也。（《春秋公羊傳注疏·
> 襄七年》卷 19，頁 489）

對於鄭伯之名，「正本」與「一本」的版本有異；而〈文十二年〉「秦伯使遂
來聘。」疏云：

> 《左氏》、《穀梁》皆作「術」字。經亦有作「術」字者，疑「遂」
> 字誤。（《春秋公羊傳注疏·文十二年》卷 14，頁 348）

對於經文中的秦使之名「遂」字，《左氏》、《穀梁》二傳皆作「術」字，而《公
羊》版本有作「遂」者，有作「術」者，故徐《疏》反懷疑作「遂」者或爲
「誤」。

再者，賈逵、服虔等前人注本亦是徐《疏》考校的對象，〈昭十一年〉「仲
孫貜會邾婁子盟于侵羊。」疏云：

> 《穀梁傳》作「侵祥」字，服氏注引者，直作「詳」字、無「侵」
> 字，皆是所見異也。（《春秋公羊傳注疏·昭十一年》卷 22，頁 565）

對於盟會的地名「侵羊」，各版本間亦有異說。徐《疏》不僅提到《穀梁》傳，
還指出服虔注本中所徵引的《穀梁》傳之版本異文；又〈昭二十五年〉「夏，
叔倪會晉趙鞅、宋樂世心、衛北宮喜、鄭游吉、曹人、邾婁人、滕人、薛人、
小邾婁人于黃父。」疏云：

> 《穀梁》與此同，《左氏》經賈注者作「叔詣」字。（《春秋公羊傳注
> 疏·昭二十五年》卷 24，頁 600）

經文中「叔倪」之「倪」字，《公》、《穀》二傳同，但《左氏》賈逵注本卻
作「詣」字。上述二例可知，徐《疏》不僅考校三《傳》諸版本間的經文異

文，還遍及各傳注家所取之版本異說，可見徐氏對《春秋》經文的考校用心。〔註24〕

徐《疏》詮解經文，著重考校各版本間的異文，不論是三《傳》差異，或是三《傳》中的各版本，以及各注家版本等，徐《疏》慣以「某書作某」的句型，說明各版本間的差異，文詞多爲簡短扼要，僅標列異字，而不多做說明或評論，縱使有時文末有些作者的意見，但多爲存疑的語氣，少做明確的取捨判斷。

（二）解傳：「故執不知問」

徐《疏》詮解傳文者約有六百餘則，詮解的內容包括傳義的闡釋、〔註25〕版本異文〔註26〕、句法音讀〔註27〕等，其中較特別的是，句中屢屢出現「故執不知問」或「故難之」、「故問之」等慣用語詞，著重說明傳文提問的理由。全書解傳疏文中，此類句型即占了五成，可謂爲徐《疏》解傳的一大焦點。以〈隱五年〉「九月，考仲子之宮。」爲例，傳曰：「考宮者何？考猶入室也，始祭仲子也。」疏云：

> 上無立文，而經言考；《春秋》之內，更無考禮，故執不知問。（《春秋公羊傳注疏・隱五年》卷3，頁57）

傳文針對經文「考」字提問，疏文則以「上無立文」、「故執不知問」來說明傳文提問的理由與特殊性；又〈文元年〉「天王使毛伯來錫公命。」傳曰：「錫者何？賜也。命者何？加我服也。」疏云：

〔註24〕徐《疏》對經文的仔細考校，實則反映了其對版本異文的客觀態度，此部分的詳細論述，參見本論第七章第一節〈對版本差異的反省〉。

〔註25〕徐《疏》詮解傳文時，闡釋文義者，如〈昭三十一年〉，卷24，頁619。經「冬，黑弓以濫來奔。」疏文分別解釋傳文中「嫗盈女也」及「國色也」二句之詞義，其疏云：「謂此老嫗是盈姓之女。」又疏云：「謂顏色一國之選。」。

〔註26〕徐《疏》詮解傳文時，著重標示版本異文者，如〈成二年〉，卷17，頁434。經「秋，七月，齊侯使國佐如師。己酉，及國佐盟于袁婁。」傳「使耕者東畝，是則士齊也。」疏文云：「亦有一本云『是則士齊，曰不可也』者。」以「一本」的方式，標明其他版本中的傳文異文。

〔註27〕徐《疏》詮解傳文時，訓解音讀語法者，如〈莊元年〉，卷6，頁132。「三月，夫人孫于齊。」傳「齊侯怒，與之飲酒。於其出焉，使公子彭生送之。」疏云：「與下句絕讀。」傳「於其乘焉，搚幹而殺之。」疏云：「二句連讀之。」疏文分別針對傳文的讀法加以說明；又〈文二年〉，卷13，頁323。經「丁丑，作僖公主。」傳曰「作僖公主者何？爲僖公作主也。」疏文云：「爲，于僞反。」以反切音訓傳文「爲」字。

> 明始即位未有功美，天子加錫，異於常典，故執不知問。（《春秋公
> 羊傳注疏・文元年》卷 13，頁 321）

傳文提問錫命之由，徐《疏》解釋，因爲文公始即位未有功美，受天子加錫
是「異於常典」，故傳文特問之；又〈哀四年〉「六月，辛丑，蒲社災。」傳
曰：「蒲社者何？」

> 正以社爲積土，非火燒之物，而反書災，故執不知問。（《春秋公羊
> 傳注疏・哀四年》卷 27，頁 688）

經文書「蒲社」爲何？傳文加以提問，徐《疏》解釋「社」爲積土卻遭火災，
是爲異，故傳文問之。上述三例中，有明古禮、古事者，有明經文用字者，
疏文皆以「故執不知問」的句型說明傳文提問的理由。

　　除了「故執不知問」的句型外，徐《疏》偶爾也會運用「故難之」、「故
問之」等相似語詞來解傳，比如〈襄八年〉「夏，葬鄭僖公。」傳曰：「賊未
討，何以書葬？爲中國諱也。」疏云：

> 正以隱十一年傳云「《春秋》君弒賊不討，不書葬，以爲無臣子也」，
> 是以弟子据而難之。（《春秋公羊傳注疏・襄八年》卷 19，頁 491）

依〈隱十一年〉傳云「君弒賊不討，不書葬」，今鄭僖公書葬，與此例不符，
故「弟子据而難之」，疏文訓傳以解釋傳文提問之由；又〈昭十三年〉「夏，
四月，楚公子比自晉歸于楚，弒其君虔于乾谿。」傳「此弒其君，其言歸何？」
疏云：

> 正以歸者，出入無惡之文。今君弒而言歸，故難之。（《春秋公羊傳
> 注疏・昭十三年》卷 23，頁 571）

又傳「歸無惡於弒立也。歸無惡於弒立者何？」疏云：

> 正据經書弒其君虔，曷爲言無惡？故問之。（《春秋公羊傳注疏・昭
> 十三年》卷 23，頁 571）

徐《疏》曾言「『歸』者出入無惡之文」，[註28]〈昭十三年〉中經文既曰楚
公子比「歸于楚」，又曰「弒其君」，似與義例不合，故傳文提問，以導引出
楚靈王無道自取滅亡之論。[註29] 上述疏文中所運用的「据而難之」、「故難

[註28] 《春秋公羊傳注疏・襄二十三年》，卷 20，頁 519。經「陳侯之弟光，自楚歸
　　　于陳。」注「前爲二慶所譖，出奔楚，楚人治其罪，陳人誅二慶，反光，故
　　　言歸。」疏云：「在上二十年秋。云故言歸者，正以歸者出入無惡之文故也。」

[註29] 《春秋公羊傳注疏・昭十三年》，卷 23，頁 571。經「夏，四月，楚公子比自
　　　晉歸于楚，弒其君虔于乾谿。」傳「此弒其君，其言歸何？歸無惡於弒立也。

之」、「故問之」等詞，與「故執不知問」的用意相同，皆是用以解釋傳文提問的原由。

　　《公羊》傳闡述《春秋》經義，以自問自答爲其敘述的主要方式，在傳文的敘述脈絡中，藉由反覆出現的疑問句，點出經文的重要書法，透過這種層層問答的敘述語法，彰顯經文中的褒貶意旨。今徐《疏》在疏解傳文時，屢屢以「故執不知問」等類似語詞，追溯傳文提句的理由，此一方面固然與傳文的問答敘述方式有關，但另一方面也反映出徐《疏》詮解焦點的轉移。疏文訓解傳文，以傳文爲詮解對象，本當以闡明「傳」義爲主要目的，但今徐《疏》訓解傳文，側重在傳文提問的原因與重要性，此時論述的焦點實已上溯至經文，論述的重點不再是「傳文」本身，而在於傳文眼中「異文常典」的經文，故與其說疏文此時是注解傳文，不如說是透過傳文再一次闡釋經文。

（三）解注：「在某年」或「某書文」

　　徐《疏》中詮解注文者多達二千九百餘則，份量之多居於全書的重心。而在這近三千則的疏文中，論述的內容相當廣泛，其中尤以註明注文出處，以及引他書以證注說二項居多。

　　「註明出處」是徐《疏》詮解注文的主要方式，疏文中常以「在某年」或「某年某是也」等語詞，簡短指明注文論述義例之出處，比如〈隱二年〉「無駭帥師入極。」傳「無駭者何？展無駭也。何以不氏？貶。」注「据公子遂帥師入杞，氏公子也。」疏云：

　　　　在僖二十七年秋。（《春秋公羊傳注疏・隱二年》卷 2，頁 36）

對於〈隱二年〉中「無駭」不稱氏，傳文以此爲貶，注文引「公子遂帥師入杞」一事補充傳義。疏文訓注時，未引申闡釋，僅簡短七字，以「在某年」的句型，指明注文所言之事，即爲〈僖二十七年〉「秋，八月，乙未，葬齊孝公。乙巳，公子遂帥師入杞。」之文；又〈成十年〉「夏，四月，五卜郊，不從，乃不郊。」傳「其言乃不郊何？」注「据上不郊不言乃。」疏云：

　　　　即上七年夏，「不郊猶三望」是也。（《春秋公羊傳注疏・成十年》卷
　　　　17，頁 451）

又注文「僖公不從言免牲」疏云：

　　　　歸無惡於弒立者何？靈王爲無道，作乾谿之臺，三年不成，楚公子棄疾脅比
　　　　而立之。然後令于乾谿之役曰：『比已立矣，後歸者不得復其田里。』眾罷而
　　　　去之，靈王經而死。」

僖三十一年夏,「四卜郊不從,乃免牲,猶三望」是也。(《春秋公羊
傳注疏・成十年》卷 17,頁 451)

傳文認爲經文「不郊」當不言「乃」,今言「乃」是爲貶意,貶其「不免牲」。
疏文先解釋注文中之「據上」,乃是據〈成七年〉「夏,五月,曹伯來朝。不
郊猶三望。」之經文,再舉〈僖三十一年〉因「免牲」而言「乃」,突顯今言
「乃」卻無「免牲」爲異於常例,故以此知爲貶。何〈注〉解傳,著重申說
義例,徐《疏》解注時,針對注文義例之說,多以「某年某是也」的類似句
型標明出處,疏文中既不重述注文,出處後也未加以申說論述,甚至有時還
僅標明出處之年,其餘一概省略,文辭極爲簡短扼要。

除了以《公羊》經、傳、注文補充注文出處外,對於注文中引及他書之
處,徐《疏》也多以「《某書》事」或「《某書》文」的句型一一點明,比如
〈莊九年〉「九月,齊人取子糾殺之。」注文中云「時小白得國,與鮑叔牙圖
國政,故鮑叔薦管仲、召忽曰:『使彼國得賢,己國之患也。』乃脅魯使殺子
糾,求管仲、召忽。魯惶恐,殺子糾,歸管仲,召忽死之,故深諱,使若齊
自取殺之。」疏云:

皆《世家》及〈齊語〉之事。(《春秋公羊傳注疏・莊九年》卷 7,
頁 164)

關於小白與子糾爭國,及之後管仲歸,召忽死等事,何休注中書之甚詳,徐
《疏》解釋,注文之說是取自《世家》、《國語》二書;又〈宣六年〉「六年,
春,晉趙盾、衛孫免侵陳。」傳文中「靈公有周狗,謂之獒。」注云「犬四
尺曰獒。」疏云:

〈釋畜〉文。(《春秋公羊傳注疏・宣六年》卷 15,頁 387)

注文以「犬四尺曰獒」解釋傳文「獒」字,疏文則指明注文此語爲《爾雅・釋
畜》之文。上述二例中,注文或所言史事引自他書,或所言文詞節錄自他書,
徐《疏》在訓解注文時僅簡短標明出處,做爲對注文的補充,而未多加說明。

通觀全書,這種補充注文出處的訓解方式,在徐《疏》中使用的情形頗
爲普遍,疏文以「在某年」、「《某書》文」、或再加入原文爲「某年某是也」
的簡短句型,標著注文出處。徐《疏》中以解注的分量爲多,但解注時又以
此種簡短句型爲主,在疏文「闡義」的功能上不免略嫌不足。雖則,以量化
的統計,實難全面概括疏文的特色,但由徐《疏》解注但非著重於注文的意
旨說明,也不是側重經、傳思想的闡揚,反而以補充注文所提及的詞語或史

事之「出處」爲論述重心，疏文的作用僅在爲注文的說法尋求依據，既欠缺大段的論述，也未多加引申說明，此時疏文將只流爲注文之註腳，而缺乏闡義的積極作用。

二、詳考何〈注〉用意及出處

　　徐《疏》中訓注疏文約占八成，而這些訓注疏文中又以「註明出處」爲多，其大量補充何注義例或引文之出處，並對注文的訛誤加以指明。可知徐《疏》對何〈注〉經過仔細的考校，不僅比對文字的正誤，也嘗試說明何休撰注的方式，以〈宣十二年〉爲例，〈宣十二年〉「夏，六月，乙卯，晉荀林父帥師及楚子戰于邲，晉師敗績。」傳「莊王親自手旌」，注曰「緇廣充幅長尋曰旐，繼旐如燕尾曰斿，加文章曰旂，錯革鳥曰旟，注旄首曰旌。」疏云：

> 此注皆《爾雅・釋天》文。其間少有不同者，蓋所見異，或何氏潤
> 色之。(《春秋公羊傳注疏・宣十二年》卷 16，頁 407)

爲解釋傳文「旌」一字，何〈注〉分別比較「旐」、「斿」、「旂」、「旟」、「旌」之差異。徐《疏》解注時，先補充注文之語皆出自《爾雅・釋天》，但也指出其間的文字或有不同，其推論或「所見異」，或「何氏潤色之」。何休撰注廣徵博引，或擷原文錄之，或參酌潤色，多未註明出處。今疏文訓注，仔細考察注文，不僅一一補明出處，並進一步說明何〈注〉援引的詳略方式，比如〈莊四年〉「冬，公及齊人狩于郜。」傳「齊侯則其稱人何？諱與讎狩也」，注曰「禮，父母之讎不同戴天，兄弟之讎不同國，九族之讎不同鄉黨，朋友之讎不同市朝。」疏云：

> 皆出〈曲禮〉上篇與〈檀弓〉上篇，何氏差約而爲此言也。〈檀弓〉
> 云「從父昆弟之讎」，故此何氏以九族言之。〈曲禮〉云「交遊之讎」，
> 故此何氏以朋友言之。定四年傳云「朋友相衛，古之道也」，義亦通
> 於此。鄭氏云「交遊或爲朋友」是也。(《春秋公羊傳注疏・莊四年》
> 卷 6，頁 146)

何〈注〉訓解傳文「讎」字，條列父母、兄弟、九族、朋友四讎之別，但對此四讎之說，注文中僅標明「禮」，而未詳列出處。徐《疏》訓注，照例先考察出處，指明此說出自《禮記・曲禮》及《禮記・檀弓》二篇，其中「父母之讎」與「兄弟之讎」於〈曲禮〉中皆有明言，但「九族之讎」及「朋友之讎」則無所見，疏文認爲何〈注〉的「九族之讎」當是援自〈檀弓〉「從父昆

弟之讎」，而「朋友之讎」則是取自〈曲禮〉「交遊之讎」。疏文一一考校注文
出處，指出其間差異，強調何〈注〉參酌此二書爲「差約」言之，其透過一
字一句的考證，推究何休撰注的方法與過程。

徐《疏》詳考注文出處，說明何休撰注之依據與方式，對何〈注〉引文
標明出處，對何〈注〉義例之說，也嘗試一一舉證說明，如〈宣元年〉「三月，
遂以夫人婦姜至自齊。」傳「其稱婦何？有姑之辭也。」注「言以者，見行
遂意也。見繼重在遂，因遠別也。」疏云：

> 桓十四年傳云「以者何？行其意也」，何氏以「以己從人曰行」。然
> 則此經云「遂以夫人」者，欲見夫人是時進止由遂，故言見繫重在
> 遂。（《春秋公羊傳注疏‧宣元年》卷 15，頁 371）

又注云：「月者，公不親迎，危錄之例也。」疏云：

> 即桓三年九月，「夫人姜氏至自齊」之屬是也。言公不親迎，故書月，
> 危錄之例也。（《春秋公羊傳注疏‧宣元年》卷 15，頁 371）

對於注文中論述的「以」、「書月」之義例，徐《疏》分別舉〈桓十四年〉及〈桓
二年〉之經、傳之文爲例，既說明何〈注〉來源，也證明注文之說有所承。

至於無法舉證者，徐《疏》多用「以理知之」等詞，證明何〈注〉說法
可信，如〈僖二十八年〉「夏，四月，己巳，晉侯、齊師、宋師、秦師及楚人
戰于城濮，楚師敗績。」注曰「齊桓先朝天子」一句，疏云：

> 正以莊十三年冬柯之盟，桓公之信著于天下，豈不朝天子而得然乎？
> 但以外朝不書，是以無經可指耳，但何氏以理知之，故言先朝天子。
> 言先者，欲道至僖四年乃始服楚之意。（《春秋公羊傳注疏‧僖二十
> 八年》卷 12，頁 301）

經文稱楚爲「人」，異於晉「侯」及齊、宋、秦之「師」，何〈注〉謂此爲「褒」
意，褒揚中原等國，其中注曰「齊桓先朝天子」故褒之，「齊桓先朝天子」一
事並不見於經文，但疏文認爲「外朝不書」，齊桓先朝天子之事雖未見經文，
但由〈莊十三年〉「公會齊侯盟于柯」，齊桓有信不日可知，是齊桓先朝天子
始能服眾。故經文雖無所說，但何注「以理知之」；又〈莊十四年〉「夏，單
伯會伐宋。」傳「其言會伐宋何？後會也。」注文「書者，刺其不信，因以
分別功惡有深淺也。從義兵而後者，功薄；從不義兵而後者，惡淺。」其中
「從義兵而後者，功薄」，疏云：

> 即此是。（《春秋公羊傳注疏‧莊十四年》卷 7，頁 179）

注「從不義兵而後者，惡淺。」則疏云：

> 無經可據，但言理當然也。（《春秋公羊傳注疏·莊十四年》卷 7，
> 頁 179）

關於「會伐」的書法，注文認爲有「從義兵而後者，功薄」與「從不義兵而後者，惡淺」之別，疏文訓解注文時，加入例證說明，指出「功薄」者即爲〈莊十四年〉者，而「惡淺」者雖查無所據，但疏文仍謂此爲「言理當然」，認可何氏之推理；又如〈成六年〉「二月，辛巳，立武宮。」注「天子卿大夫三廟，元士二廟；諸侯之卿大夫比元士二廟，諸侯之士一廟。」其中「天子卿大夫三廟，元士二廟」，疏云：

> 皆出〈祭法〉也。（《春秋公羊傳注疏·成六年》17，頁 443）

注「諸侯之士一廟。」疏云：

> 《禮說》文云。（《春秋公羊傳注疏·成六年》17，頁 443）

唯獨注文「諸侯卿大夫比元士。」一句，疏文查無出處，故曰：

> 更無正文，何氏以意當之。（《春秋公羊傳注疏·成六年》17，頁 443）

古禮宗廟之說，何〈注〉或援引《禮記》，或援引《禮說》，或以己意申說，注文中都未標明出處，疏文解注則一一補足每句出處，縱使查無出處者，也予標明，並謂雖無據，但亦可以「意」推之。徐《疏》解注，務求清楚標著何〈注〉之由來，以證明何〈注〉有所承，並非空談無據。

三、問答體例

　　徐《疏》在論述的體例上有一特殊之處，即是疏文中含有「問曰」、「答曰」的問答體，其中，卷首標題「春秋公羊經傳解詁隱公第一」下分別條列了二十個問答體例，用以申述《春秋》成書的時間、用意、依據、命名、作用，以及「三科九旨」、「五始」、「七等」、「六輔」、「二類」等《公羊》學說，可謂爲《公羊》學說之概要。徐《疏》將此二十個重要議題置於卷首，以「問曰」、「答曰」的特殊體例集中論述，頗類似於序論的作用。

　　徐《疏》中這種「問曰」、「答曰」的論述方式，共有三十三個，皆集中於卷首「春秋公羊經傳解詁隱公第一」標題及隱元年的疏文中，之後的疏文即未再出現，成爲徐《疏》中一個前後體例不統一的狀況。這種「問曰」、「答曰」的論述方式於隋、唐義疏著作中並不多見，〔註 30〕後人也因此文體對徐

〔註30〕　《隋書·經籍志》著錄經籍共計 627 部 5371 卷，但現存六朝經籍中完整可考

《疏》的成書時代產生質疑，《四庫全書總目》云：

> 董逌《廣川藏書志》亦稱：「世傳徐彦，不知時代，意其在貞元、長慶之後。考疏中『邲之戰』一條，猶及見孫炎《爾雅注》完本，知在宋以前。又『葬桓王』一條，全襲用楊士勛《穀梁傳疏》，知在貞觀以後。中多自設問答，文繁語複，與邱光庭《兼明書》相近，亦唐末之文體。」董逌所云不爲無理，故今從逌之說，定爲唐人焉。（《春秋公羊傳注疏・欽定四庫全書總目》，頁2）

徐彦的生平時代不明，董逌由疏中引書及體例上加以考證，謂其「自設問答，文繁語複」等文體，近似唐末邱光庭《兼明書》，故而推論徐彦當爲唐貞觀以後，宋以前之人，《四庫全書總目》認同董氏推論，定徐彦爲唐人。但清儒陳立（1809～1869）《公羊義疏》載錄洪頤煊（1765～1837）《讀書叢錄》、阮元（1764～1849）、姚範（1702～1771）《援鶉堂筆記》等人的說法，謂「按問答體甚精贍，必非隋、唐人作，或即舊疏人所述與。」〔註31〕以此問答體判定「非隋、唐人作」，並質疑其爲雜入舊疏所致。「問曰」、「答曰」的問答體成爲後人推論徐《疏》成書年代的重要判準之一。

將徐《疏》中的問答體視爲舊疏之作，清儒尚且僅持質疑的態度，但至近代日本學者則進一步斷言這種問答體是「舊疏竄入此書的一個例證」，狩野

者，僅北周盧辯注《大戴禮記》與梁皇侃《論語集解義疏》二種，其中皇侃《論語集解義疏》中即包含了這種「問曰」、「答曰」的問答體。而由《隋書・經籍志》所著錄的書名中，如齊巢猗《尚書百問》一卷、魏劉楨《毛詩義問》十卷、吳韋昭、朱育的《毛詩答雜問》七卷、皇侃《喪服問答目》十三卷、荀爽問、魏劉欽答《春秋公羊傳問答》五卷，及多種《禮答問》、《禮雜答問》等，由書名上判斷，皆可能含有問答的論述體例。

〔註31〕〔清〕陳立：《公羊義疏》，收於《續經解春秋類彙編》，卷1089，頁3840。陳氏引述洪頤煊《讀書叢錄》云：「洪氏頤煊《讀書叢錄》云：《公羊疏》不著撰人名氏，或云徐彦，不知何時人，宋董逌謂當在貞元、長慶之後。頤煊按疏中引《爾雅》孫炎注、郭璞《書序》、《長義》、《孝經疏》之類，皆唐以前本：疏司空掾云：『若今之三府掾。』三府掾亦六朝時有之，至唐以後則無此稱矣。此疏爲梁齊間舊帙無疑。」又引姚範《援鶉堂筆記》曰：「姚氏範《援鶉堂筆記》：隋唐間不聞有三府掾，亦無三府之稱，意者在北齊、蕭梁之前乎。」最後再申論己意云：「此疏有解有問答，《隋志》有鮮于照《春秋公羊解序》一卷，未知何時人；又云梁有孔衍《公羊集解》十四卷，按孔衍傳不言解《公羊》：又云梁有《公羊傳問》九卷，荀爽問，魏安平太守徐欽答；又晉車騎將軍庾翼問，王愆期答，其書在隋並亡而《唐志》有之，今疏中有問，未知爲徐？爲王？然此疏不類魏晉間人語，又內引《家語》，《家語》語出於王肅，疑非欽所得引，蓋此爲王愆期語。按問答語甚精贍，必非隋唐人作，或即舊疏人所述與。」

直喜云：

> 舊疏竄入此書的一個例證，是卷首篇題及隱公元年條的疏，其文體
> 採用了問答體，這與其他部分並不相同。……如此一問一答之文體，
> 近似於以往佛教所作的「論議」。六朝時代所作之疏，今幾無存，無
> 法確言。……此書出現問答體的所在是開頭部分，即「春秋公羊經
> 傳解詁隱公第一何休學」條之疏。其疏全部用了問答體。「元年春王
> 正月」的經文以下，有些地方插入了此文體。雖不能說全部如此，
> 到後來，不用此文體的地方勿寧說多些。而且，這種文體在隱公二
> 年以下之疏中，全然無存，與通常唐人所作疏義無何差別。如將此
> 書看作一人一時之作，文體之不統一無如此甚者。這一定是竄進了
> 唐以前舊疏之作無疑。〔註32〕

杉浦豐治亦云：

> 根據《春秋公羊傳問答》九卷、《春秋公羊論》二卷（《梁錄》記載）
> 考察，可知早在魏、晉時代就存在著這樣的論學方式、記述體式，而
> 這種問答體式則可以認為是經過很多人之手而採用選擇的，進而形成
> 了第一期疏（《隋志》云《春秋公羊疏》十二卷）的一部分。另外，
> 因為第一期疏是第二期疏（單疏本三十卷）的組成要素，所以可以從
> 三十卷中窺到六朝舊疏的一種形式的問答體。若以新舊來劃分，問答
> 體應該是最早的文體。而本疏為了使組成疏的各部分不失去各階層
> 性，各時代的學問特色。也許由於各組成部分保留了較純粹的舊疏的
> 文體，反倒使很多後人支持提倡六朝時期成書的學說。〔註33〕

上述兩種說法，皆將徐《疏》中的問答體視為雜入六朝舊疏的例證。前者甚
至以強烈的語氣指稱「一定是竄進了唐以前舊疏之作無疑」；而後者則認為徐
《疏》文體之不統一，當非「一人一時之作」，疏中的問答體正是保留了「各
階層性，各時代的學問特色」。

　　其實，《春秋》三《疏》中包含有六朝舊疏，從清儒的諸多考證中已可
確知。而以「問曰」、「答曰」的問答體例論述經義，亦是魏、晉以來舊疏之

〔註32〕　〔日〕狩野直喜著，姜日天譯：〈《公羊疏》作者年代考〉，《中國文哲研究通
　　　　　訊》第12卷，第2期（2002年6月），頁8～9。

〔註33〕　〔日〕杉浦豐治著，孫彬譯：〈關於《公羊疏》成立時代的考察〉，《中國文哲
　　　　　研究通訊》第12卷，第2期（2002年6月），頁67～68。

遺風，然而，此「問答體」是否即是徐《疏》「竄進了唐以前舊疏之作」的
例證？則仍待商榷。考察魏、晉以降的現存經籍，魏侍中鄭小同《鄭志》、
梁皇侃《論語集解義疏》及唐顏師古《匡謬正俗》等書中皆有採用了「問曰」、
「答曰」的論述體例，若謂徐《疏》是仿效這種問答體例作疏，亦不無可能。
《鄭志》爲魏侍中鄭小同所編，〔註34〕書中記敘鄭玄與弟子趙商、張逸等人
的問答之詞，全書幾乎以「問曰」、「答曰」的方式進行論述，內容多爲闡釋
五經經義，爲鄭玄孫鄭小同傳承鄭學之作。《鄭志》一書在唐代義疏中曾多
次被引用，〔註35〕《春秋》三《疏》中孔《疏》即曾引用二次，徐《疏》引
用一次，柳宗元（773～819）亦曾云「鄭玄以箋注師漢，而禪代之儀，卒集
于小同。」〔註36〕可見此書於唐代頗受推崇，也是唐代義疏參引的對象之一，
唐人對此問答體例亦必不陌生；至於南朝義疏中，梁皇侃《論語集解義疏》
是現今僅存完帙者，其書中亦多次採用「問曰」、「答曰」的論述形式；而除
了《鄭志》及《論語集解義疏》等唐前之作外，唐初考訂《五經定本》的顏
師古，其著作《匡謬正俗》是論訓詁音義之書，〔註37〕書中大體亦以「問曰」、

〔註34〕關於《鄭志》一書，《後漢書》即已載錄。但對於此書的作者及卷數，歷來有
　　　　不同說法。《隋書‧經籍志》載錄有《鄭志》及《鄭記》二書，但《四庫全書
　　　　提要》則認爲此二書當爲一書，是由鄭玄弟子追錄，鄭小同編次而成。《鄭志‧
　　　　四庫全書提要》云：「《隋書‧經籍志》：『《鄭志》十一卷，魏侍中鄭小同撰；
　　　　《鄭記》六卷，鄭康成弟子撰。』《後漢書》康成本傳則稱：『門生相與撰鄭
　　　　答弟子，依《論語》作《鄭志》八篇。』劉知幾《史通》亦稱：『鄭弟子追論
　　　　師注及應答，謂之《鄭志》；分授門徒，各述師言，更不問答，謂之《鄭記》。』
　　　　均與《隋志》不同。范蔚宗去漢末未甚遠，其說當必有本，而《隋志》根據
　　　　《七錄》亦阮孝緒等通儒討定，非《唐書》以下諸志，動輒疎舛者可比，斷
　　　　無移甲入乙之事。疑追錄之者諸弟子，編次成帙者則小同。《後漢書》所紀原
　　　　其始，《隋書》所紀要其終，觀八篇分爲十一卷，知由小同析其舊第，非諸弟
　　　　子之本矣。新、舊《唐書》均與《鄭記》，並載《鄭記》卷數與《隋志》同，
　　　　而此書則作九卷，蓋已佚其二卷，至《崇文總目》始不著錄，則其佚當在北
　　　　宋時也。此本三卷莫攷其出自誰氏，殆後來好鄭氏學者，惜其散佚，于諸經
　　　　正義中裒輯而成，故頗無詮次。」（收於《景印文淵閣四庫全書》，頁182～325。）
　　　　此書於北宋時亡佚，今本三卷爲後學者由諸經正義中裒輯而成。
〔註35〕唐代九經義疏中，除了《周易注疏》及《春秋穀梁傳注疏》二書外，其他七
　　　　經義疏中皆有引及《鄭志》一書。
〔註36〕〔唐〕柳宗元：《柳河東集》（臺北：河洛圖書出版社，1974年），卷21，〈裴
　　　　瑾崇豐二陵集禮後序〉，頁368～369。
〔註37〕〔唐〕顏師古：《匡謬正俗》，〈四庫全書提要〉，收於《景印文淵閣四庫全書》，
　　　　頁221～474，云：「是書永徽二年，其子符璽郎揚庭表上於朝，高宗勅錄本付
　　　　秘書閣。卷首載揚庭表稱稿草纔纏半部，帙未終。蓋猶未竟之本，又稱謹遵先

「答曰」或是「或問曰」、「答曰」的方式進行論述。由鄭小同、皇侃、顏師古的著作，可知這種「問曰」、「答曰」的論述體例，自魏、晉以降，乃至唐初，仍偶爲經學家所採用，或許此並非爲歷來解經的主要體例，但對經學家而言這種問答體必不陌生，甚至在唐初的經籍相關著作中猶有爲之，則徐《疏》倣效此體作疏，亦不無可能。所以由徐《疏》中包含這種「問曰」、「答曰」的論述體例，可知徐《疏》猶有六朝舊疏之遺風，但若就此判定此即爲徐《疏》「竄進了唐以前舊疏之作」的定論，則似乎推論太過。

第三節　《穀梁》楊《疏》

　　《穀梁》楊《疏》於《春秋》三《疏》中，不僅疏文的則數最少，字數及內容上也最爲簡略。全書疏文約有一千餘則，較特別的是，其中以解傳者爲多，數量約占五成左右，此則與孔《疏》及徐《疏》之偏重解注有所不同。

一、重視詮解的歧義性

　　在敘述語言上，楊《疏》慣用「或以爲」、「理亦通也」等語詞以陳異說。其實，「或以爲」、「理亦通也」等語詞，孔《疏》及徐《疏》中同樣有運用，但於楊《疏》中出現的次數特爲頻繁，其以「或以爲」、「或當」、「或曰」等相近語詞存異說；以「理亦通也」、「理亦無妨」、「事或然也」等語詞以通解之。透過這些紛陳卻猶理通的諸種異說，呈現詮解過程中的各種可能性。

（一）以「或以為」、「或當」、「或曰」等語詞存異說

　　廣徵前人舊解是「義疏」的主要體例之一，楊士勛爲疏，除了以標明出處的方式徵引諸說外，亦屢於疏文中以「或以爲」、「或當」、「或曰」等類似語詞，〔註38〕來提出異解，其中「或以爲」一詞出現的運用的情形最爲普遍，

　　範分爲八卷，勒成一部，則今本乃揚庭所編。宋人諸家書目多作《刊謬正俗》蓋避太祖之諱，改『匡』爲『刊』也。前四卷，凡五十五條，皆論諸經訓詁音釋；後四卷，凡一百二十七條，皆論諸書字義、字音及俗語，相承之異，考據極爲精審。」

〔註38〕楊《疏》中以「或以爲」一詞的使用較多，全書約使用三十次，但偶爾也會用「或曰」及「或云」等語來另起異說，如〈莊二十七年〉傳言「衣裳之會十有一」，疏云：「『衣裳之會十有一』者，謂從北杏至葵丘也。……不數北杏，所以得九合諸侯者，先師所說不同。或云『去貫與陽穀』……或云葵丘會盟異明，故分爲二。」或〈成十六年〉「雨木冰」疏文：「劉向云：……一曰：……徐邈云：……或曰木冰比木介，介者甲也，兵之象也。」以「或云」、「或曰」、

以下即引數例爲証：

〈桓五年〉「天王使任叔之子來聘。」傳「任叔之子者，錄父以使子也。故微其君臣，而著其父子，不正父在子代仕之辭也。」注「錄父使子，謂不氏名其人，稱父言子也。君闇劣於上，臣苟進於下，蓋參譏之。」疏云：

> 「君闇劣於上，臣苟進於下」，止是二譏，而言「參」者，舊解傳言
> 「微其君臣，而著其父子」，是刺其父之不肖，而令苟進，更又刺其
> 君臣，故曰「參譏之」。或以爲參者，交互之義，不讀爲三，理亦得
> 通。（《春秋穀梁傳注疏・桓五年》卷3，頁49）

范氏謂此錄父稱子爲「參譏之」，但楊士勛認爲范〈注〉言「君闇劣於上，臣苟進於下」，只有「二譏」，范氏「參譏」所指爲何？楊《疏》提出兩種可能，一爲舊解所言的「微其君臣，而著其父子」，故爲「參」；一爲「或以爲」之說，由字義上將「參」解釋爲「交互」而非「三」。此「舊解」及「或以爲」出自何人何書？或僅爲楊氏的看法？疏文中未加以說明。楊氏以「或以爲」的句型提出異說，再以「理亦得通」加以並存。

又〈成九年〉「楚人入鄆。」疏云：

> 魯雖有鄆，此鄆非魯也，蓋從《左氏》爲莒邑，大都以名通，故不
> 繫莒。或以爲昭元年取鄆，范云魯邑，此不繫莒，則魯邑可知，理
> 亦通也。（《春秋穀梁傳注疏・成九年》卷14，頁260）

〈昭三年〉「五月，葬滕成公。」疏云：

> 何休云：「月者，上葬襄公，諸侯莫肯加禮，獨滕子來會葬，故恩錄
> 之。」《穀梁》以月葬爲故，必不得從何說，或當有故，但經傳不言
> 耳。（《春秋穀梁傳注疏・昭三年》卷17，頁318）

此兩處經文無傳、注，楊《疏》參照《左氏》及《公羊》何休之說，其中，〈成九年〉中楊氏另以「或以爲」一詞，提出與《左氏》稍異的說法；〈昭三年〉中則直云《穀梁》與何休異，但又無法推知《穀梁》之意，故僅以「或當有故，但經、傳不言耳」一語帶過。

此外，楊《疏》偶爾也用「一解」、「一曰」者，但同樣皆未說明此爲何人何書之言，與「或以爲」、「或曰」及「或云」等用法相同，皆只爲存異說之用，如〈隱八年〉「三月，鄭伯使宛來歸邴。」范注「凡有所歸，例時。邴，鄭邑。」疏云：

「一曰」等詞存異說。

> 宣十年春「齊人歸我濟西田」，定十年夏「齊人來歸鄆、讙、龜陰之
> 田」，並不書月，故知「例時」也。此月者爲下入邴月也。一解以擅
> 易天子之田，故謹而月之也。（《春秋穀梁傳注疏·隱八年》卷 2，
> 頁 29）

疏文以〈宣十年〉及〈定十年〉的經文來解釋注文「歸例時」之說，但文末
又以「一解」來存異說。「一解」未言何人何說，只是用以並陳諸說。

　　楊《疏》以「或以爲」、「或當」、「一解」等詞另存異說，但大多時候只
用來相互參照，而少加入申論與評價，縱使偶爾會區分是非，也多不敘述理
由，比如〈莊二十二年〉「冬，公如齊納幣。」傳「納幣，大夫之事也。禮有
納采，有問名，有納徵，有告期，四者備，而後娶，禮也。」疏云：

> 〈士婚禮〉「下達」之後，有納采、問名、納吉、納徵、請期、親迎
> 六禮。此傳不云納吉者，直舉四者，足以譏公，故略納吉不言之。
> 或以爲諸侯與士禮異者，非也。（《春秋穀梁傳注疏·莊二十二年》
> 卷 6，頁 100～101）

楊氏取《儀禮·士婚禮》爲據，謂禮有六而傳言「四」者，即爲貶譏其失禮。
但另有「或以爲」者，否定以〈士婚禮〉爲據，而謂諸侯與士禮異，楊《疏》
直指此說「非也」，只是其理由，楊《疏》並未言明。

　　由上述例證中可知，楊氏主要以「或以爲」、「或曰」、「一解」等語詞來
載錄異說，但既無出處的說明，又缺乏前後論證，比如〈昭三年〉的疏文中，
楊氏雖指出《穀梁》與何休有異，但卻無法爲《穀梁》的說法提出依據，最
後「或當有故，但經、傳不言耳」之詞，更是含糊虛泛；而〈莊二十二〉文
末以「非也」否定異說，全無上下文之推論。整體而論，楊《疏》中「或以
爲」、「或當」、「一解」、「一曰」等詞的運用，基本上其作用僅在表述「有此
一說」，至於這些異說究竟出自何書？語出何人？或僅爲楊氏臆測之辭？疏文
中皆未標明，或許說，楊《疏》關注的焦點僅在於「異說」本身，而非「異
說」的來源。

（二）以「理亦通也」、「事或然也」、「理亦無妨」等語詞通解之

　　楊《疏》中除了「或以爲」、「或當」等語載錄異說，也常用「理亦通也」、
「事或然也」、「理亦無妨」等相近語詞來總結異說，比如〈莊二十三年〉「二
十有三年，春，公至自齊。」疏文：

> 二十七年傳云「桓會不致」，此與下文「觀社」皆書「公至自齊」者，

《公羊傳》云，桓會不致，此「何以致？危之也」。徐邈亦云：「不
以禮行，故致以見危。」范此雖無注，下云：「公怠棄國政，比行犯
禮，憂危甚矣。」則亦以二者爲憂危致之。若然，定八年傳稱「致
月，危致也」，下傳云「致月，有懼焉爾」，此若致以見危，所以不
月者，以二者皆非禮而行，不假書月，危懼可知，傳以危而不月，
嫌與例乖，故發傳詳之。或以爲二者皆非禮之行，與好會異，故致
之，非是見危，理亦通也。(《春秋穀梁傳注疏·莊二十三年》卷6，
頁101)

對於「公至自齊」一句，疏文取〈莊二十七年〉傳文「桓會不致」相較，指
《公羊》傳與徐邈注皆以此爲「危」，此處范雖無注，但在十二月注文中謂「憂
危甚矣」，顯然亦以此爲「危」。接著，疏文再釋〈定八年〉「致月，危致也」
之傳例，推論此處非禮已可知危，故「不假書月」。但又提出「或以爲」的異
說，認爲〈莊二十三年〉、〈定八年〉皆非好會，故「致之」以見非禮，而與
「危」否無關，楊《疏》認爲此說「理亦可通」；又〈文九年〉「九月，癸酉，
地震。」傳「震，動也。地不震者也，震，故謹而日之也。」注「《穀梁說》
曰：『大臣盛，將動有所變。』」疏云：

范例云「地震五，例日」，故此亦日也。何休、徐邈並云：「由公子
遂陰爲陽行，專政之所致。」今范引《穀梁說》曰「大臣盛，將動
有所變。」則與二說同，理亦無妨。(《春秋穀梁傳注疏·文九年》
卷11，頁199)

對於經文「地震」一事，何休、徐邈、范甯皆以人禍象之，其中何、徐二人
以公子遂專政爲人禍，范甯則取《穀梁說》「大臣盛」之說。雖然范〈注〉未
指出「公子遂」，但「大臣盛」亦同「人禍」，故楊《疏》謂其與前二說「理
亦無妨」；而〈成十三年〉「冬，葬曹宣公。」傳「葬時，正也。」疏云：

嫌卒于師，失正葬，故重發之。葬正則是無危。不日卒者，蓋非嫡
子爲君故也。又僖四年注云：「新臣卒于楚，故不日耳。」則此不日
者，或當爲卒于秦故也。若然，襄二十六年「壬午，許男甯卒于楚」，
注云「許男卒于楚，則在外已顯矣。日卒，明其正。」二注不同者，
以無正文，二理俱通，故爲兩解；或亦新臣非嫡子，不須兩解，理
足可通耳。(《春秋穀梁傳注疏·成十三年》卷14，頁265)

疏文中分別訓釋「葬時」、「不日卒」二例。〈隱三年〉傳「諸侯日卒，正也。」

〔註39〕又曰「日葬，故也。」〔註40〕今曹宣公卒於師，經文以時葬，似與〈隱三年〉例不合，楊《疏》解釋傳文「葬時，正也。」即是爲了強調「無危」之旨。至於經文前曰「曹伯盧卒于師。」〔註41〕書卒不日，疏文提出二解，一以「非嫡子爲君」作解釋，一則舉〈僖四年〉、〈襄二十六年〉說明諸侯卒于外，有書日不書日之別，此曹伯卒於秦，或因此不書日。楊《疏》結語謂「以無正文，二理俱通，故爲兩解」。其實，諸侯日卒之例，原本即紛雜難解，范甯之注也有許多矛盾之處，〈僖四年〉解「許男新臣卒」時，楊《疏》即曾批評「范氏之注，上下多違，縱使兩解，仍有僻謬」，〔註42〕顯示楊氏對此義例之說尚未完全通解及認同，今卻以「或當」、「或亦」並存「卒於外」與「非嫡」爲新臣不日之因，並謂此「理足可通」，楊《疏》的論述略嫌含糊矛盾，但也可看出楊氏立論，所著重的不是在尋求一定解，相反地，其以「或以爲」來並陳諸說，再以「理亦通也」爲結論，提供不同的詮釋角度，嘗試尋求各種詮解的合理性。

　　楊《疏》以並陳諸說的態度，立論力求持平，而不輕易取捨，頂多以「理通」作爲取捨的依據，其認爲各種異說間常常不是對立衝突，而是可以和平共存。就此立論的風格而言，楊《疏》是傾向溫和謹慎的，與《公》、《左》二疏相比，較缺乏濃烈的排外色彩，這也使得楊《疏》別具開放性與中立性的傾向。其並存異說，卻刻意不標明出處，或者說，楊氏著重的即是「異說」的本身，而非「異說」的來源。疏文所欲呈顯的，是詮解過程中的各種歧義性與可能性，而不是各學派、各儒師間的差異。所以語自何人？師出何派？皆非疏文主要關注的焦點。反而是如何「理一分殊」？或是如何「殊途同歸」？才是疏文論述的主要目的。其不厭其煩的屢屢以「或以爲」、「或當」等方式條列詮釋過程中可能產生的分歧，再以「理亦通也」、「事或然也」者，以「理通」確立異說的存在價值。楊士勛爲《穀梁》作疏，與其說是建立一思想體

〔註39〕《春秋穀梁傳注疏・隱三年》，卷1，頁18。經「八月，庚辰，宋公和卒。」傳「諸侯日卒，正也。」

〔註40〕《春秋穀梁傳注疏・隱三年》，卷1，頁18。經「癸未，葬宋繆公。」傳「日葬，故也。危不得葬也。」

〔註41〕《春秋穀梁傳注疏・成十三年》，卷14，頁264。

〔註42〕《春秋穀梁傳注疏・僖四年》，卷7，頁132。經「夏，許男新臣卒。」注「十四年『冬，蔡侯肸卒』，傳曰：『諸侯時卒，惡之也。』宣九年『辛酉，晉侯黑臀卒于扈』，傳曰：『其地，于外也。其日，未踰竟也。』然則新臣卒于楚，故不日耳，非惡也。」

系，不如說是爲總結《穀梁》各種詮釋的可能性。

二、申說義例

（一）著重義例書法

《穀梁》楊《疏》詮解的內容，雖也包括版本異文、字義訓詁、音讀句法各方面，但其中尤以義例的闡釋爲多，在全書一千餘則的疏文中，涉及義例書法者即占了一半以上。不論詮解的對象是經文、傳文或注文，楊《疏》多由義例上加以闡述，以說明《春秋》書法，藉以申說《穀梁》之意，比如〈文十五年〉「晉郤缺帥師伐蔡。戊申，入蔡。」疏云：

> 伐入兩舉者，伐而不即入，故兩舉之也。莊二十八年伐戰兩舉者，
> 初伐其竟內，戰在國都，故亦兩舉之也。（《春秋穀梁傳注疏・文十
> 五年》卷 11，頁 210）

此處無傳、注，楊《疏》以「伐入兩舉」之例，以說明「伐」、「入」之不同，其並舉〈莊二十八〉年「齊人伐衛，衛人及齊人戰，衛人敗績。」中「伐」、「戰」兩書的情形相互論證，指出《春秋》書法中「伐」、「入」、「戰」之不同；上述一例，是楊《疏》以義例解經，而以義例解傳者，如〈僖十四年〉「夏，六月，季姬及鄫子遇于防，使鄫子來朝。」傳「遇者，同謀也。來朝者，來請己也。朝不言使，言使，非正也。以病鄫子也。」疏釋傳文云：

> 傳例曰：「遇者，志相得也。」今云同謀者，以淫通，與盟會異，故
> 發傳。又云「言使，非正」者，婦人使夫，異於君使世子，故重發
> 非正之例也。（《春秋穀梁傳注疏・僖十四年》卷 8，頁 151）

《穀梁》傳曾五次提及「遇者，志相得也」，[註43] 今傳云「遇者，同謀也」，與傳文常例有別，故疏文引「傳例」之說，強調「同謀」爲責「淫通」之意。其後，疏文又釋傳文「言使，非正」一詞，「朝不言使，言使，非正也。」前見於〈桓九年〉「多，曹伯使其世子射姑來朝」傳文中，今傳文重覆出現，正是用以指出「婦人使夫」非正例，可知爲貶意；至於以義例解注者，則如〈定十二年〉「十有二月，公圍成。」傳「非國不言圍，圍成，大公也。」注「以公之重而伐小邑，則爲恥深矣，故大公之事而言圍，使若成是國然。」疏云：

> 案例國曰圍，今邑而言圍，則大都。大都則皆是國，而曰小邑何？

〔註43〕《穀梁》傳文曾五次提及「遇者，志相得也。」分別見於〈隱四年〉、〈隱八
　　　年〉、〈莊二十三年〉、〈莊三十年〉、〈莊三十二年〉五處。

解經書公，明成非小，是故言圍。公，一國之貴重；成，三家之大邑。邑比於國爲細，擬公爲小，比於凡邑則大矣，故書曰圍。(《春秋穀梁傳注疏·定十二年》卷19，頁374)

經文「公圍成」，傳文謂「成」非國卻言「圍」，是用以強調魯公之事。范〈注〉曾謂「成，孟氏邑」，〔註44〕「成」爲邑而曰「圍」，其直指此爲「恥」公伐小邑，爲貶責定公之意。楊《疏》解注，先舉「國曰圍」之例，指此「成」雖非國，但爲大都，爲「三家之大邑」，比凡邑大故曰「圍」。接著說明「成」爲大都，但注文卻言「小邑」，是與公之國相比而曰小。楊《疏》以義例說明注文，只是范〈注〉中的貶責之意，在楊《疏》中倒是淡化許多。

　　《穀梁》解經重視義例，善由經文一字一句間以論褒貶，傳文中常藉由《春秋》書法的反覆申說，點出善惡微旨。范〈注〉將重覆出現的傳文歸納爲「傳例」，透過傳例的正變，指出善惡褒貶，范氏並另作〈略例〉一卷，條例一百餘之名例。〔註45〕楊士勛作疏，亦於義例上多所發揮，疏文中即多次提及「傳例」、「范例」、「別例」、「略例」等詞，其中「范例」、「別例」、「略例」所指當爲范甯〈略例〉之說。〔註46〕楊《疏》以義例書法爲其論述的重心，此義例書法即以傳例及范說爲主要依據，若范氏無說者，疏文則或引徐邈、糜信等《穀梁》舊解以參酌之，或取《公羊》、《左氏》二傳，以顯三《傳》之異同。比如〈隱七年〉「冬，天王使凡伯來聘，戎伐凡伯于楚丘以歸。」傳「戎者，衛也。戎衛者，爲其伐天子之使，貶而戎之也。」范注「昭十二年『晉伐鮮虞』，傳曰：『晉，狄之也。』今不曰衛伐凡伯，乃變衛爲戎者，伐中國之罪輕，故稱國以狄晉，執天子之使罪重，故變衛以戎之。」疏云：

　　糜信云：「不言夷狄，獨言戎者，因衛有戎邑故也。」范意或然。(《春秋穀梁傳注疏·隱七年》卷2，頁29)

〔註44〕《春秋穀梁傳注疏·昭二十六年》，卷18，頁350。經「夏，公圍成。」注云：「成，孟氏邑。」而傳「非國不言圍，所以言圍者，大公也。」注云：「崇大其事。」

〔註45〕《春秋穀梁傳注疏·序》，頁4。疏云：「案《晉書》范甯字武子，順陽縣人，爲豫章太守。……以傳《穀梁》者雖多，妄引三傳，辭理典據不足可觀，故與一門徒商略名例，傳示同異也。所云名例者，即范氏所據，別爲〈略例〉一百餘條是也。」而《隋書·經籍志》中載錄有范甯《春秋穀梁傳集解》十五卷，及《春秋穀梁傳例》一卷。

〔註46〕楊《疏》言「范例」者共15次，「略例」者4次、「范別例」或「范氏別例」者共9次，三者用法未有重疊之處，但在指涉的內容上並無明顯區別。

《穀梁》傳認爲經文中的「戎」即爲「衛」，因衛伐天子之使凡伯，故貶稱爲「戎」，范〈注〉取〈昭十二年〉相較，強調「執天子之使罪重」，故「變衛爲戎」，楊《疏》另取麋信「因衛有戎邑」，故不曰夷狄而曰戎的說法，推論「范意或然」，以作爲范注之補充；又〈桓五年〉「城祝丘。」注「譏公不脩德政，恃城以安民。」疏文云：

> 城祝丘者，《左氏》之例，凡城邑，則有時與不時之例。此傳則不然，但書之者，即是譏責，故注云：「譏公不脩德政，恃城以安民。」（《春秋穀梁傳注疏·桓五年》卷3，頁49）

此處無傳，范甯解經謂此爲譏責之意。范甯曾謂「城例時」，〔註47〕依《穀梁》之例，城書時爲常例。楊氏爲疏不舉范例，反而舉《左氏》「城邑有時與不時」之例，強調《穀梁》與《左氏》義例之不同，此不書時即爲「譏責」；〈成元年〉「三月，作丘甲。」疏云：

> 何休云：「月者，重錄之。」徐邈云：「甲有伎巧，非凡民能作，而強使作之，故書月以譏之。」范雖無注，或書月亦是譏。《公羊》說作丘甲，亦與此傳同，唯《左氏傳》以爲譏重斂。（《春秋穀梁傳注疏·成元年》卷13，頁242）

此處書「月」之意，范氏無注，楊《疏》取何休、徐邈及《公羊》、《左氏》二傳加以補充相較。徐邈謂強民作甲，「故書月以譏之」，楊《疏》推論范氏當與徐邈同。至於「丘甲」之說，則《公羊》與《穀梁》同，而《左氏》與之小異。

（二）偏重解傳

由疏文的則數上而言，楊《疏》以解傳的疏文爲多，此與徐《疏》、孔《疏》以解注爲主的體例有異。徐《疏》中解注之疏文則數約占全書之八成，孔《疏》亦有六成以上，皆遠遠多於解經及解傳之疏文。但反觀楊《疏》中，解傳疏文約占全書之六成，至於解注疏文則不及全書之四成。

而楊《疏》以解傳者爲多，亦與其著重義例有關。因爲著力申說《穀梁》義例，楊《疏》對傳文多所著墨，屢屢針對其中的義例進行詳細的對比與說明，尤其疏文慣用「再發傳者」、「重發傳者」、「復發傳者」等語詞，點出「例」之所在。下引〈莊七年〉、〈宣七年〉、〈襄七年〉三處疏文爲例，〈莊七年〉「冬，

〔註47〕《春秋穀梁傳注疏·隱七年》，卷2，頁27。經「夏，城中丘。」注「城例時。」

夫人姜氏會齊侯于穀。」傳「婦人不會，會，非正也。」范氏無注，楊疏云：

> 再發傳者，防是魯地，穀是齊邑，故重發之。（《春秋穀梁傳注疏‧
> 莊七年》卷5，頁84）

此處傳文與〈莊七年〉「夫人姜氏會齊侯于防」的傳文完全一樣，對於同樣的傳文一字不差的重覆出現，楊氏解釋因「防」爲魯地，「穀」爲齊邑，雖然地屬有別，但婦人「會」即「非正」。傳文於兩處重覆言之，就是爲了說明「婦人不會」之例，不因會地而異；〈宣七年〉「七年，春，衛侯使孫良夫來盟。」傳「來盟，前定也。不言及者，以國與之。不言其人，亦以國與之。不日，前定之盟不日。」范注無說，楊《疏》云：

> 此重發傳者，宋華孫不稱使，此則稱使，嫌異，故重發之。言不日
> 者，據成三年及荀庚盟有日，故發問也。（《春秋穀梁傳注疏‧宣七
> 年》卷12，頁224）

此處傳文皆已見於之前〈桓十四年〉、〈僖三年〉、〈文十五年〉三處，[註48]其中〈文十五年〉「三月，宋司馬華孫來盟。」與〈宣七年〉同屬「來盟」之例，但〈文十五年〉不稱「使」，〈宣七年〉稱「使」，兩處略有不同，故傳文再次重申義。其後，楊氏再舉〈成三年〉「丙午，及荀庚盟。丁未，及孫良夫盟。」書日與之相比，說明傳文發問之原由；又〈襄七年〉「夏，四月，三卜郊，不從，乃免牲。」傳「夏四月，不時也。三卜，禮也。乃者，亡乎人之辭也。」此無注，疏云：

> 三卜是禮，而書之者，爲三卜不從，及四月不時故也。「乃者，亡乎
> 人之辭也」，復發傳者，嫌三卜禮不當，責無人也。（《春秋穀梁傳注
> 疏‧襄七年》卷15，頁285）

傳文中「夏四月，不時也」、「乃者，亡乎人之辭也」兩句，亦見於〈僖三十一年〉「夏，四月，四卜郊，不從，乃免牲，猶三望。」之傳文。兩處經文相較，〈襄七年〉「三卜郊」雖爲禮，但不從，故仍書月書「乃」不書時，以爲譏責之

〔註48〕《春秋穀梁傳注疏‧宣七年》傳文爲「來盟，前定也。不言及者，以國與之。
不言其人，亦以國與之。不日，前定之盟不日。」與此相近語詞，分別見於
〈桓十四年〉「夏五，鄭伯使其弟禦來盟。」傳曰：「來盟，前定也。不日，
前定之盟不日。」〈僖三年〉「冬，公子季友如齊蒞盟。」傳曰：「其不日，前
定也。不言及者，以國與之也。不言其人，亦以國與之也。」和〈文十五年〉
「三月，宋司馬華孫來盟。」傳曰：「來盟者何？前定也。不言及者，以國與
之也。」此三處傳文中。

意。傳文的重覆即是為了點出〈僖三十一年〉與〈襄七年〉的大同與小異。

　　《穀梁》認為《春秋》經文中，每一字的增減都隱含了善惡褒貶之意，所以傳文屢屢於經文字詞上加以引申。楊士勛為疏時，特別著重這種傳文反覆出現的「傳例」，其一一指出傳文的出處，及前傳文的差異，以「再發傳者」、「重發傳者」、「復發傳者」等語詞，點出傳文重出的現象，顯示傳文之例。范甯為注雖也論述「傳例」，但不若楊《疏》如此全面，而由楊氏詳細補充、標示「例」之所在，即可看出其對「義例」的重視，實比起范甯有過之而無不及，所以清儒齊召南在其〈卷十七‧考証〉中，即提出楊《疏》與范〈注〉對義例看法的差異。〈昭十一年〉「葬宋平公。」范注「晉獻公以殺世子申生，故不書葬。宋平公殺世子痤而書葬，何乎？何休曰『痤有罪』故也。痤之罪，甯所未聞。」，疏云：

> 若然，范云「甯所未聞」者，不直取何休之說，故云未聞。范以與何說異者，何休意直謂痤有罪，如鄭段之比，故平公書葬，不論罪之輕重。范意以鄭段至逆，經不言弟，痤若不子，亦不應云世子，既云世子，明無至逆，故不從何說，而云未聞。今以罪輕重解之，與何休異。（《春秋穀梁傳注疏‧昭十一年》卷 17，頁 328）

齊氏〈考証〉曰：

> 臣召南：按《公》、《穀》通例「君失德不書葬」，此大謬也。范氏于此蓋亦深疑其謬，楊疏乃尚欲調停其說。〔註49〕

齊召南反對「君失德不書葬」之例，直斥此為「大謬」，齊氏認為范云「甯所未聞」，是反對何休之言，也間接質疑義例之說，但楊士勛疏文中卻解釋范氏亦謂平公有罪，只是鄭段與平公罪之輕重不同，范氏與何休實是大同而小異。齊氏認為范〈注〉對義例之說「深疑其謬」，但楊《疏》卻「尚欲調停其說」，楊氏對於義例的依循，實較范甯為重。

三、體例不一

　　今觀楊《疏》，在敘述語詞與語法風格上，於第十八、十九兩卷，產生一些變化，這種變化包括了問答文體及文詞長短兩方面，由於此些改變迥異於他卷的論述形式，成為今本楊《疏》體例中一個不一致之處。

〔註49〕《春秋穀梁傳注疏‧考証》，卷 17，收於《景印文淵閣四庫全書》，頁 145～814。

（一）「何……？解……」

今本第十八、十九卷，尤其是〈昭十五年〉至〈定十五年〉中屢見問答體，這些問答體多以「何」字點出疑問，後以「解」字論述理由，主要又有「何……？解………」、「……何？解……」及單言「解……」三種型態。第一種型態「何……？解……」者，如〈昭十五年〉「二月，癸酉，有事于武宮。籥入，叔弓卒，去樂卒事。」傳「君在祭樂之中，聞大夫之喪，則去樂卒事，禮也。君在祭樂之中，大夫有變，以聞，可乎？大夫，國體也。」疏云：

> 禮則不疑，而曰有變以聞可乎？似有嫌，嫌則非禮，非禮何以言禮也？解云：祭祀重禮，國之大事，一物不具，則為失，所以卿佐之卒，而闕先君之樂而不止祭，嫌有失禮。釋之復言可乎，問言禮意。
> （《春秋穀梁傳注疏・昭十五年》卷18，頁338）

祭祀為國之大事，今傳文言「有變」、「以聞」、「可乎」等詞，疏文解釋是為了強調禮意。疏文以「何……？解云………」之敘述語法，由「何」字引出問題，再於「解云」後說明論證；又〈定九年〉「得寶玉大弓。」傳「其不地何也？」疏云：

> 據何文而責地？解，此據獲物言地，經言「戰于大棘，獲宋華元」，宜蒙上地，故據彼責此。（《春秋穀梁傳注疏・定九年》卷19，頁370）

楊《疏》舉〈宣二年〉「戰于大棘。宋師敗績，獲宋華元。」一事，說明「獲物言地」之例，以此解釋傳文提問之由。此處疏文亦以「何……？解……」為論述語法。

（二）「……何？解……」

第二種「……何？解……」型態，則是將「何」字置於提問之後，再以「解」字起下文說明，如〈昭二十年〉「夏，曹公孫會自夢出奔宋。」傳「曹無大夫，其曰公孫，何也？言其以貴取之，而不以叛也。」疏云：

> 再發傳者何？解前崇曹羈之殺，此重公孫之奔，奔殺異辭，而同例發明，明其俱賢而得書，明小國無大夫也。（《春秋穀梁傳注疏・昭二十年》卷18，頁341）

〈昭十四年〉傳即云「曹、莒皆無大夫」，〈昭二十年〉傳文又再次提到「曹無大夫」，疏文解釋為「明其俱賢而得書」；而〈定十四年〉「城莒父及霄。」注「無多，甯所未詳。」疏云：

桓七年注云「下無秋冬」，今不言下何？解，桓七年夏有人事，而秋
冬二時不書，復無人事，故云下。今此上有秋，下有人事而無冬，
故直云無冬。不言下，明冬宜在人事之上也。（《春秋穀梁傳注疏·
定十四年》卷 19，頁 377）

〈桓七年〉注云「下無秋、冬二時，甯所未詳。」〔註50〕此處僅言「無冬」，
而無「下」字，疏文認爲〈定十四年〉中有「秋」，而「城莒父及霄」當爲冬
之人事，故注文只言「無冬」，表示此「冬」字當在此經文之上。楊《疏》不
僅對傳文之「傳例」詳加說明，對於范〈注〉重出部分，顯然也字字計較，
楊氏對「例」的專注，可見一般。而上述兩例，以「……何？解……」爲論
述語法，與第一型態問句相較，其差異僅在「何」字的位置上，或於疑問前，
或於疑問後，皆用以提出質疑，再於「解」字下說明原因。

（三）「解……」

至於第三種型態雖非問答體，但疏文中仍有一「解」字，以發解釋之由，
如〈昭二十三年〉「冬，公如晉，至河，公有疾，乃復。」傳「疾不志，此其
志，何也？釋不得入乎晉也。」疏云：

解公之如晉，四不得入，假言有疾，實由季孫之不入。今實有疾，
別於無疾而反也。（《春秋穀梁傳注疏·昭二十三年》卷 18，頁 347）

〈昭二年〉、〈昭十二年〉、〈昭十三年〉、〈昭二十一年〉、〈昭二十三年〉經文
皆有「公如晉，至河乃復。」但僅有〈昭二十三年〉經文有「公有疾」三字，
依傳文曰「疾不志」，今書之則爲了說明此處爲「實有疾」，而無同於之前的
「無疾而反」；又〈定二年〉「夏，五月，壬辰，雉門及兩觀災。」疏云：

解，劉向云：「雉門，天子之門。而今魯過制，故致天災也。」（《春
秋穀梁傳注疏·定二年》卷 19，頁 362）

此處疏文全引劉向之言，以魯踰禮，故招致天災釋之。〈昭二十三年〉及〈定
二年〉此二例中，疏文雖未有「何」字，但文首皆有一「解」字，以下起解
釋之言。

今本楊《疏》由〈昭十五年〉至〈定十五年〉三十三年共八十二則疏文
中，運用「何……？解……」、「……何？解……」或「解」字者即有七十四
則，出現的次數相當頻繁。但這種論述體例，在其餘十八卷中並不多見，因

〔註50〕《春秋穀梁傳注疏·桓七年》，卷 3，頁 53。經「夏，穀伯綏來朝，鄧侯吾離
來朝。」注文云：「下無秋、冬二時，甯所未詳。」

此特別顯得突兀。近來學者張寶三於〈楊士勛及其《穀梁傳疏》相關舊說考辨〉一文中提到「有關楊《疏》中十八、十九二卷中問答之體，當係舊疏之遺跡。考今存六朝舊疏全帙及殘卷中，屢見問答之體。……然《穀梁傳疏》中此種問答之體例，何以僅存於十八、十九二卷中，此或係舊疏中刪之未盡者，或此二卷與其他諸卷來源不同，其原因雖未能確知，要之，由此當可推斷，楊士勛爲《穀梁傳疏》蓋前有所承，而非獨創也。」〔註51〕張氏認爲此問答體是「舊疏的遺跡」，爲楊《疏》非獨創的證據。但是否即舊疏刪之未盡者？或是取材的不同？張氏亦持保留的態度。誠如上一節所論，《公羊》徐《疏》中亦猶有體例不一，摻雜問答體情形。唐代義疏之學，在著述體例及內容取材上，受六朝舊疏的影響極深，在某種程度上雜入問答體例亦在所難免，只是這種問答體究竟是勦襲舊疏之例證，或是唐人仿魏、晉之作，在缺乏相關論証的情形下，實難明確斷之。

第四節　小　結

　　廣引諸說本是義疏之學的主要體例，《春秋》三《疏》中廣泛的徵引典籍舊說，只是對於這些前人諸說，三《疏》處理的方法與論述的型態各不相同。《左氏》孔《疏》的徵引多用以證其同，至於異說也大多會加以分判取捨，疏中大量取杜預爲引證，取劉炫爲反證，但實則受劉炫的影響極深。而在論述的句型上，其擅以長篇繁文鋪陳論證的過程，引述的資料相當廣泛且多元，但明顯地重引證而少申論。且其龐大的體例，又非成於一人之手，不免產生重文與稱謂不統一之弊病；《公羊》徐《疏》中針對不同的詮解對象有不同的慣用語詞，比如解經時以版本考證爲主，解傳時慣用「故執不知問」的句型，解注時則以「在某年」或「某書文」來說明注文出處，句型的差異最爲明顯，疏文的型態也偏向於簡捷扼要。整體而言，徐《疏》側重於《公羊》相關典籍的援引，以及對何休注文的出處說明與補充，而疏中摻雜「問曰」、「答曰」的問答體例，則成爲其成書時代的爭議焦點；《穀梁》楊《疏》以解傳者爲多，著重申說傳文義例，對於異說多採取存而不論的態度，以「或以爲」等詞另起諸說、異解，以「理亦通也」來總結諸說。文中諸說異解多

〔註51〕張寶三：〈楊士勛及其《穀梁傳疏》相關舊說考辨〉，《第二屆唐代文化研討會》，頁105。

未明言出自何人何時,「或」字及「亦」字,又帶推測意味,使文意帶有模稜兩可的色彩,出處既難考察,楊《疏》也不判其得失,僅將疏文作爲前人舊說的一種總結羅列,而「理亦可通」、「理亦無妨」、「事或然也」、「一解」等詞的頻繁出現,也顯現出其對異說開放的態度。楊氏認爲詮釋是多面向,且具歧義性的,縱有諸多異說,但若能通解文義以自圓其說,仍爲有理可通。

雖然三《疏》論述的重心各有所偏,慣用的句型亦各不相同,但很明顯地,三《疏》皆是著重「資料引證」。歷來學者評論唐代義疏,有正反兩面的評價,宋代王應麟(1223~1296)《困學紀聞》云:

> 自漢儒至於慶曆間,談經者守訓故而不鑿。〔註52〕

王氏譏諷漢代以至北宋初期的經學發展,皆拘守訓故;宋代吳曾(?~?)《能改齋漫錄》云:

> 國史云:慶歷以前,學者尚文辭,多守章句注疏之學。至劉原父爲
> 《七經小傳》,始異諸儒之說。王荊公修經義,蓋本於原父。〔註53〕

吳氏引國史之言,以宋仁宗(1010~1063)慶曆以前經說爲「章句注疏之學」,至劉敞《七經小傳》始專注於經義上。宋人說經偏重義理,故以唐人義疏爲章句訓詁而貶之。至元代時,始對唐代義疏有較持平的看法,元代趙汸(1319~1369)《春秋師說》云:

> 唐人考古之功,如孔穎達、賈公彥最精密。陸德明亦然,但音切未
> 善。宋氏諸儒經學極深,但考古之功却踈。若以宋儒之精,用漢魏
> 晉諸儒考古之功,則全美矣。〔註54〕

趙汸記其師黃澤(1260~1346)之言而作《春秋師說》,書中即稱譽唐人有「考古之功」,尤其推崇孔穎達、賈公彥「最精密」。其謂漢魏晉唐諸儒重考古,宋儒偏經學,兩者各有所偏,若能合一,始爲說經之善法。

趙汸所稱的「考古之功」,倒是點出了《春秋》三《疏》的詮解特色,三《疏》中雖不見得完全以「訓詁」爲主,但對「考古」的重視,三《疏》的態度倒是一致。《左氏》孔《疏》以博采廣引爲其主要特色,往往在疏文中羅

〔註52〕〔宋〕王應麟:《困學紀聞》,卷8,〈經說〉,收於《景印文淵閣四庫全書》,頁854~323。

〔註53〕〔宋〕吳曾:《能改齋漫錄》,卷2,〈注疏之學〉,收於《景印文淵閣四庫全書》,頁850~520。

〔註54〕〔元〕趙汸:《春秋師說》,卷下〈春秋指要〉,收於《景印文淵閣四庫全書》,頁164~304。

列各種引文，以引文作爲疏文的主體，而這些引文中又以三《禮》、《爾雅》注爲多，並及於許多史書、方志等，明顯可看出孔《疏》著重「名物訓詁」的特性；《公羊》徐《疏》中引書雖不若孔《疏》多，但其重視版本考證，尤其對經文異文及注文出處的考校尤爲精細，其於「考證」的工夫上，著墨極多；《穀梁》楊《疏》中雖也廣引三《禮》，但疏文中未曾引及《爾雅》注家，對字書的援引亦相當少，只是其詮解雖不偏重於文字訓詁，但疏中並陳許多前人舊解，且以「或以爲」、「一解」、「理亦通也」等詞，著重並陳而不加申述，以保存資料文獻的方式存而不論，使其疏文大體仍屬「資料總結」的功用，而無法進行更深一層的義理發揮。

再者，三《疏》在「申述己意」方面明顯缺乏。比如《穀梁》楊《疏》中雖並陳諸說，但多未取捨是非，而疏文中屢屢出現的「或然」、「亦通」等詞，反映作疏者不涉入己意，力求持平客觀的謹慎態度；至於《公羊》徐《疏》中詳考版本異文及注文出處，並著重傳文提問的由來，疏文積極爲傳、注之說尋求依據，此時作疏者的意見不僅已難展現，甚至疏文的功用也壓縮成「註腳」的型態，爲補充傳、注而存在；而《左氏》孔《疏》雖於三《疏》中具有最明顯的批判是非性格，但其一以杜說爲據，且疏文中取大量的引書加以舖陳，卻相對地申論極少，其至還有疏文中全以引文代替者，雖說資料的援引也經過作疏者的取捨，但以引文來代替作疏者的申述，也可看出其重援引輕論述的特性。當疏文的功用偏重於資料的引證時，或以引證代替論證，或刻意地力求客觀而不申己意，作疏者的功用通常只流於資料的援引及串連上，作疏者的意見隱沒於資料之中，而無法展現作疏者在義理上的主張及取捨。

近人牟潤孫由撰疏者的地域上探討，認爲唐人義疏實承北學「徵實之學」的系統，其云：

> 唐初承隋之舊，南學益盛，北儒所習鄭康成之《書》、《易》，服子慎之《左傳》，遂漸至衰微。故撰疏者雖北人，所傳者則南學。然終以地域關係，孔穎達、賈公彥之疏，皆盡捨名理，而專求之訓詁名物。惟《易》用王弼注，勢不能違注，稍涉空玄，餘皆徵實之學，篤守北人之傳統。〔註55〕

唐人義疏所取之注家雖多爲南人，但撰疏者卻爲北人，故疏文「皆盡捨名理，而專求之訓詁名物」，展現的仍爲北學篤實學風。今由《春秋》三《疏》的研

〔註55〕牟潤孫：〈論儒釋兩家之講經與義疏〉，《注史齋叢稿》，頁302。

究中可知，《左氏》孔《疏》明顯著重於訓詁名物，而《公羊》徐《疏》及《穀梁》楊《疏》中雖不特重於章句訓詁，但仍偏重於「資料考證」上，所以雖然徐彥的生平地籍未知，但大體而論，三《疏》仍屬於「徵實」之北人學風。

第六章 三《疏》詮解的進路與目的

　　義疏之學是針對經、傳、注的再詮解，《春秋》三《疏》在詮解的過程中分別對《春秋》、傳、注三者，進行梳理與統整的工作，其間也包括了對經、傳異說，或是傳、注異說的調和與說明，透過這些經、傳、注差異的說明，大體展現了三《疏》的詮解進路，並進一步的反映了三《疏》著作的目的。

第一節　《左氏》孔《疏》

　　《左氏》孔《疏》立論依襲杜說，認為《春秋》與《左氏》，囿於史料及流傳過程，難免有闕漏或訛誤的情形，尤其《春秋》經文取自正策，脫闕的狀況更較博采簡牘的傳文嚴重。但相反地，杜預既作《集解》，又作《釋例》，對《春秋》經、傳勢必考校精細。所以孔《疏》在詮解的進路上採取以傳正經、以注正傳的方式，藉由這種由下而上的詮解進路，一一校正經、傳之失。

一、由下而上的詮解進路
（一）以傳正經
　　《左氏》孔《疏》著重經、傳差異，強調《春秋》與《左氏》經、傳的取材各有不同，立文亦有詳略之別，尤其《春秋》經文是「約策書成文」，載記的內容僅限於國之大事，而左丘明博采簡牘眾記而為傳，其用意即在補經文之疏略，所以對於《春秋》與《左氏》經、傳間的異文，孔《疏》皆以「傳實經虛」為其立論的基本原則。〈桓十一年〉「十有一年，春，正月，齊人、

衛人、鄭人盟于惡曹。」傳「十一年，春，齊、衛、鄭、宋盟于惡曹。」經文中僅「齊、衛、鄭」三國，傳文中卻有「齊、衛、鄭、宋」四國，杜注曰「宋不書，經闕。」疏文進一步解釋曰：

> 丘明作傳本以解經，經、傳不同，皆傳是其實，今傳有宋而經無宋，知是經之闕文。宋爲大國，傳處鄭下，是史文舊闕，傳先舉經之所有，乃以闕者實之，故後言宋耳，非謂盟之序列宋在下也。（《春秋左傳正義‧桓十一年》卷7，頁223）

孔《疏》認爲左丘明作傳即是用以「解經」，其對經文勢必經過一番仔細的考證與補充，因此傳文本當較經文完備詳實，故主張「經、傳不同，皆傳是其實」。此處傳言「宋」而經未言，孔《疏》取傳文爲是，甚至推論此處經文未言，是屬於舊史之闕脫，傳文一方面補經文之闕漏，一方面則以此顯示經文之史闕。

　　孔《疏》認爲「丘明作傳，未嘗虛舉經文」，[註1] 故主張「經、傳不同，皆傳是其實」，其對於《春秋》與《左氏》經、傳異文，多取傳文爲是，並以傳文校正經文之誤。〈隱九年〉「三月癸酉，大雨震電。庚辰，大雨雪。」傳「九年，春，王三月，『癸酉，大雨霖以震』。書，始也。」經文「大雨震電」，傳文引述時曰「大雨霖以震」，關於二者間的異文，疏云：

> 傳發凡以解經，若經無「霖」字，則傳無由發，故知經誤。然則經當如傳言「大雨霖以震」，不當云「大雨震電」。是經脫「霖以」二字，而妄加「電」也。（《春秋左傳正義‧隱九年》卷4，頁134）

孔《疏》再次強調傳文解經的關聯性，以傳文校訂經文。其謂「若經無『霖』字，則傳無由發」，故以傳文爲是，而謂經文「大雨震電」一詞是脫「霖以」二字，而妄加「電」字者；又〈文十七年〉「齊侯伐我西鄙。六月，癸未，公及齊侯盟于穀。」傳言「齊侯伐我北鄙，襄仲請盟。六月，盟于穀。」其中經言「西鄙」傳言「北鄙」，杜注云「西當爲北，蓋經誤。」疏文云：

> 經言西鄙，傳言北鄙。服虔以爲再來伐魯西鄙書，北鄙不書，諱仍見伐。案經十五年「秋，齊人侵我西鄙」。冬，「齊侯侵我西鄙」。僖二十六年，春，「齊人侵我西鄙」。「夏，齊人伐我北鄙」。皆仍見侵伐，書而不諱，此何獨諱而不書？凡言諱者，諱國惡也。齊侯無道而伐我，我非有惡而可諱，何以諱其仍伐？故知正是一事，經文誤

〔註1〕《春秋左傳正義‧隱元年》，卷2，頁68。

耳！知非傳誤者，魯求與平，即盟于穀。穀是濟北穀城縣也，穀在
魯北，知北鄙是也。（《春秋左傳正義‧文十七年》卷 20，頁 654）

此處經、傳異文，服虔採調和的方式，以「北鄙不書爲諱」做爲經未言「北
鄙」的解釋，但杜預則直言經文的「西」字當爲「北」字，爲「經誤」。孔《疏》
依循杜說，先批駁服注的調和說，否定「諱書」一例，再以盟地屬魯北，推
論「知北鄙是也」，爲經文誤而非傳誤；又〈襄十一年〉「公會晉侯、宋公、
衛侯、曹伯、齊世子光、莒子、邾子、滕子、薛伯、杞伯、小邾子伐鄭。會
于蕭魚。公至自會。楚人執鄭行人良霄。冬，秦人伐晉。」傳「十二月，戊
寅，會于蕭魚。」其中蕭魚之會的時間，傳文言「十二月，戊寅」，經文雖未
言日月，但置於「冬」前，當屬「秋」，此即與傳文有異，杜氏注曰「經書秋，
史失之。」疏文解釋云：

> 會于蕭魚，經雖無月，但會下有冬，故以爲會在秋也。傳言日月，
> 次第分明，是經繆，史官失之也。（《春秋左傳正義‧襄十一年》卷
> 31，頁 1033）

依經文敘述順序，蕭魚之會當爲「秋」，與傳文之「十二月」有異，孔《疏》
認爲「傳言日月，次第分明」，故以傳文爲是，而謂「經繆」，並推論此爲脩
經前的史官之失，屬舊史之誤。

　　上述數例中，對於經、傳異文，孔《疏》皆承襲杜說以傳爲是，其闡釋
傳是經非的理由，或依前後經文、或依文詞詳略，但更多時候僅以「傳本以
解經」或「傳言日月，次第分明」等詞，作爲立論的依據。細研這些理由，
除了〈文十七年〉中先藉批評服注以否定諱伐不書之說，再由盟會地點判別
經、傳正誤，論述較爲詳實外，餘者皆略嫌牽強。畢竟，《春秋》經文的取材
縱使較爲簡略，流傳的過程亦難免有脫誤而後人妄加的情形，然又怎知《左
氏》傳文之取材及流傳，不會同樣產生脫誤的現象呢？孔《疏》依循杜〈注〉，
皆斷以傳是而經非，終令人難以信服，後世學者即常常有不同的看法，比如
〈隱九年〉一例中，孔《疏》以「若經無『霖』字，則傳無由發」爲理由，
以傳是而經誤，但唐人陸淳《春秋集傳辨疑》則云：

> 《左氏》曰：「凡雨自三日以往爲霖。平地尺爲大雪。」趙子曰：《春
> 秋》記異，不書常事，尺雪常事，何足記乎？豈有二百四十二年，
> 唯兩度尺雪哉？（經唯兩度書大雪）益知其妄也。文先書「大雨震
> 電」，又復有「雪」，明其異耳！非爲雨生例，妄發霖例，又與經違，

皆不取。〔註2〕

陸淳引述趙匡之言，謂《春秋》「不書常事」，經文前謂「大雨震電」，後謂「雪」，正是明其爲「異」，而傳文違經而妄生霖例，反爲傳誤，陸氏以傳爲誤，正與孔《疏》的看法完全相反；而〈襄十一年〉中孔《疏》以「傳言日月，次第分明」，作爲經繆的依據，宋人葉夢得（1077～1148）亦評云：

> 以事之序考之，鄭自再伐，君臣厭兵，實皆欲外楚，故使良霄如楚告將服晉，諸侯信而不疑，故不復盟而直會，所以楚人遂執良霄。
> 傳但見會而不盟，故妄意云爾，其書執良霄，乃在會前。經書秋會而傳以爲十二月，其先後日月皆與經不合，尤可見其非實。〔註3〕

葉氏由史事上加以說明，謂諸侯先會於蕭魚，而後楚人執良霄，故經文書於冬前，傳文不解，反謂十二月，傳文「其先後日月皆與經不合，尤可見其非實」；至於〈桓十一年〉中孔《疏》以「丘明作傳本以解經」作爲傳實經虛的說明，但元儒程端學（1280～1336）亦反譏評杜預捨經求傳「杜氏信傳疑經過矣。」〔註4〕孔《疏》依循杜〈注〉，嘗試對《春秋》及《左氏》經、傳異文尋求一合理的分判，但由於其一概以「傳實經虛」爲立論原則，以傳文來校正經文闕誤，終究使其論述失於偏頗而難令人信服。

（二）以注正傳

雖然對於《春秋》與《左氏》的經、傳異文，孔《疏》取傳文爲是，但孔《疏》也指出傳文中亦有訛誤的情形，只是傳文的訛誤，是依據杜〈注〉之言。總觀全書，孔《疏》指出傳文闕誤者約有二十處，其中十七處皆是杜〈注〉言誤而疏文依襲之。〔註5〕比如〈隱三年〉傳「冬，齊、鄭盟于石門，

〔註2〕〔唐〕陸淳：《春秋集傳辯疑》，《叢書集成初編》（北京：中華書局，1985年），卷1，頁10。

〔註3〕〔宋〕葉夢得：《春秋三傳讞——春秋左傳讞》，卷6，收於《景印文淵閣四庫全書》，頁149～587。

〔註4〕〔元〕程端學：《三傳辨疑》，卷4，收於《景印文淵閣四庫全書》，頁161～70。程氏云：「十有一年，春，正月。齊人、衛人、鄭人盟于惡曹。《左氏》曰：『春，齊、衛、鄭、宋盟于惡曹。』杜氏曰：『宋不言，經闕。』愚謂：經不言宋而傳言宋，據經舍傳可也，杜氏信傳疑經過矣。」關於〈桓十一年〉「齊人、衛人、鄭人盟于惡曹。」中傳言「宋」而經未言，杜〈注〉及孔《疏》皆謂「經闕」，但後儒如元程學端、趙汸，清毛奇齡、惠士奇等人皆不認同杜、孔二說。

〔註5〕孔《疏》中明指傳誤或疑傳者約有二十處，包括：日月誤者有〈隱三年〉、〈隱八年〉、〈隱十年〉二處、〈襄元年〉、〈襄九年〉、〈昭元年〉、〈昭四年〉、〈昭八年〉、〈昭二十年〉；錯簡或闕誤者有〈僖三十三年〉、〈宣七年〉、〈襄二十

尋盧之盟也。庚戌，鄭伯之車僨于濟。」注「十二月無庚戌，日誤。」疏云：

> 庚戌無月，而云十二月者，以經盟于石門在十二月，知此亦十二月
> 也。經書十二月，下云「癸未，葬宋穆公」，計庚戌在癸未之前三十
> 三日，不得共在一月。彼〈長歷〉推此年十二月甲子朔，十一日有
> 甲戌，二十三日在丙戌，不得有庚戌。而月有癸未，則月不容誤，
> 知日誤也。（《春秋左傳正義‧隱三年》卷3，頁90）

杜〈注〉謂「十二月無庚戌」，故以傳文中的「庚戌」爲日誤。孔《疏》先解
釋石門之盟在十二月，故傳文的「庚戌」在十二月，接著，疏文再以〈長歷〉
爲依據，謂「庚戌」與「癸未」不得在一月，今經文既有「癸未」，故知傳文
有「庚戌」，即爲日誤；又〈桓元年〉傳「冬，鄭伯拜盟。」杜注「鄭伯若自
來，則經不書；若遣使，則當言鄭人，不得稱鄭伯。疑謬誤。」杜注認爲此
處「鄭伯」當爲「鄭人」，爲傳誤，疏文解釋曰：

> 六年傳云「魯爲其班後。」杜注[註6]云「魯親班齊饋，則亦使大
> 夫戍齊矣。經不書，蓋史闕文。」然則經所不書，自有闕文之類，
> 注既疑此事，不云闕文而云謬誤者，師出征伐，貴賤皆書，經所不
> 書，必是闕文。若使事重，使人雖賤亦書。鄭人來渝平，齊人歸讙
> 及闡是也。今以拜盟事輕，若其使賤，則例不合書。故杜云，若遣
> 使來，傳當云鄭人，疑傳謬誤，知非實是鄭伯，爲不見公。不書者，
> 以魯鄭相親，易田結好，鄭伯既拜盟而來，魯君無容不見，故知非
> 實是鄭伯，止是鄭人而已。（《春秋左傳正義‧桓元年》卷5，頁153）

此段論述分二部分，第一部分先說明爲何杜〈注〉不言「經闕」，其引〈桓六
年〉與之相較，強調事重者，使人雖賤亦書，〈隱六年〉「鄭人來渝平」及〈哀
八年〉「齊人歸讙及闡」即爲其證，而〈桓六年〉爲征伐大事，依「師出征伐，
貴賤皆書」之例經文當書，今卻未書，可知爲經闕。至於〈桓元年〉「拜盟事
輕」，若遣使來，本「例不合書」，故經文未言亦是合理；接著疏文再解釋傳
文之誤，因若來拜盟爲鄭伯，依當時魯鄭相親的兩國關係，則魯君必見之，
亦必書於經文中，今經文未書，可知只爲「鄭人」，非「鄭伯」。今傳文書「鄭

　　五年〉、〈哀十五年〉；字誤者有〈成十三年〉、〈襄十一年〉、〈昭七年〉、〈昭
　　二十六年〉；疑誤者有〈桓元年〉、〈成五年〉。此二十處中，除了〈昭二十年〉、
　　〈昭二十六年〉、〈哀十五年〉三處注未言外，其餘皆是杜〈注〉謂其誤而孔
　　《疏》依襲之。
〔註6〕此處「杜注」二字，李學勤《春秋左傳正義》版本誤爲「鄭注」，爲李本字誤。

伯」當爲傳誤。孔《疏》引他處注文相較，解釋注謂傳誤的原因。

《左氏》傳文除了有訛誤外，亦有闕脫或錯簡的情形，比如〈宣七年〉傳「赤狄侵晉，取向陰之禾。」杜注「此無秋字，蓋闕文。」疏云：

> 苗秀乃名爲禾，夏則無禾可取。知此取必在秋，此無秋字，蓋闕文。
> （《春秋左傳正義・宣七年》卷 22，頁 709）

因爲前有傳文「夏，公會齊侯伐萊，不與謀也。」此處不言時，杜〈注〉謂爲「闕文」，孔《疏》以「夏則無禾可取」，推論此時當爲「秋」，故傳文未言即爲傳之闕文。杜〈注〉僅言闕一「秋」字，孔《疏》進一步說明注義；又〈僖三十三年〉經「冬，十月，公如齊。十有二月，公至自齊。乙巳，公薨于小寢。」傳「葬僖公，緩。」杜注「文公元年，經書『四月，葬僖公』。僖公實以今年十一月薨，并閏七月乃葬，故傳云『緩』。自此以下，遂因說作主祭祝之事，文相次也，皆當次在經葬僖公下。今在此，簡編倒錯。」杜預認爲傳文中「葬僖公，緩。」及其後謂作主祭祝之文，依經文當置於明年〈文元年〉，今置於〈僖三十三年〉爲「簡編倒錯」之誤，疏文云：

> 經書十二月下云「乙巳，公薨」。杜以〈長歷〉推之，十一月十二日有己巳，乙巳非十二月。文元年傳曰「於是閏三月，非禮也」，故至四月，并閏爲七月。禮當五月而葬，今乃七月始葬，故傳曰「緩」也。……僖公葬在明年，而此年有傳，知其當在明年經葬僖公下。今在此者，簡編倒錯故爾。杜以此年空說葬事，而其上無經文，元年空舉經，而其下無傳，故謂此年之傳當在彼經之下。於理誠爲順序，於文失於重疊。此云「葬僖公」，彼又云「葬僖公」，重生文者，亦既錯謬，必乖其本。或由編絕之處，三字分簡，彼有「葬」無「公」，此有「公」無「葬」，後人並添足之，致使彼此共剩一文耳。若其不然，不知所以謬也。（《春秋左傳正義・僖三十三年》卷 17，頁 550）

疏文解釋杜〈注〉「傳文錯簡」之說。其先依杜預〈長歷〉推論，經文「乙巳，公薨于小寢。」當爲十一月而非十二月。由〈僖三十三年〉的十一月，至〈文元年〉經文「夏，四月，丁巳，葬我君僖公。」再加上〈文元年〉傳文提到的閏三月，由僖公「薨」至「葬」時隔七月，因此傳文譏曰「緩」；再者，〈文元年〉傳曰「夏，四月，丁巳，葬僖公。」〈僖三十三年〉及〈文元年〉兩處傳文同云「葬僖公」，所以孔《疏》批評傳文有重文之誤，〈僖三十三年〉之傳文當爲錯簡所致。疏文還推論錯簡的理由，或「三字分簡」、「後人添足」，

但終究「不知所以謬也」。

　　孔《疏》論述傳文之誤多是承襲杜〈注〉，其論述多是於杜氏的說法上，再進一步的闡釋或引申。但在〈昭二十年〉孔《疏》謂傳誤但杜〈注〉未言，孔《疏》反謂杜未言是「誤在可知」而不言。〈昭二十年〉傳「丙辰，衛侯在平壽。……丁巳晦，公入，與北宮喜盟于彭水之上。」疏云：

> 丙辰、丁巳乃是頻日，其事既多，不應二日之中并爲此事。今杜不云日誤者，以誤在可知，故杜不言。且宣二年「壬申，朝于武宮」注云：「壬申，十月五日。既有日而無月，冬又在壬申下，明傳文無較例。」又注哀十二年傳云：「此事，經在『十二月螽』上，今倒在下，更具列其月以爲別者，丘明本不以爲義例，故不皆齊同。」如杜此言，或傳因簡牘之辭，不復具顯其日月。劉炫以爲日誤而規杜氏，非也。（《春秋左傳正義・昭二十年》卷49，頁1604）

傳文中前有「丙辰」後有「丁巳」，疏文認爲「不應二日之中并爲此事」，故「丁巳晦」當爲日誤。此處日誤而杜〈注〉未言，劉炫以此批杜，孔《疏》反爲杜氏辯解，認爲杜意亦以其爲誤，只是因「誤在可知，故杜不言」。疏文舉〈宣二年〉及〈哀十二年〉之注文，說明《左氏》「不以日月爲例」〔註7〕的原則，強調傳文「不復具顯其日月」，故杜〈注〉無說。然而，若傳文「不復具顯其日月」，那〈隱三年〉何來日月之誤？又〈宣七年〉何來闕時之說？孔《疏》積極批劉護杜，但其立論不免失於主觀矛盾。

　　孔《疏》承續杜說，以「傳實經虛」爲原則，「以傳正經」，再「以注正傳」，但過份的曲循杜〈注〉，反使其立論陷入矛盾與偏頗。以〈昭二十年〉爲例，孔《疏》爲了解釋杜〈注〉未言傳誤，強調「傳因簡牘之辭，不復具顯其日月。」而此正與上述〈襄十一年〉中「傳言日月，次第分明」的說法相矛盾。其實，依疏文所論，〈昭二十年〉傳文確有日誤的可能，疏文的看法實與劉炫相同，但孔《疏》爲了護杜以非劉，反而不斷強調傳文「不顯其日月」，終使其論述陷入矛盾中；再如〈僖三十三年〉的錯簡之誤，杜〈序〉曾提出傳文解經有「先經、後經、依經、錯經」四種方式，〔註8〕〈哀十二年〉疏文亦謂「傳因簡牘舊文，

〔註7〕 《春秋左傳正義・序》，卷1，頁4。疏云：「《春秋》諸事皆不以日月爲例。其以日月爲義例者，唯卿卒、日食二事而已。」

〔註8〕 《春秋左傳正義・序》，卷1，頁14～15。杜〈序〉：「左丘明受經於仲尼，以爲經者不刊之書也，故傳或先經以始事，或後經以終義，或依經以辯理，或錯經以合異，隨義而發。」疏云：「傳期於釋盡經意而已，是故立文不同也。……

或日月前後不以為例。若以倒敘其事為後年張本。案傳之上下，凡倒敘事為後年張本者，唯道事之所由，不具載其日月。」〔註9〕傳文因循簡牘舊文，本不特以日月為褒貶，傳文亦不依經文而立文，「倒敘」、「錯經」亦為傳文解經的一種方式，那〈僖三十三年〉「葬僖公」何來注文「錯簡」之說？頂多只有疏文所謂的「於文失於重疊」。孔《疏》刻意的依循杜〈注〉，可見其對杜氏的維護及尊崇，但曲循太過，亦不免使其立論失於偏頗與矛盾中。

二、曲循杜說

孔《疏》以傳正經，再以注正傳，形成一種由下而上，由注而傳而經的詮解進路，代表了其對杜說的尊崇與依循，雖然疏文中也明白指出杜〈注〉猶有闕漏及訛誤之處，但對於這些注文上的闕誤，孔《疏》皆將之歸因為後人轉寫之誤，而非杜氏之誤。

（一）杜〈注〉之誤多為轉寫誤

孔《疏》依襲杜〈注〉，但疏文中也指出杜〈注〉中有漏脫、訛誤的情形。比如〈莊十八年〉「十有八年，春，王三月，日有食之。」注「無傳。不書日，官失之。」疏云：

> 經亦無朔字，當云不書朔與日，注不言朔，脫也。（《春秋左傳正義·莊十八年》卷9，頁294）

杜〈注〉曾言「日食必以書朔日為例」，〔註10〕此處經未言「朔」，為經失，注文只指出「不書日」為史官失，卻未提及「朔」，亦是注失，但孔《疏》不言注誤，而謂「注不言朔，脫也」，將此視為注文脫闕之失；〈宣八年〉傳「楚為眾舒叛故，伐舒蓼。滅之。」注「舒、蓼，二國名。」疏云：

> 舒蓼，二國名者，蓋轉寫誤，當云一國名。案《釋例·土地名》有「舒、羣舒、舒蓼、舒庸、舒鳩」。以為五名，則與文五年滅蓼同。蓋蓼滅後更復，故楚今更滅之。劉炫以杜為一國而規之，非也。（《春秋左傳正義·宣八年》卷22，頁712）

經文中的「舒蓼」，杜氏將之視為二國，劉炫以此規杜，謂為杜〈注〉之失。孔《疏》引《釋例·土地名》為證，謂杜氏亦是以「舒蓼」為一國名，此注文中

傳文雖多，不出四體，故以此四句明之也。」
〔註9〕《春秋左傳正義·哀十二年》，卷59，頁1921。
〔註10〕《春秋左傳正義·桓十七年》，卷7，頁240。

—146—

的「二」字，當爲「一」字的轉寫之誤，而非杜誤，故劉炫規杜之說並不成立。

　　孔《疏》一方面指出杜〈注〉中有闕脫訛誤的情形，但另一方面孔《疏》也強調這些注誤皆非杜預之誤，尤其在面臨劉炫以此規杜時，孔《疏》更是百般爲杜氏申說辯護，〈昭元年〉「冬，十有一月，己酉，楚子麇卒。」傳「十一月，己酉，公子圍至，入問王疾，縊而弑之。」注「〈長曆〉推己酉十二月六日。經、傳皆言十一月，月誤也。」此處杜以〈長曆〉反駁經、傳之文，疏云：

> 下有「十二月甲辰朔」，甲辰後五日得己酉，故杜以〈長曆〉推己酉是十二月六日。而此郟敖之卒，經、傳皆云十一月己酉。杜謂十一月誤者，止謂十一月不得有己酉，以己酉爲誤，十一月非誤也。必知然者，若以爲十二月己酉，則六日己酉子干奔晉，至晉猶見趙孟。七日庚戌，趙孟卒，便是日相切迫，無相見之理。故知十一月爲是，己酉爲誤。劉炫以爲，杜云誤者，以十一月爲誤，當云十二月，而規杜氏，非也。劉炫規云：「杜言十一月誤，當爲十二月。」案：下文趙孟庚戌卒，便是郟敖今日死，趙孟明日卒。則子干奔晉，不得見趙孟而議其祿，故謂十一月是，己酉字誤也。（《春秋左傳正義・昭元年》卷41，頁1345）

杜氏〈長曆〉推算「己酉」爲「十二月六日」。但孔《疏》認爲不然，因爲依傳文所載，「己酉」楚王卒，子干奔晉，至晉後猶見趙孟，而十二月七日「庚戌」趙孟卒。若己酉爲十二月六日，則子干奔晉見趙孟，與十二月七日趙孟卒只隔一日，有違常理，因此孔《疏》謂「故知十一月爲是」，月無誤而爲「己酉」日誤。如此則杜〈注〉中「月誤」說顯然有誤，劉炫即以此規杜，劉氏看法當與孔《疏》相近。但孔《疏》爲了反駁劉規，反而辯解杜氏「止謂十一月不得有己酉，以己酉爲誤，十一月非誤也」，杜氏只言己酉非爲十一月，而未言十一月爲誤。今傳文既爲十一月，則可知「己酉」爲誤。孔《疏》的解釋過於迂迴，難令人信服。其實，此處杜〈注〉已明言「月誤」，但孔《疏》仍苦心孤詣護杜駁劉，其辯解終究僅流於曲意強說。

　　此外，關於經文中的諸侯卒，杜預慣例於注中標明盟會之數，但其所言之數卻往往與經文記載不合，遂爲劉炫規杜的焦點之一，也成爲孔《疏》大力迴護杜〈注〉之處，孔《疏》除了一一補列說明諸侯盟會的次數及年分外，並積極護杜駁劉，只是孔《疏》的申辯卻存在許多矛盾的地方。以〈昭十年〉及〈昭十二年〉爲例，〈昭十年〉「十有二月，甲子，宋公成卒。」注「十一

同盟也。無冬，史闕文。」疏云：

> 成以成十六年即位，十七年盟于柯陵，十八年于虛打，襄三年于雞
> 澤，五年于戚，九年于戲，十一年于亳城北，十五年及向戌盟于劉，
> 十六年于溴梁，十九年于祝柯，二十年于澶淵，二十五年于重丘，
> 二十七年于宋，元年于虢，皆魯、宋俱在，凡十三同盟。杜意盟數
> 多者不數特盟，襄十五年向戌盟于劉，及虢盟不數，故十一。劉炫
> 并數，以規杜過，非也。如此數盟不同者，或由轉寫誤。(《春秋左
> 傳正義‧昭十年》卷45，頁1469)

此處注云「十一同盟」，但疏文依經文列舉出「十三同盟」。劉炫以此規杜，孔《疏》爲杜氏辯解，謂「杜意盟數多者不數特盟」，十三同盟中的〈襄十五年〉及〈昭元年〉二者屬「特盟」故不數，即爲「十一同盟」。孔《疏》強調杜〈注〉與實際上的差異非爲杜誤，而是因「數盟不同」所致，再不然即是「轉寫誤」。此處將〈襄十五年〉「向戌盟于劉」及〈昭元年〉「虢盟」二盟，視爲「特盟不數」以說明杜〈注〉，但在〈昭十二年〉中特盟之定義又似有不同，〈昭十二年〉「三月，壬申，鄭伯嘉卒。」杜注「五同盟。」疏云：

> 嘉以襄九年即位，其年盟于戲，十一年于亳城北，十六年于溴梁，
> 二十年于澶淵，二十五年于重丘，二十七年于宋，元年于虢，皆魯、
> 鄭俱在，凡七。云「五」者，杜以其盟既多，故皆據君在盟會而言
> 之。襄二十七年是大夫之盟，元年虢會讀舊書，二者不數，故爲五
> 也。或由轉寫錯誤。(《春秋左傳正義‧昭十二年》卷45，頁1487)

此處注文謂「五同盟」，但孔《疏》列舉出同盟者七，其以〈襄二十七年〉大夫盟及〈昭元年〉盟于虢二者不數，而謂之「五」，後又謂此「五」字，「或由轉寫錯誤」，其中〈襄二十七年〉盟于宋，因爲大夫盟故不數，但在上述〈昭十年〉宋公成「十一同盟」中，卻猶包含〈襄二十七年〉宋之盟，數與不數，似無定論。且〈昭十年〉及〈昭十二年〉兩處最終皆謂「或由轉寫誤」，可見孔《疏》對自身的申辯亦毫無信心，只能全將之歸於後人的轉寫之誤。

孔《疏》將杜〈注〉盟會之數與經文的差異，不是歸諸於算法不同，就是視爲後人轉寫之誤，並於疏文中一再強調杜〈注〉的可信度，〈宣九年〉「辛酉，晉侯黑臀卒于扈。」杜注「卒於竟外，故書地。四與文同盟。九月無辛酉，日誤。」注文以經文「辛酉」爲日誤，疏文云：

> 《釋例》扈是鄭地，故云辛於竟外。黑臀以二年始立，而云四與文

同盟者，杜注《春秋》又爲《釋例》，前後經、傳勘當備盡，豈晉侯
二年始立，不于文公之世而云四與文同盟？必是後寫之誤。蘇氏亦
以爲然。劉炫以此規杜，非也。……九月無辛酉者，下有十月癸酉。
杜以〈長歷〉推之，癸酉是十月十六日，辛酉在前十二日耳。故云
九月無辛酉，上有八月，下有十月，非月誤也。（《春秋左傳正義·
宣九年》卷22，頁714）

孔《疏》取《釋例》說明經文中之地名及時間，以解釋杜〈注〉「竟外」及「日
誤」之說，但注文中的「四與文同盟」卻與經文未符，孔《疏》認爲「杜注
《春秋》又爲《釋例》，前後經、傳勘當備盡」，豈會不知晉侯「不于文公之
世」，而云「四與文同盟」？故而推論此處「必是」後寫之誤。換言之，杜預
作《集解》，又爲《釋例》，對於經、傳既考覈精詳，必當正確無誤，若仍有
誤者，必是「後寫」之誤，而非杜氏之誤；又〈宣九年〉「冬，十月，癸酉，
衛侯鄭卒。」注「無傳。三與文同盟。」疏云：

鄭父燬以僖二十五年卒，鄭代立，其年盟于洮，二十六年于向，二
十八年于踐土，文七年于扈，十四年於新城，唯二與文同盟。云「三」
者，以二、三字體相近，轉寫之誤耳。若其不然，杜無容不委。劉
炫以此規杜，非也。（《春秋左傳正義·宣九年》卷22，頁714）

關於盟會之數，杜〈注〉云「三與文同盟」，但疏文統計僅有二，劉炫以此規杜，
孔《疏》反爲杜氏辯解，謂此當爲「轉寫之誤」，是後人誤將杜注之「二」寫爲
「三」，孔《疏》並強調「若其不然，杜無容不委」。現今版本之注文雖則有誤，
但因杜氏不容有誤，故此皆爲後人轉寫誤。孔《疏》已先入爲主的認定「杜無
容不委」，杜〈注〉不可能有誤，有差異者，不是數法不同，就是轉寫之誤，其
積極地爲杜氏辯解，卻不免曲說太過，而「轉寫誤」遂成爲其最終的推脫之辭。

　　孔《疏》中提及〈注〉誤有十三處，其中轉寫誤者有十處，篆隸誤者一處，
脫文二處，〔註11〕可知孔《疏》雖明白指出杜〈注〉有漏脫、訛誤之處，但其
強調「杜無容不委」，杜〈注〉不合理處，或爲脫漏之失，或爲算法不同，或爲
轉寫之誤，皆非杜氏之失。孔《疏》堅信杜預不當有錯，有錯者皆爲後人轉寫

〔註11〕孔《疏》中提及杜〈注〉者約有十三處，其中轉寫誤者有〈僖二十一年〉、〈宣
八年〉、〈宣九年〉二處、〈昭七年〉、〈昭十年〉、〈昭十二年〉、〈昭二十年〉、〈昭
二十三年〉、〈定十一年〉，共十處；篆隸定誤者〈昭二十三年〉一處；脫文者
〈莊十八年〉、〈定四年〉二處。

所致，尤其對於劉炫規杜之處，孔《疏》一概否定，並謂劉說「非也」，縱使孔《疏》與劉炫說法相近，孔《疏》也極力爲杜〈注〉曲說以非劉，就表面字義而言，透過「護杜駁劉」的論述方式，孔《疏》極力展現對杜說的尊崇與依循。

（二）後人評價

孔《疏》立論遵循杜說，不僅於疏文中廣泛引證杜預《春秋釋例》，並於經、傳、注三者的異文上，採取「以傳正經」、「以注正傳」，形成一種由下而上的詮解進路。對於經、傳異文，孔《疏》承襲杜〈注〉「傳實經虛」的主張，取傳文爲是而以傳正經；至於傳、注差異，孔《疏》則取注文爲是，以注正傳。這種以注正傳、以傳正經，由上而上的詮解進路，反映孔《疏》對經、傳、注三者的態度。其認爲《春秋》經、傳多因循史料，再加上流傳久遠，無可避免地會有史闕及轉寫訛誤的情形，尤其是約取自正策，年代更爲久遠的經文，文不具的狀況更爲明顯；至於傳文雖日月次第及敘事詳實，皆較經文分明，但終不及注文考據精詳；孔《疏》主張「杜注《春秋》又爲《釋例》，前後經、傳勘當備盡」，所以其對杜說的態度極爲尊崇，疏文的立論亦大體不出注文範疇。

但孔《疏》遵杜太過，爲了護杜駁劉曲意強說，也招致後人許多批評，《四庫全書總目》評曰：

> 杜注多強經以就傳，孔疏亦多左杜而右劉，（案劉炫作《規過》以攻杜《解》，凡所駁正，孔疏皆以爲非。）是皆篤信專門之過，不能不謂之一失。（《春秋左傳正義・欽定四庫全書總目》，頁2）

杜注「多強經以就傳」，孔《疏》篤遵杜說，多「左杜而右劉」，對劉炫規者一概辯駁之，此皆犯了偏執之失；皮錫瑞《經學歷史》中曾議評《五經正義》曰：

> 議孔疏之失者，曰彼此互異，曰曲徇注文，曰雜引讖緯。案著書之例，注不駁經，疏不駁注；不取異義，專宗一家；曲徇注文，未足爲病。讖緯多存古義，原本今文；雜引釋經，亦非巨謬。惟彼此互異，學者莫知所從；既失刊定之規，殊乖統一之義。即如讖緯之說，經疏並引；而《詩》、《禮》從鄭，則以爲是；《書》不從鄭，又以爲非；究竟讖緯爲是爲非，矛盾不已甚歟！官修之書不滿人意，以其雜出眾手，未能自成一家。〔註12〕

〔註12〕《經學歷史》，〈經學統一時代〉，頁215。

皮氏以「彼此互異」、「曲徇注文」、「雜引讖緯」三者，作爲《五經正義》的
三大缺失，此說也成爲現今學界評論《五經正義》的基本看法；不過，亦有
學者爲之辯緩，馬宗霍《中國經學史》即云：

> 若夫曲徇注文，雜引讖緯，彼此互異，是三端誠孔疏之可議者，然
> 疏不駁注，體則使然，讖緯之傳，其來已古，雖語多怪誕，而律曆
> 之數，典禮之遺，六書之舊訓，秦火後或賴緯書以傳，取以釋經，
> 亦非鉅失，至彼此互異，則又以所作非一人，所采非一書，體之大
> 者裁難密，亦勢之無可如何者也。〔註13〕

馬氏認爲孔《疏》爲「義疏」之體，「疏不破注」是「體則使然」；而「雜引
讖緯」則是歷來解經慣用的方式，尤其歷經秦火之禍，雜染讖緯的六經舊典
始得以保存下來，因此總結舊說的義疏之學，必無法完全摒棄緯書，孔《疏》
取緯書釋經，「亦非鉅失」；至於「彼此互異」，則是因《五經正義》成於眾手，
既非僅采一書，亦非一人所作，「體之大者裁難密」，故有紛雜相異亦在所難
免。針對此三者批評，馬氏一一爲孔《疏》申辯，其由歷史情勢之必然來看
待這些缺失，認爲雖然「曲徇注文，雜引讖緯，彼此互異」是孔《疏》弊病，
但這些缺失卻是無法避免。

今見《左氏》孔《疏》中「曲徇注文」的情況極爲明顯，遵循杜〈注〉
爲《左氏》孔《疏》立論的依據，也無形成爲孔《疏》的囿限。《五經正義》
是政權一統下的產物，其經由政治的力量加以編纂，纂修的目的亦是爲了統
一經說，在這個大一統的原則下，各家注說或諸位疏者，勢必得經過一番磨
合與統整，其間也難免有紛雜與曲徇之處。時代環境造就了《五經正義》，《五
經正義》亦不免爲時勢所囿限。

第二節　《公羊》徐《疏》

《左氏》孔《疏》與《穀梁》楊《疏》中皆有提及經、傳、注異說的情
形，透過這些經、傳與傳、注異說的處理，大致可以呈現疏文詮解的進路與
特色。但在《公羊》徐《疏》中，卻未曾提及《春秋》、《公羊》傳、何休〈注〉
三者間的矛盾與異說。徐《疏》對經、傳、注三者皆經過詳細的考校，尤其
對經文中的版本異文，以及注文之出處文字，皆加以補充說明，但這些考校

〔註13〕《中國經學史》，第九篇〈隋唐之經學〉，頁99～100。

多只停留於文字的比對，並不涉入文義的批判，而且，疏文中這些異文錯字的考校，多只爲橫向地，比如三《傳》間經文，或是注文與引文上的不同，而非縱向地經與傳，或是傳與注的相異，似乎在徐《疏》的論述中，經、傳、注三者一脈相承，其間未曾存在任何扞格與矛盾。這種一脈相承性，實則立基於徐《疏》對《公羊》傳及何休的依循上，徐《疏》立論謹守何休《公羊》學說，以何休「三科九旨」說解經、傳，亦以何休學說解何〈注〉，形成一種「一貫性」的論述進路。

一、傳內相釋

《公羊》徐《疏》以《公羊》學的讖緯思想詮解《春秋》經、傳關係，認爲《春秋》經歷秦火之禍，經文本身產生許多版本異文的現象，而《公羊》傳正是孔子預知未來，特意以口授避開秦火所流傳下來的，對傳文的重視與依循，成爲徐《疏》立論的主要態度。徐《疏》強調三《傳》之理多所不同，在經義的闡釋上摒除他傳異說的爭議，獨申《公羊》思想，謹守《春秋》緯書及何休之言，形成一種「傳內相釋」的論述型態。

（一）對經、傳、注的反省

《公羊》徐《疏》中徵引的對象，雖也遍及三《傳》，但其對《左》、《穀》二傳的援引多僅作版本異文上考證，而少涉及義理的分判。徐《疏》立論不著重在異說、異解的分判與並陳，其對經、傳、注三者進行考校，但考校的焦點多限於文字的差異上，而與文義無涉。相反地，在論述文義時，則多著重申說何休《公羊》思想，而少有異說異解的是非分判。整體而言，徐《疏》中「文字考證」與「文義闡釋」同爲兩大焦點，但兩者間亦多不相涉。「考證」時，廣引他傳諸儒之說，力求客觀呈現版本差異的情形，而不做是非判斷；但「闡義」時，則偏重於《公羊》學說的闡釋上，以何休及緯書說法爲論述依據，形成一種傳內相釋的詮解進路。

徐《疏》針對不同的訓解對象，對應的焦點與敘述語法各有所不同，其中也反映了徐《疏》闡義以傳文爲中心的詮解態度。以〈莊九年〉爲例，〈莊九年〉經「夏，公伐齊，納糾。」疏云：

> 無「子」字者，與《左氏》經異。（《春秋公羊傳注疏·莊九年》卷
> 7，頁160）

傳曰「納者何？入辭也。」其中「納者何」一句，疏云：

> 欲言得國，下有齊人取殺之文；欲言不得國，納者入辭，故執不知
> 問。(《春秋公羊傳注疏‧莊九年》卷7，頁160)

傳「其言伐何？」注曰「据晉人納捷菑于邾婁，不言伐。」疏文解注云：

> 即文十四年經云「晉人納接菑于邾婁」是也。(《春秋公羊傳注疏‧
> 莊九年》卷7，頁160)

此例中同時詮解經、傳、注文，解經時標示《公羊》「糾」與《左氏》「子糾」
之異文，說明各版本間的異文，但不涉及文義的探討，也不加以評論高下；
解傳時針對傳文所提問的「納者何？」進行說明，其取上下經文解釋傳文提
問之重要性，並扣緊在「正例」與「變例」的差異上，申說《公羊》學中的
《春秋》義例；解注時，著重在說明注文的引文出處，引他說以証其同。解
經與解注時，徐《疏》多著眼於資料的引證及出處考校，解傳時始以義例文
意的闡釋爲主。

　　徐《疏》主張《公羊》傳是由孔子親授子夏，口授五世始著於竹帛。當
初之所以口授，是因孔子已預知秦火之禍，故而以此保留聖人意旨。由先秦
度漢，歷經秦火之難，口授的經學反比書面典籍可信。此態度反映於詮解進
路上，則對《公羊》傳的依循與尊重，徐《疏》中未曾對《公羊》傳文提出
過質疑，但卻指出《春秋》經文與何休〈注〉有許多異文錯字的情形。

　　《春秋》的流傳歷經秦火，勢必有所殘損，所以徐《疏》解經，首重版
本的考察，全書所標列的經文異字即約有七十三處。而考校經文異文時，徐
《疏》雖大量參引了《左氏》、《穀梁》二傳及其他經籍，但對於各版本間的
差異，其多採取存而不論的態度，縱有己意，也不妄下定論，亦不涉及文義
的評判。徐《疏》客觀指陳《春秋》版本差異的狀況，但並不以經文異文的
分判爲論述的重點。

　　徐《疏》既指出《春秋》經文有闕異的情形，對何休〈注〉也提出許多
注誤的批評。[註14]比如〈襄十六年〉「三月，公會晉侯、宋公、衛侯、鄭伯、
曹伯、莒子、邾婁子、薛伯、杞伯、小邾婁子于溟梁。戊寅，大夫盟。」傳
曰「諸侯皆在是，其言大夫盟何？」注「据葵丘之盟諸侯皆在，有大夫，不
言大夫盟。」疏云：

> 在僖九年。其經云「夏，公會宰周公、齊侯、宋子」以下「于葵丘」，

「九月，戊辰，諸侯盟于葵丘」，案彼經傳云，不見有大夫之盟文，
唯有僖十五年「三月，公會齊侯、宋公」以下，「盟于牡丘，遂次于
匡。公孫敖率師及諸侯之大夫救徐」。然則牡丘之盟，即有大夫可知。
此注云「葵丘之盟」者，誤也，宜爲「牡丘」字矣。（《春秋公羊傳
注疏‧襄十六年》卷 20，頁 509）

爲說明經文中之「大夫盟」，注文取「葵丘之盟」相比附。疏文考據〈僖九年〉
「葵丘之盟」之經文「夏，公會宰周公、齊侯、宋子、衛侯、鄭伯、許男、
曹伯于葵丘。」及「九月，戊辰，諸侯盟于葵丘」，皆未提及「大夫」之文，
反倒是〈僖十五年〉「牡丘之盟」經文「公孫敖率師及諸侯之大夫救徐」，提
及「大夫」參盟一事。徐《疏》推論，注文所言者當爲「牡丘」而非「葵丘」，
此地名的一字之差，爲注文之誤；其後，傳曰「曷爲徧刺天下之大夫？君若
贅旒然。」注曰「以旒旒喻者，爲下所執持東西。旒者，其數名。《禮記‧玉
藻》曰：『天子旒十有二旒，諸侯九，卿大夫七，士五。』不言諸侯之大夫者，
明所刺者非但會上大夫，并徧刺天下之大夫。」疏云：

案《禮記‧玉藻》即無此文，唯《禮說稽命徵》及《含文嘉》皆云
「天子旗九刃，十二旒，曳地；諸侯七刃，九旒，齊軫；卿大夫五
刃，七旒，齊較；士三刃，五旒，齊首」，而言〈玉藻〉，誤也。（《春
秋公羊傳注疏‧襄十六年》卷 20，頁 510）

此處注文引《禮記‧玉藻》之言，說明天子、諸侯之禮別。疏文考據，指出
《禮記‧玉藻》並無此文，反而是《禮記稽命徵》及《含文嘉》兩本緯書中
有相近的說法，故疏文明指注文所說的出處爲誤。

注文中除了有引證出處上的錯誤外，還包括了取證版本上的錯誤，如〈昭
五年〉「秦伯卒。」傳「何以不名？秦者，夷也。匿嫡之名也。其名何？嫡得
之也。」注曰「据秦伯罃、稻名。」又注「獨罃、稻以嫡得立之。」疏云：

文十八年春，「秦伯罃卒」；宣四年春，「秦伯稻卒」是也。然則文十
八年經作「罃」字，今此作「罃」字者，誤也。寧知非彼誤者，正
以文十八年「秦伯罃卒」之下，賈氏云「《穀梁傳》云秦伯偃」，不
道《公羊》曰「罃」，知《公羊》與《左氏》同，皆作「罃」字矣。
注「獨罃、稻以嫡得立之」者，「罃」字亦誤，宜爲「罃」字矣。（《春
秋公羊傳注疏‧昭五年》卷 22，頁 557）

此處秦伯不名，傳文提問，注文舉「秦伯罃」、「秦伯稻」二名爲例，說明此

處僅言「秦伯」，與常例不合。疏文先補充「秦伯嬰」一名見於〈文十八年〉，「秦伯稻」一名見於〈宣四年〉，再指出〈文十八年〉之經文實爲「秦伯罃」，而非何〈注〉所言之「嬰」。其取賈逵注文曾指出《穀梁》異文，卻未提及《公羊》異文，由此推論賈逵所見者，《公羊》與《左氏》無異，「皆作『罃』字矣。」因此注文謂「秦伯嬰」者，皆爲注文之誤。

　　徐《疏》中指出〈注〉文之誤，或爲引證書名之誤，或爲人名地名之誤，皆爲文字考校中可得知的訛誤，而非意義上的誤解。徐《疏》解經，著重經文異文，解注除了考證出處外，所指出的注誤又多是文字上的字誤，這些異文與錯字屬於客觀地文字層面的誤失，與主觀地詮解是非無關。

（二）以何休《公羊》學說爲中心

　　「異文考證」與「文義闡釋」是徐《疏》論述的二大重點，其中在「文義闡釋」上，徐《疏》主要以何休《公羊》學說爲依據，其對何休思想的承襲，主要體現在其對《公羊》學說基本議題的取捨上。

　　徐《疏》以《公羊》學的讖緯思想詮解《春秋》，強調三《傳》之理多所不同，疏文中論述的範疇或徵引的書籍，多以《公羊》學說爲主，尤其疏文中廣引緯書，其中標明書名者即包括了《考異郵》、《感精符》、《元命包》、《文耀鉤》、《說題詞》、《演孔圖》、《運斗樞》、《河圖揆命》、《保乾圖》等《春秋》緯書，而泛稱緯書的「《春秋說》」更是援引七十餘次，可見其對《春秋》緯書的依循。

　　然而，徐《疏》對《春秋》緯書的取捨與闡述，又與何休有很大的關係。徐《疏》曾云卷首「隱公第一」的標題下，以「問曰」、「答曰」的自問自答的方式，論述包括了孔子作《春秋》的時間、用意、依據、命名等二十個議題，在這一大段類似前言的疏文中，徐《疏》以《春秋說》及何休爲基本論點，徵引了包括閔因敘、鄭玄《六藝論》、劉歆《三統歷》、戴宏《解疑論》、賈逵《長義》、《孝經說》、《孝經援神契》、何休〈文謚例〉等書，闡述《春秋》「爲漢帝制法」、「託王於魯」、「三世說」、「三科九旨」等說法，這些說法是漢代《公羊》學者雜入讖緯思想後，所開展的主要議題，對於這些議題，徐《疏》皆以何休學說爲論述之依據。

　　徐《疏》視《春秋》爲孔子替後王制法之書，〔註15〕並以此寄寓「託王於魯」的目的，〈隱元年〉「元年，春，王正月。」疏云：

〔註15〕徐《疏》以「《春秋》授漢制」說，來說明《春秋》經、傳關係，此論述詳見本論文第四章第二節。

若《左氏》之義，不問天子諸侯，皆得稱元年。若《公羊》之義，
唯天子乃得稱元年，諸侯不得稱元年。此魯隱公，諸侯也，而得稱
元年者，《春秋》託王於魯，以隱公為受命之王，故得稱元年矣。(《春
秋公羊傳注疏‧隱元年》卷 1，頁 6～7)

關於《春秋》書「元年」，《左氏》與《公羊》之說法有異，《左氏》認為不論
天子或諸侯，皆可稱「元年」，但《公羊》則主張只有天子可書「元年」，今
隱公稱「元年」，正是代表「《春秋》託王於魯，以隱公為受命之王」。故在〈隱
元年〉「三月，公及邾婁儀父盟于眛。」傳「儀父者何？邾婁之君也。何以名？
字也。」注「以當襃，知為字。」疏解注文云：

《春秋》以隱新受命而王，儀父慕之，故知當襃，是以《春秋說》云
「襃儀父善趣聖者」是也。(《春秋公羊傳注疏‧隱元年》卷 1，頁 17)

徐《疏》強調「《春秋》以隱新受命而王」，並引證緯書《春秋說》，以解釋何
注所言之「襃」意。《春秋》「黜周王魯」說，始見於何休〈注〉中，〔註16〕
其謂「《春秋》王魯，託隱公以為始受命王」，〔註17〕「王魯」說為漢代《公
羊》學說的重要主張，徐《疏》依承何氏之說，以此解經。

此外，徐《疏》也承襲何休「三科九旨」之說，在〈隱元年〉標題下的
「前言」中，徐《疏》曾自設問「《春秋說》云『《春秋》設三科九旨』，其義
如何？」其答云：

何氏之意，以為三科九旨正是一物，若摠言之，謂之三科，科者，
段也；若析而言之，謂之九旨，旨者，意也。言三個科段之內，有

〔註16〕關於「黜周王魯」之說，源自於何時？宋人葉夢得《春秋三傳讞‧春秋公羊傳
讞》，卷 1，云：「《公羊》之學，其妖妄迂恠，莫大於黜周王魯，以隱公託新王
受命之論，其說雖起於何休，以元年君之始年推之，學者猶疑此言不明見於傳，
或出東漢讖緯之徒，假《公羊》以附會。」(收於《景印文淵閣四庫全書》，頁
149～649) 蕭楚《春秋辨疑‧即位辨》，卷 1，云：「蓋《公羊》之學有黜周王
魯之說，故取五始之義。唱其端者，胡母、董氏之說，非聖人之旨也。」(收
於《景印文淵閣四庫全書》，頁 148～119) 呂大圭《呂氏春秋或問‧附春秋五
論》，〈論五〉，云：「休則曰《春秋》王魯，託隱公以為始。『黜周王魯』《公羊》
未有明文也，而休乃唱之，其誣聖人也，甚矣！」(收於《景印文淵閣四庫全
書》，頁 157～676) 可知此說明文可見者始自何休注，但何休之前或當有所承，
只是始自何人已難詳知，大致於漢初《公羊》學家已有相關說法。
〔註17〕《春秋公羊傳注疏‧隱元年》，卷 1，頁 18。經「三月，公及邾婁儀父盟于眛。」
傳文中「與公盟者眾矣，曷為獨襃乎此？因其可襃而襃之。」注云：「《春秋》
王魯，託隱公以為始受命王，因儀父先與隱公盟，可假以見襃賞之法，故云爾。」

此九種之意。故何氏作〈文謚例〉云「三科九旨者，新周故宋，以
《春秋》當新王」，此一科三旨也；又云「所見異辭，所聞異辭，所
傳聞異辭」，二科六旨也；又「內其國而外諸夏，內諸夏而外夷狄」，
是三科九旨也。（《春秋公羊傳注疏‧隱元年》卷1，頁5～6）

「三科九旨」一詞，本源於《春秋說》，諸家說法不同，〔註18〕何休〈注〉文
中雖未提及，但徐《疏》援引何休〈文謚例〉，以解釋《春秋說》之「三科九
旨」。

何休「三科九旨」之詞皆取自《公羊》傳文，「新周」一語，見〈宣十六
年〉「夏，成周宣謝災。」傳文「外災不書，此何以書？新周也」；「所見異辭，
所聞異辭，所傳聞異辭。」等句則爲〈隱元年〉「公子益師卒。」傳文；而「內
其國而外諸夏，內諸夏而外夷狄」則見於〈成十五年〉「冬，十有一月，叔孫
僑如會晉士燮、齊高無咎、宋華元、衛孫林父、鄭公子鰍、邾婁人，會吳于
鍾離。」傳文。今何休取之，以爲「三科九旨」之說，徐《疏》亦以此詮解
經傳，比如〈襄二十九年〉「杞子來盟。」疏云：

杞是王者之後，實爲公，但《春秋》之義，假魯爲王，新周故宋，
黜杞爲伯，是以莊二十七年冬，「杞伯來朝」，注云「杞夏後不稱公
者，《春秋》黜杞，新周而故宋，以《春秋》當新王」。（《春秋公羊
傳注疏‧襄二十九年》卷21，頁533）

徐《疏》以「新周故宋」作爲「黜杞爲伯」的解釋；又〈昭四年〉「夏，楚子、
蔡侯、陳侯、鄭伯、許男、徐子、滕子、頓子、胡子、沈子、小邾婁子、宋
世子佐、淮夷會于申。」注「不殊淮夷者，楚子主會行義，故君子不殊其類，
所以順楚而病中國。」疏云：

內諸夏外夷狄者，《春秋》之常典。而不殊淮夷者，正以此會楚子爲
主會行義。其行義者，即下文「爲齊誅」是也。故君子不殊其類者，
君子謂孔子。……若然，《春秋》之式，傳聞之世，內其國，外諸夏；
所聞之世，內諸夏，外夷狄；所見之世，治致太平，錄夷狄，則不
殊淮夷，固其宜也。（《春秋公羊傳注疏‧昭四年》卷22，頁551）

〔註18〕《春秋公羊傳注疏‧隱元年》，卷1，頁6。疏文曾云：「問曰：案宋氏之注《春
秋說》：『三科者，一曰張三世，二曰存三統，三曰異外內，是三科也。九旨
者，……』如是，三科九旨，聊不相干，何故然乎？答曰：《春秋》之內，具
斯二種理，故宋氏又有此說，賢者擇之。」可見對於「三科九旨」說，宋均
《春秋說》注即與何休不同。

徐《疏》以「內諸夏外夷狄者，《春秋》之常典」，說明經文順楚責夏之意，文中提及「《春秋》之式，傳聞之世，內其國，外諸夏；所聞之世，內諸夏，外夷狄；所見之世，治致太平，錄夷狄」，此正是何休《公羊》學中的「三世」及「三科九旨」說。

除了申說何休《公羊》學的基本議題外，義例的闡發亦是徐《疏》承襲何說的另一重點。比如〈定八年〉「春，王正月，公侵齊。」疏云：

> 侵伐例時，而此月者，正以內有強臣之讎，而外犯彊齊，故危之。（《春秋公羊傳注疏‧定八年》卷 26，頁 653）

此處無傳，疏文解經時以「侵伐例時」之義例，來說明經文不書時而書月之特殊用意。「侵伐例時」的義例之說，承自何休〈隱二年〉注「侵、伐、圍、入例皆時」；〔註 19〕又〈成元年〉「秋，王師敗績于貿戎。」傳「王者無敵，莫敢當也。」注「不日月者，深正之使若不戰。」疏云：

> 正以《春秋》之例偏戰者日，詐戰者月，故如此解。（《春秋公羊傳注疏‧成元年》卷 17，頁 428）

徐《疏》以「偏戰者日，詐戰者月」解注，此說前見於〈隱六年〉何休注「戰例時，偏戰日，詐戰月。」〔註 20〕徐《疏》襲之以爲詮解之用。

徐《疏》言義例，疏文中還提到「《春秋》之例」及「《公羊》之例」二詞，其中「《春秋》之例」提及三十六次，「《公羊》之例」提及十二次，但由內容上分析，疏文中的義例多是承是何注，徐氏將何休〈注〉文中的說法，歸整爲義例之說，偶爾亦標之爲「《春秋》之例」或「《公羊》之例」，比如〈隱元年〉「九月，及宋人盟于宿。」傳「孰及之？內之微者也。」注「微者，盟例時，不能專正，故責略之。此月者，隱公賢君，雖使微者，有可采取，故錄也。」疏云：

> 《春秋》之例，若尊者之盟，則大信時，小信月，不信日，見其責也。若其微者，不問信與不信，皆書時，悉作信文以略之。即僖十九年冬，「會陳人、蔡人、楚人、鄭人盟于齊」之屬是。今此書月者，義如注釋。（《春秋公羊傳注疏‧隱元年》卷 1，頁 28）

又〈莊九年〉「公及齊人大夫盟于暨。」傳「然則何以不名？爲其諱與大夫盟

〔註 19〕《春秋公羊傳注疏‧隱二年》，卷 2，頁 42。經「鄭人伐衛。」注云「書者，與入向同。侵、伐、圍、入例皆時。」

〔註 20〕《春秋公羊傳注疏‧隱六年》，卷 3，頁 63。

也，使若眾然。」注「不月者，是時齊以無知之難，小白奔莒，子糾奔魯，……故深諱使若信者也。」疏云：

> 《公羊》之例，大信時，小信月，不信日。經今不月，使若信者，
> 謂若大信也。不謂月，非信辭也。（《春秋公羊傳注疏・莊九年》卷
> 7，頁 159）

二處疏文皆謂「大信時，小信月，不信日」之例，前者稱「《春秋》之例」，後者稱「《公羊》之例」，皆為一事，可知此二者稱謂實無特定區分。而此義例之說則是承自何休〈注〉文，〈隱元年〉「三月，公及邾婁儀父盟于眛。」傳「眛者何？地期也。」注文即曰：

> 君大夫盟例日，惡不信也。此月者，隱推讓以立，邾婁慕義而來相
> 親信，故為小信辭也。大信者時，柯之盟是也。（《春秋公羊傳注疏・
> 隱元年》卷 1，頁 19）

何休注中雖未標明「義例」，但已提出「大信時，小信月，不信日」的說法，所以上述徐《疏》所謂之「《春秋》之例」或「《公羊》之例」，當即取於此。徐氏以何休義例之說為「《春秋》之例」及「《公羊》之例」，可見其對何休的重視。

二、復古守舊

（一）對傳內經師的分判

徐《疏》立論秉持溫和持平的態度，少見批判的色彩，唯一積極分判文義是非者，是在對傳內經師的分判上。徐《疏》疏文曾反省三《傳》興迭的原因，認為《公羊》學派的衰頹皆是起於學派內部經師的解經錯誤所致，其以「莊彭祖、顏安樂之徒」為何〈注〉所說的「說者」，[註21] 批判他們因「倍經、任意、反傳違戾」等錯誤的解經方式，成為《公羊》學說發展上的阻礙。[註22] 但持平而論，徐《疏》對莊、顏二人的批評，主要是立基於遵從何休，排斥異說的立場上。

莊彭祖及顏安樂二人之書現已亡佚，難知其詳。徐《疏》曾舉例說明莊、顏二人之失，[註23] 其中牽涉到《春秋》「王法說」、三世說及「日食例」。首先，

[註21] 《春秋公羊傳注疏・序》，頁 5。疏云：「此『說者』，謂胡母子都、董仲舒之後，莊彭祖、顏安樂之徒。見經傳與奪異於常理，故致疑惑。」
[註22] 徐《疏》對學派衰頹的反省，詳見本論文第四章第四節〈小結〉。
[註23] 《春秋公羊傳注疏・序》，頁 5。疏云：「言由疑惑之故，雖解經之理而反背於經。即成二年，逢丑父代齊侯當左，以免其主。《春秋》不非而說者非之，是

徐《疏》以〈成二年〉「逢丑父代齊侯當左」一事爲例，批評莊、顏二人「《春秋》不非而說者非之」，是犯了「背經」的錯誤。〈成二年〉「秋，七月，齊侯使國佐如師。己酉，及國佐盟于袁婁。」傳文記載逢丑父以身代齊頃公一事，何注曰「如以衰世無絕頃公者，自齊所當善爾，非王法所得貴。」疏云：

> 丑父權以免齊侯，是以齊人得善之，但《春秋》爲王法，是以不得貴耳。而《公羊說》、《解疑論》皆譏丑父者，非何氏意，不足爲妨。
>
> （《春秋公羊傳注疏‧成二年》卷17，頁432）

徐《疏》謂「丑父權以免齊侯」，雖有保全國君之功，但《春秋》爲王法，故不獨爲齊人而善丑父。疏文提及許慎《異義‧公羊說》及戴宏《解疑論》「皆譏丑父」，此看法雖與何氏有異，但疏文仍謂「不足爲妨」。雖不知莊、顏二人的說法爲何，但許、戴二人的「譏丑父」亦爲非之，何以莊、顏二人之異說即爲「背經」，而《公羊說》、《解疑論》之異說，徐《疏》則謂「不足爲妨」？

而「三世說」是漢代《公羊》學者的基本理論，其將《春秋》十二公依時代遠近劃分爲所傳聞世、所聞世、所見世三世，只是劃分的方式，各家猶有不同。徐《疏》以自問自答的方式，分判諸家分說之是非，其云：

> 問曰：鄭氏云……然則隱元年盡僖十八年爲一世，自僖十九年盡襄十二年又爲一世，自襄十三年盡哀十四年又爲一世，……又顏安樂以襄二十一年孔子生後，即爲所見之世。顏、鄭之說，實亦有途，而何氏見何文句，要以昭、定、哀爲所見之世，文、宣、成、襄爲所聞之世，隱、桓、莊、閔、僖爲所傳聞之世乎？
>
> 答曰：顏氏以爲襄公二十三年「邾婁鼻我來奔」，傳云「邾婁無大夫，此何以書？以近書也」；又昭公二十七年「邾婁快來奔」，傳云「邾婁無大夫，此何以書？以近書也」，二文不異，同宜一世，若分兩屬，

背經也：任意者，《春秋》有三世異辭之言，顏安樂以爲從襄二十一年以後，孔子生訖，即爲所見之世，是任意。任意者，凡言見者，目觀其事，心識其理，乃可爲見。故《演孔圖》云『文、宣、成、襄，所聞之世也』。而顏氏分張一公而使兩屬，是其任意也。反傳違戾者，宣十七年，『六月，癸卯，日有食之』，案隱三年傳云某月某日朔，日有食之者，食正朔也，其或日，或不日者，或失之前，或失之後。失之前者，朔在前也，謂二日乃食，失正朔於前，是以但書其日而已；失之後者，朔在後也，謂晦日食，失正朔於後，是以又不書日，但書其月而已。即莊十八年『三月，日有食之』是也。以此言之，則日食之道不過晦朔與二日，即宣十七年言日不言朔者，是二日明矣。而顏氏以爲十四日日食，是反傳違戾也。」

理似不便。又孔子在襄二十一年生，從生以後，理不得謂之所聞也。顏氏之意，盡於此矣。何氏所以不從之者，以爲凡言見者，目觀其事，心識其理，乃可以爲見，孔子始生，未能識別，寧得謂之所見乎？故《春秋說》云「文、宣、成、襄所聞之世不分疏」，二十一年已後明爲一世矣。郑婁快、郑婁鼻我雖同有以近書之傳，一自是治近升平書，一自是治近太平書，雖不相干涉，而漫指此文乎？鄭氏雖依《孝經說》文，取襄十二年之後爲所見之世，爾時孔子未生，焉得謂之所見乎？故不從之。（《春秋公羊傳注疏・隱元年》卷1，頁4～5）

對於三世的劃分，鄭玄、顏安樂及何休各有不同的主張，其中，主要的差異即在於「所見世」的起迄之年。鄭玄依《孝經說》，取襄十二年之後爲所見世；顏安樂以〈襄二十一年〉孔子生後爲「所見世」；何休則依《春秋說》，以昭、定、哀爲所見世。徐《疏》依據何休之意，反駁顏、鄭二說，並以《春秋說》爲證，指出顏說之非。

至於「反傳違戾」者，疏文以〈隱三年〉傳文爲例，說明「日食之道不過晦朔與二日」。顏氏以〈宣十七年〉之日食爲「十四日」，即是違反傳文，而犯了「反傳違戾」之失。

上述三項批評，除了「反傳違戾」是指傳文本身解釋上的矛盾外，「背經」及「任意」二者，實則是指與何休說法相違背。以「三世說」爲例，諸家劃分方式各有依據，但徐《疏》依襲何休說法，反以此批評顏氏之說爲「任意」，其論據略顯牽強。徐《疏》中少見批判色彩，其主要的批駁見於傳內經師的分判上，尤其側重在對《公羊》議題的論述，只是疏文中的批判，多缺乏嚴謹的論據，使其批駁流於主觀片面，純以何休之說，以黨同伐異。

其實，何休〈注〉中只提及「傳《春秋》者非一，本據亂而作，其中多非常異義可怪之論，說者疑惑，至有倍經、任意、反傳違戾者。」[註24]何氏所謂的「說者」，只是泛稱《公羊》經師，並未特指何人，但徐彥作疏，特別指明此「說者」即是莊彭祖及顏安樂等人，並以何說立場加以批駁，徐氏對傳內經師的強加分判，只是爲了推崇何休的正確性。

（二）囿於漢代說法

徐《疏》中所徵引的漢後《春秋》學者僅有四位，除了二傳注家杜預、

〔註24〕《春秋公羊傳注疏・序》，頁4～5。

范甯外，僅援引江熙一次，及劉兆二次，徐氏將論述的重心置於漢代，又無
法於何休思想上另行引申創發，使立論始終未能跳脫漢人《公羊》學的範疇。

　　徐《疏》立論依襲漢代《公羊》思想，其中較爲特別的即是「《春秋》爲
漢制說。」此說盛行於緯書之中，是漢代《公羊》學在當時的政治氛圍下，
所形成的一個特殊主張，也成爲漢代儒者的一個普遍觀念。〔註25〕〈哀十四
年〉傳文「制《春秋》之義以俟後聖」一句，何休注曰「待聖漢之王以爲法」，
〔註26〕孔子制《春秋》所授之「後聖」爲「漢王」，《春秋》成爲孔子爲劉漢
制法而作，此種想法，在《公羊》何休注中屢屢可見。〈哀十四年〉「十有四
年，春，西狩獲麟。」傳「反袂拭面，涕沾袍。」何〈注〉云：

> 夫子素案圖錄，知庶姓劉季當代周，見薪采者獲麟，知爲其出，何者？
> 麟者，木精。薪采者，庶人燃火之意，此赤帝將代周居其位，故麟爲
> 薪采者所執。西狩獲之者，從東方王於西也，東卯西金象也；言獲者，
> 兵戈文也；言漢姓卯金刀，以兵得天下。不地者，天下異也。又先是
> 眾蟲冬踊，彗金精掃旦置新之象。夫子知其將有六國爭彊，從橫相滅
> 之敗，秦項驅逐，積骨流血之虐，然後劉氏乃帝，深閔民之離害甚久，
> 故豫泣也。（《春秋公羊傳注疏・哀十四年》卷28，頁713～714）

此段以陰陽五行配合圖讖之學，謂孔子由獲麟一事，預知即將改朝換代，故《春
秋》經文謂「西狩」、「獲」、「麟」等字，即是孔子特意安排，以寓含赤帝將起，
「漢」之火德將代「周」木德之象。孔子作《春秋》，不僅特爲後王制法，且已
預知是專爲漢帝而作。又傳文「撥亂世，反諸正，莫近諸《春秋》。」何休注曰：

> 得麟之後，天下血書魯端門曰：趨作法，孔聖沒，周姬亡，彗東出，
> 秦政起，胡破術，書記散，孔不絕。子夏明日往視之，血書飛爲赤
> 鳥，化爲白書，署曰《演孔圖》，中有作圖制法之狀。孔子仰推天命，
> 俯察時變，卻觀未來，豫解無窮，知漢當繼大亂之後，故作撥亂之
> 法以授之。（《春秋公羊傳注疏・哀十四年》卷28，頁719）

何休依《演孔圖》，論述孔子於獲麟後，知天命而作《春秋》的情形，其謂孔
子推演天象，已預知周室將亡，而劉漢將起。透過此種說法，《春秋》的「王

〔註25〕〔漢〕王充著、〔民國〕黃暉校釋：《論衡校釋》（北京：中華書局，1990年），
　　　　卷20〈佚文篇〉，頁867。云：「文王之文，傳在孔子。孔子爲漢制文，傳在
　　　　漢也。」可知「《春秋》爲漢制」的說法，在漢代相當盛行。
〔註26〕《春秋公羊傳注疏・哀十四年》，卷28，頁721。

法說」，與現實政治相結合，漢室政權在《春秋》中找到了行事的依據，也抬高了正統性，而《公羊》學派則在漢代政壇上找到實踐抱負的舞台，〔註27〕這是《公羊》學在漢代的政治環境下，所發展出的一套現實致用的理論。

　　何休等漢代《公羊》學家，持此「爲漢制法」的主張，自有其政治背景，但徐《疏》在作疏時，卻也承襲了此種觀念，其以「《春秋》授漢制」解釋《春秋》經、傳關係，賦予孔子神化的色彩，甚至還援引許多讖緯符瑞之說，比如〈哀十四年〉傳文「西狩獲麟，孔子曰：『吾道窮矣。』」注「麟者，大平之符，聖人之類，時得麟而死，此亦天告夫子將沒之徵，故云爾。」疏則云：

> 麟之來也，應於三義：一爲周亡之徵，即上傳云「何以書？記異也」
> 是也；二爲漢興之瑞，即上傳云「孰爲來哉！孰爲來哉！」雖在指
> 斥，意在於漢也；三則見孔子將沒之徵，故此孔子曰「吾道窮矣」
> 是也。（《春秋公羊傳注疏·哀十四年》卷28，頁716）

與何〈注〉相似，徐《疏》亦以讖緯符瑞之說以解「獲麟」一事，言「獲麟」具有周亡、漢興、聖人歿三「徵」，此三者環環相扣，成爲孔子作《春秋》的意旨。其認爲孔子作《春秋》，除了賞善罰惡的歷史使命外，還包含了「爲漢制法」的政治意義。換言之，「明賞善罰惡之義」〔註28〕是孔子作《春秋》的內因，而「爲漢制法」則爲外緣。「《春秋》爲漢制法」的觀念，成爲徐《疏》論述的基本立場，甚至疏文中兩次稱漢室爲「聖漢」，一爲〈定元年〉「元年，春，王。」傳「定、哀多微辭。」疏云：

> 其獲麟者，即哀十四年『春，西狩獲麟』是也，實爲聖漢將興之瑞，
> 周家當滅之象。（《春秋公羊傳注疏·定元年》卷25，頁627。）

另一處則見於〈哀十四年〉「十有四年，春，西狩獲麟。」傳「麟者，仁獸也。有王者則至。」疏云：

> 若今未大平而麟至者，非直爲聖漢將興之瑞，亦爲孔子制作之象，

〔註27〕蔣慶：《公羊學引論》（瀋陽：遼寧教育出版社，1995年），頁180。云：「《公羊》家有一強烈的信念堅信孔子所改之制一定要在現實的政治生活中實現，故極力提倡孔子爲漢制法之說。……《公羊》家言孔子爲漢帝改制立法，其目的是要把後世改制立法之權歸屬孔子，用孔子所定的理想政制與王道大法去轉化漢代嚴酷的政治現實，使漢代的政治儒家化，王道化。所以《公羊》家持孔子爲漢改制立法之說決不如後世陋儒所言是『媚漢』之說，恰恰相反，而是『改漢』、『轉漢』、『儒漢』之說，是要把漢變爲孔子理想王國之說。」

〔註28〕《春秋公羊傳注疏·哀十四年》，卷28，頁721。疏云：「制作《春秋》之義，謂制《春秋》之中賞善罰惡之義也。」

故先至。(《春秋公羊傳注疏·哀十四年》卷28，頁712。)

為了說明獲麟是孔子制作之關鍵，徐《疏》兩次強調此為「聖漢將興之瑞」，稱漢代為「聖漢」，徐《疏》在承襲漢人學說的同時，也延襲了漢人的用語，尊漢崇漢之意一如漢儒。「《春秋》為漢制法」源於《春秋》「王法說」，漢代《公羊》學家，尤其是《春秋說》等緯書中，盛言此說，但究其原因，終不免有趨附漢室政權，並規範漢代政治的現實考量，徐《疏》雖非作於漢代，但對於宣揚此理似也不遺餘力。

《公羊》學自漢代起，即具有經世致用的學術性格，兩漢經師與政治的密切結合，即是其積極用世的一種展現，所以漢代《公羊》學者的「《春秋》為漢制法」說，也就具有儒生外王的現實意義。做為一個《公羊》學者，徐彥要承襲的應是這種積極用世的學術性格，但今見徐《疏》中全然無涉及所身處的時代背景，更談不上什麼外王致用的主張，相反地，其立論一遵《春秋說》與何休立場，就連漢代政治讖緯中的「聖漢興瑞」之說也一併承續之。此或許是徐《疏》承襲舊說之遺，但徐氏作疏時，卻未加審查刪修，亦為徐氏之失。況且徐《疏》的著作時代早已去漢久遠，現實中的政治環境也幾經更迭，但卻未見其對此說有任何反省與修正。

何休以讖緯解經，反映漢代經學的時代特色，但也多為後人所詬病，[註29]徐《疏》取何休《集解》為注，卻未能於何〈注〉之上加以創新的闡揚或修正，反而悉本何休之學，連漢代讖緯用語也一併承襲，難怪《四庫全書·考證》譏其「後人作疏不能辨正其非」。[註30]徐《疏》自外於其身處的現實環境，一以

[註29] 〔宋〕葉夢得：《春秋考》，卷3，收於《景印文淵閣四庫全書》，頁149~297，云：「然《公羊》書成于何休，《穀梁》書聚于范甯，其為說雖多，而大略可見讖緯之說，未必起于董仲舒，然再傳而為眭孟，則已全入于陰陽家者流，仲舒固有以啓之矣，不幸何休書行而後世卒不能奪。」又齊召南於《春秋公羊傳注疏·考證後跋》，收於《景印文淵閣四庫全書》，頁145~532，云：「竊以為《公羊》一家，厥初極盛，閱世久而愈微言，《春秋》者往往譏其妄誕不經，斯非《公羊》之過，何休注《公羊》之過也。……此何休《解詁》之作，所以縱橫惑溺於緯書邪說，觸類引伸至於閉戶覃思，經十七年而始成也。……魏晉以後，說《公羊》者益稀，王愆期父子、孔舒元所注，久已散佚，而休之《解詁》竟得自名一家，垂於千古，非經傳實賴休注以彰明，乃休注之幸託經傳以不朽耳。」皆批評《公羊》雜染讖緯，始於何休之過也。

[註30] 《四庫全書·考證》，卷17〈經部〉，論元·李廉《春秋會通》云：「案徐《疏》不著撰人姓氏，陳振孫謂是徐彥作，而不詳時代。或疑為貞元、長慶間人。其書悉本何休之學。考休注稱『麟』者，本精言漢姓卯金刀為赤帝代周之象。

漢儒的立場爲立場，其所欲振興之《公羊》學，不免走上復古守舊一途，也喪失了《公羊》學家經世致用的基本精神。

第三節　《穀梁》楊《疏》

楊士勛曾言「傳雖有三，而經旨一也」，又謂「三傳雖說《春秋》，各有長短」，其推崇《春秋》聖人經典的地位，主張三《傳》解經，皆有互存的價值，對於注文則採取諸說並陳的態度，既不以范注爲唯一定解，也充份尊重前人舊說，這種持平開放的態度，使其論述呈現一種由上而下、由一而多的詮解進路。誠如疏文所言「略舉所疑，遺諸來哲」，呈現詮解的多樣性，始爲楊氏作《疏》的主要目的。

一、由上而下、由一而多的詮解進路

楊氏以《春秋》爲聖人經典，對《穀梁》傳也大體遵從，其對經、傳基本上是採取維護依循的立場，對經、傳的差異也以調和互通爲主。至於范〈注〉，楊《疏》雖取其爲注，但並不因此盡廢他說，其將范〈注〉僅視爲眾多舊解之一，不以范〈注〉爲理解經、傳的唯一定解。所以疏文中雖大體承襲范說，但對於注違傳文之處，亦毫不留情的指陳點明，以顯明范〈注〉之得失。

（一）指陳范〈注〉違傳之處

楊《疏》對《春秋》與《穀梁》傳是尊崇且依循的，疏文中未見批駁經、傳者，唯一一處提及經文「疑誤」〔註31〕的情形，亦爲版本傳抄上的字誤。楊氏基本上認爲《春秋》與《穀梁》不須置疑，因此，對於經、傳間的異說，採取調和的態度。〈桓元年〉「鄭伯以璧假許田。」傳「許田者，魯朝宿之邑也。邴者，鄭伯之所受命而祭泰山之邑也。用見魯之不朝於周，而鄭之不祭泰山也。」經文只提到「許田」，傳文卻提到「邴」，疏文解釋云：

> 經文無邴而傳言之者，經諱易天子之地，故以璧假爲文。若以地易地，不得云假，故經無邴文。傳本魯鄭易田之由，不得不言邴也。（《春

休，東漢人，因時尚讖緯，故附會其說以貢諛，後人作疏不能辨正其非，而李廉復爲沿襲，殊爲陋識。全書不能徧舉，附識于此。」見《景印文淵閣四庫全書》，頁1497～439。

〔註31〕《春秋穀梁傳注疏・文五年》，卷10，頁191。關於此經誤的說明詳見本論文第四章第二節。

秋穀梁傳注疏·桓元年》卷 3，頁 39）

疏文認爲魯以許田，以易鄭之邴，兩國實爲以地易地，但經文「諱易天子之地」，故以璧「假」爲文，不言邴。傳文則是爲顯其實，故許田與邴二者皆言；〈莊二十一年〉「秋，七月，戊戌，夫人姜氏薨。」傳「婦人弗目也。」疏云：

> 不曰「夫人」，而言「婦人」者，以文姜失夫人之道，故經書「薨」，傳以「婦人」言之。或是經無變文，蓋傳通言之，無異意也。（《春秋穀梁傳注疏·莊二十一年》卷 6，頁 98）

經言「夫人」而傳言「婦人」，傳文不依經文的稱呼，疏文認爲是譏「文姜失夫人之道」。只是其後楊氏又謂「蓋傳通言之」，顯然疏文亦無法肯定傳文原意，只能於文末強調「無異意也」，突顯經、傳文異而實不異的主張。楊《疏》認爲《春秋》與《穀梁》間的異說，或因諱其文，或因依其實，但皆只是說法的不同，實則兩者「無異也。」

　　楊《疏》試圖調和經、傳差異，強調兩者「無異意」，但對於《穀梁》與范〈注〉的傳、注差異，楊氏則不再加以調和，而是指明注違傳之處。〈莊九年〉「夏，公伐齊，納糾。」傳「當可納而不納，齊變而後伐。故乾時之戰不諱敗，惡內也。」注「甯謂讎者，無時而可與通，縱納之遲晚，又不能全保讎子，何足以惡內乎？然則乾時之戰不諱敗，齊人取子糾殺之，皆不迂其文，正書其事，內之大惡，不待貶絕，居然顯矣。二十四年公如齊親迎，亦其類也。惡內之言，傳或失之。」疏云：

> 范既不從傳文，以爲大惡。又莊公親逆，未是大罪，而云「亦其類」者，以公忘父之仇，而援舉兵動衆，既不能強，爲齊所敗，是大惡也，魯與齊爲讎，而公娶其女，雖得親迎之常，甚失結婚之義，故云「亦其類」也。（《春秋穀梁傳注疏·莊九年》卷 5，頁 87）

魯公伐齊納糾，傳文以「納之遲」爲譏，並以其後經文「八月，庚申，及齊師戰于乾時，我師敗績。」不諱敗，是爲「惡內也」。但范〈注〉直指「傳或失之」，范氏認爲齊爲魯讎，今納讎子，不論早晚，皆於理義不符，何來納遲之譏？且九月經文「齊人取子糾殺之」，亦直言不諱，故批評傳文「惡內之言」爲傳之失。楊《疏》解注，一開始即指出范「不從傳文」，再解釋范說的理由，此處疏文指明傳、注不同，而不另加調和；又〈莊三年〉「五月，葬桓王。」傳「傳曰，改葬也。」注「若實改葬，當言改以明之。郊牛之口傷，改卜牛是也。傳當以七年乃葬，故謂之改葬。」疏云：

> 傳云「改葬」，而范違之者，以經不言「改」，故知非改葬也。傳言「改」
> 者，以見喪踰七年，已行吉禮，今始反服喪服，故謂之「改喪」。又
> 《感精符》云：「恒星不見，夜中，星隕如雨，而王不懼，使榮叔改
> 葬桓王家，奢華大甚。」如讖之言，則改葬桓王在恒星不見之後，故
> 范謂此時非改葬也。（《春秋穀梁傳注疏·莊三年》卷5，頁77）

經言「葬」，傳謂「改葬」，范〈注〉謂實非「改葬」。疏文先指出范〈注〉與
傳相違，其後試著說明經、傳差異，解釋傳文是因「喪踰七年，已行吉禮」，
故謂此為「改葬」。其後，疏文並引《感精符》敘「恒星不見」改葬桓王一事，
作為范氏曰「非改葬」之依據。疏文分別說明傳、注之依據，但不評論傳、
注差異之是非。

　　而在〈文五年〉中，疏文則花了較多的文字，來論述傳、注異解。〈文五
年〉「五年，春，王正月，王使榮叔歸含且賵。」傳「含，一事也。賵，一事
也。兼歸之，非正也。其曰且，志兼也。其不言來，不周事之用也。賵以早，
而含已晚。」范注「已殯，故言晚。國有遠近，皆令及事，理不通也。《禮·
雜記》曰：……明君之於臣，有含賵之義，所以助喪盡恩，含不必用，示有
其禮。」疏云：

> 舊解以為傳與〈雜記〉違者，傳言含賵，上關天子之於諸侯及夫
> 人耳。〈雜記〉所云唯論諸侯自相於，不是天子施於諸侯之事，故
> 彼既殯猶致含，此則責其晚也。……范云「國有遠近，皆令及事，
> 理不通也」，則是傳之不通，故引記文為證。何得云天子與諸侯禮
> 異？是舊說妄耳。又云「明君之於臣」云云者，證君之於臣有賵
> 含之義，不必皆用也。案鄭《釋廢疾》云……是鄭意亦以讖王含
> 晚也。范前注引鄭釋，似將傳為是，後注取彼記文，則以傳非者，
> 范以何休取「秦人來歸僖公成風之襚」為難非類，故上注取鄭釋
> 以排之，下注既以傳為非，故引〈雜記〉之文為證。二注並不取
> 鄭君非王含晚之說，益明范云傳為非也。（《春秋穀梁傳注疏·文
> 五年》卷10，頁190）

此處范〈注〉與傳相違，只是相違的部分為何？舊解與楊《疏》的看法有異。
疏文前半段先解釋舊解的說法，針對經文所言之「非正」，傳文言天子兼行「含」、
「賵」二事，是「非正也」，但《禮記·雜記》曾提到賵、含、襚為諸侯之禮，
因此引發天子與諸侯之禮是否相同的爭議。舊解認為《穀梁》與《禮記·雜記》

相違，范〈注〉既引〈雜記〉之言，其立場似與〈雜記〉同而與傳文異。楊《疏》解釋此爲「舊說妄耳」，楊氏認爲范〈注〉批評傳文是針對「國有遠近，皆令及事」的不合情理，而與天子與諸侯之禮的爭議無關；接著楊氏以范甯前引鄭玄《釋廢疾》，後引何休〈注〉爲例，證明范甯「云傳爲非」。

上述數例中可知，楊《疏》對「經、傳異說」與「傳、注異說」的處理態度有所不同。對於前者，其試圖調和兩者的企圖極爲明顯，但對於後者，楊《疏》不僅不調和傳、注差異，還屢屢於疏文中指明范〈注〉違傳之處。

（二）明指注失

楊《疏》明白指出范氏違注之處，有時疏文還直言范〈注〉爲「誤」。比如〈文二年〉「八月，丁卯，大事于大廟，躋僖公。」傳「躋，升也，先親而後祖也，逆祀也。」注「舊說僖公，閔公庶兄，故文公升僖公之主於閔公之上耳。僖公雖長，已爲臣矣，閔公雖小，已爲君矣。臣不可以先君，猶子不可以先父，故以昭穆父祖爲喻。甯曰：即之於傳，則無以知其然。若引《左氏》以釋此傳，則義雖有似，而於文不辨。高宗，殷之賢主，猶祭豐于禰，以致雉雊之變，然後率脩常禮。文公儭倒祖考，固不足多怪矣。親謂僖，祖謂莊。」疏云：

> 先親而後祖，親謂僖公，祖謂閔公也。僖繼閔而立，猶子之繼父，
> 故傳以昭穆祖父爲喻。此於傳文不失，而范氏謂莊公爲祖，其理非
> 也。何者？若范云文公儭倒祖考，則是僖在於莊上，謂之夷狄猶自
> 不然，況乎有道之邦，豈其若是？明范說非也。（《春秋穀梁傳注疏・
> 文二年》卷10，頁186～187）

傳文中的「先親後祖」所指爲何？舊說言「升僖公之主於閔公之上」，親謂僖，祖謂閔。范〈注〉則謂「親謂僖，祖謂莊」，而與舊說不同。楊《疏》贊同舊說「親謂僖公，祖謂閔公」的主張，抨擊范說「儭倒祖考」有違禮法，謂「夷狄猶自不然，況乎有道之邦，豈其若是？」

楊《疏》不僅明指范說之失，亦曾提到「范氏之注，上下多違」。〈僖四年〉「夏，許男新臣卒。」注「十四年『冬，蔡侯肸卒』，傳曰：『諸侯時卒，惡之也。』宣九年『辛酉，晉侯黑臀卒于扈』，傳曰：『其地，于外也。其日，未踰竟也。』然則新臣卒于楚，故不日耳，非惡也。」疏云：

> 日卒有二義，故傳兩明之。是諸侯正而無惡，縱在外在内並書日，
> 不正無惡則書月。但有大惡，不問正與不正皆時也。……雖例言之，

則此許男新臣亦是不正也。故范直以「非惡」解之，不云正與不
正。……或以爲許男新臣亦正也，但爲卒於楚，故不日。「許男甯卒
於楚」書日者，以「新臣卒」無「于楚」之文，故去日，以見在外
而卒也。許男甯經有在外之文，故書日以明其正。「晉侯黑臀卒于
扈」，是正未踰竟，故亦書日，與許男異。故范以爲「其日，未踰竟」
者，表其非國，不釋日與不日。范氏之注，上下多違，縱使兩解，
仍有僻謬，故並存之，以遺來哲。（《春秋穀梁傳注疏・僖四年》卷
7，頁 132～133）

許男新臣卒書時，范〈注〉引〈僖十四年〉說明諸侯書時爲惡，但又以〈宣
九年〉說明新臣卒不日，是因卒於外而非惡。楊《疏》廣取〈隱三年〉、〈僖
十四年〉、〈成十五年〉、〈僖二十四年〉、〈昭十四年〉、〈定十四年〉、〈襄十八
年〉、〈昭二十三年〉、〈襄二十六年〉、〈宣九年〉等文，指出諸侯「日卒有二
義」，一爲無惡正書日，不正書月；二爲有大惡，正與不正皆書時。此處新臣
卒書時，范〈注〉僅強調「卒於楚」，又謂不日「非惡」，皆未明白說明不日
的理由，疏文亦難通解范氏之意，故疏文最後只能以「范氏之注，上下多違，
縱使兩解，仍有僻謬」作結，表達楊氏對范〈注〉的質疑。

又〈僖元年〉「冬，十月，壬午，公子友帥師敗莒師于麗，獲莒挐。」傳
文記載公子友殺莒挐一事，譏曰：「棄師之道也。」〔註32〕范氏爲注全引江熙
之言曰：「江熙曰：『經書「敗莒師」，而傳云二人相搏，則師不戰，何以得敗？
理自不通也。夫王赫斯怒，貴在爰整。子所慎三，戰居其一。季友，令德之
人，豈當舍三軍之整，佻身獨鬬，潛刃相害，以決勝負者哉？雖千載之事難
明，然風味之所期，古猶今也，此又事之不然，傳或失之。」疏云：

《老子》云：「以政治國，以奇用兵。」季子知莒挐之可擒，棄文王
之整旅，佻身獨鬬，潛刃相爭，据禮雖乖，於權未爽，縱使理違，
猶須申傳，況傳文不失，江生何以爲非乎？又且季子無輕鬬之事，
經不應書獲，傳不須云「棄師之道」。既經傳文符，而江熙妄難，范

〔註32〕《春秋穀梁傳注疏・僖元年》，卷7，頁125～126。經「冬，十月，壬午，公
子友帥師敗莒師于麗，獲莒挐。」傳「莒無大夫，其曰莒挐，何也？以吾獲
之，目之也。內不言獲，此其言獲，何也？惡公子之紿。紿者奈何？公子友
謂莒挐曰：『吾二人不相說，士卒何罪？』屏左右而相搏，公子友處下，左右
曰：『孟勞！』孟勞者，魯之寶刀也。公子友以殺之。然則何以惡乎紿也？曰，
棄師之道也。」

－169－

> 引其說，意亦同之，乃是范失，非傳失之。又經書獲，所以惡季子
> 之紿。今江熙云，季子令德也，則是非獨不信傳，亦是不信經。(《春
> 秋穀梁傳注疏・僖元年》卷7，頁126)

范氏爲注，全引江熙之言，江熙認爲經書「敗莒師」，若「師不戰，何以得敗？」
且稱公子友爲「令德之人」，依理不會舍下三軍，挑身獨鬭並潛兵相害，因此
江熙懷疑傳文記載，謂「千載之事難明」，並稱「傳或失之」。楊《疏》認爲
公子友棄三軍，與呂挈獨鬭，確與禮乖，但若無輕鬭之事，經文何以書「獲」？
書「獲」即是貶責公子友之意，故傳文不失，楊氏批評「江熙妄難」，不僅違
傳，還違經，而范引其說，「乃是范失」。

　　楊《疏》對於范〈注〉違傳、錯誤之處，向來不吝於指陳，此反映了楊
氏對於范〈注〉力求持平的態度，雖然楊氏取范說爲注，但對范〈注〉並非
一味順從，〈文二年〉中即取舊說而非范〈注〉，可見楊氏不拘守注文的立場。
但值得注意的是，〈僖元年〉疏文中卻提到了「縱使理違，猶須申傳」的作注
爲原則，雖然楊氏本身並未全以注文爲是，但其反而要求注文要以申傳爲主，
「縱使理違」仍不得違反此原則，這是疏文中少見的強硬語氣，強調注文與
傳文緊密的依存關係。此強硬的宣言似乎與其寬容並存的論述型態相矛盾，
但由此也可看出楊氏獨尊經、傳，而持平看待注文的態度，此反映於論述進
路上，即形成一種由上至下，由一而多的論述型態。《春秋》爲聖人經典，三
《傳》同解《春秋》，而范〈注〉及異說異解則可並存以解傳，除了經典是不
可置疑外，傳、注的詮解皆是多元化的。

二、總結而闕疑

　　楊《疏》對於諸說異解一向採寬容對待的方式，此點由疏文慣常使用的
「理亦通也」、「或以爲」等詞中，可大致窺見。〔註33〕楊《疏》立論雖取《穀
梁》傳及范甯〈注〉，但非獨守一家一派，其取二傳以補《穀梁》之無說，疏
文對范〈注〉之失，亦毫不諱言地明白指陳，對於諸說異解，只要合理，也
都加以並存參考之，並不認爲范〈注〉即爲唯一的詮解，除了范〈注〉外，
許多異解仍可並存，甚至范氏所不從者，亦可相取無妨。誠如其所謂「略舉
所疑，遺諸來哲」。〔註34〕對古代文獻的尊重與遵從，使其自覺得以總結舊說、

〔註33〕關於《穀梁》楊《疏》的慣用語法，詳見本論文第五章第三節。
〔註34〕《春秋穀梁傳注疏・莊元年》，卷5，頁74。

並存同異爲其作疏的主要目的，故一方面以「縱使理違，猶須申傳」〔註35〕
標幟傳注關係，稱「觀范之注，其事必然，但舊無此解，不敢輒定」〔註36〕
以遵循范注；另一方面又謂「理雖汙誕，舊說既然，不可致詰」〔註37〕以代
表對舊說古義之一致尊重。楊《疏》在傳、注的詮解系統之外，廣泛徵引異
說異解，展現一種更寬廣、更包容的解經態度。

（一）尊重前儒舊說

　　楊《疏》持平看待范〈注〉，對范〈注〉的錯誤直指不諱，其不以范注爲
唯一定解的態度，也顯現在其對前人舊解的尊重上。〈莊九年〉「九月，齊人
取子糾殺之。」傳「外不言取。」疏云：

> 取是內取，故外不得言取。今云取者，惡內也。一解「外不言取」
> 者，謂楚人殺徵舒、慶封，並不言取。此雖是何休之義，亦得通一
> 家，故并錄之。（《春秋穀梁傳注疏・莊九年》卷5，頁87）

疏文謂傳文書「外不言取」，是爲明「惡內」之意，楊《疏》提及另有一異說，
以〈宣十年〉楚人殺徵舒、慶封不言「取」，以明此書「取」之別有用意。疏
文說明此「一解」乃是依據《公羊》何休〈注〉文，〔註38〕其強調「此雖是
何休之義，亦得通一家，故并錄之」。楊《疏》謂三《傳》同解《春秋》，參
酌《左氏》、《公羊》二傳以說經，此處楊氏亦取二傳注說解傳，並稱其得通
一家之言，即有并錄的價值；又〈襄十一年〉「楚人執鄭行人良宵。」傳「行
人者，挈國之辭也。」注「行人，是傳國之辭命者。」疏云：

> 舊解挈猶傳也。行人傳國使會命，故云「挈國之辭也」。或以挈爲舉，
> 謂傳舉國命之辭，理亦通耳。但與注乖。（《春秋穀梁傳注疏・襄十
> 一年》卷15，頁292）

關於傳文「挈」字之解，舊解以爲「傳」，或以爲「舉」，雖然後者「與注乖」，
但楊《疏》認爲「理亦通耳」。可見楊《疏》並陳舊解，是以「理通」作爲判
斷的標準，而非「注文」。楊《疏》不拘守一傳一注，只要於理能通，即可並
存通解之。

　　又〈宣十二年〉「夏，六月，乙卯，晉荀林父帥師及楚子戰于邲。晉師敗

〔註35〕《春秋穀梁傳注疏・僖元年》，卷7，頁126。

〔註36〕《春秋穀梁傳注疏・桓十五年》，卷4，頁67。

〔註37〕《春秋穀梁傳注疏・宣三年》，卷12，頁220。

〔註38〕《春秋公羊傳注疏・莊九年》，卷7，頁163。經「九月，齊人取子糾殺之。」
　　　　傳「其言取之何？」注：「据楚人殺陳夏徵舒不言取，執齊慶封殺之言執也。」

績。」傳「績，功也。功，事也。日其事，敗也。」疏云：

> 舊解此戰事書日者，爲敗之故也。特於此發之者，二國兵衆，不同小
> 國之戰，故特發之。徐邈云：「於此發傳者，深閔中國大敗於彊楚也。」
> 今以「曰」爲語辭，理足通也。但舊解爲日月之日，疑不敢質，故皆
> 存耳。(《春秋穀梁傳注疏‧宣十二年》卷 12，頁 233)〔註39〕

此處傳文「日其事」或爲「曰其事」，有兩種異解，舊解認爲此爲「日」字，
傳文以「戰事書日」，以顯敗之事；而徐邈則以此爲「曰其事」，「曰」爲語辭，
謂傳文以此事爲「深閔中國大敗於彊楚也」。楊《疏》認爲徐邈之說「理足通
也」，但舊解之說因「疑不敢質」，遂並存二說。楊氏雖認同徐邈，但基於對
舊說的尊重，亦不輕易否定舊說。〔註40〕

　　雖疑舊說，但又敢輕廢舊說的態度，同樣見於〈莊二十四年〉「戊寅，大
夫宗婦覿，用幣。」傳「覿，見也。」疏云：

> 舊解不言見而言覿，覿者私事，大夫公然行之，故言覿以明其私也。
> 見者，正也，故會于沙隨，云「不見公」，傳曰：「可以見公而不見，
> 譏在諸侯也。」是覿與見別也。今以爲不然者，三《傳》之文，並
> 不云覿、見事別，何得言私爲覿，正爲見乎？恐別有案據，遂存之，

〔註39〕關於楊《疏》中所引徐邈之言，其起迄斷法有三說，一者，依《四庫全書》之
　　　　《春秋穀梁傳注疏‧考証》卷 12，頁 145～739，齊召南以「今以日爲語辭」及
　　　　以下文爲楊《疏》；馬國翰《玉函山房輯佚書》所輯的徐邈《春秋穀梁傳注義》
　　　　則收錄至「今以『曰』爲語辭」，即楊《疏》中的「於此發傳者」至「爲語辭」
　　　　皆爲徐氏之言（見是書頁 1423）；李學勤本的《春秋穀梁傳注疏》將至斷至「皆
　　　　存耳」，亦即是由「於此發傳者」以下皆斷爲徐邈之說。今依上下文意，及齊召
　　　　南考証之言，「今以日爲語辭」當爲楊《疏》之意，故取齊氏斷句爲是。
〔註40〕關於此處疏文，清儒齊召南於《四庫全書》之《春秋穀梁傳注疏‧考証》，卷
　　　　12，言：「（臣召南）按：舊解此戰書日者，爲敗之故也。特於此發傳者，二國
　　　　兵眾不同小國之戰，故特發之。《春秋》於戰不論大小內外無不書日，不獨此
　　　　戰書『乙卯』也，如以爲兩大國交爭不同小國，則〈莊二十八年〉衛及齊戰，
　　　　衛師敗績，一小一大亦書『甲寅』；〈僖二十二年〉宋、楚戰泓，一小一大亦書
　　　　『己巳』；又如宋、鄭之戰大棘，則兩國皆小矣，經書『壬子』，何耶？且書『戰』
　　　　固有不書『敗』者，爲內諱敗，自可不計。至若秦戰令狐，經書『戊子』；戰
　　　　河曲，經書『戊午』。又何嘗因書敗績而後書日乎？疏又云『今以爲語辭』是
　　　　也，傳文『曰』字，後人作『日』字，如『公子啓曰』誤作『公子啓日』，亦
　　　　是其證，實則皆『曰』字也。」齊氏由《春秋》義例推翻舊解，認爲「《春秋》
　　　　於戰不論大小內外無不書日」，故傳文無特發書日的理由，其並舉〈僖二十八
　　　　年〉傳文『公子啓曰』之『曰』字後人誤作『日』字爲例，齊氏推論此處亦當
　　　　是將『曰』字誤爲『日』字者，而以舊說爲誤，以證楊《疏》的看法無誤。

以示疑耳。(《春秋穀梁傳注疏·莊二十四年》卷6,頁104)

舊解特別強調「覯」與「見」不同,其取〈成十六年〉「秋,公會晉侯、齊侯、衛侯、宋華元、邾人于沙隨,不見公。」與之相比,謂「覯者私事」而「見者正也」。楊氏質疑舊解的說法,認為三《傳》之文皆未有覯、見分說之意,故對舊說「以為不然」,但又謂「恐別有案據」,不敢直廢舊說,故仍存之以示疑。

楊氏對於前人舊說,只要理通,皆予以認可,縱使此舊說與注文乖違,或為他傳之注,只要合理,皆可取之。但對於不甚贊同的舊說,楊氏亦不敢輕易否定。此反映了二層涵意:一是楊氏對前人舊說的尊重,上述疏文中多未標明「舊解」出自何人或何書?但楊《疏》認為只要有此一說,即有並存的價值,即使楊氏判斷其與理不合,但「恐別有案據」,遂不可輕易否定廢去。總觀全書,引及舊說或舊解之處頗多,其中質疑的部分不在少數,但對意見相左的舊解諸說,楊《疏》仍一一存錄,不因己意而完全否定,充份尊重前儒舊說的存在價值;二者,由此也體現了楊氏謹慎謙遜的立論態度,疏文中補充許多舊說異解,可見楊氏在作疏的過程中,除了本傳本注之外,還參酌了許多前人舊注,對立場不同的說法,楊氏力求詳研通解外,並不因己意而主觀去取,反而以「示疑」的方式並存,反映其寬容開放的著書態度。

(二)矛盾與闕疑

楊士勛尊崇《春秋》、《穀梁》,並以開放的態度面對前儒諸說,其不視范〈注〉或己意為唯一定解,尊重舊說的存在價值。但注以解傳、疏以訓注,本有一定的依存關係,疏文終究難以完全擺脫注文的範圍,誠如孔《疏》之於杜預注,這種「疏不破注」的作疏原則,對曾參與孔《疏》撰修的楊士勛而言,勢必不陌生。雖然奉敕撰修與私人撰述,在寫作的用意及立場上大不相同,楊氏為《穀梁》作疏,以「並存諸說」的態度取代「疏不破注」的原則,楊氏獨立撰著以展現自主性的企圖也極為明顯。但這兩者間的衝突,仍不免偶爾若隱若現的出現在其論述中,使得楊《疏》的立論產生某一程度的游移及曖昧,比如〈宣三年〉「三年,春,王正月,郊牛之口傷。」傳「之口,緩辭也,傷自牛作也。」疏云:

此「之」為緩辭,則成七年不言「之」為急辭也。舊解范氏《別例》云凡三十五。范既總為例,則言「之」者,並是緩辭也。傳於執衛侯云,言「之」「緩辭也」,則云其餘不發,亦緩可知耳。公薨在外,逆之緩也;衛侯之弟鱄、秦伯之弟鍼等稱「之」者,取其緩之得逃;

> 吳敗六國亡之者，取其六國同役，而不急於軍事也；殺奚齊稱「之」
> 者，緩於成君也；考仲子宮言「之」者，隱孫而脩之緩也；日食言
> 「之」者，不知之緩也。則自餘並緩耳。理雖迂誕，舊說既然，不
> 可致詰，故今亦從之。(《春秋穀梁傳注疏‧宣三年》卷12，頁220)

此處將范甯《別例》〔註41〕視爲「舊解」，楊《疏》批評范例將「之」解爲「緩
辭」，所說之理「迂誕」，但因「舊說既然，不可致詰，故今亦從之」。此處將
范說視爲舊解，故遵循不從。然而，此即與楊氏對「范注」與「舊解」的一
貫態度有些相違。

楊《疏》中並不吝於指出范〈注〉違傳或錯誤之處，今卻謂范甯《別例》
「舊說既然，不可致詰」，對范說的態度，顯然有異；再者，楊《疏》徵引「舊
解」、「舊說」、「舊云」者約有五十次，其在並陳諸說的同時，多評判其間的
是非，不論是「存之以示疑」，或是「疑不敢質」，楊氏對「舊解」基本上是
採取一種尊重並存，但也分梳是非的處理方式，至少對質疑之處皆予以指明，
何以〈宣三年〉疏文中以「不可致詰」故而「從之」？這種過度矯從「舊解」
的態度，顯然與其尊重並存的立場，有某些程度上的落差。

楊《疏》一方面要以疏文立場疏通義旨，另一方面又要試圖並存舊解諸
說，如何權衡兩者，成爲楊士勛的一大考驗，〈桓十五年〉「秋，九月，鄭伯
突入于櫟。」注「突不正，書入，明不當受。」疏云：

> 案「齊小白入于齊」，傳曰：「以惡曰入。」「衛侯朔入衛」，傳曰：「入
> 者，內弗受也。」蓋舊爲國君而入者，則是內不受，若「衛侯朔入于
> 衛」，「鄭伯突入于櫟」是也。公子不正取國者，則是以惡，故曰入，
> 若「許叔入于許」，「齊小白入于齊」是也。觀范之注，其事必然，但
> 舊無此解，不敢輒定。或當以惡入者，即內不當受，傳文互舉之，其
> 實不異，理亦通耳。(《春秋穀梁傳注疏‧桓十五年》卷4，頁67)

關於經文書「入」，楊《疏》謂有二解，一爲「舊爲國君而入者，則是內不受」，

〔註41〕楊《疏》中曾提及范甯「別例」、「略例」及「范例」等詞，依《春秋穀梁
傳注疏‧序》，頁4，疏云：「以傳《穀梁》者雖多，妄引三傳，辭理典據不
足可觀，故與一門徒商略名例，傳示同異也。所云名例者，即范氏所據，
別爲《略例》一百餘條是也。」范甯之著作，除《集解》外，尚有《略例》
一書，是范氏依《穀梁》條列名例一百餘而成。此書早已亡佚，難知其貌。
然今見疏文中「別例」、「范例」與「略例」皆是說明《穀梁》義例，三者
實無明顯區隔，由此推知「別例」及「范例」二名，當皆泛指范甯《略例》
一書。

如〈桓十五年〉「鄭伯突入于櫟」及〈莊六年〉「衞侯朔入于衞」；二為「公子不正取國者，則是以惡」，如〈桓十五年〉「許叔入于許」及〈莊九年〉「齊小白入于齊」。不論是「內弗受」，或是不正言「惡」，兩者皆有貶意，大同而小異。今鄭伯書入，范〈注〉譏其不正「明不當受」，似與楊氏第二種說法相合。但其後，楊《疏》卻謂「但舊無此解，不敢輒定」，所以又推測，或許兩者可互通，書「惡」或「內不當受」，實則無異。原本，楊氏依經、傳之文，論證了「入」之二解，依范〈注〉當取二解，但因「舊無此解」，遂使楊氏的語氣猶豫不決。楊氏作疏，為了尊重舊說，似乎刻意壓抑個人意見，重舊說而輕己意。

楊《疏》不以己意去取舊說，展現謹慎謙遜的著作態度。也或者說，楊士勛作疏，不在立一家之言，總結舊說才是楊《疏》的本旨。〈桓四年〉「四年，春，正月，公狩于郎。」疏云：

> 《左傳》、《周禮》、《爾雅》並云「春曰蒐，夏曰苗，秋曰獮，冬曰狩。」《公羊》之文，則「春曰苗，秋曰蒐，冬曰狩」。此傳之文，則「春曰田，夏曰苗，秋曰蒐，冬曰狩」。所以文不同者，《左氏》之文，是周公制禮之名；二傳之文，或《春秋》取異代之法，或當天子諸侯別法。經典散亡，無以取正也。（《春秋穀梁傳注疏·桓四年》卷3，頁47）

關於四時之名，各家說法不同，楊《疏》舉出《左傳》、《周禮》、《爾雅》、《公羊》及《穀梁》五書之三種說法，並解釋「所以文不同者」，或依「周公制禮之名」，或「取異代之法」，或「當天子諸侯別法」，楊《疏》主張諸說皆有所據，只是「經典散亡，無以取正」。疏文中楊氏仍是展現「尊重舊說」的一貫態度，但「經典散亡，無以取正」倒也點出了其不輕易取捨的原因。「經典散亡」是經籍流傳過程中無可避免的現象，也是造成諸說紛陳的原因。因為體認「經典散亡」對詮解經書上的影響，所以楊《疏》不以己意輕易分判，也為了避免「散亡」的情形，所以楊《疏》採取並存諸說的論述方式。其謂「范氏之注，上下多違，縱使兩解，仍有僻謬，故並存之，以遺來哲。」〔註42〕又謂「略舉所疑，遺諸來哲」，〔註43〕並存諸說，以「遺諸來哲」，才是楊氏

〔註42〕《春秋穀梁傳注疏·僖四年》，卷7，頁133。
〔註43〕《春秋穀梁傳注疏·莊元年》，卷5，頁73～74。經「秋，築王姬之館于外。」傳「其不言齊侯之來逆，何也？不使齊侯得與吾為禮也。」疏云：「二十四年『夏，公如齊逆女』，傳云：『親迎，恆事也，不志。此其志，何也？不正其親迎於齊也。』然則不言齊侯之來逆，乃是常事不錄，而云『不使齊侯得與

作疏的目的。由於對歷史文獻及前人研究的尊重，其自覺得以總舊說、存同異爲作疏的主要目的，積極呈現經書詮解的多樣性。雖然楊氏於疏文中須有申說梳理的工作，但對個人意見，其儘量採取舉疑、並存的方式，以爲後世學者保存不同說法。

《穀梁》楊《疏》認爲經旨爲一，而三《傳》解經，雖各有差異，但這些不同的說法皆各有長短，可相互參照並存。同樣地，各注家解傳，亦存在著歧義性，此時楊《疏》亦不固守一家，而是以理通作爲評判的依據。主張各家說法雖有不同，但這些說法皆是前人依理推論而來，不可輕廢，尤其「經典散亡」，許多難解之舊說，「恐別有案據」，豈能輕易取捨。甚至疏文有時還以「記異聞」的方式，刻意保留各種異說。此在在顯示楊氏對歷史文獻及前人研究成果的尊重。經書的詮解，傳以解經，注以釋傳，由經之文本而至傳、注的闡釋，原本即走向由簡至繁的過程，在不斷申說舖衍的論述中，不免產生各種歧義的現象。楊氏容忍並尊重經書詮說的多義性，認爲各種歧義只要能合理，不失爲理解經書的一種方式。所以三《傳》紛說，皆只爲了解經書的途徑之一，只要能於理通之，各種異說終究殊途同歸，能求得最終的經旨。由意旨爲一的「經」，至各有長短的「傳」，再至諸說紛陳的「注」，楊《疏》的詮解呈現一種由上而下、由一而多的詮解進路。雖然，作疏立論與並陳諸說間猶有某些尚待磨合之處，但這些少許的矛盾與衝突也更突顯出楊士勛作疏的目的。其將自身的意見置於舊解諸說之後，刻意呈現經書詮解的多樣性，其作疏，不在立一家之言，亦不在黨同伐異以求一定解，而是秉持著對歷史文獻、對前人研究成果的尊重，以寬容開放的態度面對諸說，藉由並陳諸說的方式，展現詮解經書詮解的歷史軌跡。

第四節　小　結

透過經、傳異文，與傳、注異文的處理方式，大致反映了三《疏》截然

吾爲禮也』者，《春秋》之例，得常不書。莊公親逆，是禮而書，故知非其逆於齊也。今王姬嫁於齊，而使魯爲主，齊侯如魯親逆，當合書經。但齊是魯讎，不使齊侯得與吾爲禮，故不書之耳。舊解齊侯親逆，不至京師，文王親逆，不至于洽，則天子諸侯親迎，皆不至婦家矣。今恐不然，何者？此時王姬魯主婚，故不至京師。《詩》稱『親迎于渭』者，爲『造舟爲梁』張本，焉知文王不至大姒之家？略舉所疑，遺諸來哲。」

不同的詮解進路。《左氏》孔《疏》認為《春秋》約自史策，囿於取材的史料，經文有許多不完備處，而博采簡牘眾說的《左氏》，正可補經文之疏略，所以「傳實經虛」成為其取捨經、傳異文的原則。至於杜〈注〉，孔《疏》則強調杜預「前後經、傳勘當備盡」，故秉持對杜〈注〉的尊崇，疏文一以杜注及《釋例》為依據，甚至以注文校正傳文之失，這種以注正傳、以傳正經的態度，使孔《疏》在論述上形成一種由下而上的詮解進路，也反映出孔《疏》對經學研究後出轉精的看法；《公羊》徐《疏》在論述的立場上，一以何休《公羊》思想為主，以何休摻雜讖緯的「《春秋》授漢制」、「三科九旨」主張，論述《春秋》、《公羊》傳及何〈注〉。疏文中既少有分辨是非的批判色彩，也不著重並存異說異解，在這種僅以何休《公羊》思想貫穿的體系中，徐《疏》的論述傾向一種傳內相釋的詮解進路，但過度地依從何說，使其立論始終不離漢代經師的論述議題，缺乏義理上的引申與創發，其欲闡釋的《公羊》學亦不免流於守舊與復古；《穀梁》楊《疏》視《春秋》為聖人經典，而三《傳》同解《春秋》，互有長短，疏文中積極調和經、傳差異，但卻明白指陳注文違傳及錯誤之處，尤其對於前人舊說，其不輕言廢去，而是採取尊重並存的態度，持平看待，呈現經書詮解的多樣性，疏文中這種由上而下，由一而多的詮解進路，使楊《疏》別具一種寬容開放的特色，也反映其對歷史文獻及前人研究成果的尊重。

學者論及唐人正義時，多以「疏不破注」作為正義立論的原則，上述第一節所引述之皮錫瑞、馬宗霍等人，即謂正義之「疏不破注」為「體則使然」。後世學者沿襲相因，甚至將此「疏不破注」擴大為「義疏」之體例，戴維《春秋學史》即謂：

> 義疏是六朝時興起的一種文體，主要是疏釋傳義的，而不是直接關乎經的，所以其宗旨是疏不破注。《春秋正義》其實就是義疏體的，疏不破注的宗旨在其全部書中貫徹得相當徹底，它主要是疏釋杜預對《左傳》的注。〔註44〕

戴氏認為「疏不破注」不僅是《春秋正義》的宗旨，亦是「義疏」文體的宗旨。其實，「義疏」大體依承注文而釋，但並非以「不破注」為原則，這由現存的南北朝義疏中可見其大概，〔註45〕即便是唐代官脩《五經正義》是否嚴

〔註44〕戴維：《春秋學史》，第六章〈隋唐《春秋》學〉，頁269。
〔註45〕唐前義疏中，現存本文者，僅梁皇侃《論語義疏》十卷，皇氏於〈論語義疏敘〉

守「疏不破注」的體例？學界尚有異議，張寶三《五經正義研究》云：

> 今就《五經正義》觀之，如前文所述，其中對注文仍有懷疑、修正
> 及明言注誤之處。前人或將正義破注之處歸於舊疏，然所言未必皆
> 有徵驗也。且正義既刪定舊疏，又歷經兩次刊定，乃存此規注之說，
> 其現象亦不容忽視。然則正義雖大體遵注，若謂其嚴守「疏不破注」
> 之體例，「從不駁難本注」，恐不合正義實情也。……世所謂「疏不
> 破注」者，固不可據以言唐前之義疏；而唐修正義，雖大體遵注，
> 亦非全不破注也。若謂正義以「不破注」爲原則乃可，謂其嚴守此
> 例，則非確論也。〔註46〕

張氏由《五經正義》中疑注、修注、駁注之說，認爲「謂正義以『不破注』
爲原則乃可」，但若謂其嚴守此體例，則「非確論」；陳廣恩〈論「疏不破注」
──以《毛詩正義》爲例〉亦曰：

> 疏在維護經學正統地位，鞏固封建統治中是嚴守注的思想體係，即
> 不「破」注；但從語言學發展的角度來看，疏在許多方面實際是「破」
> 注的。〔註47〕

近來學者逐漸對「疏不破注」說加以反省，並嘗試對「不破注」的定義，做
一更清楚的釐清。〔註48〕今日透過《春秋》三《疏》的研究，亦證明戴氏以
「疏不破注」作爲義疏宗旨的說法，亦言過其實。

　　《春秋》三《疏》雖大體承襲注文，但三《疏》對注文的依循，卻各有
方式及程度上的不同。首先，由三《疏》對注文的態度上論之，三《疏》中
皆有對注文提出質疑、批駁、校正之處，只是處理的方式各不相同。《左氏》
孔《疏》將杜〈注〉之誤一概歸於後人轉寫之誤；《公羊》徐《疏》所指出的
注誤，亦多僅爲文字上的引證或轉寫之誤；《穀梁》楊《疏》則是三《疏》中，
對注誤直言不諱者，疏文中對范〈注〉的駁斥，除了文字引文上的訛誤外，

中云：「侃今之講，先通何集（何晏《集解》），若江集（江熙所集十三家）中
諸人有可採者，亦附而申之。其又別有通儒解釋，於何集無好者，亦引取爲說，
以示廣聞也。」見皇侃《論語集解義疏》（臺北，廣文書局，1991 年），頁 10。
〔註46〕《五經正義研究》，第六章〈五經正義對注文之補充與修正〉，頁 393～395
〔註47〕陳廣恩：〈論「疏不破注」──以《毛詩正義》爲例〉，《寧夏大學學報》（哲
學社會科學版），1999 年第 4 期（總第 87 期），頁 64。
〔註48〕除了陳氏一文外，尚有喻述君、劉精盛：〈「疏不破注」爭議〉，《湖南城市學院
學報》第 28 卷第 2 期，2007 年 3 月，頁 79。文中亦提到：「『疏不破注』是唐
太宗欽定的原則，孔氏是靈活地遵循這一原則，有破有立，有自己的見解。」

還包括文義上的違傳與妄繆。所以，若謂「疏不破注」代表對注文的遵行不悖，那三《疏》皆未達此標準，其中尤以《穀梁》楊《疏》於此標準相去最遠。

再者，由詮解進路上，也可看出三《疏》對注文的評價。《左氏》孔《疏》對經、傳、注異說，採取以傳正經、以注正傳的取捨方式，傾向一種由下而上的詮解進路，在此詮解進路下，遵注重於遵傳，以注文為取捨之主要依據；《公羊》徐《疏》以何休說法為詮解的中心，並以此貫通經、傳、注三者，在這一貫性的論述體系下，疏文中未有疑傳或傳、注相異的情形，經、傳、注中未有矛盾的現象，也就未有高下的取捨。但特別的是，徐《疏》中特別重視版本考校，包括注文上的異文與衍誤，其一一指明，而不涉及文義的評判；《穀梁》楊《疏》中一方面調和經、傳異說，另一方則指陳注文違傳之處，其尊《春秋》為聖人經典，以三《傳》同解《春秋》，對注文則不拘守曲循，甚至屢屢於疏文中取諸說異解與范〈注〉並存，透過這種由上而下，由一而多的詮解進路，呈現出詮解的多樣性。

因此，就文義的闡釋上而言，三《疏》大體皆為遵注，尤其孔《疏》及徐《疏》的立論，幾乎不出注文範疇。楊《疏》遵注的色彩雖不甚明顯，但仍以注文為論述基礎，只是其不囿於注文，而能並存前人舊解；但就版本考校上而言，三《疏》倒也皆指明注文之誤，只是孔《疏》將誤失歸諸於後人之誤，以曲護注文，而徐《疏》卻是詳實考校，一一指陳版本中的異文情形，最能客觀看待注文的版本問題。

由此可知，雖然「疏不破注」是唐代義疏統一經說的大原則，但亦非是義疏的唯一體例，《春秋》三《疏》雖大體遵注，但對於「疏不破注」原則都有不同程度的背離，其中《左氏》孔《疏》背離的程度較少，《公羊》徐《疏》特於版本異文上全不依循，而《穀梁》楊《疏》則是在文義及版本異文背離最多。

第七章　官修正義與私撰注疏之差異

　　《春秋》三《疏》的纂脩，有官修與私撰之分，《左氏》孔《疏》爲奉詔官修，成於眾人之手；《公羊》、《穀梁》二《疏》則分別爲徐彥及楊士勛的私人撰述。由前幾章的論述中可知，三《疏》詮解的方法、進路與目的各不相同，孔《疏》的論述中常常具有分判是非的排他色彩，而徐《疏》立論幾乎不離漢代《公羊》學的範圍，至於楊士勛雖參與了《左傳正義》的纂修，但由楊《疏》多次徵引孔《疏》未曾提及的糜信、徐邈的說法，可知楊氏以私人身份撰修《穀梁疏》，是有意識地將《左》、《穀》二疏作一區隔。從上述方面而言，三《疏》中官修與私撰的分野雖不明顯，但深入探討，在這些論述的語辭背後，所呈現的詮解視野與定位，官修正義與私人注疏則展現兩種不同的風格。

第一節　對版本差異的反省

　　經書的詮解，除了取決於闡釋者的立場及意旨外，文本的版本差異，也是影響詮解結果的重要因素之一，尤其《春秋》經文簡要，去古久遠，三《傳》又各以意說，成書情形不盡相同，之後的諸家注解更是眾說紛陳。在經籍的傳衍過程中，經、傳、注三者，不僅包含了三種層次的詮解，甚至每一層的文本本身，在經過長時間的流衍過程，無可避免的會產生歧異的現象，進而影響詮解的內容及意旨。產生文本歧異的原因包括取材史料的詳略不一、口授與寫定時的差失及版本傳抄所形成的訛誤與闕漏，其間牽涉到經、傳異文，注家取本異文，及引文異字等問題。

　　《春秋》三《疏》中多次提及「古本」、「定本」、「正本」、「俗本」、「舊本」、諸家本等詞，〔註1〕可見三《疏》於撰述的過程中，皆針對經、傳、注之各版本，經過一番參酌考校的工夫，三《疏》已關注到文本本身與經義詮解間的關係，對經籍的版本流傳也有較全面的反省，只是三《疏》論述的重點與目的略有差異。官脩孔《疏》藉求經、傳異文的是非分判，及異文原因的探究，達到經籍統一化的政治目的；而私人撰述的徐《疏》持平看待三《傳》異文，楊《疏》並存異說舊解，在去除政治力的因素下，展現較爲客觀的處理態度。

一、官修正義：尋求版本統一化

　　孔《疏》中有關版本的論述涉及了經文闕誤、傳文異文、注文異文及引書異文等問題，疏文中提到的版本包括了晉宋古本、〔註2〕定本、〔註3〕俗本、〔註4〕舊本，〔註5〕所標示出的注家包含賈逵、服虔、王肅、董遇、孫毓、潁容等，〔註6〕遠較《公羊》、《穀梁》二疏爲多。疏文參酌各版本，指出不同版本間的傳文異字，並引各家注文以定取捨，可見孔《疏》對版本資料的掌握頗爲完整嫻熟。

〔註1〕《春秋》三《疏》中對於版本的論述用詞略有不同，比如「定本」一詞見於三《疏》，其中以孔《疏》中出現較多；「古本」一詞，三《疏》中皆有提及，另外孔《疏》、楊《疏》又有稱「晉宋古本」；「俗本」一詞，見於孔《疏》及楊《疏》，尤以孔《疏》爲多；「舊本」一詞，僅見徐《疏》及孔《疏》，又以徐《疏》爲多；「正本」一詞，則僅出現於徐《疏》。

〔註2〕孔《疏》中提及「晉、宋古本」一詞，如《春秋左傳正義·序》，卷1，頁1。疏云：「案晉宋古本及今定本並無『春秋左氏傳序』，今依用之。」

〔註3〕孔《疏》中提及「定本」一詞，如《春秋左傳正義·桓二年》，卷5，頁157。傳「會于稷，以成宋亂，爲賂故，立華氏也。」其中「爲賂故」一詞，疏云：「今定本有『故』字，檢晉、宋古本往往無『故』字者，妄也。」

〔註4〕孔《疏》中提及「俗本」一詞，如《春秋左傳正義·襄三十年》，卷40，頁1279。傳「吏走問諸朝。」疏云：「俗本『吏』作『使』。服虔云：『吏不知曆數，故走問於卿大夫。』王肅云：『吏不知曆也。』」

〔註5〕孔《疏》中僅引及「舊本」一次，是〈襄十四年〉，卷32頁1067。引孫毓之言中所提及。

〔註6〕孔《疏》中所引及的各注家，包括逵、服虔、王肅、董遇、孫毓、潁容等人，比如《春秋左傳正義·昭二十三年》，卷50，頁1656。傳「親其民人，明其伍候。」疏云：「賈、服、王、董皆作五候。賈、服云：五候，五方之候也，敬授民時，四方中央之候。王云：五候，山候、林候、澤候、川候、平地候也。董云：五候，候四方及國中之姦謀也。杜作伍候，故云『使民有部伍，相爲候望』。彼諸本蓋以上多云四，故誤爲五也。」

　　孔《疏》援引這些版本，除了做為文義的比較外，絕大部分是用以考校
文字之異同，其並進一步嘗試探究異文形成的原因。以經、傳異文的問題為
例，孔《疏》承襲並發揮杜預的說法，由取材史料的不同，來說明《春秋》
與《左氏》立文的差異，藉由一簡一繁、一虛一實的主張，作為傳是經非的
取捨判斷。其言「《春秋》之經文多不具，……或史文先闕而仲尼不改，或仲
尼備文而後人脫誤。」〔註7〕又謂「《公羊》、《穀梁》口相傳授，因事起問意，
與《左氏》不同」〔註8〕、「《公羊》、《穀梁》漢初始為其傳，見其闕文，妄為
之說，非其實也。」〔註9〕以史料之闕與傳抄之誤作為經、傳異文的原因，並
以口授失真作為三《傳》評判的標準。〔註10〕孔《疏》以「形誤」與「音誤」
作為版本失真兩大因素，其積極探究異文形成的原因，分判正誤，最終即是
為了達到版本統一化的政治目的。

（一）形近之誤

　　古書經過久遠的流傳，流傳過程中書寫字體的轉換，以及記載介面的不
斷演變，都會影響文字的準確性，每一次的轉寫，實則都增加了版本失真的
風險。孔《疏》在考校版本異文時，注意到這種字體與介面的轉換所帶來的
影響，比如〈昭元年〉傳「周公殺管叔而蔡蔡叔。」其中「蔡蔡」重字，孔
《疏》認為第一個「蔡」字為隸定之誤，其云：

> 《說文》云：「粲，散之也。從米，殺聲。」然則粲字，殺下米也。
> 粲為放散之義，故訓為放也。隸書改作，已失本體。殺字不復可識，
> 寫者全類蔡字，至有重為一蔡字，重點以讀之者。（《春秋左傳正義·
> 昭元年》卷41，頁1326）〔註11〕

疏文引《說文》「從米，殺聲」，指出第一個「蔡」字當為「粲」字，將「粲」
字誤寫為「蔡」字，是因「隸書改作，已失本體」，在轉寫的過程中遂失本字
而誤成「蔡」字，造成重文的訛誤。

　　除了字體的錯誤外，這種字體改易轉寫所形成的誤失，有時也會影響經、
傳文義，甚至造成經籍中的不合理，〈昭二十三年〉傳「冬，十月，甲申，吳

〔註7〕　《春秋左傳正義·序》，卷1，頁4。
〔註8〕　《春秋左傳正義·序》，卷1，頁26。
〔註9〕　《春秋左傳正義·宣元年》，卷21，頁673。
〔註10〕　關於孔《疏》中經、傳異文與三《傳》取捨的論述，詳見本論文第四章第一
　　　　節。
〔註11〕　與此處疏文相近者，亦見於《春秋左傳正義·定四年》，卷54，頁1785。

大子諸樊入郢。」注「諸樊，吳王僚之大子。」疏云：

> 吳子諸樊，吳王僚之伯父也。僚子又名諸樊，及與伯祖同名。吳人
> 雖是東夷，理亦不應然也。此久遠之書，又字經篆隸，或誤耳。(《春
> 秋左傳正義·昭二十三年》卷 50，頁 1655)

吳子伯姪同名，孔《疏》謂其於理不合，故將此視於流傳久遠，又經隸定所
導致的字誤。《左氏》成書於先秦，年代久遠，其間又歷經篆、隸文體之改易，
在轉寫傳抄的過程中，不免產生形誤或訛誤的情形；不僅《左氏》傳文有誤
失的現象，《春秋》經文亦不全然可信，〈襄二十四年〉「秋，七月，甲子，朔，
日有食之，既。」依經文記載七月及八月皆有日食，但孔《疏》推論此處的
經文有誤，而這裡的誤失可能即是轉寫所致，疏云：

> 今七月日食既，而八月又食。於推步之術，必無此理。蓋古書磨滅，
> 致有錯誤。……此與二十一年頻月日食，理必不然。但其字則變古
> 為篆，改篆為隸，書則縑以代簡，紙以代縑。多歷世代，年數遙遠，
> 喪亂或轉寫誤失其本真，先儒因循，莫敢改易，執文求義，理必不
> 通，後之學者，宜知此意也。(《春秋左傳正義·襄二十四年》卷 35，
> 頁 1149)

連續兩月日食，於理不合，但這又在經文中明確記載，故孔《疏》以「年數
遙遠，喪亂或轉寫誤失其本真」作為此處經文疑義的解釋。中國文字的字體
曾經歷幾次轉變，秦始皇時將先秦各種字體統一為小篆，漢初改為隸書，其
後再變為楷體。而記載的介面也由早先的竹簡，改易為縑帛，再代之以紙。
再加上現實中更迭不斷的戰亂與災禍，先秦古書的流傳實則經歷不斷轉寫的
過程，每一次的轉寫，都增加文字誤失的可能性，也使得先秦古籍產生許多
疑義不通之處。這種不斷轉寫所帶來的失真，是先秦典籍於流傳過程中無可
避免的現象，所以孔《疏》主張後世學者不應因循先儒，執文求義。孔《疏》
明確意識到版本流傳中所存在的各種變數，年代越古、流傳越久遠者，相對
地失真的情形也將會越嚴重，由此而論，先秦典籍的可信度遠不如近世之書，
因此孔《疏》採取以注正傳、以傳正經的詮解進路，〔註 12〕對於文獻則抱持
重今輕古、後出轉精的態度。

　　流傳過程中文字字體與記載介面的改易會造成轉寫傳抄上的失誤，有時
文字本身也會因單純的構形相近而產生混淆難辨的情形，〈莊四年〉傳「王遂

〔註 12〕關於孔《疏》詮解進路的論述，詳見本論文第六章第一節。

行，卒於欈木之下。」對於「欈」字之音讀，疏云：

> 此字之音，或爲曼，或爲朗。若以萬爲聲，當作「曼」；以兩爲聲，
> 當作「朗」。字體難定，或兩爲之音。（《春秋左傳正義‧莊四年》卷
> 8，頁 258）

「欈」字字形，若爲「䅵」，讀如「曼」；若爲「兩」，讀如「朗」，字形不同，遂影響音讀，孔《疏》直言「字體難定」，只能推估「或兩爲之音」；又〈成四年〉傳「取汜、祭。」疏云：

> 字書水旁巳爲汜，水旁巳爲汜。字相亂也。《漢書音義》亦爲汜。今
> 汜水上源謂汜谷。（《春秋左傳正義‧成四年》卷 26，頁 825）

字書原有「汜」、「汜」二字，但因「字相亂也」，今「汜」字水旁究竟爲「巳」，或爲「已」？實難斷定。這種因字形相近所造成的混辭難辨，孔《疏》僅能以並存的方式標示兩者，而難下定論。

　　此外，有時文章字詞的相近，也會產生版本相錯混淆的狀況，〈定四年〉傳「其載書云……藏在周府，可覆視也。」疏云：

> 言周家府藏之內，有此載書在也。本或爲「盟府」，由僖五年傳「藏
> 於盟府」，涉彼而誤耳。（《春秋左傳正義‧定四年》卷 54，頁 1786）

傳文中的「周府」二字，有些版本作「盟府」，孔《疏》認爲將「周府」誤作「盟府」，是與〈僖五年〉傳文「虢仲、虢叔，王季之穆也；爲文王卿士，勳在王室，藏在盟府。」中的「藏在盟府」相混淆，此是因字詞相近而導致的錯文之誤。

　　先秦典籍在流傳的過程中，面臨多次字體改易及記載介面轉換的歷史因素，每一次的傳抄皆經歷一版本失眞的可能，這也是《春秋》與《左氏》偶有訛誤或差異的原因，孔《疏》點出經、傳中的失眞狀況，並進一步說明失眞形成的原因，強調這種經、傳版本上的訛誤爲後人傳抄之誤，而非經、傳原本之失，其維護《春秋》與《左氏》的崇高地位，也藉由分判正誤以達到版本的統一化。

（二）師讀之誤

　　版本異文產生的原因，除了字體改易、介面轉變、形近相混及前後錯文所形成的「形近之誤」外，語音上的變異，亦是影響版本的因素之一。這種音讀差異所產生的異文，主要出現在《左氏》與他經的引文的差異上，〈僖五年〉傳「故〈周書〉曰：『皇天無親，惟德是輔。』又曰：『黍稷非馨，明德

惟馨。』又曰：『民不易物，惟德繄物。』」傳文中引述多句《尚書》之言，
但這些引述之語與今本《尚書》經文並不盡合，孔《疏》嘗試解釋二處異文
的原因云：

> 「皇天無親，惟德是輔」，〈蔡仲之命〉文也。「黍稷非馨，明德惟馨」，
> 〈君陳〉文也。「人不易物，惟德其物」，〈旅獒〉文也。杜不見古文，
> 故以爲逸《書》。此傳與《書》異者，「其」作「繄」，師授不同，字
> 改易耳，其意亦不異也。（《春秋左傳正義・僖五年》卷12，頁394）

疏文先一一補充傳文引述的《尚書》篇名，再指出《左氏》所引的「惟德其
物」，《尚書》作「惟德繄物」，一爲「其」，一爲「繄」，《左氏》的引文與《尚
書》原文有異，孔《疏》解釋此爲「師授不同」，因後世經師講述時之音異，
形成載錄時的異文，並謂「字改易耳，其意亦不異也」，強調此處的異文，並
不影響經文意義，也就是說，縱使今本《左氏》引述的文字有誤，但實則內
容意義無誤；又〈哀十六年〉傳「〈夏書〉曰：『惟彼陶唐，帥彼天常。有此
冀方，今失其行。亂其紀綱，乃滅而亡。』」疏云：

> 此〈夏書・五子之歌〉第三章也。彼云「惟彼陶唐，有此冀方。今
> 失厥道，亂其紀綱，乃底滅亡」。此多「帥彼天常」一句。又字小異
> 者，文經篆隸，師讀不同，故兩存之。（《春秋左傳正義・哀六年》
> 卷58，頁1885）

孔《疏》指出傳文引文的出處，並載錄《尚書》原文，其中《左氏》引文多
「帥彼天常」一句，而「今失其行」一句，《尚書》作「今失厥道」，「乃滅而
亡」一句，《尚書》作「乃底滅亡」。《左氏》引述的六句中，即有三句與原文
有異，孔《疏》一一指出兩書之差異，再將此異文的原因歸諸於「文經篆隸，
師讀不同」，此既包含形改之誤，又包含音讀之誤，皆屬於後世轉寫傳抄之誤。
而結尾中的「故兩存之」一句，則是反映了孔《疏》的評價立場。《左氏》引
文與今本《尚書》的文字有異，但孔《疏》並不認爲此差異即是《左氏》爲
誤，畢竟後世轉寫之誤，《左氏》可能遇到，《尚書》也同樣有可能，《尚書》
原文未必即較《左氏》引文可信，故孔《疏》兩存之，而不做任何評判。

除了《左氏》與《尚書》有師讀異文外，《左氏》所引《詩經》亦多存有
同樣的問題，〈襄二十一年〉傳「《詩》曰：『優哉游哉，聊以卒歲。』」疏云：

> 此〈小雅・采菽〉之篇。案彼《詩》云「優哉游哉，亦是戾矣」。與
> 此不同者，蓋師讀有異。（《春秋左傳正義・襄二十一年》卷34，頁

1117）

又〈昭七年〉傳「《詩》所謂『彼日而食，于何不臧』者。」疏云：

> 《詩》作「此」，此云「彼」者，師讀不同也。（《春秋左傳正義‧昭
> 七年》卷44，頁1429）

《左氏》引《詩》之言，其中文字卻與今本《詩》原文小異，孔《疏》在指出二書異文的同時，即以「師讀」不同作爲解釋異文的理由；又〈昭二十八年〉傳「《詩》曰：『唯此文王，帝度其心。』」疏云：

> 此傳言「唯此文王」，《毛詩》作「維此王季」。經涉亂罹，師有異讀，
> 後人因而兩存，不敢追改。今王肅注《毛詩》及《韓詩》亦作「唯
> 此文王」。鄭注《毛詩》作「維此王季」。故解比于文王，言王季之
> 德可以比于文王也。（《春秋左傳正義‧昭二十八年》卷52，頁1722）

此處《左氏》引文亦與《詩》原文小異，孔《疏》亦以「經涉亂罹，師有異讀」作爲總結。其後並舉王肅注、鄭玄注相較，其中王肅本與《左氏》同，鄭玄本則與《詩》原文同，孔《疏》謂「後人因而兩存，不敢追改」，可見此兩種版本後人各有依循，亦各可通解。顯然這種經典間異文的情形，是普遍存在已久的問題，各注家依其所取，通而解之，倒也不相衝突。

　　上述諸例，皆起因於《左氏》引文與原始經文的不同，孔《疏》將之一律歸之於「師讀」不同所造成的異文。「師讀」異文是後人在傳授過程中所造成的傳抄之誤，這種誤失是《左氏》、《尚書》、《詩》等先秦經典皆會面臨的狀況，自無法評斷孰是孰非。再者，這種版本誤失既非原文之誤，亦多不影響文義，所以縱使《左氏》引文不盡同於原文，亦不妨礙其詮解的正確性與可信度。此處孔《疏》所展現的仍是積極維護《左氏》的用心，孔《疏》以「傳實經虛」的立場以傳正經，再以版本傳抄之誤，來解釋傳、注之異文；但對於《左氏》與他經異文，孔《疏》既無法批評他經爲「虛」，又不願質疑《左氏》的可信度，遂將此異文原因歸之於經師「異讀」所致，這種異文是屬於後人載錄上的失誤，而與《左氏》本身無關，自不會影響《左氏》本身的評價。孔《疏》這種調和二者的說法，既轉換了《左氏》與其他經書間的衝突，也維護了《左氏》的地位，可謂用心良苦。

　　孔《疏》將版本異文的形成原因，大致分爲「形誤」與「音誤」兩大因素。「形誤」中提到了字體「變古爲篆，改篆爲隸」的改易，以及記載介面「書則縑以代簡，紙以代縑」的轉變，還有「字體難定」所造成的「字相亂」或錯文

混淆的現象；至於「音誤」，則是因爲後世經師「師讀不同」始形成《左氏》與他經的差異。透過這些解釋，可以看出孔《疏》對於經籍的流傳，尤其是先秦經籍在流傳過程中所面臨的歷史沿革，都曾予以仔細的考量。經籍的流衍除了意義的傳承與闡釋外，外在環境的改易，包括字體、記載介面、戰亂、音讀等因素，皆是影響經籍信度的重要條件。先秦經籍的價值與評判，不只取決於經籍本身的內涵，更必須考量外在的客觀環境所帶來的衝擊與變化。在此前提下，年代越久遠者，面臨的外在因素越複雜，失眞的情況也就相對越嚴重，因此孔《疏》中時時展現一種「輕古重今」、「後出轉精」的版本史觀，誠如本論文上一章所梳理出的，孔《疏》的詮解基本上是傾向一種「由下往上」的詮解進路，透過「以注正傳，以傳正經」來達到論述的統一性。

孔《疏》著眼於版本流傳中的外在客觀環境，對先秦以來經籍所面臨的各方面沿革也有充份的瞭解。經籍在流傳的過程中，原本即面臨著許多失眞的風險，尤其在印刷術未發明之前，經籍的流衍與傳播主要是倚靠轉寫傳抄，而每一次的轉寫實則皆是經歷一次失眞的可能，再加上年代久遠所造成的污損難辨，以及歷史發展過程中更迭不斷的戰亂散亡、記載介面的轉變、文字字體的改易等種種因素，皆足以影響版本內容的眞實性。孔《疏》取「形誤」與「音誤」作爲經、傳異文主要的成因，在某種程度上確實反映了版本流傳的眞實情況。但問題是，版本異文的形成皆只源於外在因素？而先秦典籍的版本異文皆爲後人「轉寫」所致？外在的環境變革是影響版本的重要因素，但並非是唯一因素，經籍的傳衍常常是傳承者主觀有意識的詮解，在詮解的過程中不免加入一些己意的取捨與判斷，其間或許也包括文字上的判讀與調整，所以孔《疏》僅單純的由外在因素來解釋版本異文，將經、傳中的版本差異都歸諸於後人的誤失，忽略經籍傳衍的內在理路，如此的結論難免使人產生不安，也欠缺一全面的歷史視野。

換個角度而言，版本異文是經籍流傳過程中無可避免的現象，先秦經籍的眞僞問題，也是經學史上的重要課題之一。孔《疏》在處理版本異文的問題時，除了標示出版本差異的情形，還刻意地去論述異文形成的原因，這些論述的背後實則隱含了其建立一統性的企圖心。先秦經籍流傳久遠，《春秋》、《左氏》與他經非同一人同時代之作，各版本間的異文早已難以一一考校正誤，又如何能探知異文形成的原因？孔《疏》積極解釋異文形成的原因，將之歸因於後人轉寫或音讀之誤，其目的不過是爲了維護《左氏》在詮解《春

秋》上的正統地位。孔《疏》中對於版本異文的討論，多扣緊《左氏》文字而發，其以「傳實經虛」作爲《春秋》與《左氏》異文的取捨，以「轉寫傳抄」之誤作爲《左氏》不合理處的解釋，再以後世經師的「音讀不同」調和《左氏》與他經的差異。《左氏》中可能有的異文現象，孔《疏》分別予以探究，再將之歸結於後人之誤。基本上，孔《疏》已認定《左氏》與《春秋》，甚至是《左氏》與其他經書，本當是相合一致的，今日所見《左氏》中種種與《春秋》或他經扞格之處，皆是後人的誤失所導致，而與《左氏》本身無關。《左氏》在詮解《春秋》的地位上，居於一致的正統性，在群經中亦具有相合不悖的崇高性。既然《左氏》在詮解《春秋》的地位上，取得崇高不疑的地位，因此取《左氏》作注的杜預《集解》，以及取杜《注》作疏的孔《疏》，同樣地也在經書的詮解上取得重要的正統位置。所以孔《疏》在論述版本異文的同時，實際上也再次重申了三《傳》高下，與注、疏本身的重要性。

二、私撰注疏：客觀看待版本異文

《春秋》三《疏》關於版本異文的論述，以孔《疏》及徐《疏》占的比重較多，但二者著眼的焦點與處理方式卻明顯不同。至於《穀梁》楊《疏》，雖對版本的考校較少，但也隱約可看出其對版本異文的看法，此看法與同爲私撰的徐《疏》相近，皆是以較爲客觀持平的態度去處理版本差異上的問題。

（一）著重經文異文的考校

徐《疏》中對版本問題的討論主要見於「經文異文」及「注文考校」兩方面，其中，尤以「經文異文」最爲特別，三《疏》中徐《疏》是唯一對經文做過較完整考校者，疏文中提及的經文異文共有六十八處，遠多於《穀梁》楊《疏》的二處及《左氏》孔《疏》的三處。徐彥用以考校經文的對象除了三《傳》外，還提及正本、〔註13〕定本、〔註14〕舊本、〔註15〕古本〔註16〕及

〔註13〕徐《疏》中所提及「正本」一詞，如《春秋公羊傳注疏・襄七年》，卷19，頁488。經「鄭伯髡原如會，未見諸侯。丙戌，卒于操。」傳「操者何？」疏：「其『鄭』字者，非正本。」

〔註14〕徐《疏》中所提及「定本」一詞，如《春秋公羊傳注疏・成四年》，卷17，頁439。經「三月，壬申，鄭伯堅卒。」疏云：「《左氏》作『堅』字，《穀梁》作『賢』字，今定本亦作『堅』字。」

〔註15〕徐《疏》中所提及「舊本」一詞，如《春秋公羊傳注疏・文十二年》，卷14，頁347。經「二月，庚子，子叔姬卒。」注「卒者，許嫁。」疏云：「舊本皆無此注，且理亦不須，疑衍字。」

賈逵、服虔等「諸家」注的版本，其中對於三《傳》差異，及對傳內各版本的異文，處理的態度則有些不同。

首先，對於三《傳》間的經文異文，徐《疏》皆標示異同，而不妄斷是非對錯，如〈襄十一年〉「秋，七月，己未，同盟于京城北。」疏云：

> 《穀梁》與此同，《左氏》經作「亳城北」，服氏之經亦作「京城北」，
> 乃與此傳同之也。（《春秋公羊傳注疏・襄十一年》卷 19，頁 499）

對於「京城」一詞，《公》、《穀》、服虔注三者同，而與《左氏》之「亳城」異；〈襄元年〉「夏，晉韓屈帥師伐鄭。」疏云：

> 《左傳》、《穀梁》「屈」作「厥」字也。（《春秋公羊傳注疏・襄元年》
> 卷 19，頁 477）

韓屈的「屈」字，《左》、《穀》二傳同作「屈」，而《公羊》則作「厥」；又〈文十六年〉「六月，戊辰，公子遂及齊侯盟于犀丘。」疏云：

> 正本作「菑丘」，故賈氏《公羊》曰「菑丘，《穀梁》曰『師丘』」是
> 也。今《左氏》經作「郪」字（《春秋公羊傳注疏・文十六》卷 14，
> 頁 364）

此處諸侯盟會的地名「犀丘」，三《傳》各不相同，徐《疏》一一標明之。總計徐《疏》所標列的六十八處經文異文中，提及三《傳》異同者有五十餘處，徐《疏》對於三《傳》經文，勢必經過一番比對詳校的過程。徐《疏》雖詳考三《傳》經文，但對於三《傳》間經文的差異僅做說明標示，而不做任何取捨分判，也未說明三《傳》差異的理由。其詳細標示經文異文，已正視到經籍在流傳過程中所可能產生的失真現象，「經書」文本不再是崇高而不可質疑的，相反地，流傳過程中所產生的文本差異是普遍、甚至是必然存在的現象。徐《疏》客觀地看待三《傳》間的異文，且以開放的態度去面對這些版本上的不同。

雖然對於三《傳》間的經文異文，徐彥採取持平看待的態度，但徐氏對於所有版本並非一視同仁，至少其對傳內諸種版本即要求分判是非，如〈襄七年〉「鄭伯髡原如會，未見諸侯。丙戌，卒于操。」疏云：

> 正本作「頑」字，亦有一本作「原」字，非也。（《春秋公羊傳注疏・
> 襄七年》卷 19，頁 489）

〔註16〕徐《疏》中所提及「古本」一詞，如《春秋公羊傳注疏・桓十年》，卷 5，頁
112。經「冬，十有二月，丙午，齊侯、衛侯、鄭伯來戰于郎。」傳「惡乎近？
近乎圍也。」疏云：「考諸古本，圍皆作『國』字，而舊解以國為圍。」

「正本」與「一本」有異，取「正本」爲是；又〈襄十二年〉「夏，晉侯使士彭來聘。」疏云：

> 考諸正本，皆作「士魴」字。若作「士彭」者，誤矣。（《春秋公羊傳注疏・襄十二年》卷20，頁502）

〈昭四年〉「四年，春，王正月，大雨雪。」疏云：

> 案正本皆作「雹」字，《左氏》經亦作「雹」字，故賈氏云「《穀梁》作『大雨雪』」。今此若有作「雪」字者，誤也。（《春秋公羊傳注疏・昭四年》卷22，頁551）

其謂「考諸正本」，或謂「正本皆作」，此正本當指三《傳》「正本」，以三《傳》「正本」作爲主要依據。同樣是針對經文異文，除了三《傳》間的差異外，對於傳內各種版本，徐《疏》即會予以取捨，此時「正本」爲其主要評判的主要依據。此外，徐《疏》中亦有以「舊本」爲取捨者，〈襄十四年〉「夏，四月，叔孫豹會晉荀偃」等人，疏云：

> 舊本作「荀偃」。若作「荀營」者，誤。（《春秋公羊傳注疏・襄十四年》卷20，頁504）

此處以「舊本」作爲依據，以區分「偃」、「營」二字的正誤。至於爲何不言「正本」而謂「舊本」？因疏文簡略，難知徐彥當時所見版本的實際狀況，但由其不取「若作」之版本，可推知徐彥對版本的評判多少與數量的多寡有關，三《傳》「正本」爲主要依據，或以多數版本所採的「皆作」爲優先，至於「一本」、「若作」之孤本獨見則不取。

徐《疏》曾言「諸家經皆有此文，雖賈氏注者闕此一經，疑脫耳。」〔註17〕徐彥對於《春秋》經文是經過一番詳考的工夫，除了疏文中所標示出的三《傳》異文外，對於相關的注家版本也加以參酌審校，可見其對經文考校的重視。這種重視不僅展現在經文異文的處理態度上，也反映在其對賈逵注文的批評中，徐《疏》中即三次批評賈逵注未說明經文異文，是賈注之「文不備」。第一處批評見於〈定十年〉「冬，齊侯、衛侯、鄭游邀會于鞌。」疏云：

> 《左氏》、《穀梁》作「安甫」；賈氏不云《公羊》曰鞌者，亦是文不備。《穀梁》經甫亦有作「浦」字者。（《春秋公羊傳注疏・定十年》卷26，頁663）

〔註17〕《春秋公羊傳注疏・宣十二年》，卷16，頁410。經「宋師伐陳。」疏云：「案諸家經皆有此文，雖賈氏注者闕此一經，疑脫耳。」

諸侯盟會地點《公羊》為「夆」，《左》、《穀》二傳作「安甫」，其中《穀梁》
亦有作「安浦」者，但賈注中未言及《公羊》異文的情形，徐《疏》批評其
「文不備」；第二處見於〈定十四年〉「二月，辛巳，楚公子結、陳公子佗人
帥師滅頓，以頓子牂歸。」疏云：

> 《左氏》、《穀梁》皆作「頓子牂」字，賈氏不注，文不備。（《春秋
> 公羊傳注疏·定十四年》卷26，頁669）

頓子之名，《公羊》作「牄」，異於《左》、《穀》之「牂」；至於〈定十五年〉
「齊侯、衛侯次于籧篨。」疏云：

> 《左氏》作「籧挐」字，賈氏無說，文不備也。（《春秋公羊傳注疏·
> 定十五年》卷26，頁676）

諸侯旅次的地點《公羊》作「籧篨」，異於《左氏》之「籧挐」。此三處疏文
或論地名、或論人名，三《傳》經文有異，但賈逵注中皆未標明，故徐《疏》
一方面標示三《傳》差異，另一方面以此批評賈注不云《左》、《公》異說，
是賈注之「文不備」。

　　以無說經文異文，作為注文「文不備」的缺失，此時「標示經文異文」
不再只是注文之附加補充，而是注文的必備條件。徐彥主張注文解傳，除了
依循本傳之外，還得比校三《傳》間的異文，「標示異文」是注家的必要工夫，
也是注本必要的條件。當然，此處徐彥獨取賈逵注作為批評的對象，自有其
批《左》揚《公》的用心，[註18] 而徐《疏》對版本異文的詳細考校猶圍限
於《春秋》經文，亦欠缺完整性。但就版本異文的處理而言，徐《疏》是三
《疏》中唯一針對經文異文作全面考校者，也是三《疏》中唯一視版本考校
為注文必要的結構者。注、疏文本除了承續本傳經旨外，還包含版本考校的
工夫，徐《疏》積極地正視版本異文在經籍詮解上的重要性，也對於注、疏

〔註18〕《春秋公羊傳注疏·序》，頁6～7。何〈序〉曰：「是以治古學貴文章者謂之俗
　　儒。至使賈逵緣隙奮筆，以為《公羊》可奪，《左氏》可興。」徐《疏》云：「治
　　古學者，即鄭眾、賈逵之徒，貴文章矣。……鄭、賈之徒謂《公羊》雖可教授
　　於世，而辭理失所矣。……鄭眾亦作《長義》十九條十七事，專論《公羊》之
　　短，《左氏》之長，在賈逵之前。何氏所以不言之者，正以鄭眾雖扶《左氏》
　　而毀《公羊》，但不與讖合，帝王不信，毀《公羊》處少，興《左氏》不強，
　　故不言之。豈如賈逵作《長義》四十一條，奏御干帝，帝用嘉之，乃知古之為
　　真也。賜布及衣，將欲存立，但未及而崩耳。然則賈逵幾廢《公羊》，故特言
　　之。」徐彥認為賈逵《長義》將《左氏》與讖相合，始取得帝王的喜愛與重視，
　　此是《左氏》興而《公羊》沒的關鍵，也是何休注中特舉賈逵的理由。

體例的架構進行了關注與反省，初步將版本異文的考證納入注文體例中。

至於《穀梁》楊《疏》，疏文中也提到了定本、〔註19〕古本、〔註20〕俗本、〔註21〕以及諸家注本。〔註22〕其對版本的論述並不多，但基本上對於版本差異也是傾向一種持平的態度，以疏文中唯一批評經誤的一例視之，〈文五年〉「王使毛伯來會葬。」疏云：

> 《左氏》、《公羊》及徐邈本並云召伯，此本作毛伯，疑誤也。（《春秋穀梁傳注疏·文五年》卷 10，頁 190～191）

經文中的「毛伯」，《穀梁》與《左》、《公》二傳及徐邈本皆不相同，對三《傳》間的經文異文，楊氏不強以《穀梁》爲據，也不一味調和二說，而是明確直指《穀梁》此版本之「毛伯」爲誤，這種客觀看法版本差異的態度，即與孔《疏》有異。

（二）否認口授的失真影響

除了持平看法三《傳》異文外，徐《疏》中也提及了《公羊》中因口授所造成的初始版本與口授版本的差異性。〈隱元年〉「五年，春，公觀魚于棠。」傳「何以書？譏。何譏爾？遠也。公曷爲遠而觀魚？登來之也。」其中傳文「登來之也」一句何《注》云：「登，讀言得。得來之者，齊人語也。」疏云：

> 齊人名求得爲得來，而云此者，謂齊人急語之時，得聲如登矣。（《春秋公羊傳注疏·隱五年》卷 3，頁 55）

此段傳文下何休又注「齊人名求得爲得來，作登來者，其言大而急，由口授也。」其中「由口授也」一句徐《疏》云：

> 謂高語之時，猶言得來之，至著竹帛時乃作「登」字，故言由口授

〔註19〕楊《疏》中所提及「定本」一詞，比如《春秋穀梁傳注疏·僖五年》，卷7，頁139。經「冬，晉人執虞公。」注文引江熙之言，其中「三公舛而同歸」一句，疏云：「或有作殊者，舛謂差舛，理亦通，但定本作殊者多。」

〔註20〕楊《疏》中所提及「古本」一詞，比如《春秋穀梁傳注疏·僖二十五年》，卷9，頁168。經「宋殺其大夫。」注文引鄭玄之言，其中有「祖之疏」一詞，疏云：「古本或作『禮之疏』者，言同姓與異姓不別，則於禮法爲疏也。理亦通也。以本不定，故兩解之。」

〔註21〕楊《疏》中所提及「俗本」一詞，比如《春秋穀梁傳注疏·序》，頁2。關於「春秋穀梁傳序」的標題，疏云：「此題，諸本文多不同，晉、宋古文多云《春秋穀梁傳序》，俗本亦有直云《穀梁傳序》者。」

〔註22〕楊《疏》中所提及諸家注本者，比如《春秋穀梁傳注疏·宣十六年》，卷12，頁237。經「夏，成周宣榭災。」傳「周災，不志也。」疏云：「徐邈所據本云周災至，注云重王室也。今偏檢范本，並有『不』字，則不得解與徐同也。」

矣。(《春秋公羊傳注疏・隱五年》卷3，頁55)

《公羊》之「登來之」，實爲「得來之」之意，「得」字之所以作「登」字，何休認爲是「齊人方言」，是傳文寫定時置入口授者的方言所致，徐《疏》則進一步解釋「得」、「登」二字的關連，謂「齊人急語」時「得聲如登」，故傳文以「登」字代「得」字。徐《疏》還試圖說明異文形成的時間，謂公羊高時仍作「得來之」，至「著竹帛」時乃因方言產生字異的現象。換言之，《公羊》初始流傳之時，與寫定之後的傳文，實則並不盡同。《公羊》經過長時期的口授階段，使得版本產生一些變易，或許這些變易只是音讀所形成的字異，並不影響意義上的詮解，但文字的改變卻是確實存在的現象。然而，上述疏文中徐彥雖提到傳授初始與寫定時的不同，但既未批評這種版本差異上的「失眞」，也未爲此差異加以辯駁，疏文中只見客觀地陳述事實，字裡行間並未帶任何評價的語氣。

或許，徐彥認爲口授摻入方言是自然產生的現象，且不認爲這種口授所形成的差異會影響版本的詮解，所以《左氏》學者由口授失眞來批評《公羊》的說法，亦不能成立。徐氏認爲口授異字並不會影響詮解，以此維護《公羊》的可信度。但有時不免維護太過，使其論述產生矛盾，比如〈定十四年〉中徐氏即提到經書口授所形成的增損「何傷之有」，〈定十四年〉經「城莒父及霄。」注「或說無多者，坐受女樂，令聖人去。多，陰臣之象也。」疏云：

> 孔子自書《春秋》而貶去冬，失謙遜之心，違辟害之義，蓋「不脩
> 春秋」已無「冬」字，孔子因之，遂存不改，以爲王者之法，宜用
> 聖臣，故曰「如有用我者，朞月則可，三年乃有成」是也。又《春
> 秋》之說，口授相傳，達於漢時，乃著竹帛，去一「冬」字，何傷
> 之有？(《春秋公羊傳注疏・定十四年》卷26，頁673)

此處經文無「多」字，何〈注〉認爲是譏定公之意，徐《疏》則針對有關孔子「失謙遜之心」的批評進行反駁，舉〈莊七年〉傳文「不脩春秋」，〔註23〕來強調孔子《春秋》不改舊史，此處古史已無「冬」字，故孔子「遂存不改」。文末，徐彥強調《公羊》所依循的《春秋》，是經過口授相傳，至漢乃著竹帛，

〔註23〕《春秋公羊傳注疏・莊七年》，卷6，頁154。經「夏，四月，辛卯，夜，恒
星不見。夜中，星實如雨。」傳「恒星者何？列星也。列星不見，則何以知
夜之中？星反也。如雨者何？如雨者，非雨也。非雨，則曷爲謂之如雨？『不
脩春秋』曰『雨星不及地尺而復』，君子脩之曰『星實如雨』。何以書？記異
也。」

故「去一『多』字，何傷之有？」這「何傷之有」一詞，可能包含二種涵意，一指這種文字上的一字增損，是口授相傳常會發生的現象；二者則視這種口授上的文字增損，並不影響經書的價值。其實，持平而論，徐彥此處的主張實與其處理版本的一貫態度略有出入，其疏中多次考訂古本、定本、俗本等版本之差異，並詳細比對三《傳》中的經文異文，顯見對版本文字的重視，但此處卻又謂增省一字爲「何傷之有」，若因口授即不必在乎一字之有無，徐氏又何必一一校訂諸本之差異？前後兩相對照，可看出徐彥說法的衝突，但也更突顯其積極爲《公羊》平反的用心。

　　徐彥不僅弱化了口授影響版本的重要性，甚至強調摻雜方言是經籍中普遍的現象，傳文也會因爲寫定者或被載錄者之身份，而置入地方性的方言。〈僖十六年〉「十有六年，春，王正月，戊申，朔，霣石于宋五。是月，六鷁退飛，過宋都。」傳「是月者何？僅逮是月也。」注「是月邊也，魯人語也。」疏云：

> 案上十年傳云「踊爲文公諱」，何氏云「踊，豫也，齊人語。若關西言渾矣」，是以《春秋》之內，於此乎悉解爲齊人語，而此一文獨爲魯人語者，以是經文孔子作之，孔子魯人，故知魯人語。彼皆是諸傳文，乃胡母生、公羊氏皆爲齊人，故解爲齊人語。（《春秋公羊傳注疏・僖十六年》卷11，頁272）

經文中的「是月」一語，何休謂「魯人語」，徐彥比較〈僖十年〉及〈僖十六年〉二處傳、注文，強調「經文孔子作之，孔子魯人」，而傳文「乃胡母生、公羊氏皆爲齊人」，故經文中包含魯人用語，傳文中則使用了齊人用語。公羊氏是傳《公羊》者，胡母生則是漢初寫定《公羊》者，〔註24〕徐彥將孔子與《春秋》，胡母生、公羊氏與《公羊》並列視之，強調版本中包含寫定者的方言是而自然的現象，縱使孔子《春秋》亦不例外；此外，經文中也會爲了符合書中情境，刻意加入被載記者的方言，〈僖二十五年〉「宋蕩伯姬來逆婦。」傳「其言來逆婦何？兄弟辭也。」注「宋、魯之間，名結婚姻爲兄弟。」疏云：

〔註24〕《春秋公羊傳注疏・序》，頁4。何〈序〉曰「傳《春秋》者非一」，疏云：「孔子至聖，卻觀無窮，知秦無道，將必燔書，故《春秋》之說口授子夏。度秦至漢，乃著竹帛。故《說題辭》云：『傳我書者，公羊高也。』戴宏序云：『子夏傳與公羊高，高傳與其子平，平傳與其子地，地傳與其子敢，敢傳與其子壽。至漢景帝時，壽乃其弟子齊人胡母子都著於竹帛。與董仲舒皆見於圖讖。』是也。」

> 蓋時猶然。公羊子、齊人，而取宋、魯間語者，正以蕩伯姬來逆婦，
> 宋、魯之事，故取解之亦何傷？（《春秋公羊傳注疏·僖二十五年》
> 卷12，頁291）

傳文將經文的「逆婦」解爲「兄弟」，何休認爲此兩語互通，爲宋、魯間的地方用語，徐《疏》解釋《公羊》的傳授者雖爲齊人，但爲了符合經文中所描述的宋、魯連姻，故取宋、魯地方方言記之。此是寫定者爲了符合被記載者的身份，而刻意地加入被記載者當地的方言。徐《疏》指出經、傳中摻入方言的情形，說明此爲經、傳撰述的方式之一，其一方面將方言摻入典籍的情形合理化，另一方面平等看待傳授者與寫定者的地位，將寫定時所改異的部分，視爲版本形成的一部分，而非爲版本的訛誤。徐《疏》明白指出口授方言會改變傳文的版本，正視了口授對版本的改變，但其未如孔《疏》般將此視爲版本上的「失眞」，至少不因寫定與初始傳授的不同而一概否定。

　　孔《疏》向來以口授失眞的問題抨擊《公羊》、《穀梁》二傳的可信度，以作爲獨尊《左氏》的重要理由。徐彥上述的看法，可算回應了歷來對《公羊》的批評，徐氏認爲寫定者加入自身的方言或語法，是典籍流傳中的普遍現象，甚至有時候爲了呈顯實錄的特性，書文中還會刻意保留被記述者的語音語辭，所以胡母生在寫定《公羊》傳文時，依自身的方言改易早先口授的字辭，亦無可厚非。其平等推崇公羊高與胡母生在《公羊》學傳授上的地位，寫定者與傳授者既同樣重要，自無寫定失眞的版本差異。

　　關於口授的問題，在《穀梁》楊《疏》中並未提及，疏文中也未出現「口授」或「寫定」之詞，在文前〈序〉中楊氏曾簡述了《穀梁》的傳授，其云：

> 穀梁子名俶，字元始，魯人，一名赤，受經于子夏，爲經作傳，故
> 曰《穀梁傳》，傳孫卿，孫卿傳魯人申公，申公傳博士江翁，其後魯
> 人榮廣大善《穀梁》，又傳蔡千秋，漢宣帝好《穀梁》，擢千秋爲郎，
> 由是《穀梁》之傳大行於世。（《春秋穀梁傳注疏·序》，頁3）

《穀梁》的傳授包括「爲經作傳」的穀梁俶，及後傳的孫卿、魯申公、江翁、榮廣等人，文中並未提及寫定的作者與時間，甚至「穀梁子」之「爲經作傳」是口授抑或是寫定，亦語意模糊。歷來對《穀梁》的傳承譜系與寫定時間，原本就紛陳難斷，楊《疏》語未詳明，可見其亦無法確查。但文中可清楚看出其特意強調「穀梁俶」受經於子夏的「正統性」，顯然口授是否有所導致上的版本失眞，也非楊氏在意的問題。

第二節　詮解風格之差異

　　官修孔《疏》與私撰的徐、楊二《疏》，在版本異文的處理上，呈現兩種不同的態度；而在詮解特色上，官修與私撰亦形成兩種不同的風格，其中，官修孔《疏》承襲傳統章句訓詁的方式，形成龐大博雜的論述體系，而私撰的徐、楊二《疏》則趨於簡短的敘述文風。

一、官修正義：傳統注疏學的承襲

　　漢代以來說經，偏重於章句的闡釋與申發，論述型態上也傾向於繁瑣博雜，唐代的官修《正義》大體承襲了這種傳統注疏學的詮解風格。官修孔《疏》的編纂，是在傳、注定於一尊的前提下，採取資料的橫向的補充，著重的是同者證其同，異者則務別是非，以支持傳、注之說，並以重引證而輕論述，以達到疏文立場的統一。

（一）具批判色彩

　　為了建立由《春秋》而自《左氏》，再至杜〈注〉的詮解一統性，孔《疏》中別具批判色彩，其積極分判《左氏》與《公羊》、《穀梁》二傳之異同高下，並藉由批駁劉炫以維護杜說，對於《左氏》傳內經師的異說，也毫不留情地一一否定，以突顯杜〈注〉的正確性。比如〈隱八年〉傳「陳鍼子送女，先配而後祖。」注「鍼子，陳大夫。禮，逆婦必先告祖廟而後行。故楚公子圍稱告莊、共之廟。鄭忽先逆歸而後告廟，故曰『先配而後祖』。」疏云：

> 先配後祖多有異說，賈逵以「配」為「成夫婦」也。《禮》：齊而未配，三月廟見，然後配。案〈昏禮〉：親迎之夜，衽席相連。是士禮不待三月也。禹娶塗山，四日即去，而有啟生焉，亦不三月乃配，是賈之謬也。鄭眾以配為同牢食也，先食而後祭祖，無敬神之心，故曰「誣其祖也」。案〈昏禮〉：婦既入門，即設同牢之饌。其間無祭祀之事。先祭乃食，《禮》無此文，是鄭之妄也。鄭玄以祖為軷道之祭也，先為配匹而後祖道，言未去而行配。案傳既言「入于鄭」，乃云「先配而後祖」，寧是未去之事也？若未去先配，則鍼子在陳識之，何須云送女也？此三說皆滯。故杜引楚公子圍告廟之事，言「鄭忽先逆婦而後告廟，故曰先配而後祖」。（《春秋左傳正義・隱八年》卷4，頁128）

關於傳文中「先配而後祖」一句，賈逵、鄭眾、鄭玄各有異說，孔《疏》取

〈昏禮〉與傳文一一予以反駁，以「謬」、「妄」批評先儒之說，強調「此三說皆滯」，而獨以杜說爲是。

有時孔《疏》黨同伐異的鑿痕太過，對杜〈注〉幾近奉承詔媚，比如〈襄二十七年〉經「秋，七月，辛巳，豹及諸侯之大夫盟于宋。」傳「季武子使謂叔孫以公命，曰：『視邾、滕。』既而齊人請邾，宋人謂滕，皆不與盟。叔孫曰：『邾、滕，人之私也。我，列國也。何故視之？宋、衛，吾匹也。』乃盟。故不書其族，言違命也。」注「季孫專政於國，魯君非得有命。今君唯以此命告豹，豹宜崇大順以顯弱命之君，而遂其小是，故貶之。」疏云：

> 季孫專政於國，魯君非得有命。此以公命，非公可知，叔孫亦知非公命，故不肯從之。其實叔孫違命，止違季孫意耳。但季孫假以公命謂之，叔孫雖內知非公，而其辭稱公，即須從命。叔孫既得此命，宜應內自思省，我君由來無命，今君唯以此命命我，事雖非理，亦宜聽從。如是則敬君之情深矣。豹宜崇此大順之道以顯弱命之君，而乃校計公言是非，不肯同於小國。遂其小是以忘大順，故貶之。此義至妙，唯杜始得之矣。賈逵云：「叔孫，義也，魯疾之非也。」服虔云：「叔孫欲尊魯國，不爲人私，雖以違命見貶，其於尊國之義得之。」案經去其族，是文貶也。傳言「違命」，是實惡也。賈、服違經反傳，背左氏，異孔子。孔子貶之，賈逵賞之。丘明言其「違命」，服虔善其尊國，是不以丘明之言解《左傳》，不以孔子之意說《春秋》也。（《春秋左傳正義·襄二十七年》卷38，頁1219）

經文書「豹」不書其族，傳文謂季孫以公命命豹，豹違其命，故不書其族。當時季孫專政，此命亦於理不合，故傳文雖謂叔孫違命，但賈逵及服虔並不認爲傳文即以叔孫豹爲惡，反而謂叔豹雖違命，但其實是顧全魯國之大義。對於「叔孫豹」的褒貶之意，杜預與賈、服二人的看法不同，杜氏雖也認同此命爲季孫假公命之，實爲己意，但認爲叔孫仍應順命，以顯弱君之命，今違命，故爲貶。孔《疏》解釋時，對杜〈注〉極盡曲說，對賈、服二人則嚴屬批判。孔《疏》認爲雖然叔孫「內知非公」，且此命亦「非理」，但叔孫仍應「聽從」，藉順命「以顯弱命之君」，如此才是表達「敬君之情深矣」。其實，孔《疏》的論述過於迂迴不通，比如當時季孫專政，魯公弱命已久，何獨由此事順命以顯之？且此命既已非理，又何必棄國之大義，而特顯「敬君之情深」？尤其疏文中稱叔孫當自省「我君由來無命，今君唯以此命命我，事雖

非理，亦宜聽從」等語，更是奇怪可笑。但孔《疏》還強調「此義至妙，唯杜始得之矣」，批評賈、服二人「違經反傳，背左氏，異孔子」，甚至否定二人是「不以丘明之言解《左傳》，不以孔子之意說《春秋》」，在孔《疏》筆下，似乎只有杜預是得孔子《春秋》及丘明《左氏》真傳者，唯有杜說才是至理真解，其對杜氏的依循，幾近阿諛諂媚，令人不忍卒讀。

雖然孔《疏》中猶有「闕疑不論」等持平的言論，但這樣的言論在全書中仍屬少數，〈僖十六年〉「十有六年，春，王正月，戊申，朔，隕石于宋，五。」傳「退而告人曰：『君失問。是陰陽之事，非吉凶所生也。』」注「言石隕、鷁退，陰陽錯逆所為，非人所生。襄公不知陰陽而問人事，故曰君失問。叔興自以對非其實，恐為有識所譏，故退而告人。」疏云：

> 其傳云「亂則妖災生」，〈洪範〉曰：「狂恒雨若」，此皆假之陰陽以
> 為勸戒，神道助教，非實辭也。但聖賢之說未知孰是，故兩載其義，
> 以俟後賢。（《春秋左傳正義・僖十六年》卷14，頁445）

疏文雖不認同「神道助教」，但因〈宣十五年〉傳文曰「亂則妖災生」，[註25]〈洪範〉亦曰「狂恒雨若」，皆由人禍以論天災，故孔《疏》以「聖賢之說未知孰是」而「兩載」之，不似平日積極分判正誤的語氣；又〈昭二十九年〉傳「龍，水物也，水官弃矣，故龍不生得。」注「弃，廢也。」疏云：

> 未知何官致鳳？何官致虎？未測杜旨，不可強言，是用闕疑，以俟
> 來哲。（《春秋左傳正義・昭二十九年》卷53，頁1735）

對未知者，強調「不可強言」而「闕疑」之。上述二例，對於《左氏》、杜〈注〉與其他說法之不同，疏文不強加分判是非，而僅以「以俟後賢」及「以俟來哲」等保留的態度處理，此與孔《疏》大體的風格不相合。總觀全書，這種持平謹慎處理異說的方式，在孔《疏》中也僅見此兩處。相反地，這種「以俟來哲」的文辭，倒屢見於《穀梁》楊《疏》中，與楊《疏》「總結而闕疑」的詮解態度較為相近。[註26]因此，孔《疏》中雜揉這種語氣，當為其成於眾之手，未能統整的痕跡。整體而言，孔《疏》的論述較具有黨同伐異的批

〔註25〕《春秋左傳正義・宣十五年》，卷24，頁770。傳「潞子嬰兒之夫人，晉景公之姊也。酆舒為政而殺之，又傷潞子之目。晉侯將伐之。諸大夫皆曰：『不可。酆舒有三儁才，不如待後之人。』伯宗曰：『必伐之！狄有五罪，儁才雖多，何補焉？……商紂由之，故滅。天反時為災，地反物為妖，民反德為亂。亂則妖災生。故文反正為乏，盡在狄矣。』」

〔註26〕關於楊《疏》的詮解目的，詳見本論第六章第三節。

判色彩，不僅著重《左氏》在三《傳》中的重要性，也強調杜〈注〉在諸家注中的正確性。

　　孔《疏》以樹立一統性作為其立論的主要原則，其緊密結合《左氏》與《春秋》的傳承關係，企圖建構一套由《春秋》而至《左氏》，再至杜預《集解》及孔《疏》的詮解一統性。這種定於一尊的學術性格，實與《左氏》學的流傳有密切關係。《左氏》的興起歷經了經學史上今古文的重大爭議，最後取得獨立學官的特殊地位，強調《左氏》成於左丘明之手，以區隔《公羊》、《穀梁》二傳經口授而寫定的成書過程，可說是歷來《左氏》學者批評二傳的基本論調，藉由左丘明與孔子年代相仿、淵源密切，以對比出《公》、《穀》二傳長期口授的低信度。杜預亦以「簡二傳而去異端」〔註27〕來探求傳文本意，將二傳與《左氏》相異者皆視為「異端」。唐初孔《疏》取杜預《集解》為注，亦含有終結南、北學爭議的政治目的。所以定一尊可謂為《左氏》、杜預《集解》以來一貫的學術性格，孔《疏》傳承此傳統，在政治大一統的指導原則下務別是非，以獨尊《左氏》學為主要立場。

（二）重引證輕論述

　　孔《疏》在立論上依循著歷來《左氏》學者的一貫立場，在論述方式上也大體不離傳統注疏學廣徵博引的論述風格。孔《疏》中徵引的人名及書名約一百八十一種，疏文字數多達數百萬字，其徵引的資料遍及經、史、子、集四部，是三《疏》中徵引種類最多、範圍最廣者。而這些援引的資料，或用於闡釋經義，或取今俗語相釋，或取辭賦語詞比附其義，運用的層面相當多元。

　　孔《疏》的立論，側重於資料的徵引與擴充，大大發揮了傳統「廣徵博引」的注疏特色。這種「廣徵博引」的體例，一方面總匯前人諸說，保留大量的文獻史料，也在立論上，大大增加了論述的依據；但另一方面，刻意著重於資料的補充，不免使其疏文趨於龐雜冗長，再加上孔《疏》成於眾人之手，難以一一詳校刪修，遂產生了一些弊病。誠如本論文第五章所論述的，「贅言」與「重文」即為孔《疏》在論述方式上的缺失。此外，有時過份注重於資料的舉證，反使其論述流於瑣碎紛雜，以〈宣四年〉及〈襄二十八年〉二處疏文為例，〈宣四年〉傳「及入，宰夫將解黿，相視而笑。」疏文云：

〔註27〕《春秋左傳正義‧序》，卷1，頁26。

《說文》云「黿，大鼈也」。《玄中要記》曰：千歲之黿能與人語。（《春秋左傳正義·宣四年》卷21，頁697）

孔《疏》取《說文》及《玄中要記》以解釋「黿」字。《說文》釋其形態種類，《玄中要記》則以奇聞軼事補充之，取字書與古代小說爲解，舉證資料擴及經、集二部。然就經義而言，《玄中要記》的記載實與經、傳意義關連不大；又〈襄二十八年〉傳「盧蒲癸、王何執寢戈，慶氏以其甲環公宮。陳氏、鮑氏之圉人爲優。」注「優，俳。」疏云：

優者，戲名也。《晉語》有優施，《史記·滑稽傳》有優孟、優旃，皆善爲優戲，而以優著名。史游〈急就篇〉云：「倡、優、俳、笑。」是優、俳一物而二名也。今之散樂戲爲可笑之語，而令人之笑是也。宋大尉袁淑取古之文章令人笑者，次而題之，名曰《俳諧集》。（《春秋左傳正義·襄二十八年》卷38，頁1241）

注文以「俳」字解釋傳文「優」字，疏文解釋注文時，連續徵引了《晉語》、《史記·滑稽傳》、〈急就篇〉三書的說法，僅爲了解釋「優、俳一物」，甚至還提及劉宋袁淑的《俳諧集》，說明此書的內容及命名，強調後世的「俳」字亦有「令人笑者」之意。僅僅兩字的注文，疏文卻花了將近百字，廣引經、史、集三部中的四種書籍來加以解釋，可謂將此「廣徵博引」的特色發揮至極至。只是，這些「廣徵博引」的論述中有些早已溢出注文「優，俳」二字的意義，甚至還與原本傳文「優」字無關，不免失於雜冗。

此外，孔《疏》詮解的對象不僅針對經、傳、注，甚至還有將陸德明的《釋音》納入詮解的範疇，〈昭十一年〉傳「十二月，單成公卒。楚子城陳、蔡、不羹。」注「襄城縣東南有不羹城，定陵西北有不羹亭。」釋音「羹舊音郎，《漢書·地理志》作更字。」疏云：

古者羹臛之字音亦爲郎，故〈魯頌·閟宮〉、《楚辭·招魂》與史游〈急就篇〉羹與房、漿、糠爲韻。但近世以來，獨以此地音爲郎耳。（《春秋左傳正義·昭十一年》卷45，頁1484）

此處疏文很明顯是針對《釋音》而發，解釋《釋音》「羹舊音郎」一句，這種詮解《釋音》的方式，《公羊》、《穀梁》二疏未曾見到，孔《疏》中也屬特例，可謂爲孔《疏》詮解對象上的一次歧出。

孔《疏》對於資料的蒐羅極爲仔細且廣泛，就算僅爲了解釋簡短幾個字，疏文也常常花費大篇幅，舉證各部各類書籍來反覆論說，可見作疏者對「廣

徵博引」的注疏體例的重視，透過這種論述方式充份展現出作疏者見識之廣博，以及資料運用之嫻熟。只是，若引證過度，疏文的論證溢出原本詮解的範疇，也將造成立論上的瑣碎與歧出，上述數例中，《玄中要記》及《俳諧集》二說實與詮解的文本無密切關聯，甚至嚴格說起來，也僅有「奇趣」的記軼功用，而〈昭十一年〉中的釋《釋音》，更是連詮解對象也溢出原本的範疇了。由此也可看出，孔《疏》的立論，很明顯地偏重引證而忽略論述，著重資料的橫向補充，難免使其論述缺乏集中性。

　　這種重引證而輕論述的特色，也展現在爲文方式上，疏文中常常僅見大幅廣引的諸種說法，但作疏者的申論與看法卻略嫌簡短，如〈僖四年〉傳「大子祭于曲沃，歸胙于公。公田，姬寘諸宮六日，公至，毒而獻之。公祭之地，地墳。與犬，犬斃。與小臣，小臣亦斃。」疏云：

> 《晉語》說此事云：「公田，驪姬受胙，乃寘酖於酒，寘菫於肉。公至，召申生獻。公祭地，地墳。申生恐而出。驪姬與犬肉，犬斃，飲小臣酒，亦斃。」此傳既略，當如《國語》也。賈逵云：「菫，烏頭也。」《穀梁傳》曰：「以酖爲酒，藥脯以毒。」（《春秋左傳正義・僖四年》卷 12，頁 384）

疏文引《國語・晉語》以證史事，取賈逵與《穀梁傳》以解字義。在此段疏文中僅有「此傳既略，當如《國語》也」二句爲作疏者的總結，其餘皆是引文。這種引文多而申論少的論述形式，在孔《疏》中運用地極爲頻繁。甚至，還有只有引文而無申論者，除了第五章第一節中所提及者外，下列再引五則疏文爲例：一爲〈襄八年〉傳「孫蒯、孫惡出奔衛。」注「二孫，子狐之子。」疏云：

> 賈逵云：「然未必有文可據，相傳爲此說也。」（《春秋左傳正義・襄八年》卷 30，頁 981）

又〈襄十八年〉傳「叔向曰：『在其君之德也。』」注「言天時、地利不如人和。」疏云：

> 《孟子》云：「天時不如地利，地利不如人和。」（《春秋左傳正義・襄十八年》卷 33，頁 1095）

又〈昭七年〉傳「賜子產莒之二方鼎。」注「方鼎，莒所貢。」疏云：

> 服虔云：「鼎三足則圓，四足則方。」（《春秋左傳正義・昭七年》卷 44，頁 1435）

又〈昭十七年〉傳「仲尼聞之，見於郯子而學之。」注「於是仲尼年二十八。」
疏云：

> 沈文阿云：「襄三十一年注云：仲尼年十歲。計至此年二十七，今云
> 二十八，誤。」（《春秋左傳正義‧昭十七年》卷48，頁1573）

又〈襄三十一年〉傳「諸侯賓至，甸設庭燎。」注「庭燎，設火於庭。」疏
云：

> 〈郊特牲〉云：「庭燎之百，由齊桓公始也。」鄭玄云：「僭天子也。
> 庭燎之差，公蓋五十，侯伯子男皆三十。」（《春秋左傳正義‧襄三
> 十一年》卷40，頁1297）

上述五例中，孔《疏》或取他家注說，或取他疏，故取子書，或取他經注文，
整段疏文皆僅見徵引的人名及文字，既未有上下文的說明，也未加入作疏者
的申論。或許作疏者認為所引之文已足以說明文義，遂不多加申說。但作為
一詮解的文體，僅列舉引文，而省略作疏者的申述及論說，使其立論僅流於
資料的舖陳。

　　孔《疏》既引證多申論少，又囿於杜〈注〉，不妄取新說，使得孔《疏》
的論述特別著重「資料性」。在訓解經、傳、注的過程當中，前人舊說往往成
為疏文的主體，作疏者藉由大量文獻史料的舖陳，以進行「義疏」的工作。
這些文獻史料並不限於經書，而是遍及經、史、子、集各部，上至先秦下至
南北朝，只要與經、傳、注文相關，皆可成為疏文的內容，使得疏文除了「義
疏」的功能外，還兼具文獻史料保存上的重要意義。然而相對地，著重引證
卻缺乏申論，使得作疏者的身影隱身於這些引文之後，甚至僅退居於蒐集及
串連的功能，而難窺見作疏者真正的思想。

　　再者，孔《疏》過份著重資料的蒐集與舉證，卻沒有相對的推論敘述，
使得疏文的詮解雖具有資料的廣度，但也易缺乏立論的深度。這亦與孔《疏》
官脩的背景有密切關係，官脩《正義》為奉詔之作，在大一統的前提下，集
眾人之手而成，資料蒐羅的廣泛與繁細自非私人撰述所能及之，但相反地，
面對如此龐大的資料，如何加以統整？其間的論述，又如何統一？亦成為孔
《疏》面對的最大困境。所以「廣徵博引」即是孔《疏》論述的優勢與特色，
但「冗雜」與「重文」亦成為其無可避免的缺失；而引證多而論述少，雖缺
乏立論的深度，但也是其統一論述，避免分歧的主要方式。

二、私撰注疏：持平簡約文風的開展

官脩之孔《疏》積極連繫《春秋》與《左氏》的經、傳關係，提高《左氏》的崇高地位，並藉由批駁他說，專主杜說，以建構獨尊一家的大一統局面。其承襲傳統注疏學「廣徵博引」的論述方式，重引證而輕論述，形成繁細廣博的疏文特色，但卻相對地欠缺了論述的深度；而私撰的徐《疏》與楊《疏》，雖也是在本傳的系統中，不斷地強調自身的重要性，但與官脩孔《疏》相比，私撰二《疏》的論述通常較爲平和，較不具有積極排外的攻擊性，且擺脫了政治的指導力量，反而能回歸學術本身，對義疏體例有一較不同的省思。

（一）存而不論

徐、楊二《疏》對於版本異文，多採取客觀持平的態度，清楚標示異文的差異，而不妄斷是非，對於三《傳》中不同的說法，也多持保留的態度，不輕易依取本傳而薄斥二傳，其不如官脩孔《疏》般，具有積極排他的批判性格，反而特顯一種「並存不論」的態度，這種「並存不論」的態度，在《穀梁》楊《疏》中尤爲明顯，此在上一章探討楊《疏》對舊說的態度中即可看出，以下即再舉例說明楊《疏》對三《傳》及注家的看法，比如〈成元年〉「冬，十月。」傳「季孫行父秃，晉郤克眇，衛孫良夫跛。」疏云：

> 《左氏》以爲跛；今云眇者，《公羊》無說，未知二傳孰是。范明年
> 注云「郤克跛」者，意從《左氏》故也。或以爲誤，跛當作眇。（《春
> 秋穀梁傳注疏·成元年》卷13，頁243）

《穀梁》謂晉郤克「眇」，異於《左氏》之「跛」，楊《疏》比較三《傳》異說，強調除了《公羊》無說外，「未知二傳孰是」，不因《穀梁》爲本傳即直取《穀梁》而去《左氏》之說。文中提到〈成二年〉范〈注〉「郤克跛」，反同《左》異《穀》，此傳、注之差異，楊氏以范〈注〉爲失，推論范〈注〉之「跛」字當爲「眇」字之訛誤；又〈成十六年〉「乙酉，刺公子偃。」傳「大夫日卒，正也。先刺後名，殺無罪也。」疏云：

> 徐邈云：「偃爲僑如所譖，故云無罪。」《左氏》云：「爲姜氏所立。」
> 二者未知孰是。（《春秋穀梁傳注疏·成十六年》卷14，頁273）

此處是比較《穀梁》徐邈注與《左氏》之差異，楊士勛亦謂「二者未知孰是」，不因徐注爲本傳注文而取之，也不因《左氏》爲傳文而從之，可見其謹愼保留的態度。

楊《疏》謹愼看待三《傳》異說，對於各傳注家亦同樣不妄斷是非，〈桓

十七年〉「癸巳，葬蔡桓侯。」注「徐邈曰：『葬者，臣子之事。故書葬皆以公配謚。此稱侯，蓋蔡臣子失禮，故即其所稱以示過。』」疏云：

> 何休云：「蔡季賢而桓侯不能用，故抑之。」杜預云：「疑謬誤。」
> 范以爲臣子失禮稱侯，即就其所稱以示過。三傳無文，各以意說。（《春秋穀梁傳注疏・桓十七年》卷4，頁68）

諸侯書葬稱侯卻不稱公，《公羊》何休注及《穀梁》范甯注皆視其爲貶，《左氏》杜預注則直接懷疑經文訛誤，楊《疏》雖承范氏爲注，但並未因此即取范說，反而一一徵引三《傳》注家的說法，再以「三《傳》無文，各以意說」總結，明白指出三家注說僅爲申說己意，皆無傳文可據，既無可據，楊氏遂不妄加取捨；同樣地，范〈注〉與其他注家之異說，楊《疏》有時也以此方式處理，〈文六年〉「閏月不告月，猶朝于廟。」注「禮：天子以十二月朔政班告于諸侯，諸侯受於禰廟。」疏云：

> 鄭（指鄭玄）云「祖廟」，范言「禰廟」者，以無正文，各以意說。
> 或祖或禰，通言之耳。（《春秋穀梁傳注疏・文六年》卷10，頁192）

經文中的「廟」字，范甯認爲是「禰廟」，異於鄭玄《論語》注中所云的「祖廟」，對於范、鄭二注之差異，楊氏同樣以「以無正文，各以意說」作結，認爲這兩種說法實無相關史料可作爲依據，既只是二注家的各申己意，楊氏也就不予以分判是非，甚至還試圖調和，推論或許「祖」、「禰」二字相通。

　　上述諸例，不論的三《傳》異文、異說，或是三《傳》注家間的不同，楊士勛皆採持平謹慎的態度，不輕易分判取捨，不因其承《穀梁》、范甯〈注〉作疏，即一味以二者爲據，反而持平看待諸說，完全以「證據」爲尚，若諸說皆未能有相當可信的依據，則皆並存示疑。其論述所採取的是一種「並存諸說」的持平方式，先一一徵引諸種異說，顯示詮解的各種可能性，文末再以持平開放的結論收尾。這種論述的方式，可以看出楊氏側重的是不同說法的參酌，既不要求一統一的定論，更不需要黨同伐異的批判。條列各種不同的解釋，展現各種詮解的可能性，才是楊氏主要的用心。誠如上一章所分析的，楊《疏》容忍並尊重經書詮解的歧義性，故將自身的意見置於舊解諸說之後，不輕易以己意判斷，而以「略舉所疑，遺諸來哲」〔註28〕作爲其疏文的主要目的。這種疏

〔註28〕《春秋穀梁傳注疏・莊元年》，卷5，頁73～74。經「秋，築王姬之館于外。」傳「其不言齊侯之來逆，何也？不使齊侯得與吾爲禮也。」疏云：「《春秋》之例，得常不書。莊公親逆，是禮而書，故知非其逆於齊也。今王姬嫁於齊，

文目的，迥異於孔《疏》建立一統的政治企圖，也使得楊《疏》開展了另一種的義疏風格。疏文不再只是注文，甚至傳文的再詮解，而是透過歧義性的摻入，疏文在傳、注原有的論述架構下，逐漸朝向一種反向的、後設的反省，也因爲不同說法的相互對照，產生新的對話空間，使得學術的場域更加多元化，不再以承襲本傳、本注的一統化，作爲疏文的唯一作用。

同樣屬於私人脩撰的《公羊》徐《疏》，在版本異文上採取標示而不分判正誤的客觀態度，也呈現了這種「存而不論」的傾向。其認可諸家異文，而不強以何〈注〉爲據，其詳考何休注說之依據，也不諱言指出何休自申己意的部分，比如〈莊十四年〉「夏，單伯會伐宋。」傳「其言會伐宋何？後會也。」注「從不義兵而後者，惡淺。」疏云：

> 無經可據，但言理當然也。(《春秋公羊傳注疏‧莊十四年》卷 7，
> 頁 179)

經文中的「會伐宋」，《公羊》釋爲「後會也」，何休〈注〉中則加入「惡淺」之評價，徐《疏》批評何休之言是「無經可據」，只是以「理」推之；類似的語辭亦見於〈成六年〉、〈昭十年〉二處，〈成六年〉「二月，辛巳，立武宮。」傳「立者何？立者不宜立也。立武宮，非禮也。」注「諸侯之卿大夫比元士二廟。」疏云：

> 更無正文，何氏以意當之。(《春秋公羊傳注疏‧成六年》卷 17，頁
> 443)

又〈昭十年〉「十有二月，甲子，宋公戌卒。」注「去多者，蓋昭公取吳孟子之年，故貶之。」疏云：

> 正以《禮記》、《論語》皆有「昭公取于吳，謂之吳孟子」之文，但
> 不指其取之年歲。今無冬者，無佗罪可指，是以何氏以意當之，以
> 無正文，故言蓋也。(《春秋公羊傳注疏‧昭十年》卷 22，頁 563)

上兩疏文中，徐彥直指何休之注是己意的推想，而「無正文」之依據。與《穀梁》楊《疏》持平不論的態度相比，雖然徐《疏》中猶有對何休維護之意，但能夠指明何〈注〉的缺乏依據，而不是一味地附從依循，其對注、疏關係

而使魯爲主，齊侯如魯親逆，當合書經。但齊是魯讎，不使齊侯得與吾爲禮，故不書之耳。舊解齊侯親逆，不至京師，文王親逆，不至于治，則天子諸侯親迎，皆不至婦家矣。今恐不然，何者？此時王姬魯主婚，故不至京師。《詩》稱『親迎于渭』者，爲『造舟爲梁』張本，焉知文王不至大姒之家？略舉所疑，遺諸來哲。」

已有較平等的看待。

（二）簡約的敘述文風

　　同樣是廣徵資料的義疏文體，官脩孔《疏》與私撰的徐、楊二《疏》，在取材的對象與方式上各有不同，所形成的文風亦是繁、簡各異。孔《疏》的論述著重資料的補充，其大量徵引相關的文獻史料，在不牴觸傳、注說法的前提下，強化傳、注之依據性，整體而言，疏文風格傾向一種橫向的舖陳；至於徐、楊二《疏》，其徵引的資料不若孔《疏》廣博，但卻能針對異文、異說作較多的論述，藉由不同說法的展現，對經義做更深入、更全面的反省，疏文風格朝向一種縱向的開展，並逐漸去繁就簡，形成一種簡約的敘述文風。

　　《穀梁》楊《疏》其論述側重於不同異說的展現，而其所徵引的異說，文辭多較簡略，只擷取重點，關鍵性的點出彼此間的差異，至於相關的前後論述，則多採簡略帶過，或以並存闕疑的方式處理，此由上小節論述楊《疏》並存異說之引文中即可得到印證。而這種簡要的徵引方式，與孔《疏》動輒長篇巨論，力求引證的完整詳即大不相同。

　　除了徵引文辭的簡潔扼要外，楊《疏》論述的言辭也傾向簡短，甚至屢屢出現十字以下的「短文」，這種短疏的形式在楊《疏》中運用的極為普遍，詮解的對象也遍及經、傳、注三者。比如〈宣四年〉「秦伯稻卒。」疏云：

　　　　《世本》：秦共公也。（《春秋穀梁傳注疏・宣四年》卷12，頁222）

又〈成十六年〉「夏，四月，辛未，滕子卒。」疏云：

　　　　《左氏》滕文公。（《春秋穀梁傳注疏・成十六年》卷14，頁269）

此兩處疏文是用以說明經文中諸侯的身份，整段疏文僅標明書名及諸侯名，字數不超過六字；而用以解傳者，如〈隱三年〉「八月，庚辰，宋公和卒。」傳「諸侯日卒，正也。」疏云：

　　　　據正始，故發傳也。（《春秋穀梁傳注疏・隱三年》卷1，頁18）

以「據正始」作為傳文為文的理由；又〈襄十九年〉「取邾田，自漷水。」傳「其不日，惡盟也。」，疏云：

　　　　謂執君取地。（《春秋穀梁傳注疏・襄十九年》卷16，頁299）

此五字說明傳文中的「惡」字；〈莊二十八年〉「臧孫辰告糴于齊。」傳「一年不艾而百姓饑。」，疏云：

　　　　糜信云：「艾，穫也。」（《春秋穀梁傳注疏・莊二十八年》卷6，頁113）

取欒信之言解釋傳文「艾」字。此三例是用以詮解傳文文義，但不論是申述己意，或是引證他說，皆簡短扼要不出十字；至於解注者，則有〈僖五年〉「鄭伯逃歸不盟。」傳「以其去諸侯，故逃之也。」注「專己背眾，故書逃，傳例曰：『逃義曰逃。』」疏云：

> 莊十七年傳文。（《春秋穀梁傳注疏·僖五年》卷7，頁138）

疏文指出范〈注〉所言「傳例」之出處；又〈僖四年〉「齊人執陳袁濤塗。」傳「齊人者，齊侯也。其人之，何也？於是哆然外齊侯也，不正其蹢國而執也。」注「江熙曰：『……故《春秋》因而譏之，所謂以萬物爲心也……。』」疏云：

> 《莊子》文。（《春秋穀梁傳注疏·僖四年》卷7，頁135）

疏文說明江熙之「以萬物爲心」是出自《莊子》之文；〈宣八年〉「夏，六月，公子遂如齊，至黃乃復。」注「蓋有疾而還。」疏云：

> 以下有卒，故知有疾也。（《春秋穀梁傳注疏·宣八年》卷12，頁224）

疏文解釋注文說法之依據。上述數例中，或補充他書說法，或說明出處來源，或解釋上下文義，其擷取的引文簡短數字，申論的文辭亦簡潔扼要，整段的疏文皆不超過十字，這種簡約的論述型式，在楊《疏》中相當常見，與孔《疏》的長篇繁文形成鮮明的對比。

　　這種簡約的敘述文風，也展現在《公羊》徐《疏》中，其中又集中在解注方面。徐《疏》詮解的重心在詳考何〈注〉出處及用意，全書中解注之文約占八成，而在說明何〈注〉出處時，往往即以「在某年」或「某文」等句型簡略述之，關於徐《疏》訓注句型的特色，在本論文第五章中已有相關的討論，以下即再列舉數例說明：如〈隱二年〉「九月，紀履緰來逆女。」傳「何以不稱使？」注「據宋公使公孫壽來納幣稱使。」疏云：

> 在成八年夏。（《春秋公羊傳注疏·隱二年》卷2，頁38）

又傳「譏始不親迎也。」注「禮所以必親迎者，所以示男先女也。」疏云：

> 出〈昏義〉文。（《春秋公羊傳注疏·隱二年》卷2，頁39）

又〈桓五年〉「葬陳桓公。」注「不月者，責臣子也，……傳曰『葬，生者之事』。」疏云：

> 隱十一年傳文。（《春秋公羊傳注疏·桓五年》卷4，頁97）

又如〈宣十二年〉「夏，六月，乙卯，晉荀林父帥師及楚子戰于邲，晉師敗績。」傳「莊王伐鄭，勝乎皇門，放乎路衢。」注「道四達謂之衢。」疏云：

> 〈釋宮〉文。（《春秋公羊傳注疏·宣十二年》卷16，頁405）

上述四例，皆是說明注文出處，其以「在某年」及「某書文」二種慣用句型，簡單點出注文出處。疏文專門針對注文中的某句話，做出處的說明，其出處又僅標註篇名，既省略書名，連相關的上下文也都略而不言，短短三、四字，可謂將疏文的形式簡約至極。

除了說明注文出處時，簡單標註篇名或傳文外，徐《疏》在論述注文文義時，所用的文字亦不多，比如〈莊二十五年〉「秋，大水。鼓用牲于社于門。」傳「于社，禮也。于門，非禮也。」注「大水與日食同禮者，水亦土地所爲，雲實出于地，而施于上乃雨，歸功于天，猶臣歸美于君。」疏云：

> 同禮，謂同鼓用牲矣。(《春秋公羊傳注疏‧莊二十五年》卷 8，頁 201)

注文提到「大水與日食同禮」，疏文解釋「同鼓用牲」，故謂之「同禮」；〈文七年〉「秋，八月，公會諸侯、晉大夫盟于扈。」傳「諸侯何以不序？大夫何以不名？公失序也。公失序奈何？諸侯不可使與公盟，昧晉大夫使與公盟也。」注「不日者，順諱爲善文也。」疏云：

> 正以日爲不信辭故也。(《春秋公羊傳注疏‧文七年》卷 13，頁 337)

何〈注〉曾言「君大夫盟例日，惡不信也。」〔註 29〕徐氏取之以解此處「順諱爲善文」之意，並簡化原本文字，僅以「日爲不信辭」說明之；〈宣十一年〉「丁亥，楚子入陳。納公孫甯、儀行父于陳。」傳「此皆大夫也，其言納何？納公黨與也。」注「主書者，美楚能變悔改過，以遂前功。」其中「以遂前功」一句，疏云：

> 討徵舒是也。(《春秋公羊傳注疏‧宣十一年》卷 16，頁 404)

針對注文「以遂前功」一句，徐氏舉是年「冬，十月，楚人殺陳夏徵舒。」一事釋之，但疏文中略去上下文的敘述，而僅言「討徵舒是也」五字；又〈定四年〉「冬，十有一月，庚午，蔡侯以吳子及楚人戰于伯莒，楚師敗績。」傳「伍子胥父誅乎楚，挾弓而去楚。」注「禮，天子雕弓，諸侯彤弓，大夫嬰弓，士盧弓。」疏云：

> 古禮無文也。(《春秋公羊傳注疏‧定四年》卷 25，頁 645)

徐《疏》探求何〈注〉之來源，但於史料文獻中皆無法找到相關的依據，故於疏文中僅以「古禮無文也」五字作爲說明。上述數例中，有取古禮論證者，有取前事補充者，有取義例說明者，然而所有疏文都不超過十字，徐氏將文

〔註 29〕《春秋公羊傳注疏‧隱元年》，卷 1，頁 19。

辭簡化到最精簡的狀態。疏文針對注文的單字單句予以說明，說明的文辭也力求精準扼要，去除旁支雜言，只關鍵性的幾字點出重點。

這種簡約的論述型態，與官脩孔《疏》龐博雜引的疏文形式大不相同，私人撰脩的徐、楊二《疏》不特重引證，而重視出處說明，可以看出楊士勛與徐彥二人，多將「疏文」定位在「註腳」的功能上。義疏的體例，僅是單純做爲經、傳、注文本，尤其是注文的註解，其功用不在於列舉諸說、分判是非，也不意圖廣徵博引、另起議題，而只是純粹作爲注文的一種補充說明，補充注文的出處，說明注文的文義。此短文簡句的方式，既不會對原有的敘述脈絡帶來太大的分歧與影響，也達到了註解說明的目的。

第三節　小　結

官修的孔《疏》承襲傳統的注疏方式，以大量的資料做爲補充，重視文獻的多量、多元化。在羅列資料的同時，孔《疏》對於版本異文的成因與正誤，多加探討，對諸家異說則務別是非，以積極建構大一統的解經系統。

孔《疏》一方面關注到版本流傳中字體改易與記載介面的轉換所帶來失眞現象，尤其對於先秦典籍的流傳有清晰的瞭解，然而其將經、傳異文完全歸因於後人傳抄之誤，欲緊密結合《春秋》與《左氏》的關係，以建構《左氏》的正統崇高地位，不免使得孔《疏》在詮解視野上終究難以跳脫「專主一家」的囿限；另一方面，孔《疏》側重在「失眞」原由的還原，力求正誤的分判，以尋求一個統一化的版本。然而「失眞」的原因眞能一一尋得？且去古久遠，又如何能眞實分判正誤？孔《疏》尋求「眞實」的想法立義雖高，但作法上卻是難以達成，最終只流於獨尊一家，欲以政治力統一學術，反形成對學術的桎梏，這或許也是現在官脩正義屢受批評的原因

孔《疏》區分各家異文，並著重調和經、傳異文，由隸定及轉寫來試圖會通異文，其目的仍在於建立《春秋》與《左氏》傳承的一貫性；但在私人撰述的《公》、《穀》二疏中，則明顯擺脫傳統立於一尊的爭議，而能以較持平、較開放的態度看待版本異文，比如楊《疏》即直陳經、傳異文，而不輕斷是非。徐《疏》全面考校三《傳》中的經文異文，已意識到經籍在流傳中必然產生的文字上的變易，但其亦僅客觀地羅列異文的狀況，而不如孔《疏》般的判別正誤，或是進一步追究異文形成的原因。在徐彥的想法中，這種版本上的差異，

是版本流傳久遠所必然產生的現象，既難以探究原由，自無法判別正誤，所以其只在「正本」上求依據，至於三《傳》「正本」之差異，則採標明而評論方式處理。徐《疏》以考校異字作爲詮解經文的重心，甚至以此作爲評判注家的依據，詮解經書不再僅著眼於經義的闡釋，而能夠返回經書文本，藉由考校比對，說明版本的差異，甚至更進一步的去嘗試調和或分判彼此異文間的關聯，徐《疏》對經書的詮解中的版本問題已有一較客觀且深入的反省，只是此反省僅限於版本異文，而不及於義理闡釋，猶嫌片面與不足。

「廣徵博引」本是傳統義疏體例的特色之一，但三《疏》在資料的引證上，卻呈現出兩種完全不同的走向。孔《疏》基本上是在傳、注的論述架構下，作內在理路的引申與繁衍，所以處處展露地是以《左氏》及杜〈注〉爲尊的大一統思維，特具批判色彩，但有時也不免流於主觀曲循。其著重橫向的資料補充，引證多論述少，缺乏深入的義理分析，且在龐大繁多的疏文體例中難免夾雜歧出與冗贅；但在私人撰述的《公》、《穀》二疏中，不再有獨尊一家的積極企圖心，反而較能回歸疏文本身的反省與自覺，而呈現一種相反地，並存諸說與刪繁就簡的不同文風。其以短文簡句爲敘述的普遍句型，雖欠缺傳統義疏廣博的引證力，甚至僅將疏文侷限於「註腳」的功能上，但就句型走向而言，私人義疏擺脫史料的重覆堆砌，開始跳脫傳統的注疏體制，而有一些創新想法的萌發。

三《疏》中官脩孔《疏》與私撰徐、楊二《疏》在詮解視解上，前主一尊，後較客觀；在疏文定位上，前承傳統，後趨創新，各有不同走向。由此也可看出三《疏》對「義疏」體例的反省。

「義疏」之體源於南北朝，現今唐前義疏多已亡佚，〔註30〕難窺其要旨。

〔註30〕　現存南北朝及隋之義疏，全本者僅梁皇侃《論語義疏》十卷，而於清人馬國翰《玉函山房輯佚書》中輯佚《易》類收有南齊劉瓛《周易義疏》、梁褚仲都《周易講疏》、陳周弘正《周易義疏》、陳張譏《周易講疏》、隋何妥《周易講疏》、王嗣宗《周易義》、朱仰之《周易義》、莊氏《周易義》，《尚書》類收有隋劉焯《尚書義疏》、隋劉炫《尚書述義》、隋顧彪《尚書疏》，《詩》類有南齊劉瓛《毛詩序義疏》、北魏舒援《毛詩義疏》、北周沈重《毛詩義疏》、隋劉炫《毛詩述義》，三《禮》類有北周沈重《周官禮義疏》、梁賀瑒《禮記新義疏》、梁皇侃《禮記義疏》、北周沈重《禮記義疏》、北周熊安生《禮記義疏》，《春秋》類有陳沈文阿《春秋左氏經傳義略》、陳王元規《續春秋左氏傳義略》、蘇寬《春秋左氏傳義疏》、隋劉炫《春秋左氏傳述義》，《孝經》類有南齊闕名《齊永明諸王孝經講義》、南齊劉瓛《孝經說》、梁武帝《孝經義疏》、梁皇侃《孝經義疏》、隋劉炫《古文孝經述義》，《論語》類有梁褚仲都《論語義疏》

但在唐代長孫無忌（？～659）等編的《唐律疏義》中曾提及「義疏」一名，其云：

> 昔者聖人制作謂之爲經，傳師所説則謂之爲傳，此則丘明子夏於《春秋》禮經作傳是也。近代以來，兼經、注而明之，則謂之爲義疏，疏之爲字，本以疏闊、疏遠立名，又《廣雅》云：「疏者，識也。」案：疏訓識，則書疏記識之道存焉。〔註31〕

書中解釋「兼經、注而明之」，謂之義疏。《新唐書》亦云：

> 貞觀六年，詔罷周公祠，更以孔子爲先聖，顏氏爲先師，盡召天下惇師老德以爲學官。數臨幸觀釋菜，命祭酒博士講論經義，賜以束帛。生能通一經者，得署吏。廣學舍千二百區，三學益生員，并置書、算二學，皆有博士。大抵諸生員至三千二百。自玄武屯營飛騎，皆給博士受經，能通一經者，聽入貢限。四方秀艾，挾策負素，坌集京師，文治焕然勃興。於是新羅、高昌、百濟、吐蕃、高麗等群酋長並遣子弟入學，鼓篋踵堂者，凡八千餘人。紆侈袂，曳方履，闐闐秩秩，雖三代之盛，所未聞也。帝又讎正五經繆缺，頒天下示學者，與諸儒粹章句爲義疏，俾久其傳。〔註32〕

文中提到唐太宗時，校正五經繆缺，並召集諸儒「粹章句爲義疏」。由此可知，唐人對於「義疏」的體例，多側重於兼明經、注，爲傳統章句之學。

近世學者論「義疏」文體，則嘗試由形成過程來加以討論，比如戴君仁曰：

> 章句不是──或不僅是──零星的詞和字的解釋，而是整段逐句的文義解釋。……我想漢儒的章句，應是南北朝義疏之祖。……雖然晉人尚簡，不會如前代章句，後來義疏之繁重。然而它發明理旨，很近章句；依人起意，很像義疏。所以上承章句，下開義疏，當是晉人的經義。〔註33〕

等三十種殘本：清黃奭《黃氏逸書考》中另收有北齊劉瓛《繫辭義疏》殘本。此外，由日本所藏舊書中，亦發現有梁鄭灼《禮記子本疏義》及佚名《講周易疏論家義記》二種殘本，此二書論述參見陳金木《皇侃之經學》（臺北：國立編輯館，1995 年）、張寶三〈儒家經典詮釋傳統中注與疏之關係〉。

〔註31〕 〔唐〕長孫無忌等：《唐律疏義》，卷1〈該説律意〉，收於《景印文淵閣四庫全書》，頁 672～24。

〔註32〕 《新校本新唐書》，卷 198〈列傳‧儒學上〉，頁 5636。

〔註33〕 戴君仁：〈經疏的衍成〉，《經學論文集》（臺北：黎明文化事業股份有限公司，

戴氏認爲義疏是上承漢代章句及晉人經義而來，基本上句含了「繁重」、「依人起意」的特色；而牟潤孫則曰：

> 義疏之爲書，自其文體上言，儒釋亦顯有類似之點。所可論者，蓋有二事焉。一爲其書之分章段，二爲其書之有問答。〔註34〕

牟氏認爲「講經而著爲義疏，以釋氏爲先」，〔註35〕儒家「義疏」的文體，受釋家影響很深，其舉義疏中的「分章段」及「有問答」，作爲義疏與釋氏之關聯；張寶三曰：

> 儒家「義疏」之體乃源於南北朝時期儒者對經書所作之再詮釋。大體而言，其依傍一家之注，經、注並釋，並非僅是「注釋之注釋」。且「義疏」對於注，除申述或補充其義外，對注說之不當或違反經義之處，亦加以訂正，並無「疏不破注」之體例。至唐代修撰《五經正義》，爲統一經訓，以作爲科舉考試之依據，乃刪去舊疏中違注之部分而專崇注說，此爲「義疏」體例之重大改變，後人每習言「疏不破注」，亦緣於此也。〔註36〕

張氏強調「義疏」是「依傍一家之注，經、注並釋」，本無「疏不破注」之體例，至唐時《五經正義》統一經訓，才使「義疏」體例發生了「重大的改變」。

綜上所述，不論是唐人的「兼經、注而明之」，或是近世學者所謂之「繁重」、「分章節」，或是「對經書所作之再詮釋」，「義疏」體例大體是指兼明經、傳、注的章句之學，其中還包含了繁重、分章段、問答等特點。今見《春秋》三《疏》，大體體現如此的體例，只是繁重的體例各異，而問答的體例雖見於徐、楊二《疏》，但皆只爲疏中的特例，非爲必然之體例。且透過細部的分析，也可以發現三《疏》雖同解經、傳、注，但對應不同的對象，三《疏》在論述的依據、焦點、句型上皆有所差異，且纂脩目的及態度的不同，也影響其「再詮釋」的深度與廣度。就「義疏」的定位而言，官脩孔《疏》基本上是對傳統注疏做總結統一的工夫，以政治力量，盡展文獻處理的廣度與強度；而私撰徐、楊二《疏》雖也總結，但不特重一統，反而以異說異文，展現「義疏」詮解的多元風貌。

1982 年），頁 108～119。

〔註34〕 牟潤孫：〈論儒釋兩家之講經與義疏〉，《注史齋叢稿》，頁 294。

〔註35〕 〈論儒釋兩家之講經與義疏〉，《注史齋叢稿》，頁 248。

〔註36〕 張寶三：〈儒家經典詮釋傳統中注與疏之關係〉，《「孔學與二十一世紀」國際學術研討會論文集》（臺北：政治大學，2001 年），頁 338。

第八章　三《疏》與唐後期《春秋》學之比較

　　唐代《春秋》學的發展，隨著三《疏》的先後完成，使傳統的義疏之學達到總結與統一的局面。盛唐時，王元感（？～？）作《春秋振滯》，其「掎摭舊義」，[註1] 對《五經正義》提出批評。劉知幾作《史通》，其中有〈惑經〉、〈申左〉二篇，意圖顛覆傳統對經、傳的看法。透過這些人的批評與反動，《春秋》學者開始對傳統的義疏學進行反省與思索。至中唐啖助等人的新《春秋》學派興起，終於使《春秋》學的研究產生很大的轉折，也引起經學史上的新風潮。

第一節　啖助、趙匡、陸淳之《春秋》學派

一、啖助、趙匡、陸淳《春秋》學的形成與評價

　　啖助的新《春秋》學派是以啖助為主，經由趙匡的修正，再由陸淳加以會整及推展。

（一）啖、趙、陸三人的關係

　　關於啖助、趙匡、陸質三人的生平事蹟，史書記載不多，《舊唐書》僅於〈儒學下〉中有〈陸質傳〉，[註2] 《新唐書》則有〈陸質傳〉[註3] 及〈啖助

〔註1〕　《新校本舊唐書》，卷189下〈列傳・儒學下・王元感〉，頁4963。
〔註2〕　《新校本舊唐書》，卷189下〈列傳・儒學下・陸質〉，頁4977～4978。云：「陸質，吳郡人，本名淳，避憲宗名改之。質有經學，尤深於《春秋》。少師事趙匡，匡師啖助，助、匡皆為異儒，頗傳其學，由是知名。陳少遊鎮揚州，愛其才，辟為從事。後薦於朝，拜左拾遺。轉太常博士，累遷左司郎中，坐細

傳〉，〔註4〕主要提及陸淳及啖助的籍貫與經歷，並旁及趙匡之簡介。而在陸淳所編纂的《春秋啖、趙集傳纂例·修傳始終記》中則對三人關係有較詳細的敘述，其曰：

> 啖先生，諱助，字叔佐，關中人也。聰悟簡淡，博通深識。天寶末，客於江東。因中原難興，遂不歸還。以文學入仕，爲台州臨海尉，復爲潤州丹陽主簿。秩滿，因家焉，陋巷狹居，晏如也。始以上元辛丑歲，集三《傳》，釋《春秋》。至大歷庚戌歲而畢。趙子時官於宣歙之使府，因往還浙中，途過丹陽，乃詣室而訪之。深話經意，事多響合，期反駕之日，當更討論。嗚呼！仁不必壽。是歲，先生即世，時年四十有七。是冬也，趙子隨使府遷鎮於浙東。淳痛師學之不彰，乃與先生之子異，躬自繕寫，共載以詣趙子。趙子因損益焉，淳隨而纂會之。至大歷乙卯歲而書成。趙子，名匡，字伯循，天水人也。暨淮南節度使御史大夫陳公之領宣歙時始召用，累隨鎮遷拜，後爲殿中侍史、淮南節度判官。淳，字伯沖，吳人也。世以儒學著，時又爲陳公薦，詔授太常寺奉禮郎。〔註5〕

啖助，字叔佐，生於開元十二年（724），卒於大歷五年（770），曾任丹陽主

故，改國子博士，歷信、台二州刺史。順宗即位，質素與韋執誼善，由是徵爲給事中、皇太子侍讀，仍改賜名質。時執誼得幸，順帝寢疾，與王叔文等竊弄權柄。上在春宮，執誼懼質已用事，故令質入侍，而潛伺上意，因用解。及質發言，上果怒曰：『陛下令先生與寡人講義，何得言他。』質惶懼而出。未幾病卒。質著《集注春秋》二十卷、《類禮》二十卷、《君臣圖翼》二十五卷，並行於代。貞元二十一年卒。」

〔註3〕 《新校本新唐書》，卷168〈列傳·儒學下·陸質〉，頁5127～5128。云：「陸質，字伯沖。七代祖澄，仕梁爲名儒。世居吳。明《春秋》，師事趙匡，匡師啖助，質盡傳二家學。陳少游鎮淮南，表在幕府，薦之朝，授左拾遺。累遷左司郎中，歷信、台二州刺史。」

〔註4〕 《新校本新唐書》，卷200〈列傳·儒林下·啖助〉，頁5705～5707。云：「啖助字叔佐，趙州人，後徙關中。淹該經術。天寶末，調臨海尉、丹楊主簿。秩滿，屏居，甘足疏糗。善爲《春秋》，考三家短長，縫綻漏闕，號《集傳》，凡十年乃成，復攝其綱條，爲《例統》。……助門人趙匡、陸質，其高弟也。助卒，年四十七。質與其子異衰錄助所爲《春秋集注總例》，請匡損益，質纂會之，號《纂例》。匡者，字伯循，河東人，歷洋州刺史，質所稱爲趙夫子者。大歷時，助、匡、質以《春秋》，施士丐以《詩》，仲子陵、袁彝、韋彤、韋苕以《禮》，蔡廣成以《易》，強蒙以《論語》，皆自名其學，而士丐、子陵最異。」

〔註5〕 〔唐〕陸淳：《春秋啖、趙集傳纂例》，《叢書集成·初編》（北京：中華書局，1985年），卷1〈修傳始終記第八〉，頁14～15。

簿，善《春秋》，以十年的時間，完成了《春秋集傳》及《春秋統例》〔註6〕
二書；趙匡，字伯循，生卒年未詳。佐陳少遊幕，〔註7〕歷洋州刺史。大曆五
年，於公務往返丹陽途中，曾與啖助針對《春秋》學進行了討論與交流，時
間雖然短暫，但「深話經意，事多響合」，趙氏成爲啖助學說重要的闡揚者；
陸淳，生年不詳，卒於貞元二十一年（805），避憲宗（778～820）名改爲質。
因陳少遊所薦，曾任太常博士、左司郎中、刺史等官。其著作包括《集注春
秋》、《禮類》、《君臣圖翼》等書。

　　史書中對啖助與趙匡二人的記載多爲簡略，而啖、趙、陸三人的關係，
歷來亦說法不一，《春秋啖、趙集傳纂例・四庫全書總目提要》曾評論曰：

> 案《二程遺書》、陳振孫《書錄解題》及朱臨作是編〈後序〉，皆云
> 淳師助、匡。《舊唐書》云：「淳師匡，匡師助。」《新唐書》則云：
> 「趙匡、陸淳皆助高弟。」按《呂溫集》有代淳〈進書表〉，稱以啖
> 助爲嚴師，趙匡爲益友。又淳自作〈修傳始終記〉，稱助爲啖先生，
> 稱匡爲趙子。餘文或稱爲趙氏。〈重修集傳義〉又云：「淳秉筆執簡，
> 侍於啖先生左右十有一年，而不及匡。」又柳宗元作淳〈墓表〉，
> 亦稱助、匡爲淳師友。當時序述，顯然明白。劉昫以下諸家，並傳
> 聞之誤也。〔註8〕

雖然《提要》中對《新唐書》的說法有所誤失，〔註9〕但其指出了諸家紛歧的

〔註6〕　啖助所著《春秋統例》一書，《新唐書》本傳中謂爲《例統》，陸淳《春秋啖、
　　　　趙集傳纂例・目錄》中則云：「啖子所撰《統例》三卷。」（頁1）陳振孫《直
　　　　齋書錄解題》及王應麟《玉海》等宋人史書中亦作「統例」，推論《新唐書》
　　　　所言之「例統」當屬「統例」之誤。
〔註7〕　陳光崇：〈中唐啖趙學派雜考〉，收於林慶彰、蔣秋華主編：《啖助新〈春秋〉
　　　　學派研究論集》，頁64。云：「趙匡從宣歙歷浙東以至揚州，歷時十餘年，佐
　　　　陳少遊幕甚久。」
〔註8〕　《春秋啖、趙集傳纂例・四庫全書總目提要》，頁1。
〔註9〕　《春秋啖、趙集傳纂例・四庫全書總目提要》中謂：「《新唐書》則云：『趙匡、
　　　　陸淳皆助高弟。』」將此視爲與《舊唐書》相異之一說。但今見《新唐書・陸
　　　　質傳》中云：「（質）師事趙匡，匡師啖助」，其說法與《舊唐書》「（質）少師
　　　　事趙匡，匡師啖助，」一致。再者，《新唐書・啖助傳》之原文爲「助門人趙
　　　　匡，陸質，其高弟也。」其中「趙匡」之後當爲逗點，「其高弟也」的「其」
　　　　指的是趙匡，意指陸質爲趙匡之徒。《提要》中誤將「趙匡」後視爲頓號，將
　　　　「其高弟也」之「其」視爲「啖助」，而以趙匡、陸質同師事於啖助，此乃《提
　　　　要》誤讀之失。後世學者不察，或承其誤，比如馬宗霍《中國經學史》、楊世
　　　　文〈啖助學派通論〉、張隱蘋《啖助新〈春秋〉學派研究論集・編者序》皆承

狀況。《提要》依呂溫（772～811）〈代國子陸博士進《集注春秋》表〉、陸淳〈修傳始終記〉、〈重修集傳義〉及柳宗元〈唐故給事中皇太子侍讀陸文通先生墓表〉四文，推論助爲淳師，匡爲淳友，此結論普遍爲學界所接受。

啖氏所著二書，現皆已亡佚，僅存清儒馬國翰（1794～1857）《玉函山房輯佚書》中收輯《春秋集傳》一卷及《春秋例統》一卷。〔註10〕《宋史・藝文志》載趙匡有《春秋闡微纂類義統》十卷，〔註11〕今亦僅存輯佚一卷；〔註12〕陸淳的著作不少，其中《禮類》及《君臣圖翼》二書已佚，今僅存《春秋啖、趙集傳纂例》十卷、《春秋微旨》三卷、《春秋集傳辯疑》十卷。《春秋集傳纂例》一書，是啖助死後，陸淳與啖子異纂會其書，並經趙匡損益，至大曆十年（775）完成；《春秋微旨》則爲陸氏「先列三《傳》異同，參以啖、趙之說，而斷其是非。」〔註13〕至於《春秋集傳辯疑》一書，亦爲「唐陸淳所述啖、趙兩家攻駁三《傳》之言也。」〔註14〕可知陸淳此三書實於啖助、趙匡的研究成果上，再加以己意而成。書中多以「啖子曰」、「趙子曰」先啖後趙的排列的方式來載錄啖、趙二說，至於陸淳本人，則罕於書中自陳己意，頂多僅以「淳聞師曰」〔註15〕來承續啖說。由此排例方式大

此論《新唐書》。針對《提要》此處爲誤讀之失，日人吉原文昭於〈關於唐代《春秋》三子之異同〉一文中（收於《啖助新《春秋》學派研究論集》一書，頁344），亦已大略提出。

〔註10〕〔清〕馬國翰：《玉函山房輯佚書》（東京：中文出版社），第二冊〈經類・春秋類〉。

〔註11〕〔元〕脫脫等：《新校本宋史》（臺北：鼎文書局，1992年），卷202〈志・藝文一・經類〉，頁5057。

〔註12〕《春秋闡微纂類義統》一書，《通志》將歸爲陸淳所作，但《宋史・藝文志》、《玉海》及《經義考》則將之視爲趙匡之作，學者多以後者之說爲是。關於此書的卷數，《宋史・藝文志》載其「十卷」，《玉海》則云：「《書目》：《春秋闡微纂類義統》十卷，皇朝章拱之作〈春秋統微序〉曰：『趙氏集啖氏《統例》、《集注》二書，及己說可以例舉者，爲《闡微義統》十二卷。』第三、四卷亡逸，今本同。」依《玉海》記載，此書原爲十二卷，宋時殘存十卷。至清代朱彝尊《經義考》時，謂其亡佚，現僅存馬國翰《玉函山房輯佚書》中輯佚一卷。

〔註13〕〔唐〕陸淳：《春秋微旨》，《叢書集成・初編》（北京：中華書局，1991年），〈四庫全書總目提要〉，頁1。

〔註14〕《春秋集傳辯疑・四庫全書總目提要》，收於《景印文淵閣四庫全書》，頁146～595。

〔註15〕陸氏三書中，多以「啖子曰」及「趙子曰」來引述啖、趙之說，《春秋微旨》中亦有用「淳聞師曰」來引述啖說者，至於明言「陸淳曰」者，僅見《春秋啖、趙集傳纂例》中〈姓氏名字爵謚義例第三十一〉及〈地名譜第四十〉兩處。

體可看出此三人於學派中的地位，啖助開創並確立了基礎理論，趙匡則與啖助的論點大同中猶有小異，而陸淳則以啖說爲主。關於趙匡與啖助間的「小異」，《春秋啖、趙集傳纂例·趙氏損益義》曰：

> 趙子曰：啖先生集三傳之善以說《春秋》，其所未盡，則申己意，條例明暢，眞通賢之爲也。惜其經之大意，或未標顯；傳之取舍，或有過差，蓋纂集僅畢，未及詳省爾，故古人云：「聖人無全能。」況賢者乎？予因尋繹之次，心所不安者，隨而疏之。〔註16〕

趙匡稱讚啖助爲「通賢」，但也謂啖氏於「經之大意」及「傳之取捨」兩方面猶有未詳之處，因此趙氏針對這些「心所不安」之處加以指陳修正。趙氏的損益反映了其對啖說的反省與引申，透過此一闡述磨合的過程，也可看出此一學派形成演變的軌跡。而啖助的《春秋》學也藉由趙匡、陸淳二人的承續與闡揚，逐漸成爲中唐一新興的《春秋》學派。

（二）後世之評價

啖助《春秋集傳》及《春秋統例》約完成於大曆五年庚戌歲（770），上距《五經正義》頒行的高宗永徽四年（653）近一百二十年。啖助等人以「異儒」〔註17〕之姿興起，著重會通三《傳》，打破傳統門戶之見，其立論頗有創新之處，一時蔚爲風潮，馬宗霍《中國經學史》曾論述了啖助學派在當時的影響，其曰：

> 今可見者，惟陸質所作《春秋纂例》、《辨疑》、《微旨》三書。其說本之啖助、趙匡，以爲《左傳》解義多謬，其書乃出於孔氏門人，非《論語》之邱明。《公》、《穀》口受子夏所傳，密于《左氏》，但後人據其大義，散配經文，亦多乖謬，失其綱紀。此等議論，前世范升、王接、劉兆等雖嘗發其端，而三傳并攻，不如此甚。且諸治《春秋》者，大抵顓門名家，尊傳過于尊經，苟有不通，寧言經誤。啖、趙、陸氏則援經擊傳，自謂契于聖人之旨，故其書一出，好異者驚之。柳宗元至以得執弟子禮於陸氏爲榮。同時盧仝撰《春秋摘微》，解經亦不用傳，故韓愈贈仝詩，有「《春秋》三傳束高閣，獨抱遺經究終始」之句。成伯璵撰《毛詩指說》，述作詩大旨及師承次序，以詩衆篇之小序子夏惟裁初句，其餘爲毛公所續。亦《春秋》、

〔註16〕《春秋啖、趙集傳纂例》，卷 1〈趙氏損益義第五〉，頁 5。
〔註17〕《新校本舊唐書》，卷 189 下〈列傳·儒學下·陸質〉，頁 4977。

《毛詩》之新派也。嗣是李翱《易詮》，論八卦之性；陸希聲《易傳》，削去爻象；高重《春秋經傳要略》，分諸國各爲書；陳岳《春秋折衷論》，以三傳異同三百餘條，參求其長，以通《春秋》之義，並以己意說經。而大中時陳商立《左氏》學議，以孔子修經爲法家，左邱明作傳爲史家，杜元凱參貫經傳殊失旨，其議實啖、趙有以啓之。故陸龜蒙亦引啖、趙爲證，與商議同。蓋自大曆而後，經學新說日昌，初則難疏，繼則難注，既則難傳，於是離傳言經，所謂猶之楚而北行，馬雖疾而去愈遠矣。〔註18〕

馬氏認爲啖助的《春秋》學實則承自前世范升、王接、劉兆等人的思想，只是啖助等人更進一步的「援經擊傳」，以己意說經。自此「好異者鶩之」，時人爭相學習，如柳宗元、韓愈（768～824）、盧仝、高重（？～？）、陳岳、陳商（？～？）、陸龜蒙（？～881）等人皆受其影響，並遍及《詩》、《易》等經，於是「離傳言經」成爲大曆之後的經學新方向。

啖助的學說在當時開啓新的風潮，但也引起後人正反兩極的評價，《新唐書》曰：

啖助在唐，名治《春秋》，摭訕三家，不本所承，自用名學，憑私臆決，尊之曰「孔子意也」，趙、陸從而唱之，遂顯于時。嗚呼！孔子沒乃數千年，助所推著果其意乎？其未可必也。以未可必而必之，則固：持一己之固而倡茲世，則誣。誣與固，君子所不取。助果謂可乎？徒令後生穿鑿詭辨，詬前人，捨成說，而自爲紛紛，助所階已。〔註19〕

晁公武亦評云：

予嘗學《春秋》，閱古今諸儒之說多矣。大抵啖、趙以前學者，皆顓門名家。苟有不通，寧言經誤，其失也固陋。啖、趙以後學者，喜援《經》擊《傳》，其或未明，則憑私臆決，其失也穿鑿。均之失聖人之旨，而穿鑿者之害爲甚。〔註20〕

宋祁（996～1061）、歐陽修（1007～1072）、晁公武等人針對啖、趙二人捨傳

〔註18〕《中國經學史》，第九篇〈隋唐之經學〉，頁104～105。

〔註19〕《新校本新唐書》，卷200〈列傳・儒林下・贊曰〉，頁5707～5708。

〔註20〕《郡齋讀書志》，卷1下〈春秋類〉，收於《景印文淵閣四庫全書》，頁674～175。

求經的方式提出批評，抨擊啖助「摭訕三家，不本所承」，啖氏三人的以己意說經是「憑私臆決」，開啓後世「穿鑿詭辨」的弊病。

但另一方面，宋人對其稱譽者亦不少，如程顥（1032～1085）即云：

> 獨唐陸淳得啖先生、趙夫子而師之，講求其學，積三十年始大光瑩，絕出於諸家外，雖未能盡聖作之蘊，然其攘異端，開正途功亦大矣。
> 〔註21〕

程顥稱許陸淳等人有「攘異端，開正途」之大功。陳振孫（1183～1261）《直齋書錄解題》則謂：

> 漢儒以來，言《春秋》者惟宗三傳，三傳之外，能卓然有見於千載之後者，自啖氏始，不可沒也。〔註22〕

陳氏認爲漢儒以降，能卓然有見者即爲啖氏始，其對啖助等人可謂推崇至極。除此之外，邵雍（1011～1077）謂「《春秋》三傳之外，陸淳、啖助可以兼治。」〔註23〕朱熹（1130～1200）也說「趙、啖、陸淳」三家，「皆說得好」，〔註24〕可見宋人對啖助新說認同者不少。

《春秋啖、趙集傳纂例·四庫全書總目提要》中曾對啖、趙、陸《春秋》學之功過作了一番評析，其云：

> 助之說《春秋》，務在考三家得失，彌縫漏闕，故其論多異先儒。如論《左傳》非丘明所作，……又云《春秋》之文簡易，先儒各守一傳，不肯相通，互相彈射，其弊滋甚。……其論未免一偏，故歐陽修、晁公武諸人皆不滿之，而程子則稱其絕出諸家，有攘異端、開正途之功。蓋舍傳求經，實導宋人之先路。生臆斷之弊，其過不可掩，破附會之失，其功亦不可沒也。〔註25〕

〔註21〕 〔宋〕程顥、程頤：《二程文集》（臺北：漢京文化事業公司，1983 年），卷 2 明道文二〈南廟試□五道·第二道〉，頁 465。

〔註22〕 〔宋〕陳振孫：《直齋書錄解題》，卷 3，收於《景印文淵閣四庫全書》，頁 674～563。

〔註23〕 〔宋〕邵雍：《皇極經世書》，卷 13〈觀物外篇上〉，收於《景印文淵閣四庫全書》，頁 803～1070。

〔註24〕 〔宋〕朱熹：《朱子語類》（臺北：文津出版社，1986 年），卷 83〈春秋·綱領〉，頁 215。云：「李丈問：『《左傳》如何？』曰：『《左傳》一部，載許多事，未知是與不是，但道理亦是如此。今且把來參考。』問：『《公》、《穀》如何？』曰：『據他說亦是有那道理，但恐聖人當初無此等意，如孫明復、趙、啖、陸淳、胡文定，皆說得好，道理皆是如此。』」

〔註25〕 《春秋啖、趙集傳纂例·四庫全書總目提要》，頁 1。

啖助之「考三家得失，彌縫漏闕」，悖離傳統以來經學上的家法系統，且以己意說經，不免招致穿鑿附會的疑慮。但其會通三《傳》，打破門戶之見，於傳統的解經方法中別開蹊徑，也獲得後人許多的尊崇與追隨。功過相較，《提要》仍給予正面的肯定，尤其謂其「捨傳求經」的解經方式，爲宋代疑古思潮之先聲，其影響之深遠，實於經學史上具有承先啓後的重要地位。

二、啖助《春秋》學派與《春秋》三《疏》相異處

《提要》中以「舍傳求經」作爲啖助《春秋》學派解經之特色，但其實啖助論《春秋》並非捨棄三《傳》，而是對於三《傳》採取會通的方式，依己意以取捨三《傳》。將啖助《春秋》學派與《春秋》三《疏》相較，兩者差異主要有兩方面：

（一）對三《傳》寫定的看法

《春秋啖、趙集傳纂例》中有〈三傳得失議〉一文，記載了啖助對三《傳》流傳的看法與評價。啖助將三《傳》的流傳，皆劃分口授與寫定兩個階段，謂三《傳》初始皆以口授爲主，至漢乃著於竹帛，推演章句。〔註26〕啖氏並以此評論三《傳》得失云：

> 予觀《左氏傳》，自周、晉、齊、宋、楚、鄭等國之事最詳，晉則每一出師，具列將佐，宋則每因興廢，備舉六卿，故知史策之文，每國各異，左氏得此數國之史以授門人，義則口傳，未形竹帛。後代學者，乃演而通之，總而合之，編次年月，以爲傳記，又廣采當時文集故，兼與子產、晏子及諸國卿佐家傳，并卜書、夢書，及雜占書、縱橫家、小說、諷諫等，雜在其中，故敘事雖多，釋意殊少，是非交錯，混然難證，其大略皆是《左氏》舊意，故比餘傳，其功最高，博采諸家，敘事尤備，能令百代之下，頗見本末，因以求意，經文可知，又況論大義得其本源，解三數條大義，亦以原情爲說，欲令後人推此以及餘事，而作傳之人，不達此意，妄有附益，故多迂談。又《左氏》本末，釋者抑爲之說，遂令邪正紛揉，學者迷宗也。〔註27〕

《左氏》原本是取六國史策口授門人，文獻上爲單純的史料，也未具傳記形

〔註26〕《春秋啖、趙集傳纂例》，卷1〈三傳得失議第二〉，頁3。云：「三傳之義，本皆口傳，後之學者，乃著竹帛，而以祖師之目題之。」
〔註27〕《春秋啖、趙集傳纂例》，卷1〈三傳得失議第二〉，頁3～4。

式。然至寫定階段，始於形式及內容上有大幅度的轉變。針對《左氏》前後兩種不同的面貌，啖助認爲口授時期之《左氏》較符合經旨，而寫定後的則爲「是非交錯，混然難證」，尤其寫定時所大幅增益的部分，是「作傳之人，不達此意」所妄增的「迂談」。雖是如此，但因《左氏》敘事能「頗見本末」，釋義以「原情爲說」，故啖助仍稱許《左氏》爲《春秋》餘傳中「其功最高」。

　　至於《公羊》與《穀梁》二傳的傳授，同樣分爲口授與寫定兩階段，啖助云：

> 《公羊》、《穀梁》初亦口授，後人據其大義，散配經文，故多乖謬失其綱統，然其大指亦是子夏所傳。故二傳傳經，密於《左氏》，《穀梁》意深，《公羊》辭辨，隨文解識，往往鉤深，但以守文堅滯，泥難不通，比附日月，曲生條例，義有不合，亦復強通，踳駁不倫，或至矛盾，不近聖人夷曠之體也。夫《春秋》之文，一字以爲褒貶，誠則然矣。其中亦有文異而義不異者，二傳穿鑿悉以褒貶之言之，是故繁碎甚於《左氏》，《公羊》、《穀梁》又不知有不告則不書之義，凡不書者，皆以義說之，且列國至多，若盟會征伐喪紀，不告亦書，則一年之中，可盈數卷，況他國之事，不憑告命，從何得書，但書所告之事，定其善惡，以文褒貶耳。《左氏》言褒貶者又不過十數條，其餘事同文異者，亦無他解。舊解皆言從告及舊史之文，若如此論，乃是夫子寫魯史爾，何名修《春秋》乎？故謂二者之說俱不得中。[註28]

《公》、《穀》二傳皆子夏所傳，口授時期大體仍遵子夏原旨，然寫定時「後人據其大義，散配經文」，遂形成「多乖謬失其綱統」的弊病。在解經方面，啖助認爲《公》、《穀》二傳傳經，實較《左氏》詳密，尤其二傳在闡意與文辭的析辨上，皆有獨到之處。然而有時不免詳密過度而產生「守文堅滯」、「曲生條例」的弊病，尤其《春秋》以一字定褒貶，《公》、《穀》二傳鉤深文意，不免有穿鑿附會之說，因此啖助批評其「繁碎甚於《左氏》」。

　　《公》、《穀》二傳與《左氏》流傳的過程相似，「後人」的寫定皆偏離了口授意旨，只是二傳寫定時的失眞，主要是由於「散配經文」此編排體例上的變動，造成「失其綱統」的乖謬現象。其解經雖密於《左氏》，但「守文堅滯，泥難不通，比附日月，曲生條例，義有不合，亦復強通，踳駁不倫，或至矛盾」

〔註28〕《春秋啖、趙集傳纂例》，卷1〈三傳得失議第二〉，頁4

終使其釋意流爲穿鑿附會；反觀寫定後的《左氏》不僅體例上具備傳記形式，內容上則博采諸國家傳與諸子百家之說，並以「敘事雖多，釋意殊少」爲主要特色，可說是三《傳》中增益變化最多者，但啖助雖批評其「是非交錯，混然難證」，卻終究仍評爲「其功最高」。既然寫定後的三《傳》，皆被啖助視爲失眞的產物，與其強說經義，不如補充史事，以《左氏》而言，其廣采他說，反而使敘事能見本末，更加完備，而「釋意殊少」，也使其避開繁碎之嫌。而且啖助強調「原情」是《春秋》褒貶之法，也是了解聖人微言大意的主要途徑，所以《左氏》釋意雖少，但能「原情」爲說，終爲啖助所認可。啖助以己意來評判三《傳》得失，認爲先儒解經多不合於經旨，所以以「傳」以解「經」，與其於經義上守文強通，不如完備敘事之本末，以降低失眞的程度。

　　啖助區分傳文爲口授與寫定兩階段，認爲漢初寫定後的傳文皆不如口授時期，這也間接否定了漢儒經師的地位。對於漢儒以降的《春秋》歷來論著，啖助皆不認同，〈啖氏集傳集注義第三〉云：

> 啖子曰：惜乎微言久絕，通儒不作，遺文所存，三傳而已。傳已互失經指，註又不盡傳意，《春秋》之義，幾乎泯滅。……先儒各守一傳，不肯相通，互相彈射，仇讎不若，詭辭迂說，附會本學，鱗雜米聚，難見易滯，益令後人不識宗本，因註迷經，因疏迷註，黨於所習，其俗若此。老氏曰：「大道甚夷，而人好徑。」信矣！〔註29〕

啖助強調「三傳分流，其源則同」，反對專守一傳的解經方式，認爲歷來《春秋》論著都無法彰顯《春秋》之義，傳「互失經指」，註又「不盡傳意」，疏亦「不識宗本」，使得孔子之「微言久絕」，再加上先儒「各守一傳，不肯相通」，終成爲「因註迷經，因疏迷註」，離《春秋》本旨更遠。啖助認爲每經過一層的詮解，就經歷一次的失眞、一次的偏離，所以反對層層相因的解經方式，主張回歸經文，才能還原聖人經旨。

　　同樣反省傳文中口授與寫定的「失眞」問題，《左氏》孔《疏》與《公羊》徐《疏》也有相關討論，孔《疏》中強調《公》、《穀》二傳是後人寫定，以批評二傳的可信度；徐《疏》雖提到口授所產生的異文情形，但其謂一字之差「何傷之有」，不將口授異文視之爲版本上的失眞。此外，孔、徐二《疏》與啖助的說法亦有許多差異：

　　首先，是「失眞」定義的不同，孔《疏》與徐《疏》著眼的是版本上文

〔註29〕《春秋啖、趙集傳纂例》，卷1〈啖氏集傳集注義第三〉，頁4～5。

字的變易，屬於校勘學上文字的客觀比對。但啖助的「失眞」著眼的是經義上的闡釋正確性，屬於主觀的意義上的相合性。前者以版本正誤之可信度來分判三《傳》高下，後者則是藉由意旨上的傳承，作爲三《傳》評價的依據。

再者，關於《左氏》寫定的過程，孔《疏》與啖氏亦有不同看法，孔《疏》強調《左氏》爲丘明所作，與《公》、《穀》二傳先口授再寫定的情形不同，〔註30〕且「丘明與聖同時」，〔註31〕自然比長期口授的《公羊》、《穀梁》二傳可信。但是啖助將三《傳》一律分爲口授與寫定兩階段，《左氏》也同樣面臨口授——寫定的失眞問題，因此評判三《傳》的標準不再侷限於版本上的眞僞，而是回歸詮解方法及內容上的探討。

三者，啖氏肯定口授時期之三《傳》，批評後人的寫定不論在形式或內容都偏離原意，認爲漢儒以降的詮解皆「因註迷經，因疏迷註」，其以古爲重的態度正與孔《疏》輕古重今、後出轉精的文獻觀完全相反。

中國經學的發展，自經以下，包含傳、註、疏三者，以《春秋》爲例，「傳」以解經，「註」以解傳，「疏」以解註，經、傳、註、疏四者在成書的先後與論述的範圍上皆各有不同，層層相因，是中國解經系統中的特殊體例。然而啖助一方面將「傳」的流傳又再區分爲口授及寫定兩階段，否定了寫定傳文的可信度；另一方面啖助認爲《春秋》經學的流衍，每一次的詮解，就經歷一次失眞，所以「傳」既失經旨，「註」又不盡傳意，「疏」亦失註意，於是自「傳」以下逐漸偏離原旨，至「註」、「疏」偏離的情況就更加嚴重，終導致「《春秋》之義，幾乎泯滅」。值得注意的是，「疏」體的形式是隋唐之時逐漸定形，中唐啖助之時，《春秋》三《疏》亦大致纂修完成，啖助雖未於書中提及此三《疏》，但其批評「因疏迷註」，顯然對唐代《春秋》的義疏成果亦不甚苟同。

（二）會通三《傳》

啖助作《春秋集傳集註》，自陳著作的用意是爲了矯正歷來詮解失眞的錯誤，以重現聖人用意，其云：

> 三傳分流，其源則同，擇善而從，且過半矣，歸乎允當，亦何常師，……
> 予輒考覈三傳，舍短取長，又集前賢註釋，亦以愚意裨補闕漏，商

〔註30〕《春秋左傳正義・序》，卷1，頁26。疏云：「《公羊》、《穀梁》口相傳授，因事起問意，與《左氏》不同。」

〔註31〕《春秋左傳注疏・序》，卷1，頁26。疏云：「丘明與聖同時，爲經作傳，經有他義，無容不盡。」

権得失，研精宣暢，期於決洽，尼父之志，庶幾可見，疑殆則闕，
以俟君子，謂之《春秋集傳集註》，又撮其綱目，譔爲《統例》三卷，
以輔《集傳》，通經意焉，所以翦除荊棘，平易道路，令趣孔門之士，
方軌康衢，免涉於險難。〔註32〕

啖助主張回歸經文的方式，是會通三《傳》，取捨三《傳》及前人註釋的長處。
三《傳》雖分流，但其源皆同出自《春秋》，所以啖助認爲「擇善而從，且過
半矣，歸乎允當」，雖然三《傳》說法互有同異，但只要取其善者及同者，則
大體不離經文本旨，其中「善者」依己意評判之，「同者」取其最大公約數。
此處標舉出的，是一種比較會通的解經方式，雖然每一次的詮解，都容易產
生失眞的情形，而歷來的解經著作亦多「不識宗本」，但欲求得經旨，仍須透
過這些「迂談」、「繁碎」之作。啖助雖極力批判歷來傳、註，但終究無法否
定這些著作的存在價值，只是他強調所承襲的傳、註是經過己意的取捨，以
披沙揀金的方式去擷取書中之原意，去除歧出附會之謬誤。

　　啖助並詳述取捨三《傳》及舊註的方式。三《傳》間的取捨，啖助將之
分爲文義、修辭、敘事三方面，〔註33〕其中三《傳》相同者舉《左氏》爲代
表，二傳同者舉《公羊》，《穀梁》獨備者始舉《穀梁》，陸淳曾解釋曰：

或問：集傳先《左氏》，次《公羊》，後《穀梁》，亦有意乎？答曰：
《左氏》傳經，多說事迹，凡先見某事，然後可以定其是非，故先
《左氏》焉。《公羊》之說事迹，亦頗多於《穀梁》，而斷義即不如
《穀梁》之精，精者宜最在後結之，故《穀梁》居後焉，事勢宜然，

〔註32〕《春秋啖、趙集傳纂例》，卷1〈啖氏集傳集注義第三〉，頁5。
〔註33〕《春秋啖、趙集傳纂例》，卷1〈啖趙取舍三傳義例第六〉，頁10～11。云：
「啖子曰：三傳文義雖異，意趣可合者，則演而通之；文意俱異，各有可取
者，則並立其義。其有一事之傳，首尾異處者，皆聚於本經之下，庶使學者
免於煩疑。至於義指乖越，理例不合，浮辭流遁，事跡近誣，及無經之傳，
悉所不錄。其辭理害教，并繁碎委巷之談，調戲浮侈之言，及尋常小事，不
足爲訓者，皆不錄。若須存以通經者，刪取其要，諫諍謀猷之言，有非切當，
及成敗不由其言者，亦皆略之，雖當存而浮辭多者，亦撮要。凡敘戰事，亦
有委曲繁文，并但敘其戰人身事，義非二國成敗之要，又無誠節可紀者，亦
皆不取。凡論事，有非與論之人，而私詳其事，自非切要，而皆除之。其巫
祝、卜夢、鬼神之言皆不錄。三傳敘事及義理同者，但舉《左氏》，則不復
舉《公》、《穀》；其《公》、《穀》同者，則但舉《公羊》；又《公》、《穀》理
義雖同，而《穀梁》文獨備者，則唯舉《穀梁》，《公羊》、《穀梁》以日月爲
例，一切不取，其有義者，則時或存之，亦非例也。」

非前優而後劣也。〔註34〕

對於先《左氏》次《公羊》後《穀梁》的取捨順序，陸淳解釋是依「敘事多寡」及「先事後義」的二個原則而成，因須先見事迹，始能定是非，故敘事最多的《左氏》先取之，敘事最少但斷義最精的《穀梁》置於最後做為總結。陸淳強調此取捨順序與優劣無關，但由書中啖助對三《傳》的評價視之，啖氏仍多以《左氏》為要。至於舊註的取捨，啖助則僅由「理」之通不通順為主要標準，其自述取捨舊註的具體方法，云：

> 啖子曰：予所註經傳者，若舊註理通，則依而書之，小有不安，則隨
> 文改易，若理不盡者，則演而通之，理不通者，則全削而別註，其未
> 詳者，則據舊說而已，但不博見諸家之註，不能不為恨爾！〔註35〕

「舊註理通，則依而書之」、「小有不安，則隨文改易」、「若理不盡者，則演而通之」、「理不通者，則全削而別註」、「其未詳者，則據舊說而己」此五種方式是啖助集取舊註的方式，總而言之，不外為理通則依之，不通則修改之，只是理通不通的標準，是繫於己心。啖助曾自謂著書以「通經」為旨，並謂三《傳》之註如杜預、何休、范甯三人之作，亦皆「博采諸儒」之說而成，所以「集註」本是歷來義疏之體的著作方式之一，只是啖助除了「集註」外更進一步主張「集傳」，以會通三《傳》為其解經的特殊論點。

歷來解《春秋》者，多堅守門戶，專守一家，雖也有如鄭玄者，兼採他家，但多非以「通學」為旨。《春秋》三《疏》中雖也有援引二傳，相互為證的情形，但基本上皆以本傳為主，其中《左氏》孔《疏》的立論一以杜說為主要依據，《公羊》徐《疏》及《穀梁》楊《疏》雖未如孔《疏》般，具有強烈排外的色彩，但其論述亦未離本傳立場。今啖助高舉會通三《傳》的主張，批評後人的迂說附會、不識宗本，皆緣於先儒各守一傳不肯相通所致，所以積極打破三《傳》門戶之見，對歷來傳、註以己意加以取捨，進行統整、修正與增刪的工作，其以「通儒」自勉，認為唯有「通儒」才能上承聖人微言，趙匡在〈趙氏損益義〉中亦稱讚其為「通賢」，〔註36〕「會通三《傳》」成為此學派的主要目的與特色。在唐代《春秋》學的發展中，《春秋》三《疏》可謂為傳統注疏學之總結，而啖、趙、陸《春秋》學則以會通三《傳》的創新

〔註34〕 《春秋啖、趙集傳纂例》，卷1〈重修集傳義第七〉，頁14。

〔註35〕 《春秋啖、趙集傳纂例》，卷1〈啖氏集注義例第四〉，頁5。

〔註36〕 《春秋啖、趙集傳纂例》，卷1〈趙氏損益義第五〉，頁5。

詮解方式，開展了另一番新局面。

三、啖助《春秋》學派與《春秋》三《疏》相同處

（一）對古代禮制的重視

《春秋》三《疏》所徵引的資料中，除了三《傳》外，徵引次數最多者爲《周禮》及《禮記》，其大量徵引三《禮》中的古史禮制，作爲詮解《春秋》的主要依據。啖、趙、陸之《春秋》學雖不著重於古史資料的援引，但「禮」仍爲其論述的焦點，尤其《春秋》與周代禮制間的關係，即是趙匡對啖助「損益」的兩大重點之一。

啖助以「救時之弊，革禮之薄」作爲孔子作《春秋》的主旨，主張《春秋》意旨即是在回復內心的「忠」、「誠」，以補現實禮制之不足。趙匡時修正啖說，認可周禮的存在價值，視《春秋》與禮制爲相輔相成的關係。啖助曰：

> 予以爲《春秋》者，救時之弊、革禮之薄。何以明之？前志曰：夏政忠，忠之弊野：殷人承之以敬，敬之弊鬼：周人承之以文，文之弊僿。救僿莫若以忠，復當從夏政。夫文者，忠之末也，設教於本，其弊猶末，設教於末，弊將若何？武王、周公承殷之弊，不得已而用之，周公既沒，莫知改作，故其頹弊甚於二代，以至東周，王綱廢絕，人倫大壞，夫子傷之，曰：「虞夏之道，寡怨於民，殷周之道，不勝其弊。」又曰：「後代雖有作者，虞帝不可及已。」蓋言唐虞淳化，難行於季末，夏之忠道，當變而致焉。是故《春秋》以權輔正，以誠斷禮。正以忠道、原情爲本，不拘浮名，不尚狷介，從宜救亂，因時黜陟，或貴非禮勿動、或貴貞而不諒，進退抑揚，去華居實，故曰救周之弊，革禮之薄也。〔註37〕

啖助認爲孔子作《春秋》是爲了「救時之弊、革禮之薄」，針對當時文弊禮衰的現實狀況進行改革，具其積極的現實意義。至於改革的方式，則是透過《春秋》「以權輔正，以誠斷禮」來重建道德價值。「正」與「禮」指的是客觀的常典禮制，今「以權輔正，以誠斷禮」，即是將價值判斷的標準，由外在客觀的禮制內推爲內在主觀的「誠」，原其本情以定褒貶，外在的禮制可依內在的情而權宜變通，善惡褒貶亦不再拘泥於禮制上。

〔註37〕《春秋啖、趙集傳纂例》，卷1〈春秋宗指議第一〉，頁1～2。

　　《春秋》「原情定罪」的觀念早在鄭玄《起廢疾》中就已提出，〔註38〕《穀
梁》范甯〈注〉中曾引錄此語。〔註39〕然至啖助時，始特別提出「原情」的
觀念，以「原情」作為《春秋》褒貶之依據。啖助認為《春秋》以「原情」
為本，是為了「不拘浮名，不尚狷尚」，因為當時世衰道微，形式上的禮制名
位，已不足以做為道德價值的最後判準，此時唯有「原其情」，探究人心之本
意，才能做為善惡褒貶之依據，亦即是善惡的標準不在於禮制的合不合理，
而在於人心之本意。孔子以「原情定罪」的方式來揚善懲惡，所以要探究《春
秋》意旨，必得透過原其情的方式，才能得知聖人之微言大義。

　　啖助並進一步提出《春秋》所原之「情」，即以夏政之「忠道」為本。其認
為三代政教具有一種循環演化的特性，所以《春秋》的改革即傾向復古，只是
其所要回復的既非杜預所說的「周公之遺制」，〔註40〕也非何休所言的「名位」，
〔註41〕《春秋》所要回復的是夏之「忠道」，是性情之「誠」。改革的重心不在
禮制名位的損益上，而在人心真偽上。其謂周文之弊在於「僿」，外在的禮制既
已流為華而不實的「浮名」，縱使於禮制上進行損益改革，終究難以救時之弊，
所以只有「去華居實」，由外在的禮制轉回探求人心本性，才能重建社會秩序。
強調以本心為主之「忠道」，而不拘泥於禮制，故可依「原情」，將禮制做權宜
之變通。孔子作《春秋》所強調的「誠」、所原之「情」正是忠道，以「忠」來
去除當時浮華虛禮的弊病。因為視外在禮制為浮名，《春秋啖、趙集傳纂例》中

〔註38〕　〔漢〕鄭玄：《起廢疾》，收於《景印文淵閣四庫全書》，頁145～873。云：「何
　　　　　休曰：『四年，夫人風氏薨。九年，秦人來歸僖公成風之襚，最晚矣，何以言
　　　　　來？』釋曰：秦自敗于殽之後，與晉為仇，兵無休時，乃加免繆公之喪而來，
　　　　　君子原情不責晚。」

〔註39〕　《春秋穀梁傳注疏・文五年》，卷10，頁189。經「五年，春，王正月，王使
　　　　　榮叔歸含且賵。」傳「其曰且，志兼也。其不言來，不周事之用也。」注云：
　　　　　「何休曰：『四年「夫人風氏薨」，九年「秦人來歸僖公，成風之襚」，最晚矣，
　　　　　何以言來？』鄭君釋之曰：『秦自敗于殽之後，與晉為仇，兵無休時，乃加免
　　　　　繆公之喪而來，君子原情不責晚。』」

〔註40〕　《春秋啖、趙集傳纂例》，卷1〈春秋宗指議第一〉，頁1。云：「啖子曰：夫
　　　　　子所以修《春秋》之意，三《傳》無文。說《左氏》者，以為《春秋》者，
　　　　　周公之志也，暨乎周德衰、典禮喪，諸所記註，多違舊章，宣父因魯史成文，
　　　　　考其行事正其典禮，上以遵周公之遺制，下以明將來之法。（杜元凱〈左傳序〉
　　　　　及《釋例》云然。）」

〔註41〕　《春秋啖、趙集傳纂例》，卷1〈春秋宗指議第一〉，頁2。云：「何氏所云，
　　　　　變周之文，從先代之質。雖得其言，用非其所，不用之於性情，而用之於名
　　　　　位。」

啖助批評杜預「所論褒貶之指，唯據《周禮》」〔註42〕的說法是誤解孔子之志，其謂若「禮經未泯，化人足矣。何必復作《春秋》乎？」〔註43〕孔子之所以作《春秋》，就是因爲周代的禮經衰頹，已不足以濟世，孔子只好越位作《春秋》，以取代周禮提振綱倫，做爲價值判斷之準則。啖助批評周禮，反對「孔子從周公」之說，強調《春秋》是從夏政，而非周德。

趙匡承襲啖助的原情說，認爲孔子以「原情定罪」的方式，寓褒貶於變例中，但趙氏反對以夏之「忠道」作爲《春秋》原情之宗旨，其云：

> 啖氏依《公羊》家舊說，云《春秋》變周之文，從夏之質。予謂《春秋》因史制經，以明王道，其指大要二端而已，興常典也，著權制也。故凡郊廟、喪紀、朝聘、蒐狩、昏取，皆違禮則譏之，是興常典也。非常之事，典禮所不及，則裁之聖心，以定褒貶，所以窮精理也。精理者，非權無以及之，故曰：「可與適道，未可與立；可與立，未可與權。」是以游、夏之徒，不能贊一辭，然則聖人當機發斷，以定厥中，辨惑質疑，爲後王法，何必從夏乎？〔註44〕

趙匡修正啖助的說法，提出「興常典也，著權制也」才是孔子作《春秋》的二大要旨。趙氏謂孔子作《春秋》是「因史制經，以明王道」，書中所記載郊廟、喪紀、朝聘、蒐狩、婚娶等事「皆違禮則譏之」，此即是爲了「興常典」；至於「非常之事，典禮所不及，則裁之聖心，以定褒貶」，則是「著權制」的體現。常典之事，自依禮而論；非常之事，始訴諸於聖心之裁定。不論是「興常典」或「著權制」，皆以「禮制」爲評判的首要基準，「禮制」不足判準者始求諸人心，所以孔子的褒貶終究不離「禮制」。「禮制」仍是價值判斷之主要依據，禮所及者，一以合禮與否定褒貶，禮所不及者，始由聖人權衡之。

相較於啖助的以情爲重、原情變禮的主張，趙匡顯然較認可禮制的重要性，趙匡論《春秋》大旨的重心實不在於「性情」，而在於「禮制」，其不僅未視禮爲華而不實的「浮名」，反而積極認可禮的存在價值，其云：

> 或曰：若非變周之意，則周典未亡，焉用《春秋》？答曰：禮典者，所以防亂耳，亂既作矣，則典禮未能治也。喻之一身，則養生之法，所以防病，病既作矣，則養生之書不能治也，治之者在鍼藥耳。故

〔註42〕《春秋啖、趙集傳纂例》，卷1〈春秋宗指議第一〉，頁2。

〔註43〕《春秋啖、趙集傳纂例》，卷1〈春秋宗指議第一〉，頁2。

〔註44〕《春秋啖、趙集傳纂例》，卷1〈趙氏損益義第五〉，頁6。

《春秋》者，亦世之鍼藥也，相助救世，理當如此，何云變哉？若謂《春秋》變禮典，則鍼藥亦爲變養生，可乎哉？〔註45〕

趙氏認爲周禮未亡，孔子作《春秋》亦非用以取代周禮，相反地，《春秋》與周禮可以並存，因爲兩者救世的作用各不相同。「禮典者，所以防亂耳」，周禮就如同人身的養生之法，是爲了防病之用；而「《春秋》者，亦世之鍼藥也」，則是治病之藥。周禮與《春秋》，一爲養生之法，一爲治病之藥，未有病時，可用養生之法保養身體，待有病時，則須鍼藥對症下藥，兩者皆爲延年保命不可或缺者。所以孔子之時，周禮實未衰微，只是時亂已甚，周禮不足治之，故而作《春秋》以針對時弊對症下藥，周禮與《春秋》兩者間是互補的關係，而非對立關係。換言之，對於當時周文疲弊的社會亂象，趙匡認爲其癥結不在於周禮的衰微，甚至於周禮根本未曾衰微，只是暫時不適用於當時的社會，故而孔子作《春秋》亦非用以取代周禮，而是在周禮的基礎上針對時弊對症下藥。趙氏重視禮制，修正啖助從夏復古的說法，轉而肯定周代禮典的存在價值，甚至將周代禮典與《春秋》平等看待，認爲此兩者一爲養生，一爲治病，各有所長，皆可爲治國之本。

（二）以「例」說褒貶

　　啖助等人說《春秋》，雖強調捨傳求經，但仍沿襲了三《傳》以來重視「義例」的看法，只是其對三《傳》義例皆作了一番修正。在以「義例」說經的傳統上，啖助《春秋》學與《春秋》三《疏》，實則相去未遠。

　　啖助曾批評《公羊》、《穀梁》二傳「比附日月，曲生條例」，〔註46〕但除了日月例外，啖助對三《傳》中的義例並非一概否定，其曾撮《春秋集傳集註》之綱目爲《統例》三卷，即可見其對《春秋》義例的重視。趙匡在啖助的基礎上更加確立義例的重要性，其強調「褒貶之指在乎例，綴敘之意在乎體」，〔註47〕「體」分爲常典、常事及非常之事三類，「例」則分爲十，爲《春秋》敘述之筆法，〔註48〕「體」與「例」是孔子文寓褒貶的展現，也是解讀

〔註45〕《春秋啖、趙集傳纂例》，卷1〈趙氏損益義第五〉，頁6。
〔註46〕《春秋啖、趙集傳纂例》，卷1〈三傳得失議第二〉，頁5。
〔註47〕《春秋啖、趙集傳纂例》，卷1〈趙氏損益義第五〉，頁7。
〔註48〕《春秋啖、趙集傳纂例》，卷1〈趙氏損益義第五〉，頁7。云：「所謂十者，一曰悉書以志實，二曰略常以明禮，三曰省辭以從簡，四曰變文以示義，五曰即辭以見意，六曰記是以著非，七曰示諱以存禮，八曰詳內以異外，九曰闕略因舊史，十曰損益以成辭。知其體，推其例，觀其大意，然後可以議之耳。」

《春秋》的關鍵。在《春秋啖、趙集傳纂例》中即有〈啖趙取舍三傳義例〉一文詳細論述了啖、趙二人取捨三《傳》義例的具體作法，其云：

> 《公》、《穀》說經，多云隱之、閔之、喜之之類，且《春秋》舉經邦大訓，豈爲私情悲喜生文乎？何待《春秋》之淺也，如此之例，並不取。《公羊》災異下，悉云記災也、記異也，予已於例首都論其大意，自此即觀文知義，不復縷載，其有須存者，乃存之耳。《公》、《穀》舉例，悉不稱凡，又《公》、《穀》每一義輒數處出之，今既去其重複，以從簡要，其舉例故加凡字以通貫其前後，夫察微知遠，識之精也，故夫子云，由也不得其死然，是也。〔註49〕

啖助批評《公》、《穀》二傳的義例過於繁碎，所以趙匡在統整義例時，先將二傳「去其重複，以從簡要」，並加「凡」字以通貫之，其中私情悲喜之文去除，《公羊》災異例則存其所當存，以使義例能達到「察微知遠」的目的。至於《左氏》的義例，趙氏條列的更爲詳細，包括蓍龜預言之說，趙氏取「辭深理正者存之」，「無經之傳」取與經相符且合乎教化者存之，而盟聘、侵伐等義例及事迹禮制等言，則「合經者留之，餘悉不取」，至於名號方面，諸侯、大夫之稱號，予以統一刊正，褒貶善惡之姓字諡名者，或「不暇悉改」，或「不改削」，各有其用意。〔註50〕趙匡曰：

〔註49〕 《春秋啖、趙集傳纂例》，卷1〈啖趙取舍三傳義例第六〉，頁12。
〔註50〕 《春秋啖、趙集傳纂例》，卷1〈啖趙取舍三傳義例第六〉，頁12～13。云：「古人立蓍龜，以求前知也，故當不棄人之知，然《左氏》所記，以一言一行定其禍福，皆驗若符契，如此之類，繼踵比肩，縱不悉妄，妄必多矣。悉棄之乎，則失於精深勸戒之道；悉留之乎，則多言者無懼，而詭妄繁興，固當擇其辭深理正者存之，浮淺者去之，庶乎中道也。《左氏》無經之傳，其有因會盟、戰伐等事而說忠臣義士，及有讜言嘉謀與經相接者，即略取其要；若說事迹，雖與經相符，而無益於教者，則不取。《左氏》每盟下皆曰『尋某年之盟』，每聘下則云『報某人之聘』，侵伐下多云『報某之役』，凡此類但檢前以符後，更無他義，今考取其事相連帶，要留者留之。《左氏》亂記事迹，不達經意，遂妄云禮也，今考其合經者留之，餘悉不取。《左氏》集諸國史爲傳，序吳、楚之君，皆稱爲王，此乃本國臣民之僞號，不可施於正傳，故皆改爲吳子、楚子。若敘其君臣自相答對之語，則非我褒貶之意，且令後代知其僭僞，故仍舊耳。《左氏》序楚縣大夫，皆稱曰『公』，此乃僭僞之辭，皆刊正之。《左氏》敘諸國之君，皆稱曰『公』，此皆依彼國之史成辭，殊失魯史之體。今爲繁多，不可改易，學者宜知之，凡有德之人，人敬其名，故稱其字，《左傳》追修前史，足得正名，而敘罪惡之人，亦舉其字，乖褒貶之意甚矣。爲此例極多，不暇悉改，學者宜知之。凡諡者所以褒貶善惡，其有罪之人而加美諡，今不改削者，以見當時政教之廢也，後代宜戒之。」

> 三傳堪存之例，或移於事首，或移於事同，各隨其宜也。凡須都撮，
> 如內外大夫名目例，如此等三四條，三傳及啖氏，或有已釋之而當
> 者，或散在前後，學者尋之，卒難總領，今故聚之，使其褒貶差品，
> 了然易見。其四家之義，各於句下註之，其不註者，則鄙意也，既
> 不遺前儒之美，而理例又明也。〔註51〕

趙匡統整三《傳》及啖氏之說，先對其中義例經過一番檢選，「堪存」者始加
以整聚並隨事而錄，而每一條義例亦皆於句下加以註解說明，其中三《傳》
及啖氏四家有說明者，則引四家之言，四家未言者始趙氏自為之，務必使每
一義例都「理例又明」，可見其對義例極為重視。

第二節　盧仝《春秋摘微》與陳岳《春秋折衷論》

　　《春秋》學的發展至中唐時產生重大的變化，啖助、趙匡、陸淳等人以
會通三《傳》、擇善取捨的方式，開啟捨傳求經的新思潮。其後盧仝《春秋摘
微》、馮伉（？～？）《三傳異同》、劉軻（？～？）《三傳指要》、韋表微（？
～？）《春秋三傳總例》、陳岳《春秋折衷論》等作，〔註52〕莫不為此思潮下
的產物。然而上述著作多已亡佚，現僅存盧仝《春秋摘微》及陳岳《春秋折
衷論》之殘卷，可一窺唐中後期《春秋》學之概況。

一、盧仝《春秋摘微》

（一）盧仝的生平與著作

　　盧仝的年代與陸淳相近。關於盧仝的生平，《新唐書・韓愈傳》云：

> 盧仝居東都，愈為河南令，愛其詩，厚禮之。仝自號玉川子，嘗為
> 〈月蝕詩〉以譏切元和逆黨，愈稱其工。〔註53〕

《河南通志》亦載：

> 唐盧仝，濟源人，號玉川子。好學博覽，工詩，嘗為〈月蝕詩〉譏

〔註51〕《春秋啖、趙集傳纂例》，卷1〈啖趙取舍三傳義例第六〉，頁11。
〔註52〕《新校本新唐書》，卷57〈志・藝文一・經錄〉中載有馮伉《三傳異同》三卷、
　　　　劉軻《三傳指要》十五卷、韋表微《春秋三傳總例》二十卷、陳岳《春秋折
　　　　衷論》三十卷等書，雖然馮、韋二書皆已亡佚，劉書僅於《全唐文》中存其
　　　　〈序〉，但由書名可知，此些書大體以會通三《傳》為主旨，屬於啖助《春秋》
　　　　學派之餘緒。
〔註53〕《新校本新唐書》，卷176〈列傳・韓愈傳〉，頁5268。

元和逆黨：又為〈茶歌句〉多奇警。今濟源之通濟橋二里餘，有仝
茶泉，其源尚存。家居閉門，撰《春秋摘微》四卷，不以傳害經，
韓愈贈詩云「春秋三傳束高閣，獨抱遺經究終始。」以此，後因宿
王涯第，與甘露之禍。集若干卷。〔註54〕

盧仝以詩著世，因詩得韓愈厚愛，與韓愈相友。除了詩之外，盧仝的另一重
要著作即為《春秋摘微》。盧仝《春秋摘微》因其「不以傳害經」，韓愈曾贈
詩曰「《春秋》三傳束高閣，獨抱遺經究終始。」〔註55〕其棄傳求經的著書方
式，在當時即受韓氏推崇，韓愈此兩句詩也成為後人論述此書的主要依據。

但宋人對韓愈的讚賞並非完全認同，對盧仝亦有正反兩極的評價，南宋
范浚（1102～1150）《香溪集·春秋論》云：

唐盧仝，善學《春秋》束三傳於高閣，而抱遺經以究終始。故其作
《春秋摘微》，不任傳以尊經，明聖人之旨為多。隱公二年春「公會
戎于潛」，《左氏》曰「脩惠公之好也」，夫引夷狄而會中國，明隱公
之罪，豈脩好謂哉？仝則曰「戎非中，夏敵。公輒會之，是無王也。」
桓公三年秋「公子翬如齊逆女」，「九月，齊侯送姜氏於讙。公會齊
侯于讙。」《穀梁傳》曰「為禮也。齊侯來也，公之逆而會之可也。」
夫公不親迎，但會于讙，豈禮也哉？仝則曰「齊侯送女，非禮；公
又會之，皆失禮也。」莊公三十一年六月「齊侯來獻戎捷」，《公羊》
曰「齊大國也，曷為親來獻戎捷，威我也。」夫有四夷之功不獻于
天子，而獻于魯？所以深誅齊侯，豈惡其威我哉？仝則曰「齊為霸
主，反獻捷于魯。故謹始末以罪之；又責齊侯無戴天子之意。」凡
仝之說，若此類者眾，由其知有經而不知有傳，故于聖人之旨獨有
得乎心也。〔註56〕

范浚稱許盧仝《春秋摘微》「不任傳以尊經」，故「明聖人之旨為多」，其並舉
「隱二年」、「桓三年」、「莊三十一年」三處為例，分別比較《左氏》、《穀梁》、
《公羊》與盧氏之說，謂盧氏能不依三《傳》，是「於聖人之旨獨有得乎心也」。
范氏承續韓愈之言，稱許盧仝「不依三《傳》」的著作方式；此外，南宋許顗

〔註54〕《河南通志》，卷65〈文苑〉，收於《景印文淵閣四庫全書》，頁538～138。
〔註55〕〔唐〕韓愈：《韓昌黎詩繫年集釋》（上海：上海古籍出版社，1984年），卷7
〈寄盧仝〉，頁782。
〔註56〕〔宋〕范浚：《香溪集》，卷7〈春秋論〉，收於《景印文淵閣四庫全書》，頁
1140～62。

（？～？）亦云：

> 玉川子《春秋傳》僕家舊有之，辭簡而遠，得聖人之意爲多。〔註57〕

許顗謂盧仝的《春秋》著作「辭簡而遠，得聖人之意爲多」，點出了此書「辭簡」的著述風格。范浚及許顗對此書持正面的評價，但南宋晁公武及李燾（1115～1184）卻有相反的看法。晁公武《郡齋讀書志》云：

> 其經解不用傳，然旨意甚疏。韓愈謂「《春秋》三傳束高閣，獨抱遺經究終始。」蓋實錄也。祖無擇得之於金陵。《崇文總目》所不載。
> 〔註58〕

晁氏雖認可韓愈的說法有實，但此書除了「經解不同傳」的特色外，卻是「旨意甚疏」；李燾則曰：

> 李燾曰：仝治《春秋》不以傳害經，最爲韓愈所稱。今觀其書，亦未能度越諸子，不知愈所稱，果何等義也？舊聞仝解惠公仲子曰「聖辭也」，而此乃無之，疑亦多所亡佚云。〔註59〕

李氏批評盧仝「棄傳求經」的方法雖新，但意旨實「未能度越諸子」，甚至還對韓愈的讚譽提出質疑。整體而言，韓愈所稱譽「捨傳求經」的創新特色，大體爲宋人所認可，只是內容旨意上，或謂其得聖人之旨，或稱其未能度越諸子，評價不一。

盧仝《春秋摘微》成書於中唐，〔註60〕但新舊《唐書》、王堯臣（1001～1056）《崇文總目》及陳振孫《直齋書錄解題》中皆未記載。而有著錄者，晁公武《郡齋讀書志》〔註61〕及馬端臨（1254～1323）《文獻通考》〔註62〕載錄四卷，但南宋鄭樵（1104～1160）《通志》〔註63〕及陳騤（？～？）《中興書

〔註57〕　《經義考》，卷177〈春秋〉，所引「許顗」之言。收於《景印文淵閣四庫全書》，頁679～391。

〔註58〕　《郡齋讀書志》，卷1下〈春秋類〉，收於《景印文淵閣四庫全書》，頁674～174。

〔註59〕　〔清〕李邦黻輯：《春秋摘微》所引〈附錄〉，收於《南菁書院叢書》（清光緒十四年江陰南菁書院刊本），頁12。

〔註60〕　韓愈〈寄盧仝〉一詩作於唐憲宗元和六年，推論盧仝《春秋摘微》的成書亦當於此前不久。

〔註61〕　《郡齋讀書志》，卷1下〈春秋類〉，收於《景印文淵閣四庫全書》，頁674～174。

〔註62〕　〔宋〕馬端臨：《文獻通考》，卷182，收於《景印文淵閣四庫全書》，頁610～616。

〔註63〕　〔宋〕鄭樵：《通志》，卷63，收於《景印文淵閣四庫全書》，頁374～312。

目》則載錄爲一卷。由記載紛紜的情形推論，此書的流傳並不廣泛，南宋學者對其已所知有限。今僅存之輯本爲清人李邦黻（？～？）自宋人杜諤（？～？）《春秋會義》中輯佚得六十二事，收於清光緒十四年刊印之《南菁書院叢書》，李邦黻〈序〉曰：

> 晁公武《讀書志》及馬端臨《通考》皆有盧氏所著《春秋摘微》四卷，《中興書目》作一卷，云「凡十二公七十六事」。今竝不傳。乙亥之秋，先師鍾氏命復校《穀梁補注》，遇假得杜氏諤《春秋會義》鈔本，其間蒐采盧説，凡六十二事。……《會義》於僖、襄二公事多所闕佚，《摘微》所遺之十四事，或即在其中，抑獻可氏所采與《中興日本》不相符與。要之盧氏此書在宋時早已殘闕，雖經祖無擇得於金陵，旋即亡佚。〔註64〕

李氏謂盧仝《春秋摘微》於「宋時早已殘闕」，雖然北宋時祖無擇（1010～1085）曾「得於金陵」，但「旋即亡佚」。祖無擇爲北宋仁宗寶元年間進士，杜諤《春秋會義》則作於仁宗嘉祐年間，〔註65〕由此推知此書闕佚的時間在北宋中期之前。南宋《中興書目》所謂「盧仝《春秋摘微》一卷，十二公凡七十六事。」〔註66〕，當爲南宋所見之殘本。而今李氏輯本所收者爲十二公六十二事，由事數多寡視之，今輯本當已接近南宋時之書貌。換言之，今輯本雖僅爲部分之殘文，但已接近南宋學者評論之文本。由今輯本加以剖析，進一步參酌宋代學者的評價之差異，成爲今日研究盧仝《春秋摘微》之主要途徑。〔註67〕

〔註64〕《春秋摘微・序》，頁1。

〔註65〕〔宋〕王應麟：《玉海》，卷40〈藝文・春秋〉，收於《景印文淵閣四庫全書》，頁943～130。云：「嘉祐中杜諤撰《春秋會義》二十六卷，自《左氏》至啖、趙，及皇朝諸儒三十餘家，集其論議繫經下。《釋例》、《繁露》、《規過》、《膏肓》、《先儒同異篇》、《指掌》、《碎玉》、《折衷》、《掌議》、《纂例》、《辨疑》、《微旨》、《摘微》、《通例》、《胡氏論》、《箋義》、《總論》、《尊王》、《發微》、《本旨》、《辨要》、《旨要》、《集議》、《索隱》、《新義》、《經社》三十餘家成一書，其後仍斷以己意。」

〔註66〕《玉海》，卷40〈藝文・春秋〉，收於《景印文淵閣四庫全書》，頁943～124。引《中興書目》之言云：「《書目》：盧仝《春秋摘微》一卷，十二公凡七十六事。」

〔註67〕關於盧仝《春秋》思想的研究僅有二文，分別爲胡楚生〈「春秋三傳束高閣，獨抱遺經究終始」？——盧仝《春秋摘微》析評〉，中興大學《文史學報》31期，2001年6月，及拙著〈盧仝《春秋摘微》析論〉，大葉大學《研究與動態》16期，2007年7月。

（二）盧全《春秋摘微》與《春秋》三《疏》之比較

1. 承續三《傳》者

韓愈強調盧全《春秋摘微》是「《春秋》三傳束高閣」，盧氏欲棄傳以求經，書中也儘量不提及三《傳》之名，但其論述的內容上卻無法置外於三傳之詮解系統。比如〈莊三十年〉「齊人伐山戎。」《春秋摘微》曰：

> 三十年，冬，齊伐山戎。三十一年，夏，齊侯來獻戎捷禮。諸侯有
> 四夷之功獻之天子。齊爲伯主，反獻捷於魯，故謹始末以罪之也。
> 又責齊桓無戴天子之意。〔註68〕

盧氏將〈莊三十年〉的「齊人伐山戎。」與〈莊三十一年〉「六月，齊侯來戎捷。」兩處經文合併論述，認爲此處爲貶，爲罪責齊桓公「無戴天子之意」。此處經文《公》、《穀》二傳一貶一褒，〔註69〕說法與《春秋摘微》略有差異。但《左氏》之說卻與盧氏相近，《左氏》傳曰：

> 三十一年，夏，六月，「齊侯來獻戎捷」，非禮也。凡諸侯有四夷之
> 功，則獻于王，王以警于夷，中國則否。諸侯不相遺俘。（《春秋左
> 傳正義・莊三十一年》卷10，頁338）

以四夷之功爲諸侯獻予天子之禮，諸侯間相獻俘，則於禮不合，故此處齊侯來獻戎捷於魯，是爲「非禮也」。以獻戎捷禮來責諸侯相遺，並責其無翼戴天子之意。盧全《春秋摘微》的說法頗近於《左氏》之意。

又〈襄十六年〉「三月，公會晉侯、宋公、衛侯、鄭伯、曹伯、莒子、邾子、薛伯、杞伯、小邾子于溴梁。戊寅，大夫盟。」《春秋摘微》曰：

> 諸侯之大夫自盟。君各在會，臣盟，則諸侯之政自茲失矣。三桓逐
> 魯、六卿分晉，其所由來者漸。（案十六年，夏，五月以下，盡三十
> 一年，鈔本《會義》元缺。）〔註70〕

諸侯會於溴梁，卻言「大夫盟」，《春秋摘微》認爲是「諸侯之政自茲失矣」，

〔註68〕《春秋摘微》，頁5～6。

〔註69〕關於〈莊三十年〉「齊人伐山戎。」的經文，《春秋公羊傳注疏・莊三十年》，卷9，頁211～212，傳曰：「此齊侯也，其稱人何？貶。曷爲貶？子司馬子曰：『蓋以操之爲已蹙矣。』此蓋戰也，何以不言戰？《春秋》敵者言戰。桓公之與戎狄，驅之爾。」《春秋穀梁傳注疏・莊三十年》，卷6，頁115～116，傳曰：「齊人者，齊侯也。其曰人，何也？愛齊侯乎山戎也。其愛之何也？桓內無因國，外無從諸侯，而越千里之險，北伐山戎，危之也。則非之乎？善之也。何善乎爾？燕，周之分子也，貢職不至，山戎爲之伐矣。」

〔註70〕《春秋摘微》，頁10。

故此言諸侯會，大夫盟，以明此爲諸侯失政，大夫專權之始。此說法與《穀梁》之說相近，《穀梁》曰：

> 湨梁之會，諸侯失正矣。諸侯會，而曰大夫盟，正在大夫也。諸侯在，而不曰諸侯之大夫，大夫不臣也。（《春秋穀梁傳注疏・襄十六年》卷16，頁297）

《穀梁》謂〈襄十六年〉之湨梁之會是「諸侯失正」之始，故諸侯在，卻爲大夫盟，且不稱諸侯之大夫，可見此時「大夫不臣」，而爲「諸侯之失」。此處《春秋摘微》之說當有承自《穀梁》處。

而〈閔元年〉「元年，春，王正月。」《春秋摘微》言：

> 承子般之弑，國內亂，無即位之禮，故不書。〔註71〕

〈莊三十二年〉八月，莊公薨於路寢，十月公子慶父弑莊公大子子般。後閔公繼位，但閔元年未書「即位」，盧氏認爲因「承子般之弑」，君弑賊奔，國內正亂，故無即位之禮，而不書「即位」。三《傳》中《公》、《穀》二傳以繼弑君不言即位，異於盧氏「國內亂」之說，〔註72〕但《左氏》傳曰：

> 「元年，春」，不書即位，亂故也。（《春秋左傳正義・閔元年》卷11，頁346）

杜預注曰：

> 國亂不得成禮。（《春秋左傳正義・閔元年》卷11，頁346）

《左氏》認爲閔元年未書「即位」，是爲國「亂」之故，而亂之因顯然則爲君弑賊奔之事。杜預注更進一步解釋「國亂不得成禮」，國內亂不得爲即位之禮，故不書「即位」。對於不書「即位」一事，盧全《春秋摘微》由「禮」的角度論之，謂「國內亂，無即位之禮」，此說當有得於《左氏》及杜預之言。上述數例中，盧全《春秋摘微》雖未引述三《傳》之文，敘述文辭亦遠較三《傳》

〔註71〕《春秋摘微》，頁6。
〔註72〕關於〈閔元年〉「元年，春，王正月。」的經文，《春秋公羊傳注疏・閔元年》，卷9，頁221～222。傳曰：「公何以不言即位？繼弑君不言即位。孰繼？繼子般也。孰弑子般？慶父也。殺公子牙，今將爾，季子不免。慶父弑君，何以不誅？將而不免，遏惡也。既而不可及，因獄有所歸，不探其情而誅焉，親親之道也。惡乎歸獄？歸獄僕人鄧扈樂。曷爲歸獄僕人鄧扈樂？莊公存之時，樂曾淫于宮中，子般執而鞭之。莊公死，慶父謂樂曰：『般之辱爾，國人莫不知，盍殺之矣。』使弑子般，然後誅鄧扈樂而歸獄焉。季子至而不變也。」見：《春秋穀梁傳注疏・閔元年》，卷6，頁119。傳曰：「繼弑君，不言即位，正也。親之非父也，尊之非君也，繼之如君父也者，受國焉爾。」

簡略，但由內容意旨上詳加分析，仍可知盧氏解說實未脫三《傳》注說意旨，這或許也就是宋人批評盧仝「未能度越諸子」的原因。胡楚生即云「三《傳》說解，各有不同，自不能各家盡得《春秋》之義，研治《春秋》者，可以各守專門，加以發揮，也可以參酌三《傳》，各采其長，以求其是，但是，要不能盡棄三《傳》，就《經》明《經》，因此『《春秋》三《傳》束高閣，獨抱遺《經》究終始』，盧仝的理想，恐怕是不容易實現的。」〔註73〕

2. 簡略的敘述文風

唐宋人的評價中，「不以傳害經」是盧仝《春秋摘微》最大的特色，亦是最為人所稱許者。唐代《春秋》學的發展，初期仍以三《傳》為主，著重在各傳的彙集注疏上，《春秋》三《疏》的完成，可為其代表。中唐之後，啖助、趙匡、陸淳等人以「異儒」之姿，興起一股會通三《傳》、以經駁傳的新《春秋》思潮。盧仝的《春秋摘微》即為此思潮下的產物，並進一步捨棄三《傳》，純以己意闡述之。以論述的方式為例，啖、趙、陸三人的著作如《春秋啖、趙集傳纂例》、《春秋微旨》、《春秋集傳辨疑》等書，皆是以「集傳」的方式，先條列比較三《傳》之說，再加己意評論之。啖助、趙匡、陸淳三人雖批評三《傳》，但也不能否認，甚至揚棄三《傳》在詮解經書上的重要地位，所以其著作基本上是在三《傳》的基礎上，以「考三家得失，彌縫漏闕」〔註74〕為主要的論述方式。

然至盧仝《春秋摘微》時，已不再於文中徵引三《傳》，甚至今輯本所輯錄之六十二事中，皆未出現三《傳》之名，而提到「三《傳》」一詞者亦僅有一處，〈莊七年〉「夏，四月，辛卯，夜，恆星不見。夜中，星隕如雨。」盧氏云：

> 恆星不見，星墜如雨。恆星，列星也。所見者，夜中隕星亂墜如雨。三傳釋雨，言既星隕而雨，甚乖聖人之旨。古今星隕如雨者，非一。聖人立言，不使後世為惑。故先言恆星不見，知天理之變既成。夜中星隕，事又尤大。故書其始末，災異之占，苟若此。《春秋》大法之言，固當詳正也。〔註75〕

盧仝批評三《傳》釋雨「甚乖聖人之旨」，繼而提出己意以詳正《春秋》大法。文中盧仝雖提及「三《傳》」一詞，但僅是簡略一語帶過，既未徵引三

〔註73〕 胡楚生：〈「春秋三傳束高閣，獨抱遺經究終始」？——盧仝《春秋摘微》析評〉，《文史學報》第 31 期，2001 年 6 月，頁 12～13。

〔註74〕 《春秋啖、趙集傳纂例・四庫全書總目提要》，頁 1。

〔註75〕 《春秋摘微》，頁 4～5。

《傳》之文，也未詳述內容。與啖助取捨三《傳》的方式相較，此時三《傳》得失顯然已不再是論述的焦點，盧仝擺脫啖助等人取捨三《傳》的論述形式，進一步的捨傳求經，純由己意以解經。由此亦可看出，此時「傳」的地位又較中唐啖助時爲低，「傳」不再是理解「經」的主要途徑，甚至不用透過三《傳》，純依己意仍能求得《春秋》意旨。「傳」與「經」的關係不再具有緊密，或是必然性的關連。解「經」不須要再以「傳」爲基礎，「傳」也於詮解經書的過程中，不再居於主導或重要的地位。傳統說經者於闡釋經義時，每每徵引前人之說以批評論證之。今視盧仝《春秋摘微》中未有徵引三《傳》者，也未提及前人諸儒之名，其試圖擺脫傳統注疏集錄前說或重視義例的論述形式，純以闡釋經文意旨爲主，其獨立己說的意味甚爲濃厚。

論述方式上，不再廣徵三《傳》及前儒之說，盧仝《春秋摘微》的文辭展現簡略的敘述風格，以〈隱元年〉「夏，五月，鄭伯克段于鄢。」爲例，三《傳》及三《疏》對於「鄭伯克段」四字，包括「克」字的用意及「鄭伯」、「段」二名的褒貶，皆分別有詳細且繁多的說明，並以展現聖人之微言大意。陸淳《春秋啖、趙集傳纂例》及《春秋微旨》，雖已較三《傳》簡要，但也用了四、五百字的篇幅敘述，來說明三《傳》得失及經意要旨。但反觀盧氏《春秋摘微》僅曰：

> 書「克」，絕鄭兄弟之親，且罪鄭伯。〔註76〕

簡短之十二字，只針對「克」字，說明其間的貶責之意。對歷來繁多的說法略而不論，僅以己意擷取重點，指明褒貶。

又如〈莊二十六年〉經文「曹殺其大夫。」針於經文中「稱國」而「不名」之用意，三《傳》注疏中皆花了不少篇幅詳加說明，比如《左氏》無傳，杜〈注〉及孔《疏》謂「不稱名，非其罪」爲仲尼新意；〔註77〕《公羊》徐《疏》謂「《春秋》之義，諸侯之君不得專殺大夫，若殺有罪大夫，《春秋》書之者，責君專殺矣。其他無罪，君枉殺之，而書之者，欲以罪君之故而舉之。」〔註78〕《穀梁》則云「言大夫而不稱名姓，無命大夫也。無命大夫而曰大夫，賢也。爲曹羈崇也。」〔註79〕陸淳《春秋集傳辯疑》亦廣引三《傳》

〔註76〕《春秋摘微》，頁1。
〔註77〕《春秋左傳正義・莊二十六年》，卷10，頁324。
〔註78〕《春秋公羊傳注疏・莊二十六年》，卷8，頁202。
〔註79〕《春秋穀梁傳注疏・莊二十六年》，卷6，頁108。

及趙匡之言，以申說其意。〔註80〕但盧仝《春秋摘微》中僅簡短十一字言：

> 稱國以殺，又不名，其惡可知。〔註81〕

盧氏的說法實與三《傳》不同，但其僅指出「稱國」及「不名」爲「惡」，卻未詳述理由。與前儒相較，雖然盧氏文中亦有提及經文要點，也標明褒貶之意，但卻常常省略中間的論証過程。此種只言結果，卻缺乏論證舖陳的論述筆法，難免使其爲文未顯周延，而形成粗疏的弊病。所以宋人批評其「旨意甚疏」，亦其來有自。

上述二則皆簡短扼要僅爲十一、二字。而在〈隱五年〉「初獻六羽」《春秋摘微》曰：

> 始踰常禮，濫用樂，故書初。〔註82〕

〈僖五年〉「杞伯姬來朝其子。」《春秋摘微》曰：

> 朝非婦人之禮，況又子也。〔註83〕

此兩處之文，更是簡短僅有十字。通觀現存六十二事中，約有五十事的敘述文字皆在五十字以下，幾占全書五分之四，故許顗稱其「辭簡」。這種「簡約」的敘述方式，與傳統解經的方式大不相同，也成爲盧氏《春秋摘微》的一大特色。

二、陳岳《春秋折衷論》

（一）陳岳的生平與著作

陳岳爲唐末人，但生卒年已難詳考，宋代史書對其人與其書的記載多爲簡略，晁公武《郡齋讀書志》載「《春秋折衷論》三十卷」，云：

> 唐陳岳撰，以《左氏傳》爲上，《公羊》爲中，《穀梁傳》爲下，比其異同而折中之。岳，唐末從鍾傳，辟爲江西從事。〔註84〕

陳振孫《直齋書錄解題》亦載「《春秋折衷論》三十卷」，云：

> 唐江西觀察判官盧陵陳岳撰，以三傳異義折衷其是非而斷於一。岳，

〔註80〕《春秋集傳辯疑》，卷4，頁44。云：「《公羊》曰：『何以不名？眾也。』趙子曰：『曹小國也。唯有二卿，何足爲眾。』又曰：『晷爲眾殺之，不死于曹君者也。』趙子曰：『假如不死節，豈有舉國盡殺之乎？』《穀梁》曰：『不稱名姓，無命大夫也。』趙子曰：『按例，不命大夫被殺皆書名。』」

〔註81〕《春秋摘微》，頁5。

〔註82〕《春秋摘微》，頁2。

〔註83〕《春秋摘微》，頁7。

〔註84〕《郡齋讀書志》，卷1下〈春秋類〉，收於《景印文淵閣四庫全書》，頁674～175。

唐末十上春官，晚乃辟江西從事。〔註85〕

而王應麟《玉海》則更爲簡略，其謂《春秋折衷》曰：

陳岳，三十卷，唐末江西從事。〔註86〕

這些宋史的記載中皆僅提及陳岳的籍貫與官名，陳岳爲唐末盧陵人，曾任春官，後從鍾傳，晚年官居江西從事。

今日所見對陳岳生平有較詳細說明者，爲五代王定保（？～863）之《唐摭言》，其云：

陳岳，吉州盧陵人也。少以詞賦貢於春官氏，凡十上竟抱至寃。晚年從豫章鍾傳，復爲同舍所譖，退居南郭，以墳典自娛。因以博覽羣籍，常著書商較前史得失，尤長於班史之業，評三傳是非，著《春秋折衷論》三十卷。約大唐實錄撰《聖紀》一百二十卷，以所爲述作號《陳子正言》十五卷，其詞賦歌詩別有編帙。光化中，執政議以蒲帛徵傳，聞之，復辟爲從事，後以讒黜，尋遘病而卒。〔註87〕

陳岳少時即以詞賦任官，但其一生的仕途並不順遂，晚年從鍾傳（？～？），於昭宗（867～904）光化年間任江西從事，但後因讒言所黜，退居南郊，以著書自娛。其博覽羣書，尤長「商較前史得失」，著作有《春秋折衷論》三十卷、《聖紀》一百二十卷及《陳子正言》十五卷三書。〔註88〕

〔註85〕 《直齋書錄解題》，卷3〈春秋類〉，收於《景印文淵閣四庫全書》，頁674～563。云：「《春秋折衷論》三十卷。唐江西觀察判官盧陵陳岳撰，以三《傳》異義折衷其是非而斷於一。岳，唐末十上春官，晚乃辟江西從事。」

〔註86〕 《玉海》，卷40〈藝文‧春秋〉，收於《景印文淵閣四庫全書》，頁943～125。

〔註87〕 〔五代〕王定保：《唐摭言》，卷10，收於《景印文淵閣四庫全書》，頁1035～773。

〔註88〕 王定保《唐摭言》中針對陳岳的生平與著作皆作了較爲詳盡的敘述，但亦引發另一個有關《聖紀》作者的爭議，王氏謂陳岳的著作包括《春秋折衷論》、《聖紀》及《陳子正言》三書，其中《聖紀》及《陳子正言》二書，史籍皆未載。反倒是《文獻通考》中有「《大唐統紀》三十卷」，謂「陳氏（陳振孫）曰：『唐江南西道觀察判官陳岳撰，用荀、袁體。起武德，盡長慶，爲一百卷。今止武后，如意，非全書。』」似謂《大唐統紀》的作者亦爲「陳岳」，只是其書名與卷數皆與《唐摭言》有異。《唐摭言》所謂之《聖紀》是否即爲後世史籍中的《大唐統紀》？此爲第一個疑點。再者，考察陳振孫《直齋書錄解題》原文，《大唐統紀》的作者實作「陳嶽」，與「唐江西觀察判官盧陵陳岳」不同。同樣地，在《新唐書》中也載錄「陳岳《折衷春秋》三十卷。」（卷57，頁1441）及「陳嶽《唐統紀》一百卷。」（卷58，頁1461）二名；《玉海》除了載錄《春秋折衷》爲「陳岳，三十卷，唐末江西從事。」亦引述《中興書目》謂《唐統紀》一百卷爲「尚書屯田員外郎陳嶽撰。」（卷40）因此《春秋

　　陳岳的《春秋》思想主要見於《春秋折衷論》一書，但《春秋折衷論》於宋代史籍中載錄的名稱並不一致，《新唐書》〔註89〕及王堯臣《崇文總目》稱「《折衷春秋》」〔註90〕，而晁公武《郡齋讀書志》〔註91〕及陳振孫《直齋書錄解題》〔註92〕則謂「《春秋折衷論》」，《玉海》則謂「《春秋折衷》」，至於《舊唐書》則未見錄。今見有關陳岳的生平記載中，其《春秋》著作皆僅提及一書，推論此書在宋代或稱《折衷春秋》或稱《春秋折衷論》，實指一書，現今則多採用《春秋折衷論》一名。〔註93〕

　　《春秋折衷論》一書現已亡佚，但《崇文總目》曾謂此書云：

　　　唐陳岳撰，以三家異同三百餘條，糸求其長，以通《春秋》之意。

〔註94〕

可知陳氏《春秋折衷論》卷數爲三十卷，約三百餘條，內容則以會通三《傳》、折衷異同爲主。唐人司空圖（837～908）《司空表聖文集》中謂「岳所作《春秋折衷論》數十篇，贍博精緻，足以下視兩漢迂儒矣。」〔註95〕其對陳氏此書極爲推崇。陳氏這種會通折衷三《傳》的方式，也成爲宋人倣效的對象，北宋仁宗（1010～1063）時李堯俞（？～？）作《春秋集議略論》三十卷，〔註96〕劉宇（？～？）作《詩折衷》二十卷，〔註97〕皆沿襲了陳岳《春秋折衷論》中體

折衷論》之作者「陳岳」與《大唐統紀》作者「陳嶽」是否爲同一人？則又是另一個疑點。在缺乏相關論證的情形下，王定保《唐摭言》之言頗待商榷，但陳岳作《春秋折衷論》一書，諸家說法則無異說。

〔註89〕《新校本新唐書》，卷 57〈志・藝文一・經錄〉，頁 1441。云：「陳岳《折衷春秋》三十卷。唐末鍾傳江西從事。」
〔註90〕《崇文總目》，卷 2〈春秋類〉，收於《景印文淵閣四庫全書》，頁 674～18。
〔註91〕《郡齋讀書志》，卷 1 下〈春秋類〉，收於《景印文淵閣四庫全書》，頁 674～175。
〔註92〕《直齋書錄解題》，卷 3〈春秋類〉，收於《景印文淵閣四庫全書》，頁 674～563。
〔註93〕如五代王定保《唐摭言》、元托克托《宋史》及清朱彝尊《經義考》、馬國翰《玉函山房輯佚書》皆謂《春秋折衷論》一名。
〔註94〕《崇文總目》，卷 2〈春秋類〉，收於《景印文淵閣四庫全書》，頁 674～19。
〔註95〕〔唐〕司空圖：《司空表聖文集》，卷 3〈疑經後述〉，收於《景印文淵閣四庫全書》，頁 1083～501。
〔註96〕《玉海》，卷 40〈藝文・春秋〉，收於《景印文淵閣四庫全書》，頁 943～125。云：「慶曆中，大理丞李堯俞，辨三傳諸家得失，及采陳岳折衷，總其類例五百餘目，而成一百九十五論，進表稱《春秋集議略論》三十卷。今分上、下二卷。」
〔註97〕《直齋書錄解題》，卷 2〈詩類〉，收於《景印文淵閣四庫全書》，頁 674～550。

例，可見唐、宋學者對於此書的評價多不低，而此書也在唐、宋經學發展中，產生了某些程度的影響。

（二）《春秋折衷論》之流傳與輯佚情形

《春秋折衷論》一書現已亡佚，馬國翰《玉函山房輯佚書》中輯佚一卷，爲現存《春秋折衷論》唯一的輯本。然考察《四庫全書》，於元人程端學《三傳辨疑》、趙汸《春秋集傳》、清人朱彝尊（？～？）《經義考》及余蕭客（1729～1777）《古經解鉤沉》等書中皆有引及「陳岳」或《春秋折衷論》之語，其中條文有與馬輯本相同者、有與馬輯本文字稍異者、亦有馬輯本所未收者。（參見附表四：〈陳岳《春秋折衷論》輯校表〉）

馬國翰《玉函山房輯佚書》中輯佚《春秋折衷論》一卷，馬氏於此書〈序〉云：

> 《春秋折衷論》一卷，唐陳岳撰。岳，吉州廬陵人，光化中辟爲從事，見王定《唐摭言》。司空圖謂岳所作《春秋折衷論》數十篇，贍博精緻，足以下視兩漢迂儒矣。唐《志》三十卷，《崇文總目》云：「以三家異同三百餘條，參求其長以通《春秋》之義。」晁公武《郡齋讀書志》曰：「其書以《左傳》爲上，《公羊》爲中，《穀梁》爲下，比其異同而折衷之。」吳立夫集有後序，則元時全書尚存，今佚不復可得，惟章如愚《群書考索續集》載有二十七節、序一篇，又程端學《春秋本義》引有四節，合輯爲卷，並附吳序於後。原書三十卷三百餘條，此雖十不存一，然大旨可觀，足與啖、趙、陸三家抗衡唐代矣。〔註98〕

陳岳《春秋折衷論》原書有三十卷三百餘條，馬國翰推測此書在元時「全書尚存」，所以在宋、元人的文集中猶有引證評論之處，然至清時則已亡佚不可得。馬氏輯佚此書，取自宋人章如愚（？～？）《群書考索續集》中所載錄的〈序〉一篇及內文二十七條，再加上元人程端學《春秋本義》中引錄的四條，共合輯爲一卷，內容包含〈序〉一篇，內文三十節，最後再附上元代吳萊（1297～1340）《淵穎集》中〈春秋折衷論後序〉一文而成。所輯的三十節雖於原書三百餘條中「十不存一」，但馬氏稱讚其「大旨可觀，足與啖、趙、陸三家抗

云：「《詩折衷》二十卷。皇祐中莆田劉宇撰。凡毛、鄭異義折衷從一，蓋傚唐陳岳三傳《折衷論》之例，凡一百六十八篇。」

〔註98〕《玉函山房輯佚書》，第二冊〈經類・春秋類〉，頁1539。

衡唐代矣！」可見其對這些資料的重視與認可。

除了馬國翰外，清代朱彝尊《經義考》中亦有載錄陳岳《春秋折衷論》之條文。《經義考》卷一七八中收錄陳岳自序、吳萊後序及內文二十六條，朱氏曰：

> 按陳氏《折衷》，《吳立夫集》有序，則元時尚存，今不復可得矣！惟山堂章氏《羣書考索續集》載有二十七條，茲具錄於後。〔註99〕

與馬國翰的看法相似，朱彝尊依陳岳自序及吳萊的後序，認爲此書於元時尚存，清時則已亡佚。《經義考》中也同樣由章如愚《羣書考索續集》中輯錄二十七條。將《玉函山房輯佚書》與《經義考》兩者相較，《經義考》所輯錄的條文實不出於《玉函山房輯佚書》的範圍，只是兩者於某些文字上略有出入。〔註100〕

馬輯本主要取自《群書考索續集》及《春秋本義》二書。《春秋本義》爲程端學《春秋》三書之一，程端學是元代著名的《春秋》學者，《元史》曰：

> 端學，字時叔，通《春秋》。登至治辛酉進士第，授僊居縣丞，尋改國子助教。動有師法，學者以其剛嚴方正，咸嚴憚之。遷太常博士，命未下而卒。後以子徐貴，贈禮部尚書。所著有《春秋本義》三十卷，《三傳辨疑》二十卷，《春秋或問》十卷。〔註101〕

《經義考》亦引《寧波府志》曰：

> 寧波府志程端學，字時叔。慶元人，至治元年進士，官國子助教，遷翰林國史院編修。官在國學時，慨《春秋》在六籍中，未有一定之論，乃取前代百三十家，折衷異同，著《春秋本義》三十卷、《三傳辨疑》二十卷、《或問》十卷，用經筵官請命有司，取其書板行天下。〔註102〕

程端學以《春秋》顯世，其著作有《春秋本義》、《三傳辨疑》及《春秋或問》三書。程氏曾於《春秋本義・序》中自述著書之意云：

> 此諸儒雖多訓釋，大抵不出三家之緒，積習生常，同然一辭，使聖人明白正大之經，反若晦昧譎怪之說，可歎也！已幸而啖叔佐、趙

〔註99〕《經義考》，卷178〈春秋〉，收於《景印文淵閣四庫全書》，頁679～400。

〔註100〕參見附表四〈陳岳《春秋折衷論》輯校表〉。

〔註101〕〔明〕宋濂：《新校本元史》（臺北：鼎文書局，1980年），卷190〈列傳・儒學二〉，頁4343。

〔註102〕《經義考》，卷178，收於《景印文淵閣四庫全書》，頁679～577。

> 伯循、陸伯沖、孫泰山、劉原父、葉石林、陳岳氏者出而有以辨三
> 傳之非，至其所自爲說，又不免襃貶凡例之敝，復得呂居仁、鄭夾
> 漈、呂樸鄉、李秀巖、戴岷隱、趙木訥、黃東發、趙浚南諸儒，傑
> 然欲掃陋習，而未暇致詳也。端學之愚，病此久矣！竊嘗採輯諸傳
> 之合於經者曰《本義》，而閒附己意於其末，復作《辨疑》以訂三傳
> 之疑似，作《或問》以較諸儒之異同。廿年始就，猶未敢取正於人，
> 蓋以此經之大，積敝之久，非淺見末學，所能究也。〔註103〕

程氏反對先儒固守一傳的說經方式，主張捨傳以求經。其評論唐、宋的《春
秋》學者，推崇唐代啖助、陳岳等人之會通三《傳》，是「辨三傳之非」，但
啖、陳等人猶囿於「襃貶凡例之弊」，直至宋代呂本中（1084～1145）、黃震（？
～？）等人始「欲掃陋習」，只是有感呂、黃等人的著作仍有未詳之處，所以
程端學作《春秋》三書，分別針對經、傳、注疏加以評論，《春秋本義》是程
氏「採輯諸傳之合於經者」，並於末附申己意；《三傳辨疑》則是針對三《傳》
異同加以析辨；《春秋或問》則是比較諸儒之論。此三書可說是程氏研究《春
秋》之畢生心得。

　　程端學對陳岳會通折衷三《傳》的方式頗爲推崇，其《春秋》論著中亦
多次以「陳岳氏曰」的方式引錄陳岳之言，除了馬國翰由《春秋本義》中所
輯錄的四條佚文外，程氏《三傳辨疑》一書中亦引用了五十餘次陳岳之言，
其中有四十六則爲馬輯本未收錄者。〔註104〕雖然《三傳辨疑》中所引錄之條
文多較爲簡略，標首亦爲「陳岳氏曰」而非「折衷曰」，但由相關史料可知，
陳岳的《春秋》著作僅以《春秋折衷論》一書傳世，故此「陳岳氏曰」當取
自《春秋折衷論》一書。且據馬國翰及朱彝尊的推論，《春秋折衷論》於元時
尚存，則程端學得見此書的可能性頗大，今見《三傳辨疑》的論述多以文中
夾雜「某氏曰」方式，廣徵唐、宋諸儒之說，文末再以「愚謂」或「愚案」
總結，所以文中所節錄之「陳岳氏曰」當取自《春秋折衷論》一書。

　　除了程端學的《三傳辨疑》外，元代趙汸《春秋集傳》中亦有引錄兩則
「陳岳氏曰」之語。《元史》謂「（黃澤）門人惟新安趙汸爲高第，得其《春
秋》之學爲多。」〔註105〕清《欽定續文獻通考》云：

〔註103〕〔元〕程端學：《春秋本義》，〈序〉，收於《景印文淵閣四庫全書》，頁160～5。
〔註104〕參見附表四〈陳岳《春秋折衷論輯校表》〉。
〔註105〕《新校本元史》，卷189〈列傳·儒學一·黃澤〉，頁4325。

汸，字子常，休寧人。師事黃澤，受《易》象、《春秋》之學。隱居

著述，作東山精舍以奉母。洪武二年召脩《元史》，不願仕，乞還未

幾卒。學者稱東山先生。事蹟具《明史・儒林傳》。〔註106〕

趙汸爲元末明初的儒者，以《易》及《春秋》顯世。其《春秋》著作包括《春秋集傳》、《春秋屬辭》、《春秋左氏傳補註》、《春秋師說》、《春秋金鎖匙》等書。在其《春秋集傳》中引及兩則陳岳之言，此兩則皆未見於他書。除此之外，清人余蕭客《古經解鉤沉》中亦有三處「陳岳氏曰」，其引錄的內容不出馬輯本，但其間的文字稍有異。〔註107〕

　　上述諸書所援引的資料總計約有八十二條，雖然與全書三百餘條相比，尚不及三分之一，而且這些輯文多非完整，甚至僅爲擷摘片斷，但卻是現今研究陳岳《春秋》論的重要文獻，今即由此八十二條中，研析陳岳《春秋折衷論》與《春秋》三《疏》之差異。

（三）陳岳《春秋折衷論》與《春秋》三《疏》之比較

1. 會通三《傳》

　　關於陳岳《春秋折衷論》的論述內容與主旨，《崇文總目》評云：

　　　唐陳岳撰，以三家異同三百餘條，糸求其長，以通《春秋》之意。

　　　　　〔註108〕

《郡齋讀書志》亦云：

　　　唐陳岳撰，以《左氏傳》爲上，《公羊》爲中，《穀梁傳》爲下，比

　　　其異同而折中之。岳，唐末從鍾傳，辟爲江西從事。〔註109〕

陳氏《春秋折衷論》約三百餘條，內容以會通三《傳》爲主，論述的方式則是針對三《傳》「異同而折中之」，且三傳中又以《左氏》爲主，《公羊》爲中，《穀梁》爲末。陳岳〈序〉中曾比較三《傳》長短，其云：

〔註106〕〔清〕嵇璜、曹仁虎撰：《欽定續文獻通考》，卷143〈經籍考〉，收於《景印文淵閣四庫全書》，冊630～30。

〔註107〕〔清〕余蕭客：《古經解鉤沉》，收於《景印文淵閣四庫全書》，冊194。其書中引錄者陳岳之言者共有三處：第一則爲卷十五〈隱元年〉，同於馬輯本第一條；第二則爲卷二十三〈隱元年〉，與馬輯本第二條略有差異；第三則爲〈桓八年〉，與馬輯本第四條，略有差異。

〔註108〕《崇文總目》，卷2〈春秋類〉，收於《景印文淵閣四庫全書》，頁674～19。

〔註109〕《郡齋讀書志》，卷1下〈春秋類〉，收於《景印文淵閣四庫全書》，頁674～175。

夫經者本根也，傳者枝葉也。本根正則枝葉固正矣，本根非則枝葉曷附焉？矧《公羊》、《穀梁》，第直釋經義而已，無他蔓延。苟經義是，則傳文亦從而是矣；經義非，則傳文亦從而非矣。《左氏》釋經義之外，復廣記當時之事，備文當時之辭，與二傳不類。或謂邱明授經於仲尼，豈其然歟？苟親受之經，則當橫經請問，研究深微，間不容髮矣，安得時有謬誤，致二傳往往出其表邪？蓋業《左氏》者以二傳爲證。以斯爲證，謂與聖人同時，接其聞見可也，謂其親受之經則非矣。聞不如見，見不如受。邱明得非見歟？《公羊》、《穀梁》得非聞歟？故《左氏》多長，《穀梁》多短，然同異之理，十之六七也。鄭玄、何休、賈逵、服虔、范甯、杜元凱皆深於《春秋》者也，而不簸糠蕩秕，苃稂抒莠，撷其精實，附於麟經。第各釀其短，互鬥其長，是非千種，惑亂微旨，其弊由各執一家之學。學《左氏》者則訾《公》、《穀》，學《公》、《穀》者則詆《左氏》，乃有《膏肓》、《廢疾》、《墨守》之辨設焉。謂之《膏肓》、《廢疾》者，則莫不彌留矣，亡一可砭以藥石者也。謂之《墨守》，則莫不堅勁矣，亡一可攻以利者也。〔註110〕

陳氏認爲《左氏》非專釋經義，體例本與《公》、《穀》二傳不同。其反對「《左氏》親受孔子」之說，主張「謂與聖人同時，接其聞見可也，謂其親受之經則非矣。」否定《左氏》學者所強調的《左氏》親受孔子的說法。但陳氏也強調《左氏》雖非親受孔子，但與孔子同時的《左氏》仍比《公羊》、《穀梁》二傳可信。陳氏藉由解經方式及作者年代，區分了三《傳》不同與評判高下。接著，對於歷來三《傳》間的爭論，陳氏則謂「其弊由各執一家之學」，由於先儒固守家法，互鬥其長，終形成「惑亂微旨」的弊病，故陳氏作《春秋折衷論》用意即在破除門戶之見，以己意會通取捨三《傳》。

《春秋折衷論》中陳岳多援引三《傳》大義，其末再以己意申說對錯，並評論三《傳》得失，如〈定元年〉「元年，春，王。」陳氏云：

定元年，春，王。杜曰公之始年，不書「正月」，公即位在六月。《公》曰定何以無正？公即位後也。《穀》曰定無正始也，昭無正終也。折衷曰：《春秋》諸公即位之歲，有書即位者，有不書即位者。然皆備五始，以謹其始，惟定公即位第書「元年，春，王」，而不書「正月」。

〔註110〕〔唐〕陳岳：《春秋折衷論》，〈定元年〉，收於《玉函山房輯佚書》，頁 1539～1540。

三家以是之互苟曰「昭無正終」，故「定無正始」。則隱無正終，桓曷以書正始？桓、莊、僖、閔亦然，奚皆書之。攷其旨，昭公三十二年十二月薨于乾侯，定公正月不即位者，喪未歸也。至六月癸亥，公之喪。至是月癸巳，公方書「即位」。所以不書「正月」，公即位六月也。杜得其旨。〔註111〕

陳岳先條列《左氏》杜預〈注〉及《公羊》、《穀梁》二傳之說，之後以「折衷曰」三字提出己意的論證，文末再以此評論三《傳》得失，此處陳氏的看法與杜〈注〉相合，故謂「杜得其旨」；又如〈莊四年〉「冬，公及齊人狩于郜。」陳岳云：

四年，冬，齊人狩于禚。《左氏》曰與微者狩，失禮可知也。《公羊》曰稱人，諱與讎狩。《穀梁》曰人齊侯者，卑公也，卑公不復讎而剌釋怨也。折衷曰：凡戰伐盟會，苟君臣不敵，則必恥之，矧其狩乎？狩者，非大於戰伐盟會也。戰伐盟會者，不得已而為之；狩者，在我而已。苟公自狩于境內，則為人事也；越境與齊狩，則非人事也。既非人事，則必齊侯召公同狩，公不肯自與齊之微者狩也。苟自與微者狩，則必為魯諱，當書「及齊人狩于禚」，不曰「公」矣。如文二年書「及晉處父盟也」。噫！人齊侯者，蓋剌公也，剌其非王事，而與不同天之讎狩。斯《穀梁》近之，《左氏》、《公羊》俱誤。〔註112〕

經文中稱「人」，其褒貶之意三《傳》各有異說，陳氏先條舉三《傳》大義，再於「折衷曰」三字下提出說明，認為魯公越境與齊狩，必非如《左氏》所言與微者狩，而是與齊侯狩而稱人，其意即在於「剌公」，貶責魯公與讎狩，此亦與《公羊》所言為魯公諱有異，故文末陳氏評曰「《穀梁》近之，《左氏》、《公羊》俱誤。」

　　這種先列舉三《傳》大義，再加以申說論證，最後再依此評判三《傳》得失，是陳岳《春秋折衷論》中論述的基本模式。其評論的內容，雖多取《左氏》而非《公》、《穀》二傳，但偶爾亦有取二傳而非《左氏》者，陳氏也曾謂「三《傳》不考經意，曲立其辭，其理多失。」〔註113〕陳氏取捨三《傳》並無特定立場，其所謂的「折衷」，實是以己意會通取捨，此是承續啖助、趙

〔註111〕《春秋折衷論・定元年》，收於《玉函山房輯佚書》，頁1549。
〔註112〕《春秋折衷論・莊四年》，收於《玉函山房輯佚書》，頁1543。
〔註113〕《三傳辨疑》，卷16，收於《景印文淵閣四庫全書》，頁161～389。

匡、陸淳之《春秋》學，而與《春秋》三《疏》專守一傳的情形相左。

2.「折衷曰」之體例

在折衷三《傳》的論述方法上，陳岳《春秋折衷論》與《春秋》三《疏》大不相同，但在「折衷曰」的標首語體例上，《春秋折衷論》倒與三《疏》頗有相承關係。

在三《疏》之前的《春秋》學舊疏中，使用書名作爲標首語的情形並不多見，現存的文獻的中也僅見劉炫《春秋規過》一書有相近的句型，〔註114〕比如《春秋規過》於〈僖十七年〉云：

> 「十有七年，夏，滅項。」杜云：「公在會別遣師滅項，不言師，諱之。」
>
> 規云：案傳齊人以爲討，討其滅國，非討用師，既不諱滅，何以諱師？炫謂謂將卑師少稱人，不可自言魯人，故不稱師。〔註115〕

又〈昭二十六年〉云：

> 「尹氏、召伯、毛伯以王子朝奔楚。」杜云：「書奔在王入下者，王入乃告諸侯。」
>
> 規云：杜上注云「子朝來告晚」，何爲此注又云「王入乃告諸侯」？
> 以二注不同，將爲杜失。〔註116〕

劉炫先標明經文與杜說，再於「規過」二字之下提出對杜說的反駁，以指出杜失。以「規云」二字爲每段的標首句，是《春秋規過》上下兩卷中統一的句型。這種統一標首語的句型在唐前舊疏中並不多見，但卻是《春秋》三《疏》中共同的論述型態，不論是《左氏》孔《疏》的「正義曰」、《公羊》徐《疏》的「解云」、《穀梁》楊《疏》的「釋曰」，三《疏》大體上皆各自有一統一的標首語。雖然書中偶有疏漏或差池的情形，〔註117〕現存的版本亦經過後人的更動統一，〔註118〕但三《疏》在寫定時，當已普遍具有「正義曰」、「解云」、「釋曰」的論

〔註114〕《舊唐書·經籍志》中載錄劉炫《春秋規過》三卷，但現僅見馬國翰《玉函山房輯佚書》中輯佚二卷殘文。

〔註115〕〔隋〕劉炫：《春秋規過》，卷上〈僖十七年〉，收於《玉函山房輯佚書》，頁1498。

〔註116〕《春秋規過》，卷下〈昭二十六年〉，收於《玉函山房輯佚書》，頁1513。

〔註117〕比如《春秋左傳正義·序》卷1中有許多缺漏「正義曰」，《春秋公羊傳注疏》的〈文十六年〉、〈昭二十五年〉等處少「解云」二字，《春秋穀梁傳注疏》的〈僖元年〉、〈昭十三年〉等處爲「釋云」等。

〔註118〕今見《春秋》三《疏》之版本，皆經過後人的多次傳抄修訂，當然還可能包

述型態，始爲後人統一之依據。這種統一的標首語句型，當爲陳岳《春秋折衷論》取法的對象，今《玉函山房輯佚書》中所輯佚之三十則中，每則皆有「折衷曰」三字，爲全書統一的體例，可見陳氏是特意使用這種論述型態。

以己意會通三《傳》，陳岳《春秋折衷論》受啖助等人的影響頗深。今見《春秋折衷論》之編排，是依年月先後順序逐條發表評論，論述的方式則是先點出三《傳》之異同，再以「折衷曰」申述已意，最後則以「得其實」、「得其旨」或「爲短」等詞，總結三《傳》得失。此與啖、趙、陸三人的《春秋集傳辯疑》及《春秋微旨》相似，而「折衷曰」的統一標首語句型，則又與三《疏》的句型相合，顯然陳岳一方面承繼了啖助學派會通三《傳》的方式，另一方面也由《春秋》三《疏》中擷取了義疏的格式，可說是唐代《春秋》著作的融合。

第三節　小　結

唐代《春秋》學的發展約可分爲前後兩期，前期爲傳統義疏學的總結，《春秋》三《疏》的完成爲其代表；後期則是指啖助以降的學者，以會通三《傳》的創新方式，打破傳統以來的門戶之見，帶動捨傳求經的新思潮。〔註 119〕

至於唐代前後期《春秋》學最大的差異，主要展現在詮解的目的與方式兩方面。《春秋》三《疏》的立論終究是站在本傳的立場上，維護並發揚本傳的思想，但啖助以降的學者，幾乎皆以會通三《傳》爲主要目的，標榜以己意說經，積極打破三《傳》間的隔閡，藉由己意取捨三《傳》以直釋經義，欲爲經書的詮解開創一條新的徑路；而詮解方式上，由傳統廣徵博引的長篇繁言，轉向去冗從簡的簡短文風，則是另一個大變革。前儒說經動輒舖陳萬字，何休時即已

括體例上的統一，比如《春秋穀梁傳注疏・昭十三年》，卷 17，頁 334，經「楚公子棄疾殺公子比。」傳「當上之辭也。」下註釋云：『「當上之辭也」，此節疏原在上『弑君者曰』疏文下，『也』下原有『者』字，阮校：『閩、監、毛本刪「者」字，以「當上之辭也」五字爲標起止，下增「O」及「釋曰」二字，移屬注文「故以君殺大夫之辭言之」下。』按，依文意，閩、監、毛本爲是，據刪、移，並據全書例加『疏』、『O 釋曰』。」可見各刻本在流傳時，亦對版本作了某些方面的更動，包括疏文的位置與體例。

〔註 119〕林慶彰：〈唐代後期經學的新發展〉，收於《中國經學史論文選集》，頁 670。云：「如就唐代經學的發展來說，前期爲注疏之學的時代，後期爲逐漸脫離注疏學束縛的新經學時代。」

對這種繁文冗言的弊病提出批評，〔註120〕《春秋》三《疏》中雖然《左氏》孔《疏》仍未脫廣徵博引、繁文冗言的義疏傳統，但在私人撰述的《公羊》徐《疏》及《穀梁》楊《疏》中實已開啓去繁從簡的端倪。〔註121〕中唐以降，這種反省更落實於論述方法上，陸淳爲啖助、趙匡二人纂修《集傳》時曾言：

> 啖、趙所取三《傳》之文，皆委曲翦裁，去其妨礙〔註122〕

啖、趙二人爲文以取捨三傳而成，其取捨的方式則爲「委曲翦裁，去其妨礙」，雖然翦裁的依據在於己意，但「去其重複，以從簡要。」〔註123〕則是其基本原則。可見啖助、趙匡之時雖仍以傳統「集傳」的方式著述，但卻已自覺的以「去繁從簡」糾正「繁瑣冗言」之弊病。而至盧仝《春秋摘微》時，其敘述簡短，僅言善惡的筆法，將這種簡約文風達到巔峰，但少了詳細的論證過程，也不免形成疏略之失。盧仝之後，晚唐陸希聲（？～？）作《春秋通例》三卷，亦承其緒，《崇文總目》即評此書曰：

> 因三家之例，裁正其冗，以通《春秋》之旨。〔註124〕

《崇文總目》以「裁正其冗」爲《春秋通例》全書的主要特色。《春秋通例》一書早已亡佚，難窺其貌，但由馬國翰於元人程端學《春秋本義》中所輯錄之遺文，可見一斑，此遺文僅有六則，文詞皆相當簡短，最短者四字，最長者亦不過十四字，〔註125〕可謂將此簡略的論述風格發揮至極致。由這些中、晚唐之《春秋》著述可知，中唐以後的《春秋》學，不僅走向三《傳》會通，也於三《傳》取捨的過程中，進行翦裁去冗的工作，而逐漸形成一種簡短精要的論述風格。

學者評論唐代《春秋》的發展，多以總結與創新作爲前後兩期之差異，

〔註120〕 《春秋公羊傳注疏·序》，頁6。〈序〉云：「講誦師言至於百萬猶不可解，時加讓嘲辭，援引他經失其句讀，以無爲有，其可閔笑者。」

〔註121〕 同樣作爲義疏文體，官脩《左氏》孔《疏》在論述風格上，大體承襲傳統注疏學的繁文長論，但私人撰述的《公羊》徐《疏》及《穀梁》楊《疏》則已逐漸走向去繁就簡的新方向，此方面的論述詳見上章第二節〈義疏定位的省思〉。

〔註122〕 《春秋啖、趙集傳纂例·重修集傳義第七》，卷1，頁13。

〔註123〕 《春秋啖、趙集傳纂例·啖、趙取舍三傳義例第六》，卷1，頁12。

〔註124〕 《崇文總目》，卷2，收於《景印文淵閣四庫全書》，頁674～18。

〔註125〕 〔唐〕陸希聲：《春秋通例》，收於馬國翰輯《玉函山房輯佚書》（東京：中文出版社），頁1538。其輯文僅存內文六則，分別爲〈隱二年〉、〈桓五年〉、〈桓十一年〉、〈莊十七年〉及〈成十七年〉。其中〈隱二年〉「呂人入向。」其文僅有「克內日入」四字；〈莊十七年〉「鄭詹自齊逃來。」其文「凡言逃者，皆謂義當留而竊去者也。」十四字。

甚至將此前後兩期截然劃分，戴維《春秋學史》即曰：

> 唐政府推行科舉取士，明經科極不受重視，政府統一《五經》，對各
> 經進行正義，《春秋》學以《左傳正義》爲指歸，從而導致了《春秋》
> 學的停頓。待唐初的那批老師宿儒相繼過世，《春秋》學在人員、研
> 究方法諸方面就與兩漢至隋這一系統相斷開，於是《春秋》學的發
> 展方向的改變就具備了一個極重要的條件，即《春秋》思想的自由。
> 〔註126〕

戴氏將唐代義疏之學與中唐之後的新學之間，視爲一種斷裂，截然劃分前後
兩者。然而學術文化的發展，果眞能如此截然二分？透過三《疏》與唐後期
《春秋》學之比較，可以發現，由《春秋》三《疏》至中唐以降的《春秋》
學，其間的轉折變化實則有其脈絡可尋。由詮解的內容而言，《春秋》學的發
展歷史悠久，三《傳》更各自形成一套龐大繁細的詮解系統，《春秋》三《疏》
的編纂，正標幟著此系統的完成。中唐以後的學者，雖反對傳統以來專守一
家的門戶之見，但不論是啖助的會通三《傳》，抑或是陳岳的折衷三《傳》，
皆不能完全置外於三《傳》的詮解系統中，即便是盧仝的「《春秋》三傳束高
閣」，於文中未嘗援引三《傳》及前儒之說，但其論述內容仍終究未能擺脫三
傳的論述範疇。所以啖助以降的學者，雖於一些細節問題，比如《春秋》的
意旨、三《傳》的寫定及關係上頗有新意，但整體而言，在論述內容上仍屬
於傳統範疇的再承襲。

〔註126〕戴維：《春秋學史》，第六章〈隋唐《春秋》學〉，頁288。

第九章 結 論

　　由上述的研究中可以發現，作爲唐代《春秋》義疏之學代表的《春秋》三《疏》，在詮解的方法上各自呈現不同的論述型態，這些論述的背後也透顯出唐人對《春秋》不同的詮解態度，雖然三《疏》的詮解差異，一方面源於三《傳》家法的不同，但同爲唐代的義疏體例，三《疏》充份展現了唐代經學的多樣面貌，也反映唐人對《春秋》學的定位與反省。

　　具體而言，《春秋》三《疏》在詮解方法與態度上的差異，包括下列數方面：

一、資料的援引與評論：採襲舊疏而爲文

　　《春秋》三《疏》對前儒典籍的徵引，以「人」爲單位總計二百二十一項，時代上及先秦，下至隋代，其中以兩漢時期最多，而以「陸德明」爲年代最晚者。範疇上則遍及經、史、子、集四部，四部中又以經部爲大宗，尤重於《春秋》類的專著與經師，集部則最少。特別的是，除了《春秋》三《傳》外，三《疏》大量援引三《禮》及《史記》，且在援引《周禮》、《禮記》、《史記》三書的同時，還罕見地加入一些褒貶的評論，此反映三《疏》對《春秋》傳、注與他書異說的處理方式，也顯露三《疏》以經爲本位的詮解立場。再者，將三《疏》所援引的對象與同樣成書於唐初的《隋書·經籍志》相比，三《疏》所徵引者，有許多並不見載於《隋志》，或是《隋志》已言亡佚者，雖然唐前舊疏多所亡佚，難以詳考，但可以推知，唐代《春秋》三《疏》中都有採襲舊疏的情形。

二、對《春秋》經、傳關係與三《傳》取捨的看法：對三《傳》興衰的反省

三《疏》對《春秋》經、傳關係的看法，大體上皆是依襲注說，只是依循的程度略有不同。《左氏》孔《疏》承襲杜預的說法，由取材及立文上區分《春秋》與《左氏》的經、傳差異，並進一步指出經文「多不具」，突顯《左氏》「以史傳經」的獨特性與重要性，強調《左氏》與《公羊》、《穀梁》二傳的不同，其對三《傳》的取捨，則是以杜〈注〉的取捨爲取捨；《公羊》徐《疏》以帶有濃厚的讖緯色彩的《公羊》思想詮解《春秋》，在《春秋》緯書所建構的經、傳架構中，緊密結合《春秋》與《公羊》的特殊關係，從而展現《公羊》與《左》、《穀》二傳的差異，疏文中援引《左》、《穀》二傳之處，多作爲版本異文的參照，而少涉及經義的說明；《穀梁》楊《疏》尊崇《春秋》，謂三《傳》同解《春秋》，互有長短，其嘗試以平等的態度看待三《傳》，視三《傳》各爲解經的方式之一。此外，徐《疏》與楊《疏》也分別對歷來三《傳》發展的興衰提出反省，其中徐《疏》將《公羊》學的衰頹，歸因於內部經師的詮解方式錯誤，楊《疏》則認爲三《傳》的興廢，皆繫於帝王之個人喜好，而與三《傳》是非無關。

三、論述的句型與焦點：重「考古」

《春秋》三《疏》論述的句型與重點各不相同。《左氏》孔《疏》擅以長篇繁文鋪陳論證的過程，以廣徵博引作爲疏文的主體，同者證其同，異者則務判是非，引述的資料相當廣泛且多元，尤其廣引杜預《釋例》爲證，而以劉炫規杜之說爲反證。疏文中明顯地重引證而少申論，且猶有重文與稱謂不統一之弊病；《公羊》徐《疏》中詮解經、傳、注三者，各有不同的慣用語詞，句型的差異最爲明顯。疏文大體上偏重於何〈注〉出處的說明與補充，論述的句型則傾向簡短扼要；《穀梁》楊《疏》著重申說傳文義例，疏文中援引許多前人舊說，這些舊解多未標明出處，楊氏也不強加分判，僅以並存示疑的方式保留。楊氏認爲詮釋是多面向，且具歧義性的，縱有諸多異說，但若能通解文義以自圓其說，仍爲有理可通。整體而言，孔《疏》的論述著重名物訓詁，徐、楊二《疏》雖不著重訓詁，但亦是以文獻資料的考證及蒐羅爲主，皆以「考古」爲主要工夫。

四、詮解的進路與目的：對「疏不破注」說的省思

　　透過經、傳異文，與傳、注異文的處理方式，反映出三《疏》截然不同的詮解進路。《左氏》孔《疏》以「傳實經虛」作爲《春秋》與《左氏》經、傳異文的取捨原則，並秉持對杜〈注〉的尊崇，以注文校正傳文之失，形成一種以注正傳、以傳正經，由下而上的詮解進路，其目的在以杜〈注〉定於一尊；《公羊》徐《疏》以何休雜揉讖緯的「《春秋》授漢制」、「三科九旨」主張，論述《春秋》、《公羊》傳及何〈注〉，在這種僅以何休《公羊》思想貫穿的體系中，徐《疏》的論述傾向一種傳內相釋的詮解進路，但過度地依從何說，使其立論始終不離漢代經師的論述議題，缺乏義理上的引申與創發；《穀梁》楊《疏》視《春秋》爲聖人經典，而三《傳》同解《春秋》，疏文中積極調和經、傳差異，但卻明白指陳注文違傳及錯誤之處，尤其對於前人舊說，採取尊重並存的態度，呈現經書詮解的多樣性，這種由上而下，由一而多的詮解進路，使楊《疏》別具一種寬容開放的特色，也反映其對歷史文獻及前人研究成果的尊重。而由這些詮解上的差異，可知三《疏》雖大體遵注，但並非嚴守「疏不破注」的原則，至少三《疏》中對於注文皆有提出質疑及修正之處，三《疏》對於注文皆有某些程度的偏離，其中孔《疏》的偏離較少，楊《疏》則在版本與闡義上，對注文的批評最多。

五、官修與私撰的分野：對「義疏」體例的定位

　　《春秋》三《疏》的纂撰，有官修與私撰之分，這種因纂脩方式不同所形成的差異，主要呈現在版本差異與詮解風格上。官修的孔《疏》承襲傳統的注疏方式，以大量的資料做爲補充，重視文獻的多量、多元化。在羅列資料的同時，孔《疏》對於版本異文的成因與正誤，多加探討，對諸家異說則務別是非，以積極建構大一統的解經系統。其關注到版本流傳中字體改易與記載介面的轉換所帶來失真現象，對於先秦典籍的流傳也有清晰的瞭解，但因刻意要求獨尊一家，不免使得孔《疏》在詮解視野上終究難以跳脫以專主一家的圍限；而私人撰述的《公》、《穀》二疏中，明顯擺脫傳統立於一尊的爭議，而能以較持平、較開放的態度看待版本異文，且二疏中運用許多短文簡句的敘述句型，開展刪繁就簡的創新趨勢。只是，其雖跳脫傳統史料堆砌的義疏體制，但也欠缺了傳統注疏廣博的引證力，甚至僅將疏文僅侷限於「註腳」的功能上。就「義疏」的定位而言，官修孔《疏》以政治力量爲後盾，

盡展文獻處理的廣廣與強度，私撰徐、楊二《疏》則在詮解風格上另闢蹊徑，逐漸開啓不同的詮解風貌。

六、與唐代後期《春秋》學之比較：總結與創新

　　將三《疏》與唐後期啖助等人的新《春秋》學，以及盧仝、陳岳等現存唐代《春秋》著作相較，可以發現唐代前後期《春秋》學最大的差異，主要展現在詮解的方法與態度上。《春秋》三《疏》的立論終究是站在本傳的立場上，維護並發揚本傳的思想，但啖助以降的學者，幾乎皆以會通三《傳》爲主要目的，標榜以己意說經，積極打破三《傳》間的隔閡，藉由己意取捨三《傳》以直釋經義，欲爲經書的詮解開創一條新的徑路；而詮解方式上，由傳統廣徵博引的長篇繁言，轉向去冗從簡的簡短文風，則是另一個大變革。此外，啖助等人雖標榜捨傳求經，但終究無法完全置外於三《傳》的論述系統，唐末簡短的論述文風亦在徐、楊二《疏》中已露端倪，由此可見唐代《春秋》學發展衍化的軌跡。

　　中國經書的傳衍，是一層層累積闡發的過程，《春秋》三《傳》以傳文之體躋身經書之列，使得三《疏》在諸經義疏中最顯特別，不僅在體例上包括經、傳、注、疏四者，層次分明，還得面對如何安頓經、傳關係的課題。在這問題上，三《疏》對經、傳的關係多是承襲注文而來，但其對注文，則有不同程度的依循，對疏文也呈現不同的定位與要求。透過《春秋》三《疏》的研究，呈現唐代義疏之學的多樣性，其中包含了對傳統學說的承續與創新，及對「義疏」體例的省思與定位，透過三《疏》與唐中後期《春秋》學的比較，也更清瞭解唐代《春秋》發展演變的軌跡，此將對《春秋》學及唐代經學的研究，提供新的助力。當然，學術文化的展現不僅止於書面專著，唐代《春秋》學的發展，除了現存的《春秋》學著外，在許多唐人的文、詩作品中皆可找到相關的論述，甚至唐代以降，整個宋代學術文化的發展，亦與唐代《春秋》學息息相關，這些後續的研究與探討，都是本論文日後亟待補足及開展的新方向。

附 表

附表一：《春秋》三《疏》引書表

編排體例如下：

1. 編排分類：此表的編排依經、史、子、集四部的次序排列，其中經部類中又區分「《春秋》」與「其他」兩類，故共有「經部——《春秋》類」、「經部——其他」、「史部」、「子部」及「集部」五部分。

2. 分類單位：三《疏》徵引先儒說法時，或註明書名出處，或僅記篇名，或稱作者人名，或稱字號，〔註1〕徵引的情形頗爲紛陳。今力求體例統一，此表中以人名爲單位，同一作者的諸種著作皆僅視爲一單位，以「@」標示徵引人名的次數，以「書」標示徵引書籍的次數，各書名間以「；」分號作爲劃分，若徵引的次數超過六十次者，則標以「多」字，而不詳細標示。比如三《疏》中所援引的鄭玄著作包含《六藝論》、《詩譜》、《禮圖》、《易注》、三《禮》注等多書，此表中皆列於「鄭玄」一項內，其中《左氏》孔《疏》一欄標示「@多」，表示疏文中徵引「鄭玄」超過六十次，標示「書 1;1;6;1」，表示疏中徵引《詩譜》一次、《禮圖》一次、《易注》六次、《乾鑿度》一次；再者，若同一作者有不同部別的著作，則以其主要著作的類別爲主，以避免重覆的現象，比如三《疏》中援引的班固著作有《漢書》、《白虎通》二書，《漢書》屬史部正史類，《白虎通》屬經部小學類，因援引的次數以《漢書》較多，

〔註1〕 人名稱謂不統一的情形，主要見於《左傳正義》中「鄭玄」或稱「康成」、「鄭眾」或稱「司農」、「衛宏」或稱「衛次仲」、「徐邈」或稱「徐仙民」，而「薛道衡」則直稱「玄卿」，此皆是稱字號而不稱名字。

故將「班固」置於「史部類」。

3. 先後次序：表中排列以朝代先後爲主，包括先秦、兩漢（西漢、東漢）、三國（魏、蜀、吳）、兩晉（西晉、東晉）、南北朝（北魏、北齊、劉宋、南齊、梁、陳、隋）各時期，至於各朝代內之人物，則未再加以細分先後。

4. 隋志著錄：表中取《隋書‧經籍志》，比較其著錄的情形，其中「隋志著錄」一欄中所標著者爲《隋書‧經籍志》中所載的此作者相關著作，而非全部著作。比如「王肅」，《隋書‧經籍志》中除了著錄其經部著作外，尚有子部《王子正論》及集部《王肅集》二書，但因三《疏》中皆僅援引其經部著作，故今此表中只標示其經部著作。

「@」人名；「書」書名；「分類」依《隋書‧經籍志》

【經部──春秋類】

編號	時代	分類	人名	隋志著錄	左傳正義		穀梁疏		公羊疏		備註
					次數	名稱	次數	名稱	次數	名稱	
1				春秋	書多		書多		書多		
2				左傳（左氏）	書多		書多		書多		
3				公羊	1；1	何休；盧欽 孔舒元	書多		書多		
4				穀梁	書多		書多		書多		
5				嚴氏春秋	書1	魯春秋					
6	春秋		左丘明	春秋外傳國語	書多		國語（外傳）	書6		書6	
7	西漢		胡母子都	無著錄					@7		
8	西漢		董仲舒	春秋繁露、春秋決事、	@1		@2		@3 書2	春秋繁露	
9	西漢		嚴彭祖	春秋左氏圖、春秋公羊傳					@2		（或作莊彭祖）
10	西漢		顏安樂	無著錄					@3		
11	西漢		尹更始	春秋穀梁傳（亡）	@1						
12	西漢		閩因敘	無					@2	閩因敘	（或作閩因《春秋序》）
13	東漢		賈逵	春秋左氏長經章句、春秋左氏解詁、春秋釋訓、春秋左氏經傳硃墨列、春秋三家經本訓詁、春秋外傳國語注、毛詩雜義難（亡）	@多 書15	國語注	@9		@23 書4 書2	賈氏：賈經長義（批公揚左） 賈氏《公羊》	

14	東漢	服虔	春秋左氏傳解誼、春秋左氏膏肓釋痾、春秋漢議駁（亡）、春秋成長說、春秋塞難、春秋左氏傳音、漢議駁（亡）、通俗文	@多書2	通俗文	@2		@11	服氏經
15	東漢	鄭興	無	@2				
16	東漢	鄭眾	春秋左氏傳條例	@57	（鄭司農）	@2	@2	
17	東漢	潁容	春秋釋例	@11	（潁氏）			
18	東漢	許惠卿	無	@3				
19	東漢	何休	春秋公羊解詁、春秋左氏膏肓、春秋穀梁廢疾、春秋漢議、春秋公羊墨守、春秋議、春秋公羊諡例、春秋公羊傳條例	@多			@多	
20	東漢	鄭玄	駁何氏漢議、春秋十二公名（亡）、駁何氏漢議、周易注、尚書注、尚書大傳注、尚書音、毛詩箋、三禮目錄、三禮圖、周官禮注、儀禮音（亡）、喪服經傳注、喪服譜、禮記注、論語注、六藝論、易緯注、尚書緯注、尚書中候注、禮緯注（亡）、禮記默房注（亡）	@多書1；1；6；1	詩譜；禮圖；易注；乾鑿度	@57	@多書2；1	六藝論；詩譜
21	東漢	趙商	無			@1		鄭玄弟子
22	東漢	延篤	戰國策論.史	@1	傳春秋者			
23	東漢	盧植	禮記注.經	@1	左氏舊說			事馬融
24	東漢	杜子春	無	@3				
25	東漢	呂叔玉	無	@2				
26	東漢	彭仲博	無	@3				
27	東漢	戴宏	無			@1	@4書3	（戴氏）解疑論
28	東漢	陳元	無			@1		
29	魏	董遇	春秋左氏傳章句、周易注	@9				

30	魏	王肅	春秋左氏傳注、春秋外傳章句、周易注、尙書注、尙書駁義、毛詩注、毛詩義駁、毛詩奏事、毛詩問難（亡）、周官禮注、儀禮注、儀禮音（亡）、喪服經傳注、喪服要記注、禮記注、禮記音、明堂議、孝經解、論語注（亡）、論語釋駁、孔子家語解、聖證論、王子正論、王肅集	@33書1；3	聖證論孔子家語注	@2		
31	魏	樂信	春秋說要、春秋穀梁傳注			@21		
32	魏	孔衍	春秋公羊傳集解、春秋穀梁傳、凶禮、魏尙書	@1	孔舒元公羊傳	@1		
33	吳	虞翻	春秋外傳國語注	@2				
34	吳	韋昭	春秋外傳國語注、辯釋名	@6書7				
35	西晉	杜預	春秋左氏經傳集解、春秋杜氏服氏注春秋左傳（殘）、春秋左氏傳音、春秋釋例、春秋左氏傳評、喪服要集、律本、雜律（亡）、女記、杜預集	@多書5	釋例；世族譜；會盟圖；長曆；集解	@26	@3	
36	西晉	劉寔	春秋條例、春秋公羊達義（亡）、集解春秋序	@2				
37	西晉	孫毓	春秋左氏傳義注、春秋左氏傳賈服異同略、毛詩異同評	@7				
38	西晉	干寶	春秋左氏函傳義、春秋序論、周易注、周易宗塗、周易爻義、周官禮注、後養議、晉紀、	@1				
39	西晉	盧欽	無	@3	公羊序			
40	西晉	束晳	無	@2				
41	西晉	劉兆	春秋公羊穀梁傳				@2	
42	東晉	張靖	穀梁傳注春秋穀梁廢疾（何休撰，鄭玄釋，張靖箋）			書1	張靖箋	

43	東晉	范甯	春秋穀梁傳集解、春秋穀梁傳例	@1		@多	別例	@11	范氏	
44	東晉	范邵	無			@4				甯從弟
45	東晉	范雍	無			@3				甯子
46	東晉	徐乾	春秋穀梁傳注			@5				
47	東晉	徐邈	春秋左氏傳音、春秋穀梁傳、春秋穀梁傳義、答春秋穀梁義、周易音、古文尚書音、尚書音、毛詩音、論語音（亡）、五經音、莊子音、楚辭音、徐邈集	@2	（徐仙民）	@多				
48	東晉	江熙	毛詩注、集解論語			@12		@1	解春秋	
49	東晉	孔晁	春秋外傳國語注、尚書義問	@18書27						
50	東晉	鄭嗣	無			@2				
51	東晉	虞喜	周官駁難、論語讚	@1						
52	北魏	衞冀隆	無	@9		@1				
53	北齊	秦道靜	無	@5						
54	劉宋	賀道養	春秋序注	@5						
55	南齊	田僧紹	集解喪服經傳、三禮雜大義	@1	注杜序					
56	梁	崔靈恩	春秋經傳解、春秋申先儒傳論、春秋左氏傳立義、春秋序、集注毛詩、集注周官禮、三禮義宗	@1						
57	陳	沈文阿	春秋左氏經傳義略、經典大義、經典玄儒大義序錄	@61	沈氏					
58	隋	劉炫	春秋左傳杜預序集解注、春秋左氏傳述義、尚書述義、毛詩譜、毛詩集小序、毛詩述義、古文孝經述義、論語述義、五經正名	@多		@1（先師）				
59	隋	王邵	無	@1						
60	隋	薛道衡	薛道衡集	@5	（字玄卿）					
61		蘇寬	無	@26	（蘇氏）					
62	唐	陸德明	周易注音、周易大義			@1				
計				46		28		20		

【書籍——經及緯書】

編號	時代	分類	人名	隋志著錄	左傳正義 次數	左傳正義 名稱	穀梁疏 次數	穀梁疏 名稱	公羊疏 次數	公羊疏 名稱	備註
1				易	1;3;6	子夏易傳;王弼;鄭玄	書11		書35	鄭注	
2				書	7;4;1	孔安國傳;鄭玄;王肅;馬融	書19		書36		
3				詩	3;1	鄭玄詩譜;王肅	書26;8	毛傳	書18		
4				周禮	多;38;1	鄭玄;鄭眾;鄭興注	書25	周官	書24	禮2	
5				儀禮	書多	鄭玄	書12	禮	書33		
6				禮記	書多	鄭玄	書58		書多		
7				樂	書1						
8				論語	17;2;1	鄭玄;何晏論語集解;包咸	書11		書24		
9				孝經	書11	今文1	書2		書6	孝經疏	
10				爾雅	書多	東漢,李巡,樊光,舍人,魏孫炎;東晉郭璞	書7		書35		
11	先秦			歸藏易	書2	歸藏易					
12	先秦			無	書40	逸周書謚法	書15	謚法	書2	逸書	
13	先秦	經·論語		孔子家語	書21	孔子家語			書13	孔子家語	
14	西漢	經·易		京房易傳	書1	京房易傳	書2				
15	西漢	經·書		無	書1	歐陽尚					
16	西漢	經·禮	戴德	大戴禮	書8;1;1	夏小正;辨名記	書2	三朝記	書1	辨名記	
17	西漢	經·論語	孔鮒	孔叢	書1	孔叢	書1	孔叢	書2	孔叢子	
18	西漢	經·詩	韓嬰	韓詩	@1 書5	外傳			書3	韓詩;內傳	
19	西漢	經·書	孔安國	尚書傳、尚書音	@22		@4		@1		
20	東漢	古傳	馬融	周易注（亡）、尚書注、毛詩注（亡）、周官禮注、喪服經傳注、考經注（亡）	@17		@2				

21	西漢	經·小學	許慎	五經異義、說文	@9 書多	說文	@2 書5	異義	@2 書9;1	五經異義;說文	
22	西漢	經·小學	李斯	蒼頡篇	書1	蒼頡篇			書1	蒼頡篇	
23	西漢	經·小學	史游	急就篇	書4	急就篇					
24	西漢	經·論語子儒	揚雄	方言、訓纂篇、蜀王本紀、法言、太玄經章句（亡）、揚雄集	@3 書27;1;1	方言;法言;官箴	@2 書1	劇秦篇			
25	東漢	無	衛宏	無	@1		@1	（衛次仲）			
26	東漢	經·禮	蔡邕	月令章句、勸學、（獨斷）	@7 書4;3	獨斷;月令章句					
27	東漢	經·禮	阮諶	三禮圖	書2	三禮圖					
28	東漢	無	包咸	無	@1						
29	東漢	經·論語	李巡	爾雅（亡）	@多				@9		
30	東漢	經·論語	舍人	無	@35	爾雅注			@1	爾雅注	
31	東漢	經·論語	孫炎	禮記注、爾雅注、爾雅音	@多				@14		
32	東漢	經·論語	樊光	爾雅注	@多				@1		
33	東漢	經·論語	劉熙	釋名、諡法	@1 書13	釋名					
34	東漢	經·讖緯	宋均	詩緯注、禮緯注、禮記默房注、樂緯注、孝經勾命決注、孝經援神契注、孝經內事、孝經皇義	@2 書1	春秋緯文耀鉤注			@1;@11	宋均注〈樂記〉;宋氏注〈春秋說〉	
35	魏	經·易	王弼	周易注	@3 書3	易注	@4				
36	魏	經·論語	何晏	集解論語	@2 書2	集解論語					
37	魏	經·論語	張揖	廣雅	@2 書11	廣雅	@1		書2	廣雅	
38	魏		鄭偁	無			@1				
39	魏		鄭小同	鄭志	書2	鄭志			書1	鄭志	鄭玄孫
40	蜀漢	史·正史	譙周	論語、五經然否論、古史考	@3 書2	考史（考古史）	@1				
41	蜀漢	經·易	劉表	周易章句			@1				
42	吳	經·易	陸績	易注	@1						
43	西晉	經·詩	陸機	毛詩草木蟲魚疏	書11	毛詩義疏	書1	毛詩草木蟲魚疏			

44	西晉	經·小學	呂靖	韻集	書1	韻集					（呂靜）
45	西晉	經·小學	呂忱	字林			書1	字林			
46	東晉	經·禮	環濟	喪服要略	@1書1	環齊要略					（環齊）
47	劉宋	經·禮	庾蔚之	喪服要記注、禮論鈔、禮答問					@1		
48	東晉	經·論語	郭璞	爾雅注、爾雅音、爾雅圖、爾雅圖贊（亡）,方言注、三蒼注、毛詩拾遺、穆天子傳注、山海經注、水經注、山海經圖讚注、楚辭注	@2				@9	爾雅注	
49	南朝劉	經·小學	顧野王	玉篇			書1	玉篇			
50		經·小學		字書	書3	字書					
51				無					書2	爾雅音義	
52				無					書1	書傳略說	
53		經·讖緯		河圖	書1						
54				春秋緯	書3		書1		書1		
55				春秋說（無）	書1				書多	宋均注	
56				春秋考異郵（無）	書1		書5		書2		
57				春秋感精符（無）	書1		書1		書4		
58				春秋說元命包			書1		書2		
59				春秋文耀鉤（無）	書2		書1		書2		
60				春秋說題詞（無）			書1		書4		
61				春秋演孔圖（無）					書3		
62				春秋運斗樞（無）	書1				書4		
63				春秋命歷序（無）	書1						
64				春秋河圖揆命（無）					書1		
65				春秋保乾圖（無）					書1		
66				易緯	書4						
67				易說（無）					書3		
68				易乾鑿度（無）	書1				書1		
69				我應瑞（尚書中侯）	書3				書2		
70				尚書緯	書1						
71				禮緯	書2		書3				
72				禮說（無）					書6		

編號	隋志著錄	左傳正義	穀梁疏	公羊疏	備註
73	禮稽命徵（無）	書2	書1	書1	
74	禮緯含文嘉（無）			書2	
75	樂緯（說）	書1		書1	
76	孝經緯（無）			書1	
77	孝經說（無）	書3	書1	書7	
78	孝經援神契	書2	書1	書2	
79	孝經鉤命決	書1	書1	書1	
計		63	36	51	

【史　部】

編號	時代	分類	人名	隋志著錄	左傳正義 次數	左傳正義 名稱	穀梁疏 次數	穀梁疏 名稱	公羊疏 次數	公羊疏 名稱	備註
1	周			無	書3	虞箴					
2	鄭			無	書2	刑書					
3	先秦	史·古史		汲冢書紀年	書1	竹書紀年					
4		史·地理		山海經	書3	山海經					
5	戰國	史·譜系		世本	書多	世本	書16	世本	書1	世本	宋衷注
6	戰國	史·雜史		汲冢書瑣語	書1	瑣語					
7	秦漢			無					書1	八代記	
8	西漢	史·雜史	劉向	尚書洪範五行傳注、戰國策注、列士傳、列女傳、列仙傳讚、世本、七略別錄、新序、說苑	@2 書1;3;2	別錄;列女傳;戰國策	@6		書1	戰國策	
9	西漢	史·正史	司馬遷	史記	書多	史記	@1 書19	史記	書14	史記	
10	西漢	史·地理	東方朔	東方朔傳、十洲記、禮異經	書1	神異經					）
11	東漢	史·正史 / 經·論語	班固 / 班固編	漢書、班固集	@6 書27;12;33 書7		書2;3	漢書;律歷志;地理志 白虎通（義）	書2	白虎通;漢書	
12	東漢	史·職官	應劭	漢書集解、漢書集解音義、漢書注、漢官儀、漢朝議駁、風俗通義、應劭集	@13 書2;1			漢官儀 舊君諱儀			
13	東漢	史·雜史	趙曄	吳越春秋	書1			吳越春秋			
14	東漢	史·地理	桑欽	水經	書1						
15	東漢		李奇	無			@1	漢書注			

16	東漢	史·譜系	宋衷	世本注、揚子法言注、揚子太玄經注	@6	（宋仲子、宋忠）世本注			
17	魏	史·儀注	董巴	大漢輿服志	書1@1	輿服志			
18	魏		蘇林	孝經注、陳留耆舊傳	@1書1	漢書音義			
19	魏		張晏	無	@1				漢書索隱,集解
20	魏	史·刑法		後魏律	書1	魏律			
21	吳	史·地理	萬震	南洲異物志	書1	南洲異物志			（南州異物志）
22	魏晉	史·儀注		儀注	書4	儀注			（或曰晉宋、近世、魏晉）儀注
23	晉初		臣瓚	無	@4書1	漢書音義			
24	西晉	子·道史·正史	司馬彪	續漢書、九州春秋、莊子注、莊子注音、兵記	書1;1;1	莊子注；續漢書；輿服志			
25	西晉	史·正史	陳壽	三國志	書2;1	魏志；蜀志			
26	西晉	史·雜史	張勃	吳錄地理志	書1	吳錄地理志			
27	西晉	史·雜史	皇甫謐	帝王世紀	@4書5	帝王世紀			
28	西晉	史·地理	周處	風土記	@1書1	風土記			
29	西晉		潘岳	無			書1	關中記	
30	東晉	史·儀注	徐廣	喪服雜注	@2書2	車服儀制			徐邈弟
31	東晉		劉歆期	無	@1書1	交洲記			（劉欣期,劉欣明）
32	東晉	無	裴淵	無	@1書1	廣州記			（裴洲）
33	東晉	史·正史	王隱	晉書	書2	晉書			
34	劉宋	史·正史	范曄	後漢書	書1	後漢書			
計	.				31		5	6	

【子　部】

編號	時代	分類	人名	著作	左傳正義		穀梁疏		公羊疏		備註
					次數	名稱	次數	名稱	次數	名稱	
1	春秋	子·道	老子	老子	書6		書2		書2	老子	
2	春秋	子·法	管子	管子	書6		書1				
3	春秋	子·儒	晏嬰	晏子春秋	書1				書2	晏子春秋	齊
4	春秋	子·兵	姜太公	大公六韜	書1						齊兵法
5	春秋	子·儒		魯連書	書1						
6	春秋	子·兵	司馬穰苴	司馬[兵]法	書24				書4	司馬法	齊兵法
7	春秋		范蠡	無	書1	范蠡兵法					兵法書
8	戰國	子·道	莊子	莊子	書7	莊子;司馬彪注	書3		書3	莊子	
9	戰國	子·道	列子	列子			書1				
10	戰國	子·儒		孟子	書15		@1 書3		書3		
11	戰國	子·儒	趙岐	孟子注	@3	注孟子					
12	戰國		鄒衍	無			@2				齊
13	戰國	子·道	鶡冠子	鶡冠子					書1		楚
14	戰國	子·兵	孫子	孫子(武)兵書	書3						兵法書
15	戰國		荀卿	無	書1	荀卿子	@1				
16	戰國	子·雜	尸子	尸子			書1				
17	戰國		蘇秦	無	@1						
18	戰國	子·雜	呂不韋	呂氏春秋	書7		書1				
19	秦漢	子·醫方		本草	書3	本草					
20	西漢	左	劉歆	三統歷（亡）	@13 書5	三統歷	@1		書1	三統歷	
21	西漢	子·雜	劉安	淮南子	書4				書1		
22	西漢	子·歷數	劉徽注	九章算術	書2						
23	東漢	子·天文·集·別集	張衡	靈憲、黃帝飛鳥歷、張衡集、五都賦	書4;2;1	靈憲;東京賦;西京賦	@1				
24	東漢	子·儒	班昭	女誡	書1	（曹大家）					

編號	時代	分類	人名	隋志著錄	左傳正義 次數	左傳正義 名稱	穀梁疏 次數	穀梁疏 名稱	公羊疏 次數	公羊疏 名稱
25	東漢	子·曆數	劉洪	乾象歷注	@1					
26	東漢	子·雜家	高誘	呂氏春秋注	書7		書1			
27	東漢	子·儒	桓譚	新論	@1					
28	西晉	子·雜家	張華	博物志	書1				書2	
29	西晉	子·雜家	郭義恭	廣志	書2			廣志		
30		子·五行		陰陽書	書1			陰陽書		
31		子·天文		星經					書2	
32		子·五行		堪輿	書1			堪輿（鄭注引）	書1	堪輿
33			魏武全	無	@1			魏武全		
計					28		12		11	

【集　部】

編號	時代	分類	人名	隋志著錄	左傳正義 次數	左傳正義 名稱	穀梁疏 次數	穀梁疏 名稱	公羊疏 次數	公羊疏 名稱	編號
1	戰國	集·楚辭	屈原	楚辭	書5	楚辭			書1	離騷	
2	西漢	集·別集	司馬相如	司馬相如集	@2書1；1	上林賦；子虛賦					
3	西漢	無	孔臧	孔臧集	@1書1	與孔安國書					
4	東漢	集·別集	王延壽	王延壽集	@1書1	魯靈光殿賦					
5	東漢	無	張奐	張奐集	@1書1	古今人論					
6	魏	集·別集	曹植	曹植集	@1書1	（陳思王）征蜀論					
7	魏	集·別集	傅玄	傅玄集	@2書1	潛通賦					
8	吳	集·總集	薛綜	薛綜集	@1書1	西京賦注					
9	西晉	集·別集	傅咸	傅咸集	@1書1	七經賦					
10	東晉	集·別集	王羲之	王羲之集	@1						
11	北齊	集·別集	魏收	魏收集	@1書1	聘遊賦					
12	劉宋	集·總集	袁淑	誹諧集、袁淑集	@1書1	俳諧集					（誹諧文）
13				無	書1	玄中要記					古小說
計					13		0		1		

附表二：《春秋》三《疏》引書分類詳表

此表主要依據「附表一：〈《春秋》三《疏》引書表〉」，將三《疏》徵引的情形依四部及時代加以分類，一方面呈現三《疏》在經、史、子、集四部上徵引的情形，另一方面則將徵引對象的時代，區分先秦、兩漢、三國、兩晉、南北朝隋及查無年代者六階段，以看出三《疏》在徵引時代上的差異。

（一）橫向列——本表橫向列依序為經一（春秋）、經二（其他）、史、子、集五大部分排列，每部分再詳列各《疏》及三《疏》合計的徵引情形。最後四列則統計三《疏》各時代徵引總合，及各《疏》各時代四部總計。

（二）直向欄——以時代先後，分「先秦」、「兩漢」、「三國」、「兩晉」、「南北朝隋」及「查無年代」者六階段。「計」一欄則為各《疏》四部徵引總合，及三《疏》各部總合。

			先秦	兩漢	三國	兩晉	南北朝隋	無年	計	備註
經一	春秋	孔《疏》	6	15	5	10	10	0	46	
		楊《疏》	5	8	3	9	3	0	28	
		徐《疏》	5	11	0	4	0	0	20	
		合計	6	22	6	17	11	0	62	
經二	其他	孔《疏》	13	21	6	4	0	19	63	
		楊《疏》	10	8	4	2	1	11	36	
		徐《疏》	11	11	3	2	0	24	51	
		合　計	13	21	8	6	1	30	79	
史		孔《疏》	6	8	6	10	1	0	31	
		楊《疏》	1	4	0	0	0	0	5	
		徐《疏》	2	3	0	1	0	0	6	
		合　計	7	9	6	11	1	0	34	
子		孔《疏》	14	9	0	2	0	3	28	
		楊《疏》	9	3	0	0	0	0	12	
		徐《疏》	6	2	0	1	0	2	11	
		合　計	18	9	0	2	0	4	33	
集		孔《疏》	1	4	3	2	2	1	13	
		楊《疏》	0	0	0	0	0	0	0	
		徐《疏》	1	0	0	0	0	0	1	
		合　計	1	4	3	2	2	1	13	

三《疏》總合		45	65	23	38	15	35	221	
孔《疏》		40	57	20	28	13	23	181	
楊《疏》		25	23	7	11	4	11	81	
徐《疏》		25	27	3	8	0	26	89	

附表三：《春秋》三《疏》解經、傳、注分類統計表

此表主要是統計三《疏》中解經、解傳、解注則數的數量，編排的體例如下：

(一) 橫向列——依十二公時代先後排列，條列三《疏》於十二中訓解經、傳、注三者的數量。「合計」一列爲各《疏》訓解經、傳、注三者的合計，「比重」一列則標示各《疏》中訓解經、傳、注的比重。

(二) 直向欄——依三《疏》分類，每疏中再詳分「解經」、「解傳」、「解注」及「合計」四類，說明三《疏》於十二公中訓解對象的數量。

公別	《左氏》孔《疏》				《公羊》徐《疏》				《穀梁》楊《疏》				備註
	解經	解傳	解注	合計	解經	解傳	解注	合計	解經	解傳	解注	合計	
隱	13	51	142	206	2	52	397	451	6	39	51	96	
桓	7	25	147	179	2	58	266	326	3	37	64	104	
莊	10	37	182	229	12	117	467	596	16	77	43	136	
閔	0	10	38	48	1	6	54	61	1	7	2	10	
僖	9	107	296	412	9	75	375	459	12	102	48	162	
文	4	66	197	267	8	47	233	288	10	44	31	85	
宣	2	75	162	239	6	35	214	255	11	34	21	66	
成	5	97	194	296	9	28	185	222	26	44	25	95	
襄	7	286	467	760	27	41	179	247	15	51	21	87	
昭	9	548	571	1128	25	74	253	352	14	59	31	104	
定	9	69	117	195	17	33	157	207	5	20	13	38	
哀	7	82	120	209	5	38	144	187	2	18	42	62	
合計	82	1453	2633	4168	123	604	2924	3651	121	532	392	1045	
比重	2%	35%	63%		3%	17%	80%		12%	51%	37%		

附表四：陳岳《春秋折衷論》輯校表

說明：

一、此表是以馬國翰《玉函山房輯佚書》中所收輯的《春秋折衷論》爲
　　依據，再參校朱彝尊《經義考》、程端學《春秋辨疑》及《甫春秋本
　　義》二書、趙汸《春秋集傳》、余蕭客《古經解鉤沉》等書，收輯考
　　校這些書中所引錄之「陳岳」及「《折衷》曰」等詞，說明其出處及
　　異文的情形。其中，《玉函山房輯佚書》及《經義考》中標示爲「陳
　　岳《春秋折衷論》」，其餘他書則標名爲「陳岳氏曰」。依現存資料可
　　知，陳岳的《春秋》學著作僅《春秋折衷論》一書傳世，故此「陳
　　岳氏曰」者，當取自《春秋折衷論》一書。

二、表中所引諸書的版本如下：

　　〔清〕馬國翰輯：《玉函山房輯佚書》（東京：中文出版社）。

　　〔清〕朱彝尊：《經義考》，收於《景印文淵閣四庫全書》（臺北：臺
　　　　灣商務印書館，1984 年），冊 679。

　　〔元〕程端學：《三傳辨疑》，收於《景印文淵閣四庫全書》（臺北：
　　　　臺灣商務印書館，1984 年），冊 161。

　　〔元〕程端學：《春秋本義》，收於《景印文淵閣四庫全書》（臺北：
　　　　臺灣商務印書館，1984 年），冊 160。

　　〔元〕趙汸：《春秋集傳》，收於《景印文淵閣四庫全書》（臺北：臺
　　　　灣商務印書館，1984 年），冊 164。

　　〔清〕余蕭客：《古經解鉤沉》，收於《景印文淵閣四庫全書》（臺北：
　　　　臺灣商務印書館，1984 年），冊 194。

三、此表依《春秋》十二公的順序排列，「編號」一欄標示總編號，其中
　　「（　）」括號內者爲馬輯本中之編號。

四、書中內文有異文者則以「▓」網底標示出，並於各書欄位中說明異
　　文的情形。

編號	時序	馬國翰輯本原文	《經義考》	《春秋辨疑》	《春秋本義》	《春秋集傳》	《古經解鉤沉》
1	序	聖人之道，以《春秋》而顯；聖人之文，以《春秋》而高；聖人之文，以《春秋》而微；聖人之旨，以《春秋》而奧。入室之徒，既無演釋，故後之學者，多失其實。是致三家之傳並行，於後俱立學官焉。噫！絕筆之後，歷戰國之艱梗，經暴秦之焚蕩。大漢初興，未暇崇儒術。至武帝方設制策，延天下英雋。有董仲舒應讖記而通《春秋》，仲舒所業惟《公羊傳》。仲舒既歿，則有劉向父子。向受業《穀梁》，歆業《左氏》。《左氏》之道，假歆而振。自斯學者愈茂，欲存《左氏》而廢《公》、《穀》，則西漢鴻儒向焉。欲存《公》、《穀》而廢《左氏》，則邱明與聖人同代，是以皆各專一傳。夫經者本根也，傳者枝葉也。本根正則枝葉固正矣，本根非則枝葉曷附焉？矧《公羊》、《穀梁》，第直釋經義而已，無他蔓延。苟經義是，則傳文亦從而是矣；經義非，則傳文亦從而非矣。《左氏》釋經義之外，復廣記當時之事，備文當時之辭，與二傳不類。或謂邱明受經於仲尼，豈其然歟？苟親受之經，則當橫經請問，研究深微，間不容髮矣，安得時有謬誤，致二傳往往出其表邪？蓋業《左氏》者以二傳爲證。以斯爲證，謂與聖人同時，接其聞見可也，謂其親受之經則非矣。聞不如見，見不如受。邱明得非見歟？《公羊》、《穀梁》得非聞歟？故《左氏》多長，《穀梁》多短，然同異之理，十之六七也。鄭玄、何休、賈逵、服虔、范甯、杜元凱皆深於《春秋》者也，而不簸糠蕩秕，芟稂抒莠，捃其精實，附於麟經。第各釀其短，互鬥其長，是非千種，惑亂微旨，其弊由各執一家之學。學《左氏》者則訾《公》、《穀》，學《公》、《穀》者則詆《左氏》，乃有《膏肓》、《廢疾》、《墨守》之辨設焉。謂之《膏肓》、《廢疾》者，則莫不彌留矣，亡一可砭以藥石者也。謂之《墨守》，則莫不堅勁矣，亡一可攻以利者也。	卷一七八「穀梁」作「公穀」。				
2 (馬1)	隱元年	@隱元年，春，王正月。《左氏》謂周平王，《公羊》謂周文王，《穀梁》謂周平王。 折衷曰：《春秋》所以重一統者，四海九州同風共貫，正王道之大範也。迺以月次正、正次王、王次春、春次年、年次元，斯五者，編年紀事之綱領也。故書「王」以統之，在乎尊天子、卑諸侯、正升黜、垂勸懲，作一王法爲萬代規，俾其禮樂、征伐不專於諸侯也。故用「隱之元」統乎之春，存乎之正，得不書平王歟！苟用周書始命之王，則二年復書何王？必不然也。平王明矣，斯《公羊》之短，《左氏》、《穀梁》得其實矣。	卷一七八同				卷十五「《春秋》所以重一統者……《穀梁》得其實矣。」

3 (2)	隱元年	@隱元年，書即位。《左氏》謂居攝也，《公羊》謂成公正威之意，《穀梁》謂隱避非正也。 折衷曰：夫遜者，君臣之大節也。苟不失其正，則聖人必重之，《春秋》必謹之。《穀梁》謂非正，豈微旨歟？隱之遜非徒爲威，蓋成先君歸仲子之意。《春秋》實尼父之日月也，日月之垂昭昭然，非遜國之賢君，曷以居其首哉？居斯之首，與居諸史之首，則正創業之主。斯之首則聖人特筆之，以冠十二公矣，如定易，非乾象無以冠之；七十傳，非夷齊無以冠之；三千子，非顏、閔無以冠之。又《春秋》正威母之喪，不正隱母之喪，威母書「夫人薨」，隱母書「君氏卒」，斯皆正隱讓之明言，而聖人崇謙遜之風，戒僭亂之俗，成王化之本也。《左氏》、《公羊》得其實，《穀梁》之說短矣。	卷一七八 「書」爲「不書」； 「正威」作「立桓」； 「威」爲「桓」。			卷二十三 「夫遜者，……《穀梁》之說短矣。」 「聖人」作「聖」； 「如」作「始」； 無「說」字。
4	隱四年			《辨疑》卷一 陳岳氏曰：既曰貶之，而桓三年復書「公子翬如齊逆女」，非以弒君，貶不疑矣！		
5	隱五年			《辨疑》卷一 陳岳氏曰：凡諸侯之夫人薨、殯、廟赴同祔姑，然後致新主於太廟，斯國公之制也。		
6	隱七年			《辨疑》卷二 陳岳氏曰：《春秋》苟易衛曰戎，則何以別眞戎？以楚丘，衛地，因謂貶而戎之也。且齊侯怒而執單伯，《春秋》不戎之也。苟謂大執而言伐，凡書執或因盟會，如齊人執鄭詹；或因誘致，如宋人執祭仲；或因朝聘，如晉人執季孫行父，未有攻伐於路而言執也。		
7	隱十年			《辨疑》卷二 陳岳氏曰：此書日者，蓋聯上之壬戌。上既書日，下苟日取郜，則是壬戌取之，何以別也？凡取邑，苟不合義，雖十年一取亦不可；苟合義，一日取十邑誰曰不然，豈有一取再取之甚也。	。		

8 (3)	桓元年	@桓元年，書王。《左氏》通謂之魯用周歷，故書王，苟不失班歷，則不書。《公羊》無傳。《穀梁》謂成弒立，以爲無王之道，故不書。 折衷曰：《春秋》歲首必書「王」者，聖人大一統也。書「王」必次「春」，書「正」必次「王」。謂春者，天之所爲也；正者，王之所爲也。王稟於春，正稟於王，以載奇事，以立綱紀。綱紀立而後條貫舉，條貫舉而後褒貶作，褒貶作而後君君、臣臣、父父、子子之道定。是以凡書王皆用周之班歷，或不失班歷則不書，以明上尊天下，下卑諸侯，以正王道也。苟不班歷而不書「王」，則并「正」之。雖是月有事，第書其事。而無其「正」，何者？「王」既不書「正」，將奚附？苟班歷而書「王」，則併「正」在焉。雖是無事，亦書。空正月以紀之何者？「王」既書之，「正」宜在焉。自始至末，無毫釐之差。《穀梁》謂威纂立以爲無王之道，故不書王，去聖人之旨遠矣！斯《穀梁》之短，《公羊》無辭，《左氏》得其實。	卷一七八「成」作「桓」；「奇」作「行」；「正之」作「正去之」；「威」作「桓」。			
9 (4)	桓八年	@八年，正月，己卯，烝。五月，丁丑。《左氏》曰春即夏之仲月，非過時而書。《公羊》曰譏，亟也。《穀梁》曰烝，冬事也春興之志，不敬也。 折衷曰：凡郊祀各有其時，苟得其時，則國之常禮，國之常禮則不書之於冊也。夫所書者，或志其過時，或刺其失禮，皆非徒然。故啓蟄，則郊之時也；龍見，則雩之時也；始殺，則嘗之時也；閉蟄，則烝之時也。周以建子爲歲首，夏以建寅爲歲首。夫啓蟄者，則夏之春，周之夏也；龍見者，則夏之夏，周之秋也；始殺者，則夏之秋，周之冬也。閉蟄者，則夏之冬，周之春也。《春秋》用周正以建子爲歲首，書正月烝，則夏閉蟄而烝，得其時矣。既得其時，則是周之常禮，其何以書之？書之者，爲五月復烝也。五月復烝，一則失其時，二則失其禮。正月烝，正也；五月烝，不正也。書其正以譏其不正。《左氏》謂非過時而書，得其旨。《公羊》謂譏，亟近之。《穀梁》謂多事春興，遠矣。	卷一七八「八年」作「桓八年」；「丁丑」作「丁丑烝」。			卷十六「周之常禮」作「國之常禮」；「謂譏」作「譏」。
10 (5)	桓十一年	@十一年，鄭忽出奔衛。《左氏》曰祭仲與宋人盟，以屬公歸而立之。秋，九月，昭公奔衛。己亥，屬公立。《公羊》曰忽何以名？春秋伯子男一也，辭無所貶。《穀梁》曰其名，失國也。 折衷曰：忽，太子也，兄也，正也。突，公子也，弟也，非正也。忽既立，則祭仲之君以君臣之義，顛則扶之，危則持之，力不足則死之。又知突在宋，非會非聘，爲宋所誘，其無謀甚矣！往而被執，不能死節，歸立屬公。			《本義》卷五「忽，太子也，……歸立屬公。」	

11	桓十一年			《辨疑》卷四 陳岳氏曰：《春秋》國君出奔多矣，然出之之旨不在乎名。			
12	桓十二年			《辨疑》卷四 陳岳氏曰：二傳謂內不言戰，戰乃敗績。若然，則莊九年乾時之戰何書敗績？			
13	桓十四年			《辨疑》卷四 陳岳氏曰：災由天，嘗由人？天以災警乎人，欲人君修德正禮以迴天意，勿嘗可乎？			
14	桓十五年			《辨疑》卷四 陳岳氏曰：何休謂桓公行惡，三人來朝，故夷狄之。桓公篡弒，惡則惡矣，然諸侯不違之，天子不伐之，則附庸不得不朝矣。果以朝桓而稱人，桓二年何以書滕子紀侯來朝乎？			
15	桓十六年			《辨疑》卷四 陳岳氏曰：凡曰出奔，責其不能立德正行，和其人民有其國而自奔也。《公》、《穀》妄自穿鑿。			
16	桓十七年			《辨疑》卷四 陳岳氏曰：日食三十六，無朔有日者，六無朔無日者，二有朔無日者，唯是而已，他皆備書。何休謂公行惡，懼見殺，故去日。苟曰行惡，則桓三年之食曷以書日？苟曰懼見殺，則如勿書去日，奚益又莊十五年、十八年俱無朔日，則何行惡懼殺之有？《穀梁》謂食既朔，故去日。設如是，則桓三年、宣八年曷以別書日有食之？劉氏曰：何休云去日，非也。日之食非專為魯也，《春秋》豈得強附著之魯哉？聖人記災異，欲人懼耳。若睦孟、京房指象求類，如遇鬼神通言者也。			

17 （6）	莊元年	@莊元年，不書即位。《左氏》曰文姜出，故也。《公羊》曰繼弒君，不言即位。《穀梁》曰先君不以其道終，故不言即位。 折衷曰：《春秋》十二公，惟隱、莊、閔、僖不書即位。蓋聖人因舊史之文無他旨。隱以遜威居攝，莊以父弒母出，僖、閔國危身出，復入不備禮即位，故不書。《公》、《穀》謂弒君不言即位，則威繼隱之弒君即位，何也？又稽定公先君薨于乾谿，六月癸卯喪，至其月戊辰即位，《春秋》以是書之，蓋備禮則書明矣。《左氏》得其旨。	卷一七八 「威」作 「桓」。			
18 （7）	莊元年	@元年，秋，築王姬之館于外。《左氏》曰得禮之變。《公羊》曰非禮。《穀梁》與《左氏》同。 折衷曰：聖人修述，惟重其禮法，得其宜則書以是之，非其宜書以刺之。有循常而書者，有變文而書者。循常而書，如戰伐、災異之類是也；變文而書，如君氏卒、大去其國之類是也。循常而書者，史冊之舊文也；變文而書者，聖人之新意。斯築于外，是書莊公變禮得其宜，聖人變文示其法也。何天子之女下嫁於諸侯，則同於諸侯之禮，而天子使單伯送王姬于齊，以魯為主，公與齊襄有不同天之讎。又公方在諒闇，不宜行吉禮于廟。以齊之強、以王之尊，大義難距。迺築館于外，上不失尊周之儀，中不失敬齊之體，下不失居喪之節。《左氏》、《穀梁》得其旨，《公羊》之惑。	卷一七八 「何」作 「蓋」。			
19 （8）	莊元年	@元年，王使榮叔來錫桓公命。《左氏》曰追命桓公，褒稱其德。《公羊》曰命，加貶也。《穀梁》曰禮有受命，無來錫命，非正也。 折衷曰：褒有德、賞有功、紲不服、責不臣，斯四者，聖人筆削之旨也。苟有德可褒，有功可賞，生賜之不及，則死錫之何爽！苟無德可褒，無功可賞，雖生而錫之，亦非矧其死乎！吁！《春秋》十二公，惟桓之罪大。桓始以篡弒不義而立，終以帷薄不恪而薨。古人曰「畏首畏尾，身其餘幾」。桓既不能正其初，又不能護其末，其畏何如哉？天王之錫，曷為而來錫，《春秋》經書天王之命，生而賜之，惟文、成二公；死而錫之，惟桓公而已。苟加貶則不宜備禮而為，使榮叔來錫桓公命，則於文無所貶。稽其旨，諸侯強、王室弱，雖生賜死錫，皆非有賞功褒德之實，窮務其始息而已。聖人多存內諱。內弒君猶不書，詎肯筆削錫命歟？《左氏》第曰褒德，未盡其旨。《穀梁》謂無來錫命，近之。《公羊》曰加貶，未得其實。	卷一七八 「而為」作 「而書為」； 「窮務其始息」作 「第務其姑息」。			

20	莊三年			《辨疑》卷五 陳岳氏曰：平王，太子泄，父蚤卒，其子林爲桓王。王立二十三年，桓十五年崩至此年方葬，是時周室至微，齊桓未伯，諸侯無復勤王，故緩葬。且桓十五年後，未見書葬，豈非桓王耶？苟改葬，復何以明？斯《公》、《穀》之短。			
21 （9）	莊四年	＠四年，多，齊人狩于禚。《左氏》曰與微者狩，失禮可知也。《公羊》曰稱人，諱與讎狩也。《穀梁》曰人齊侯者，卑公也，卑公不復讎而刺釋怨也。 折衷曰：凡戰伐盟會，苟君臣不敵，則必恥之，矧其狩乎？狩者，非大於戰伐盟會也。戰伐盟會者，不得已而爲之；狩者，在我而已。苟公自狩于境內，則爲人事也；越境與齊狩，則非人事也。既非人事，則必齊侯召公同狩，公不肯自與齊之微者狩也。苟自與微者狩，則必爲魯諱，當書「及齊人狩于禚」，不曰「公」矣。如文二年書「及晉處父盟也」。噫！人齊侯者，蓋刺公也，刺其非王事，而與不同天之讎狩。斯《穀梁》近之，《左氏》、《公羊》俱誤。	卷一七八 同			
22	莊四年			《辨疑》卷五 陳岳氏曰：《春秋》肯屑屑曲意爲諸侯諱乎？			
23	莊七年			《辨疑》卷五 陳岳氏曰：苟有雲雨則晦冥，曷以辨其星歟？雨歟？是狀如雨，非雨明矣。			
24	莊八年			《辨疑》卷五 陳岳氏曰：苟曰滅同姓，改盛爲成，則《春秋》內諱多矣，焉有易其地名而爲諱邪？			
25 （10）	莊九年	＠九年，八月，壬申，及齊師戰于乾時，我師敗績。杜曰不稱公戰，公敗諱之。《公》曰內不言敗，何伐敗也，謂自誇大以取敗也。《穀》曰不言敗者，主名內之卑者也。 折衷曰：敗績義在桓十年來戰論中明矣，第評書「及」而已。凡公自伐曰公伐某國，如莊九年「公伐齊，納子糾」；遣大夫伐，則曰某伐某國，如隱二年「無駭帥師入極」；與國伐公不與謀，則曰會某師伐某國，如桓十六年「公會宋師伐鄭」；公與謀則曰公及某師伐某國，如宣四年「公及齊侯平莒及郯，莒人不肯，公伐莒取向」。或敗績第曰「及」，如僖二十二年「及邾人	卷一七八 「內不言敗」後多「此其言敗」。			

		戰于升陘」；或使微者不列于《春秋》，亦第日「及」，桓十七年「及齊師戰于奚」。斯書「及」者，是敗績諱之明矣。杜得其旨。				
26	莊十年			《辨疑》卷五 陳岳氏曰：苟曰荊州名楚國名漸進之義，則秦當先書曰雍，吳當先書曰揚，何以書秦、吳也。苟曰荊者狄也，秦、吳亦其類也，顧不狄之而獨狄楚乎？矧荊乃禹貢九州之名也，奚謂狄乎？		
27	莊十一年			《辨疑》卷五 陳岳氏曰：宋、魯里源流既異，雖大水安得相及？		
28	莊十一年			《辨疑》卷五 陳岳氏曰：王者之後，則三恪之外，諸姬皆王之後，何不書？又莊二十年書齊大災，齊豈王者之後也？		
29 (11)	莊十三年	@十三年，冬，公會齊侯盟。《左氏》不以日爲例。《公羊》曰桓盟不日，信之也。《穀梁》曰不日，信桓也。折衷曰：《穀梁》以桓盟不書日，謂齊桓公信著于諸侯。桓盟皆不日，究其微旨，殊不然。《春秋》書內事，或繫日，或繫月，或繫時。內事繫日，如書卒葬嫁娶大災異；內事繫月，如書烝嘗雩望是也；內事繫時，如書蒐狩士功是也。外事第從赴告而已。盟會，外事也，不赴以日則不日。斯桓之盟不日者，不赴以日也。苟曰桓盟不日，桓方伯之際，亦有書日者，桓既卒之後，復有不書日者。方伯之際書日，則莊二十二年防之盟、二十三年扈之盟、閔元年落姑之盟、僖九年葵邱之盟是也；既卒之後不書日，則僖二十八年溫之盟、二十九年翟泉之盟、文二年垂隴之盟、宣七年黑壤之盟、成十八年虛杅之盟是也。聊舉大者以明之，則知盟會不以日爲義例矣。斯《左氏》得其實，《公》、《穀》皆誤。又曰《春秋》凡書內事卒葬嫁娶災異則繫日，烝嘗雩望則繫月，蒐狩田則繫時。外事從赴告不告日則不書日。桓之盟不日不赴以日也，《公》、《穀》謂齊桓信著諸侯，桓盟皆不日。若然，則莊二十二年防之盟、僖九年葵邱之盟，皆方伯之際，何又書日？既卒後，僖二十八年溫之盟、宣七年黑壤之盟，何又不書日也？聊舉大者以觀之，則知盟會不以日爲例。則《左》得之也。	卷一七八「士」作「土」；「隴」作「龍」。	《辨疑》卷五 （馬辨本粗體字） 「何又」作「何爲」； 「既卒後」作「桓既卒」； 「何又」作「又何」 「爲例」作「爲義例明矣」		

30 （12）	莊十六年	@十六年《公羊》經「冬，十有二月，公齊會齊侯、宋公、陳侯、衛侯、鄭伯、許男、曹伯、滑伯、滕子同盟于幽。」 折衷曰：《左氏》、《穀梁》無「公」字，闕文也。（《春秋本義》卷七）				
31	莊十七年			《辨疑》卷六 陳岳氏曰：荀曰甚佞，佞者，國之私也，諸侯曷以及之？《春秋》曷以書之？斯責不爲國死難，以懲執政明矣。		
32	莊二十四			《辨疑》卷六 案先書公至自齊，而後書曰。陳岳氏所謂書其實者是也。		
33	莊二十四			《辨疑》卷六 陳岳氏曰：國君出奔，或不爵者，與書大夫無異。故《公羊》以爲大夫也，然國君出奔，有無爵者，如突歸于鄭，鄭忽出奔衛，詎可謂大夫與？復有可以明之，經先書「多戎侵曹」，次書「曹羈出奔陳」，次書「赤歸于曹」，戎既侵曹，而羈出奔，是曹懼戎而出奔明矣。羈既出而赤乃入，是君出而赤立亦明矣。		
34 （13）	莊二十五年	@二十五年，春，陳侯使女叔來聘。《左》曰始結陳侯，嘉之，故不名。《公》曰字者，敬老。《穀》曰不名者，太子之命大夫也。 折衷曰：凡升絀之體，惟在爵氏名字而已。朝聘之使，苟循常禮，無升絀名氏，如衛侯使甯俞來聘；苟有可嘉，字以貴之，如齊仲孫來。雖天子之使，苟可嘉亦嘉之，可絀亦無所避，如天王使南李來聘，故字之；宰喧歸賵，故貶名之。《左》謂「結陳好，嘉之」，得其旨。	卷一七八 「侯」作「好」；「太子」作「天子」。			
35 （14）	莊二十五年	@二十五年，秋，大水，鼓用牲于社，于門。《左》曰非常禮也。《公》曰于社，禮也；于門，非禮也。既戒鼓以駭眾，用牲可以已矣。 折衷曰：凡書災異多矣。大則日月之食，小則水旱之災。夫陽正之月，陰氣未作，不宜侵陽。苟月掩日，則臣掩君之象，是以伐鼓用幣。正陽既過，則一陰生爲災輕也，故日食不伐鼓，用幣矣，得禮之正也。如水旱之災，則國之常，不繫于君臣順逆，故但書記其爲災而已。斯伐鼓用幣者，譏其非常也。《左》得其旨。	卷一七八 「既戒鼓」前多「《穀》曰」；「順逆」作「逆順」。			

36 （15）	閔元年	@閔元年，齊仲孫來。《左氏》曰齊仲孫湫來省難。《公羊》曰慶父也，繫之齊，外之也。《穀梁》曰不曰慶父，疏之也。 折衷曰：《春秋》弒君之賊多矣。聖人莫不書其名而懲之，未有隱其名而外之者也。慶父前年弒子般而出于齊，猶書曰「公子慶父如齊」，後年弒閔公而奔莒，亦書曰「公子慶父出奔莒」。出既顯書，入豈外之？必不然也。又凡公出則書「如」，歸必書「至」；大夫出則書「如」，歸則不書，斯言聖人之體例也。如公子友如陳、公子遂如齊、公孫敖如晉是也。**書去**而不書來，慶父安得獨書來？《公》、《穀》不原其理，但曰齊無仲孫，魯有仲孫，故曰慶父外大夫氏，氏族豈有定邪？豈盡著于《春秋》邪？如齊曰賓媚人，秦曰西乞術，可謂齊無賓媚人，謂秦無西乞術邪？因其事則顯，因其事不顯者衆矣。二傳不知齊仲孫之氏族，而謂其魯慶父，穿**鑿**矣！邱明通見舊史，而曰仲孫以來省難，歸曰慶父不除，魯難未己。又曰猶秉周禮，未可動也。君其務寧魯難，當是時慶父弒二君，國幾亡爲，非仲孫湫語之于齊桓，齊桓取魯如左右手，故曰齊桓存三亡國以屬諸侯，則魯與邢、衛也，是以貴湫而書其字。斯《左氏》得其實。	卷一七八 「書去」作「第書去」；「其」作「之」；「仲孫」作「仲孫湫」；「慶父不除」作「不去慶父」。	《辨疑》卷七 陳岳氏曰：凡弒君書名以懲之。未有隱其名以外之也。《公》、《穀》不原其理，但以齊無仲孫，魯有仲孫。故曰慶父大夫，豈有定耶？豈盡著於《春秋》耶？穿**鑿**甚矣！		
37	僖四年			《辨疑》卷八 陳岳氏曰：不稱使，再稱盟者，以完來盟于師，師退于召陵方盟，備書其實也，非有異義。《公羊》謂尊屈完以當桓公，且桓公成伯業爲盟主，雖楚子自來猶不可伉矧屈完乎？又言再盟，再喜斯，益疏矣！苟曰以義却齊，故不稱使，且楚知齊強，服之而受盟，謂之義却不亦遠乎！《公》、《穀》之短。		
38	僖六年			《辨疑》卷八 陳岳氏曰：苟曰邑不言圍，則隱五年何以書「宋人伐鄭圍長葛」？僖二十三年何以書「齊侯伐宋、圍緡」，果圍無國、邑之別明矣！		
39 （16）	僖八年	@僖八年，公會王人、齊侯、宋公、衛侯盟于洮，鄭伯乞盟。《左氏》曰乞盟者，鄭**未服不與會**，故別言乞盟也。**圍**《穀梁》曰其君之子者，國人不子也。 折衷曰：《公羊》嫌與弒君同，故稱先	卷一七八 「未服不與會」作「新服未與會」。			

		君公子吁。申生死，重耳、夷吾奔，既而獻公卒，迺立奚齊，是獻公之素志。奚齊立，則其君也，里克殺之，是弒其君也，何謂嫌與弒君同歟？苟不奚齊爲君，則來年曷以書「里克弒其君卓」，卓與奚齊得無同乎？是非有嫌明矣！《穀梁》謂國人不子，而稱其君之子，益誤矣。稽其旨，凡先君未葬，其嗣子不稱君、不稱爵；既葬而君之、爵之。故齊之弒，先君未葬也，故稱其君之子卓；子之弒，獻公已葬，故稱其君卓。斯《左氏》得其實。					
40	僖十七年			《辨疑》卷九 陳岳氏曰：凡書外事，各言其國；內事不言我。盖《春秋》魯史故也，外書則齊師滅譚、齊人滅遂之類是也；內事則取鄆、取邾之類是也。未有書外事不言其國，未有書內事言魯者。盖言國以別內也，苟書內曰魯，何以爲魯史也？			
41 （17）	僖二十一年	@二十一年，執宋公以伐宋。《左氏》曰於是楚執宋公以伐楚。《公羊》曰執之，楚子執之。《穀梁》曰以重辭也。折衷曰：聯諸侯之會書之，明與楚國共執之，宋既服諸侯，復盟于薄以釋之，則共執之義顯矣。		《辨疑》卷九 陳岳氏曰：楚自屈完盟于召陵之後，兵與中國敵，禮與同，盟與伉。初以夷狄之僭，終於《春秋》稱子而已。其所書，不與中國異，故執鄭良霄、執齊慶封、滅陳、滅蔡皆書楚也。奚不與夷狄執中國之有，所以書執宋公以伐宋者，以宋無德服諸夏，又無力以制諸侯，與楚爭盟，爲楚所執，亦中國之恥也。故聯諸侯之會書之，明與楚國共執之，宋既服，復盟于薄以釋之，則共執之義顯矣。	《本義》卷十二「聯諸侯之會書之，……則共執之義顯矣。」		
42	僖二十二年			《辨疑》卷九 陳岳氏曰：凡戰伐，或日、不日，皆不以爲義例。斯日而朔，盖朔、日而戰，書其實也。二傳之義俱不足取，以人敵公，亦非外黜。苟曰卑不可敵尊，則文二年晉侯及秦師戰于彭衙、宣十二年晉孫林父及楚子戰于邲，豈敵也哉？			

43	僖二十三年			《辨疑》卷九 陳岳氏曰:《春秋》書外國君葬,會葬也;不會葬,不書。如衛桓公、陳靈公皆書葬,是魯會葬也;如晉侯夷吾、衛侯燬不書葬,是魯不會葬也。苟曰伯業不及而不書葬,苟曰失民不書葬,則衛桓爲州吁所弑、陳靈爲徵舒所弑,何得民之有而皆書葬歟?			
44 (18)	僖二十六年	@二十六年,齊人伐西鄙,公追齊師至巂,弗及。《左氏》曰齊人侵我西鄙。《公羊》曰其言至巂,弗及,何後也。《穀梁》曰至巂,急辭也。 折衷曰:巂,齊地。		《辨疑》卷九 陳岳氏曰:侵曰侵、伐曰伐、追曰追,公禦之戰則言戰,敗則言敗,未有弗及者。齊人侵我西鄙,公帥師拒之,齊師不戰而去,公乘勝追之,軼于西鄙而深入齊地,齊師既不敵,公追之弗及,收兵而還,斯備書,其實無所含意。且巂,齊地,追兵不出魯境則追之,常;出魯界則追之,深。《穀梁》曷言不敢及歟?	《本義》卷十二「巂,齊地。」		
45	僖二十七年			《辨疑》卷九 陳岳氏曰:苟爲執宋公貶,則二十一年當執宋公之時,猶不曰楚人而書楚子,何歟?			
46	僖二十七年			《辨疑》卷九 陳岳氏曰:苟曰不正夷狄之伐中國,則宣九年楚子伐陳、十年楚子伐鄭、十三年楚子伐宋,陳、鄭與宋得非中國邪?不書楚人而書楚子,何歟?			
47	僖二十八年			《辨疑》卷九 陳岳氏曰:《穀梁》釋泓之戰,則曰稱楚人以敵宋,責宋公也。《公羊》釋此之戰,則曰稱楚人貶不敵也。奚是非相反邪?苟貶不敵君,則邲之戰與鞌之戰何其敵楚子、齊侯而不貶與?			

48	僖三十年			《辨疑》卷九 陳岳氏曰：將命未行，又命自周聘晉。雖曰未行，亦內事耳。何命而不得顯於史策，必不然也。			
49	文二年			《辨疑》卷十 陳岳氏曰：苟諱之，沒其盟而不書矣。安有止去其族而爲諱也？			
50	文三年			《辨疑》卷十 陳岳氏曰：苟以使于我則書，則祭伯凡伯南季、毛伯叔服、王季子皆使于我，胡不書之？苟爲會葬而書，則諸會葬胡不書之？			
51	文六年			《辨疑》卷十 陳岳氏曰：《春秋》書殺多矣。君殺則稱君，臣殺則稱臣，盜殺則稱盜，斯謂之君漏言稱國？誤矣。			
52	文七年			《辨疑》卷十 陳岳氏曰：外事多從赴告，內事多從舊史。日即日，不日即不日。《公羊》謂諱之，不足取。			
53	文七年			《辨疑》卷十 陳岳氏曰：《公》、《穀》傳註以文公喪取不得列於會，故諸侯不序、大夫不名。噫！宣公亦喪取，文公即位二十五月方納幣，宣公即位三月而逆婦，則文過淺、宣過深。凡傳俱不可列，則新城之會文公復列之，黑壤之會宣公皆列之，何邪？			
54 (19)	文十三年	@文十三年，經書自十二月不雨，至于秋七月。《左氏》曰五穀，猶可收。《公羊》曰記異。《穀梁》曰歷時而言之文，不憂雨也。 折衷曰：聖人之文，苟異于常，則必有旨。常文者，史冊之舊文也；異于常者，筆削之微旨也。斯文異于常矣，凡旱之爲災，多繫于夏，如竟夏不雨則爲災矣，故書旱之常曰「夏大旱」，是竟夏不雨書爲災也；有旨之文則弗然，如僖三年書「正月，不雨。夏，四月，不雨。六月，雨」，是旱不竟夏，書不爲災也。不曰不爲災異，第書「六月雨」則不爲災可知矣。斯	卷一七八 「十三年」作「二年」； 「矣」作「也」。				

		書「自十二月不雨，至于秋七月」，歷四時而言之，又夏在其中，則爲災可知矣，故不復曰大旱。茍亦曰「夏大旱」，則嫌聯春、冬之不雨。茍備書歷四時不雨，而更曰「大旱」，則嫌文之繁。斯聖人之旨，書旱明矣。如書「螽」、「蜮」、「有蜮」、「有蜚」，不曰爲災而災可知矣。三家俱失其實。				
55	宣元年			《辨疑》卷十二 陳岳氏曰：君會大夫至衆，茍曰言師以大趙盾之事，則《春秋》書師多矣，如齊師、宋師、曹師，豈可謂稱師爲大其衆歟？蓋上言國名，則下不言國名，如上言諸侯，言大夫亦然。此上言趙盾帥師，下言會晉師，事既不異，則趙盾之師可知也。茍復言趙盾則文重複矣。故曰會晉師耳，三家俱失。		
56	宣八年			《辨疑》卷十二 陳岳氏曰：二傳謂不稱公子，是貶其殺子惡也。茍殺子惡而貶，則殺之後凡書于經即貶之，何以上猶連稱公子，下復稱字以卒？何貶之有。		
57	宣十年				《集傳》卷八 陳岳氏曰:天王使卿大夫來聘多矣,或爵之、或字之,未有使母弟下聘諸侯者。斯母弟也,名之不可也,爵之、字之,則何以別於卿大夫,斯不名、不爵、不字者,是貴王母弟之義也。	

58 (20)	宣十五年	@十五年，宋人及楚平。《左氏》曰宋人及楚平。《公羊》曰宋人及楚平。《穀梁》曰宋人及楚平，俱貶也。 折衷曰：《春秋》襄公與楚爭伯，故相攻伐，至斯方已。宋、楚皆大國，非有內外也，非有升降也。雖曰楚非中國，自入《春秋》久矣，凡書盟會戰伐皆與中國等。《公羊》意謂曷以人宋而不人楚，苟人之則宜俱人之，苟國之則宜俱國之。稽其體例，凡盟會戰伐，君在，不稱君而稱人，則貶也；大夫在，不稱大夫而稱人，亦貶也。苟非戰伐盟會，第書其國，則一稱君，一稱臣，是爲升絀；一曰大夫，一曰人，亦爲升絀。苟非此例，則以國敵國，人不爲升絀，矧宋、楚之平，亦何所絀歟？聖人以其不繫升絀，苟曰「宋人及楚人平」，則爲文之繁，故簡而書之。斯《左氏》、《穀梁》得其旨，《公羊》之誤。	卷一七八「十五年」作「宣十五年」。			
59 (21)	成元年	@成元年，作邱甲。《左氏》譏重斂。《公羊》曰譏始使也。《穀梁》曰四人皆作甲。 折衷曰：《穀梁》謂士農工商爲一邱，今邱作甲，是使四人皆作甲，以爲非正，奚見之淺歟！《公羊》謂四邱爲甸，甸出甲士三人，今乃使一邱之地出甲士。斯近之，亦未盡其旨。噫！苟如是二說，則必書曰「邱出甲」，不必曰「作邱甲」也。究其旨，謂之邱甲者，邱則賦之本名，如之以甲，則賦之總號，非獨爲出甲矣。周禮九夫爲井，四井爲邑，四邑爲邱，邱出戎馬一疋、牛三頭、斯邱則魯賦之本名也。四邱爲甸，甸六十四井，出長車一乘、戎馬四疋、牛十二頭、甲士三人、步卒七十二人，此甸所賦，今使邱出之，故曰「邱甲」。《左氏》謂「譏重斂」，得其旨。	卷一七八「四人」作「使四人」；「如」作「加」。	《辨疑》卷十三陳岳氏曰：《穀梁》謂士農工商爲一丘作甲，是使世人皆作甲，以爲非正，奚見之淺歟！		
60	成元年			《辨疑》卷十三爲： 陳岳氏曰：安可謂嫌晉之敗王師，是以代之？設獨曰戎，猶不可也。今曰茅戎則戎之，別種明矣。所以書茅戎者，別其姜戎、山戎也。苟曰改而諱之，則茅戎敗王師，其辱甚於晉矣。		
61 (22)	成八年	@八年，晉侯使韓穿來言汶陽之田，歸之於齊。《左氏》曰使來語魯，使遣齊也。《公羊》曰脅我使歸之也。《穀梁》曰緩詞也，不使晉制命於我也。 折衷曰：汶陽者，本魯之田，而齊取之。成二年鞌之戰，齊師敗績，齊使國佐于晉紀亂、玉磬與地以和之，晉使齊歸我汶陽之田。至斯齊、晉未有釁隙，齊復求汶陽于晉，晉復使我還齊。苟曰脅我使歸之，則必書曰「晉侯使韓穿來歸汶陽之田于齊」矣，而曰「來言汶陽之田」，非脅之明矣。窮其旨，是和好之言，使我徐徐自歸于	卷一七八「遣齊」作「還齊」；「于」作「略」。			

		齊，不使齊、魯復有怨隙。然考其情，不無臨制聽其言，則宛且遜。聖人爲魯，故不書其情，而書其言。斯《左氏》、《穀梁》得其實，《公羊》之愼。				
62 (23)	成十年	@十年，夏四月，五卜郊，不從，乃不郊。杜曰卜，常祀不郊，皆非禮，故書。《公羊》曰不免牲，故曰不從郊也。《穀梁》曰五卜，強也。 折衷曰：《春秋》常祀不書。郊，常祀也。書之或以非時、非禮，不苟然也。凡禮不卜常祀，五卜郊，非禮也。《公羊》謂不免牲，故曰乃不郊。以其僖三十一年、襄七年書「乃免牲」，不曰「乃不郊」故也。噫！「乃免牲」與「不郊」，其文雖殊，其旨無異，書「乃不郊」則是「乃免牲」也。聖人互文，非有別也，是以二書「乃免牲」，三書「乃不郊」。杜得之，二傳皆誤。（並同上。《春秋本義》卷十九引「不郊，則是免牲也」、「其文雖殊」、「其旨無異」三句。）	卷一七八「故曰」作「故言」。		《本義》卷十九「不郊，則是免牲也」、「其文雖殊」、「其旨無異」	
63	成十六年			《辨疑》卷十四陳岳氏曰：凡史冊舊文諱君之惡臣下之體，聖人以魯爲主，從而諱之。斯會以公不及鄢陵之戰，故不見公，實恥之大，而顯書之何也？苟曰公幼而不恥，凡諱國之所能爲也，丘作甲，非正也，惡乎公不及鄢陵之戰，見誣於宣伯，晉侯不察其實而信其誣，是罪不在公。故書以彰晉侯之信譖，明我公之無罪。《穀梁》近之。		
64	襄二年			《辨疑》卷十五陳岳氏曰：書夫人自桓公之後，至襄公之前書葬，歷歷可數，何惑之有？莊二十二年書葬文姜，則桓夫人也；僖二年書葬哀姜，則莊夫人也；文五年書葬成風，則莊公之妾、僖公之母也；文十七年書葬聲姜，則僖公夫人也；襄九年書葬穆姜，則宣公夫人也。齊姜，婦也；穆姜，姑也。婦先姑薨，穆姜有美檟頌琴，齊姜之薨，文子取之以葬，故有虧姑成婦，非禮之嫌。斯成公夫人明矣。《公羊》不知婦先姑薨，故疑之。又曰齊姜、穆姜者，是不知齊爲謚。		

65	襄十年			《辨疑》卷十五 陳岳氏曰：荀曰以夷狄而外，則楚亦夷、秦亦夷，奚不外而獨外吳歟？斯書諸侯會吳者，以吳子在相，晉侯以諸侯往會之也，辨又見成十五年鍾離之會。		
66	襄十九年			《辨疑》卷十六 陳岳氏曰：伐則言伐，圍則言圍，各書其實。既自圍至不書至；自圍而曰至；自伐者，圍本於伐，非伐何以得圍，至不書圍而書伐。如僖六年公會齊之諸侯伐鄭，圍新城，書「公至自伐鄭」；不書盟而書會，如成七年公會晉之諸侯救鄭盟于馬陵，不書盟而書「公至自會」也。		
67	襄二十六年			《辨疑》卷十六 陳岳氏曰：夫臣弒君，人倫之至惡，凡稱國人弒君，國人無道也。稱臣稱子以弒，臣子無道也。《穀梁》謂為正不書日。噫！謂之弒君，焉有正不正邪？日不日邪？		
68	襄二十六年			《辨疑》卷十六 陳岳氏曰：三傳不考經意，曲立其辭，其理多失。		
69 （24）	襄二十九年	@襄二十九年，仲孫羯會晉荀盈、齊高止、宋華定、衛世叔儀、鄭公孫段、曹人、莒人、滕人、薛人、小邾人城杞。《左氏》曰晉平公，杞出也，乃治杞。《公羊》曰善其城杞者之後。《穀梁》曰杞，危而不能自守，故諸大夫相帥以城之，變之正也。 折衷曰：夫伯主之於諸侯，雖曰先姬姓而後異姓，然於正救之道，第同盟而共尊王室，則異姓亦無碍矣。苟不同盟而不尊王室，則姬姓亦有嫌焉。如城邢、城楚邱、城緣陵，皆伯主帥諸侯而城矣。齊桓公城緣陵，得非遷杞邪？奚齊桓公城杞而無詞，晉平城杞而異論？故聖人以常文而書之，無譏無刺，非升非細也。《公羊》、《穀梁》俱不足取。《左氏》以杞無事，而晉以外族之，故帥諸侯而城之，載鄭子太叔與衛太叔儀之言曰「不恤宗周之闕而夏肄是屏」，所謂廣記當時之事，然于經之傳，得其實矣。	卷一七八「衛世叔儀」作「衛叔儀」；「段」作「叚」；「齊桓公」作「齊桓」；「得其」作「斯得其」。		

70	襄二十九年				《集傳》卷十一陳岳氏曰：公在外不朝正，多矣。不書者，在中國也。在楚，則書之。楚，遠地。	
71 (25)	昭二十五年	@昭二十五年，秋，七月，上辛，大雩。季辛，又雩。《左氏》曰秋書「再雩」，旱甚也。《公羊》曰「又雩」者，非雩也。聚眾<mark>以逐者</mark>，季氏也。《穀梁》曰有繼之詞也。 折衷曰：《春秋》不書常祭，其或書之各有旨，或爲過時而書、或非禮而書。斯書雩數矣，以多爲過時。斯書上辛之雩，非爲過時也、非爲非禮也，是正雩之時也。何者？龍見而雩，雩用夏，夏之仲月，斯書周之七月，則夏之仲月也。故曰正雩之時，常祭不書。正雩得非常祭歟？曷以書之，書之者爲「季辛，又雩」也，亦猶書「正月，烝」，「五月復烝」。正月，正也；五月烝，不正也。書其正，以譏其不正。斯上辛雩，正也；季辛又雩，旱甚也。書其正以明其旱甚復雩也。《左氏》得其旨。《穀梁》謂有繼之詞，近之。《公羊》謂聚眾以逐季氏，遠矣。	卷一七八 「以逐者」作「以逐」。			
72	昭二十七			《辨疑》卷十八陳岳氏曰：小國，近者多矣，而獨書快邪？		
73	昭三十一			《辨疑》卷十八陳岳氏曰：《春秋》凡書外大夫來奔，未有不言國者。外大夫以地來奔，亦未有不係於國者。如衛北宮結來奔郳，庶其以漆閭丘來奔，莒牟夷以牟婁及防玆來奔是也。斯黑肱以濫來奔，亦莒慶庶其莒牟夷一類也。不曰國，闕文明矣。二傳不原其闕，互相穿鑿，皆狂瞽之言也。其言通濫爲國，苟通爲國，則當書濫子黑肱以濫來奔，安可謂黑肱以濫來奔哉？又謂不言邾，以別乎邾，皆不足取。		

74 (26)	定元年	@定元年，春，王。杜曰公之始年，不書「正月」，公即位在六月。《公》曰定何以無正？公即位後也。《穀》曰定無正始也，昭無正終也。 折衷曰：《春秋》諸公即位之歲，有書即位者，有不書即位者。然皆備五始，以謹其始，惟定公即位書「元年，春，王」，而不書「正月」，三家以是之互。苟曰「昭無正終」，故「定無正始」，則隱無正終，桓曷以書正始？桓、莊、僖、閔亦然，奚皆書之。攷其旨，昭公三十二年十二月薨于乾侯，定公正月不即位者，喪未歸也。至六月癸亥，公之喪。至是月癸巳，公方書「即位」。所以不書「正月」，公即位六月也。杜得其旨。	卷一七八 「無正」作 「無正月」； 「癸巳」作 「戊辰」。			
75	定四年			《辨疑》卷十九 陳岳氏曰：上書栢舉之戰，楚師敗績，是以乘勝入郢。《春秋》書法因上有吳子及楚人，下省其文，不復曰吳子何異乎？升黜哉！			
76	定六年			《辨疑》卷十九 陳岳氏曰：《春秋》書二名多矣，聖人何譏焉？矧書仲孫、何忌非一？苟譏之，則宜悉譏之，奚獨於是歟？			
77 (27)	十年	@十年，齊人來歸鄆讙、龜陰之田。《左氏》曰孔子受盟請反汶陽之田。《公羊》曰行乎季孫，三月不違，齊人來歸之。《穀梁》曰罷會，齊人使優俳施舞于魯君之幕下，孔子曰笑君罪當死，乃使殺之，齊人爲是歸之。 折衷曰：齊、魯，甥舅之國，代爲婚姻。時或侵、或伐、或平、或隳，靡有所定，故上書「春，及齊平」，次書「夏，公會齊侯于夾谷」，終書「齊來歸鄆讙、龜陰之田」，是二國平和之後，會于夾谷，齊侯使萊人以兵劫公，尼父以公退，以大義沮之曰：「於德爲愆義、於人爲失禮，君必不然。」齊人聞遽辟之，乃盟曰「齊師出境，不以三百乘從我者，有如此盟。」尼父曰：「不反汶陽之田，吾以供命者，亦如之。」故齊人來歸所侵之田。噫！齊，強國也；魯，弱國也，以力爭之不可也，以勢競之不可也，惟可以義服之，以言折之。聖人用是，而齊沮其謀反其田。斯《左氏》得其旨。《公羊》、《穀梁》皆短。	卷一七八 「優俳」作 「優」； 「齊來」作 「齊人來」。			

78	定十二年			《辨疑》卷十九陳岳氏曰：凡盟會侵伐，出境則書出，入必告廟，故悉書之。苟非出境則不告廟，不告則不書。成者，魯國之邑，則非出境。曷以書之？天子不親征叛國，諸侯不親征叛邑，公以成强興兵而自圖之，是以出入皆告於廟，故書之。苟曰若他國，然則已書成矣。		
79（28）	定十五年	@十五年，五月，辛亥，郊。《左氏》曰書過也。《公羊》曰三卜之後遇吉，所以五月郊也。《穀梁》曰譏不時也。折衷曰：凡郊祀，卜牛，禮也；卜郊，非禮也。何者？牛可改，郊不可改也。牛，苟不吉則改之，苟有傷則改之；郊，必其時也，先亦非禮也，過亦非禮也。以不卜者不可改故也。苟卜，必書之，何者？刺其非禮也。《公羊》謂三卜遇吉，所以五月郊。設三卜，胡不書之？如成十年書「五卜」、襄七年書「三卜郊」、襄十一年書「四卜郊」，而第書「辛亥郊」歟？斯誤矣。稽其旨，上書「鼷鼠食郊牛，牛死，改卜牛」，書「五月，辛亥郊」。書「改卜牛」，正也；書「五月郊」不正也。是刺不時而非禮明矣。《左氏》、《穀梁》得其旨。《公羊》之短。	卷一七八「刺其非禮也」後多「苟過時必書之，何者？亦刺其非禮也。」	《辨疑》卷十九陳岳氏曰：苟卜必書，如成十五年書「五卜郊」、襄七年書「三卜郊」之類是也。稽其旨，上書「鼷鼠食郊牛，而死改卜牛」，次書「五月，辛亥郊」耳。		
80	哀七年			《辨疑》卷二十陳岳氏曰：凡書伐與入異，聲罪致討曰伐，弗有其地曰入。斯上書「公伐邾」，下書「己酉入邾」，曷爲內書入不言伐歟？凡書獲與以異，苟交陳而獲其君，弗有其地及滅國，而以其國君歸則曰以，斯亦通內外之辭也。交陳而獲，如韓之戰獲晉侯是也；弗地，如宋公入曹，以曹伯陽歸是也；滅國，如晉滅赤狄以潞子嬰兒歸是也。曷爲不言獲爲內諱歟？曷謂以者不以歟？斯上書伐下書入無異，旨所異者，唯不曰歸而曰來而已。然於諸侯則曰歸，於魯則曰來，如奔於諸侯曰出奔，於魯曰來奔。杜得其旨。《公》、《穀》皆短。		

81 (29)	哀十二年	@哀十二年，春，用田賦。杜曰兵賦之法，因其田賦通出馬一匹、牛三頭。今欲別其田及家財各爲一賦，故言田賦。《公》曰軍賦，十井不過一乘，今復用田賦，過十一也。《穀》與杜同。 折衷曰：《春秋》常賦不書，苟書之，必譏其重斂也。復書用田賦，可知其害人矣。謂作者不宜作、謂用者不宜用，皆聖人之微文也。自作邱甲之後，已破十一之稅矣。田賦、軍賦本通出馬一匹、牛三頭，今別爲田明矣。杜氏、《穀梁》得其旨。	卷一七八 同			
82 (30)	哀十四年	@十四年，西狩獲麟。《左氏》曰獲麟者，仁獸，聖王之瑞。《公羊》曰非中國之獸。《穀梁》曰不外，麟于中國也。 折衷曰：《春秋》書災異，不書祥瑞。斯麟者，瑞也，曷以書之者，非爲祥瑞而書，以聖人感麟至而書也。夫言祥瑞，豈限中國、四夷歟？苟以非中國之物而爲瑞，則西域獻吉光獸之類皆原爲瑞，必不然矣！蓋取其隱見不常，天下有道則至，爲瑞明矣。然《公羊》曰顏回死，子曰「天喪予！」子路死，子曰「天祝予！」西狩獲麟，爲仲尼之應。顏回、子路則聖人重愛之弟子也，聞其死曰「天喪予」者，皆痛惜之辭，安可以獲麟爲比？麟鳳，則王者之瑞，既出無其應。聖人迺感麟而起，以脩《春秋》。麟出既非爲已，《春秋》脩亦非爲己，蓋懲惡勸善爲百世之法，如「河不出圖，洛不出書，吾已矣！」夫斯皆爲周德之衰，無明王之應，非爲己也。孟軻謂仲尼之道高於堯舜，何道窮之有！《左氏》得其實。《公羊》、《穀梁》之短也。（並同上）	卷一七八 「獲麟者」無「獲」字。			
	〈春秋折衷論後序〉元，吳萊	自西漢學者專門之習勝，老儒經生守訓詁，不敢少變，繼而舊說日以磨滅。新傳之後出者，獨傳於今。《春秋》一經始立公羊氏學，又立穀梁氏學，東漢左學又盛行。古傳後出者日勝，後儒注古傳，而世亦取後出者爲宗。公羊氏有胡母生、嚴彭祖、顏安樂，而後何休獨有名；穀梁氏有江公、尹更始，而後范甯獨有名；左氏前有劉子駿、賈逵、服虔，後有杜預，故預亦獨有名。嗚呼！豈預必能爲左氏忠臣哉！休固陳蕃客也，自謂妙得公羊本意，故今有《公羊墨守》十四卷、《穀梁廢疾》三卷、《左氏膏肓》十卷。北海鄭康成獨反之，學者多篤信康成，今猶見甯所集《穀梁解》，又服虔自有《左氏釋痾》一卷，不見也。雖然《公》、《穀》、《左氏》三家之說，後出者皆傳於今，殊不知胡母生、江公、劉子駿諸人復云何也？藉令諸人所說不廢，至今並傳，孰能有以大公至正之道一正之哉？不然猶治亂絲益棼之也，訛日以訛、舛日以				

舜，不以聖人之經觀經，而徵諸傳；不以賢者之傳解傳，而又徵請何氏、范氏、杜氏獨何歟？幸今三家之說尙未泯，則唐陳岳之折衷此也，庶有得乎！蓋昔漢儒嘗以《春秋》斷獄，予謂非徒經法可以斷獄，而獄法亦可以斷經，何者？兩造之辭具備，則偏聽之惑無自而至矣。楊子雲曰衆言淆亂折諸聖。讀《春秋》者，曾不明漢、晉諸儒之遺論，又何貴乎學者之知經也哉。（吳萊《淵穎集》）	卷一七八				

主要參考書目

一、古　籍（依時代先後排列）

（一）經　部

1. 〔漢〕許慎撰、〔清〕段玉裁注、〔民國〕魯實先正補：《說文解字注》（臺北：黎明文化事業股份有限公司，1989 年 10 月增訂五版）。
2. 〔漢〕鄭玄：《起廢疾》，收於《景印文淵閣四庫全書》（臺北：臺灣商務印書館，1984 年），冊 145。
3. 〔魏〕鄭小同：《鄭志》，收於《景印文淵閣四庫全書》（臺北：臺灣商務印書館，1984 年），冊 182。
4. 〔晉〕杜預：《春秋釋例》（臺北：臺灣中華書局，1980 年 11 月臺二版）。
5. 〔梁〕皇侃：《論語集解義疏》（臺北：廣文書局，1991 年 9 月再版）。
6. 〔隋〕劉炫：《春秋規過》，收於《玉函山房輯佚書》（東京：中文出版社）。
7. 〔唐〕陸德明：《經典釋文》收於《景印文淵閣四庫全書》（臺北：臺灣商務印書館，1984 年），冊 176。
8. 〔唐〕顏師古：《匡謬正俗》，收於《景印文淵閣四庫全書》（臺北：臺灣商務印書館，1984 年），冊 221。
9. 〔唐〕孔穎達：《春秋左傳正義》（臺北：臺灣古籍出版有限公司，2001 年 10 月）。
10. 〔唐〕徐彥：《春秋公羊傳注疏》（臺北：臺灣古籍出版有限公司，2001 年 10 月）。
11. 〔唐〕楊士勛：《春秋穀梁傳注疏》（臺北：臺灣古籍出版有限公司，2001 年 11 月）。
12. 〔唐〕孔穎達：《禮記正義》（臺北：藝文印書館，影印清嘉慶二十年江西

南昌府學刊本，1981 年 1 月十一版）。

13. 〔唐〕賈公彥：《周禮注疏》（臺北：藝文印書館，影印清嘉慶二十年江西南昌府學刊本，1981 年 1 月十一版）。

14. 〔唐〕孔穎達等：《十三經注疏》（臺北：藝文印書館，影印清嘉慶二十年江西南昌府學刊本，1981 年 1 月十一版）。

15. 〔唐〕陸淳：《春秋啖、趙集傳纂例》，收於《叢書集成初編》（北京：中華書局，1985 年）。

16. 〔唐〕陸淳：《春秋集傳辯疑》，收於《叢書集成初編》（北京：中華書局，1985 年）。

17. 〔唐〕陸淳：《春秋微旨》，收於《叢書集成初編》（北京：中華書局，1991 年）。

18. 〔唐〕陸希聲：《春秋通例》，收於《玉函山房輯佚書》（東京：中文出版社）。

19. 〔唐〕陳岳：《春秋折衷論》，收於《玉函山房輯佚書》（東京：中文出版社）。

20. 〔唐〕盧仝：《春秋摘微》，〔清〕李邦黻輯，收於《南菁書院叢書》（清光緒十四年江陰南菁書院刊本）。

21. 〔宋〕蕭楚：《春秋辨疑》，收於《景印文淵閣四庫全書》（臺北：臺灣商務印書館，1984 年），冊 148。

22. 〔宋〕呂大圭：《呂氏春秋或問》，收於《景印文淵閣四庫全書》（臺北：臺灣商務印書館，1984 年），冊 157。

23. 〔宋〕葉夢得：《春秋考》，收於《景印文淵閣四庫全書》（臺北：臺灣商務印書館，1984 年），冊 149。

24. 〔宋〕葉夢得：《春秋三傳讞》，收於《景印文淵閣四庫全書》（臺北：臺灣商務印書館，1984 年），冊 149。

25. 〔元〕程端學：《三傳辨疑》，收於《景印文淵閣四庫全書》（臺北：臺灣商務印書館，1984 年），冊 161。

26. 〔元〕程端學：《春秋本義》，收於《景印文淵閣四庫全書》（臺北：臺灣商務印書館，1984 年），冊 160。

27. 〔元〕趙汸：《春秋集傳》，收於《景印文淵閣四庫全書》（臺北：臺灣商務印書館，1984 年），冊 164。

28. 〔元〕趙汸：《春秋師說》，收於《景印文淵閣四庫全書》（臺北：臺灣商務印書館，1984 年），冊 164。

29. 〔清〕余蕭客：《古經解鉤沉》，收於《景印文淵閣四庫全書》（臺北：臺灣商務印書館，1984 年），冊 194。

30. 〔清〕朱彝尊:《經義考》,收於《景印文淵閣四庫全書》(臺北:臺灣商務印書館,1984 年),冊 679。

31. 〔清〕俞正燮:《癸巳存稿》,收於《續經解春秋類彙編》(臺北:藝文印書館,1986 年 9 月),卷 841。

32. 〔清〕陳立:《公羊義疏》,收於《續經解春秋類彙編》(臺北:藝文印書館,1986 年 9 月),卷 1089。

33. 〔清〕劉文淇:《左傳舊疏考正》,收於《續經解春秋類彙編》(臺北:藝文印書館,1986 年 9 月),卷 747。

34. 〔清〕鍾文烝:《春秋穀梁經傳補注》,(北京:中華書局,1996 年 7 月)。

(二)史　部

1. 〔漢〕司馬遷:《新校本史記》(臺北:鼎文書局,1992 年 7 月七版)。

2. 〔漢〕班固:《新校本漢書》(臺北:鼎文書局,1983 年 7 月七版)。

3. 〔晉〕王隱:《新校本晉書》(臺北:鼎文書局,1992 年 7 月七版)。

4. 〔劉宋〕范曄:《新校本後漢書》(臺北:鼎文書局,1991 年 9 月七版)。

5. 〔唐〕李延壽:《新校本北史》(臺北:鼎文書局,1991 年 4 月七版)。

6. 〔唐〕魏徵:《新校本隋書》(臺北:鼎文書局,1992 年 5 月七版)。

7. 〔唐〕長孫無忌:《唐律疏義》,收於《景印文淵閣四庫全書》(臺北:臺灣商務印書館,1984 年),冊 672。

8. 〔唐〕劉知幾撰、浦起龍釋:《史通通釋》(臺北:里仁書局,1980 年 9 月)。

9. 〔後晉〕劉昫:《新校本舊唐書》(臺北:鼎文書局,1992 年 5 月七版)。

10. 〔宋〕宋祁、歐陽修:《新校本新唐書》(臺北:鼎文書局,1992 年 1 月七版)。

11. 〔宋〕王堯臣等:《崇文總目》,收於《景印文淵閣四庫全書》(臺北:臺灣商務印書館,1984 年),冊 674。

12. 〔宋〕晁公武:《郡齋讀書志》,收於《景印文淵閣四庫全書》(臺北:臺灣商務印書館,1984 年),冊 674。

13. 〔宋〕陳振孫:《直齋書錄解題》,收於《景印文淵閣四庫全書》(臺北:臺灣商務印書館,1984 年),冊 674。

14. 〔宋〕馬端臨:《文獻通考》,收於《景印文淵閣四庫全書》(臺北:臺灣商務印書館,1984 年),冊 610。

15. 〔宋〕鄭樵:《通志》,收於《景印文淵閣四庫全書》(臺北:臺灣商務印書館,1984 年),冊 374。

16. 〔宋〕王應麟:《玉海》,收於《景印文淵閣四庫全書》(臺北:臺灣商務

印書館，1984 年），冊 943。

17. 〔宋〕王溥：《唐會要》，（臺北：世界書局，1989 年 4 月五版）。

18. 〔元〕脫脫等：《新校本宋史》（臺北：鼎文書局，1992 年 1 月七版）。

19. 〔明〕宋濂：《新校本元史》（臺北：鼎文書局，1992 年 1 月七版）。

20. 〔清〕嵇璜、曹仁虎撰：《欽定續文獻通考》，收於《景印文淵閣四庫全書》（臺北：臺灣商務印書館，1984 年），冊 626～631。

21. 〔清〕《河南通志》，收於《景印文淵閣四庫全書》（臺北：臺灣商務印書館，1984 年），冊 535～538。

22. 〔清〕馬國翰輯：《玉函山房輯佚書》（東京：中文出版社）。

23. 〔清〕黃奭輯：《黃氏逸書考》（臺北：藝文印書館，1972 年）。

（三）其 他

1. 〔漢〕王充撰、〔民國〕黃暉校釋：《論衡校釋》（北京：中華書局，1990 年 2 月）。

2. 〔唐〕韓愈：《韓昌黎詩繫年集釋》（上海：上海古籍出版社，1984 年）。

3. 〔唐〕柳宗元：《柳河東集》（臺北：河洛圖書出版社，1974 年 12 月）。

4. 〔唐〕司空圖：《司空表聖文集》，收於《景印文淵閣四庫全書》（臺北：臺灣商務印書館，1984 年），冊 1083。

5. 〔五代〕王定保：《唐摭言》，收於《景印文淵閣四庫全書》（臺北：臺灣商務印書館，1985 年），冊 1035。

6. 〔宋〕程顥、程頤：《二程集》（臺北：漢京文化事業公司，1983 年 9 月）。

7. 〔宋〕朱熹：《朱子語類》（臺北：文津出版社，1986 年）。

8. 〔宋〕邵雍：《皇極經世書》，收於《景印文淵閣四庫全書》（臺北：臺灣商務印書館，1985 年），冊 803。

9. 〔宋〕吳曾：《能改齋漫錄》，收於《景印文淵閣四庫全書》（臺北：臺灣商務印書館，1985 年），冊 850。

10. 〔宋〕王應麟：《困學紀聞》，收於《景印文淵閣四庫全書》（臺北：臺灣商務印書館，1985 年），冊 854。

11. 〔宋〕范浚：《香溪集》，收於《景印文淵閣四庫全書》（臺北：臺灣商務印書館，1985 年），冊 1140。

12. 〔清〕董誥等編：《全唐文》（上海：上海古籍出版社，1990 年 12 月）。

二、今人專著（依姓氏筆劃排列）

（一）春秋類

1. 王熙元：《穀梁范注發微》（臺北：嘉新水泥公司文化基金會）。

2. 宋鼎宗:《春秋宋學發微》(臺北:文史哲出版社,1983 年初版,1986 年 9 月增訂再版。

3. 何新文:《〈左傳〉人物論稿》(北京:中國社會科學出版社·2004 年 10 月)。

4. 吳智雄:《穀梁傳思想析論》(臺北:文津出版社,2000 年 6 月)。

5. 沈玉成、劉寧:《春秋左傳學史稿》(江蘇:江蘇古籍出版社,1992 年 6 月)。

6. 沈秋雄:《三國兩晉南北朝〈春秋左傳〉學佚書考》(臺北:國立編譯館,2000 年 12 月)

7. 林義正:《春秋公羊傳倫理思維與特質》(臺北:臺灣大學出版中心,2003 年 12)。

8. 周何編著:《春秋公羊傳著述考》(臺北:國立編譯館,2003 年 6 月)。

9. 周何編著:《春秋穀梁傳著述考》(臺北:國立編譯館,2003 年 7 月)。

10. 周何編著:《左傳著述考》(臺北:國立編譯館,2003 年 11 月)。

11. 周何編著:《春秋總義著述考》(臺北:國立編譯館,2004 年 3 月)。

12. 段熙仲:《春秋公羊學講疏》(南京:南京師範大學出版社,2002 年 11 月)。

13. 馬勇:《漢代春秋學研究》(四川:四川人民出版社,1992 年 9 月)。

14. 浦衛忠:《春秋三傳綜合研究》(臺北:文津出版社,1995 年 4 月)。

15. 張以仁:《春秋史論集》(臺北:聯經出版事業公司,1990 年 1 月)。

16. 張高評:《春秋書法與左傳學史》(上海:上海古籍出版社,2005 年 6 月)。

17. 張素卿:《敘事與解釋──〈左傳〉經解研究》(臺北:書林出版有限公司,1998 年 4 月)。

18. 陳金木:《皇侃之經學》(臺北:國立編輯館,1995 年)。

19. 程發軔:《春秋要領》(臺北:東大圖書股份有限公司,1989 年 4 月)。

20. 程發軔:《春秋人譜》(臺北:臺灣商務印書館,1990 年 12 月)。

21. 單周堯:《左傳學論集》(臺北:文史哲出版社,2000 年 2 月)。

22. 趙生群:《春秋經傳研究》(上海:上海古籍出版社,2000 年 5 月)。

23. 趙伯雄:《春秋學史》(濟南:山東教育出版社,2004 年 4 月)。

24. 蔣慶:《公羊學引論》(瀋陽:遼寧教育出版社,1995 年 6 月)。

25. 戴君仁:《春秋辨例》(臺北:國立編譯館,1978 年 12 月再版)。

26. 戴維:《春秋學史》(長沙:湖南教育出版社,2004 年 5 月)。

27. 蔣慶:《公羊學引論──儒家的政治智慧與歷史信仰》(遼寧:遼寧教育出版社,1995 年 6 月)。

（二）其　他

1. 皮錫瑞：《經學通論》（臺北：臺灣商務印書館，1989 年 10 月臺五版）。

2. 皮錫瑞：《經學歷史》（臺北：藝文印書館，1996 年 8 月）。

3. 本田成之：《中國經學史》（臺北：廣文書局，1990 年 7 月再版）。

4. 牟潤孫：《注史齋叢稿》（臺北：臺灣商務印書館，1990 年 6 月）。

5. 安井小太郎等講述，林慶彰、連清吉譯：《經學史》（臺北：萬卷樓圖書公司，1996 年 10 月）。

6. 李威熊：《中國經學發展史論》（上冊）（臺北：文史哲出版社，1988 年 12 月）。

7. 吳雁南、秦學頎、李禹階主編：《中國經學史》（福州：福建人民出版社，2001 年 9 月）。

8. 汪惠敏：《宋代經學之研究》（臺北：師大書苑，1989 年）。

9. 林尹等：《國學研究論集》（臺北：學海書局，1977 年 11 月）。

10. 林慶彰主編：《經學研究論著目錄》（1912～1987）（臺北：漢學研究中心，1994 年 4 月）。

11. 林慶彰主編：《五十年來的經學研究》（臺北：臺灣學生書局，2003 年 5 月）。

12. 周予同：《經學史論著選集》〔增訂版〕（上海：上海人民出版社，1996 年 7 月二版）。

13. 查屏球：《唐學與唐詩：中晚唐詩風的一種文化考察》（北京：商務印書館，2000 年 5 月）。

14. 徐復觀：《中國經學史的基礎》（臺北：臺灣學生書局，1982 年 5 月）。

15. 馬宗霍：《中國經學史》（臺北：臺灣商務印書館，1986 年 2 月臺七版）。

16. 馬國翰：《玉函山房輯佚書》（東京：中文出版社，1986 年 2 月）。

17. 章權才：《魏晉南北朝隋唐經學史》（廣東：廣東人民出版社，1996 年 8 月）。

18. 許凌云：《經史因緣》（濟南：齊魯書社，2002 年 3 月）。

19. 許道勛、徐洪興：《中國經學史》（上海：上海人民出版社，2006 年 10 月）。

20. 張躍：《唐代後期儒學》（上海：上海人民出版社，1994 年 12 月）。

21. 張高評：《會通化成與宋代詩學》（臺南：國立成功大學出版組，2000 年 8 月）。

22. 張國剛、喬治忠：《中國學術史》（上海：東方出版社，2006 年 2 月二版）。

23. 陳金木：《皇侃之經學》，（臺北：國立編譯館，1995 年 8 月）。

24. 馮曉庭：《宋初經學發展述論》（臺北：萬卷樓圖書公司，2001 年 8 月）。

25. 黃復山：《東漢讖緯學新探》（臺北：臺灣學生書局，2000 年 2 月）。

26. 傅樂成：《漢唐史論集》（臺北：聯經出版有限公司，1977 年 9 月）。

27. 傅偉勳：《從創造的詮釋到大乘佛學──「哲學與宗教」四集》（臺北：東大圖書公司，1990 年 7 月）。

28. 程發軔：《六十年來之國學》（臺北：正中書局，1972 年 5 月）。

29. 楊新勛：《宋代疑經研究》（北京：中華書局，2007 年 3 月）。

30. 路新生：《經學的蛻變與史學的「轉軌」》（上海：上海古籍出版社，2006 年 1 月）。

31. 蒙文通：《經學抉原》（上海：上海人民出版社，2006 年 8 月）。

32. 劉家和：《史學、經學與思想：在世界史背景下對於中國古代歷史文化的思考》（北京：北京師範大學出版社，2005 年 1 月）。

33. 逯耀東：《勒馬長城》（臺北：時報出版公司，1977 年 4 月）。

34. 錢穆：《國學概論》（臺北：臺灣商務印書館，1987 年 10 月臺十四版）。

35. 錢穆：《兩漢經學今古文平議‧兩漢博士家法考》（臺北：聯經出版社，1994 年）。

36. 錢仲聯：《韓昌黎詩繫年集釋》（上海：上海古籍出版社，1984 年 3 月）。

37. 鍾肇鵬：《讖緯論略》（臺北：洪葉文化事業有限公司，1994 年 9 月）。

38. 簡博賢：《今存南北朝經學遺籍考》（臺北：黎明文化事業有限公司，1975 年 2 月）。

39. 蘇瑩輝：《敦煌學概要》（臺北：國立編譯館，1981 年 10 月）。

40. 蘇瑩輝：《敦煌論集續編》（臺北：臺灣學生書局，1983 年 6 月）。

三、論文集 （依姓氏筆劃排列）

1. 王靜芝等：《經學論文集》（臺北：黎明文化事業股份有限公司，1982 年 10 月再版）。

2. 林慶彰編：《中國經學史論文選集》上、下冊（臺北：文史哲出版社，1992 年 10 月）。

3. 林慶彰、蔣秋華主編：《啖助新〈春秋〉學派研究論集》（臺北：中央研究院中國文哲研究所，2002 年 9 月）。

4. 洪漢鼎主編：《中國詮釋學》第二輯（濟南：山東人民出版社，2004 年 12 月）。

5. 姜廣輝主編：《經學今詮初編》（中國哲學‧第 22 輯）（瀋陽：遼寧教育出版社，2000 年 6 月）。

6. 姜廣輝主編：《經學今詮續編》（中國哲學‧第 23 輯）（瀋陽：遼寧教育出版社，2001 年 10 月）。

7. 姜廣輝主編：《經學今詮三編》（中國哲學·第24輯）（瀋陽：遼寧教育出版社，2002年4月）。

8. 姜廣輝主編：《經學今詮四編》（中國哲學·第25輯）（瀋陽：遼寧教育出版社，2004年8月）。

9. 彭林主編：《經學研究論文選》（上海：上海書店出版社，2002年6月）。

10. 彭林主編：《中國經學第一輯》（桂林：廣西師範大學出版社，2005年11月）。

11. 劉小楓、陳少明主編：《經典與解釋的張力》（上海：上海三聯書店，2003年10月）。

12. 戴君仁等：《春秋三傳論文集》（臺北：黎明文化事業股份有限公司，1981年1月）。

13. 《第一屆世界漢學中的春秋學學術研究會論文集》（臺北：佛光人文社會學院，2004年11月）。

14. 《隋唐五代經學國際學術研討會》（臺北：中研院文哲所，2005年11月）。

四、期刊論文（依姓氏筆劃排列）

1. 文廷海：〈《春秋穀梁傳注疏》引書考論〉，《南陽師範學院學報》（社會科學版）4卷7期，2005年7月。

2. 申屠爐明：〈南北朝儒家經學義疏三論〉，《江蘇社會科學》2001年第4期。

3. 江右瑜：〈反省與重建——《春秋公羊疏》的解經態度與立場〉，《逢甲人文社會學報》11期，2005年12月。

4. 江右瑜：〈楊士勛《春秋穀梁傳注疏》解經態度析論〉，高師大《國文學報》3期，2005年12月。

5. 江右瑜：〈啖助與趙匡《春秋》學之異同〉，《興大人文學報》37期，2006年9月。

6. 江右瑜：〈盧仝《春秋摘微》析論〉，大葉大學通識教育中心《研究與動態》16期，2007年7月。

7. 李威熊：〈隋唐經籍及義疏之學的探討〉，《孔孟學報》48期，1984年9月。

8. 汪惠敏：〈隋代經學概況〉，《書目季刊》17卷3期，1983年12月。

9. 林義正：〈論中國經典詮釋的目的與方法——以《春秋》的詮釋爲例〉，《國立臺灣大學哲學論評》32期，2006年10月。

10. 長瀨誠著、黃桂譯：〈關於五經正義單疏本〉，《中國文哲研究通訊》10卷4期，2000年12月。

11. 周彥文：〈從唐宋時期的《春秋》學著作論「文獻繫學」架構〉，《書目季刊》33卷4期，2000年3月。

12. 胡楚生：〈「春秋三傳束高閣，獨抱遺經究終始」？——盧仝《春秋摘微》析評〉，中興大學《文史學報》31 期，2001 年 6 月。

13. 秦學頎：〈從《五經正義》到《五經大全》——關於唐、明二代經學統一的比較〉，《孔子研究》2002 年第 1 期。

14. 張高評：〈臺灣近五十年來《春秋》經傳研究綜述（上）〉，《漢學研究通訊》23 卷 3 期，2004 年 8 月。

15. 張高評：〈臺灣近五十年來《春秋》經傳研究綜述（下）〉，《漢學研究通訊》23 卷 4 期，2004 年 11 月。

16. 張寶三：〈楊士勛及其《穀梁傳疏》相關舊說考辨〉，《第二屆唐代文化研討會》（臺北：臺灣學生書局，1995 年 9 月）。

17. 張寶三：〈儒家經典詮釋傳統中注與疏之關係〉，《「孔學與二十一世紀」國際學術研討會論文集》（臺北：政治大學，2001 年 9 月）。

18. 陳廣恩：〈論「疏不破注」——以《毛詩正義》為例〉，《寧夏大學學報》（哲學社會科學版），1999 年第 4 期（總第 87 期）。

19. 康占杰、陳風華：〈論唐太宗統一《五經》文字義疏及其對儒學的影響〉，《固原師專學報》，1995 年第 3 期（總第 54 期）。

20. 野間文史：〈《五經正義》之研究〉，《中國文哲研究通訊》15 卷 2 期，2005 年 6 月。

21. 喻述君、劉精盛：〈「疏不破注」爭議〉，《湖南城市學院學報》第 28 卷第 2 期，2007 年 3 月。

22. 潘重規：〈春秋公羊疏作者考〉，《學術季刊》4 卷 1 期，1955 年 9 月。

23. 重澤俊郎著、潘重規譯：〈春秋公羊疏作者時代考〉，《學術季刊》4 卷 2 期，1955 年 12 月。

24. 蔣年豐：〈從「興」的精神現象論《春秋》經傳的解釋學基礎〉，《清華學報》22 卷 1 期，1992 年 3 月。

25. 簡博賢：〈孔穎達春秋左傳正義平議〉，《孔孟學報》20 期，1970 年 9 月。

26. 簡博賢：〈徐疏公羊述稿〉，《興大中文學報》3 期，1990 年 1 月。

27. 戴榮冠：〈南北經學交流與南朝義疏發展之探究〉，高師大《國文學報》2 期，2005 年 6 月。

28. 龔鵬程：〈唐代的公羊學：徐彥義疏研究〉，《興大中文學報》12 期，1999 年 6 月。

29. 藤井倫明錄音整理、金培懿譯：〈從《五經正義》到《十三經注疏》——訪現代日本經學家野間文史教授〉，《中國文哲研究通訊》16 卷 2 期，2006 年 6 月。

30. 〈日本學者論公羊注疏專輯（一）〉，《中國文哲研究通訊》12 卷 2 期，2002

年 6 月。

31. 〈日本學者論公羊注疏專輯（二）〉，《中國文哲研究通訊》12 卷 4 期，2002
　　年 12 月。

五、學位論文（依姓氏筆劃排列）

1. 沈秋雄：《三國兩晉南北朝春秋左傳學佚書考》，臺灣師範大學中文所博士
　　文，1981 年。

2. 李新霖：《春秋公羊傳要義》，臺灣大學中文所博士論文，1983 年。

3. 金洪仲：《唐代學制與經學之關係研究》，中國文化大學中文所碩士論文，
　　1990 年。

4. 黃志祥：《啖、趙、陸之春秋學》，高雄師範大學國文所博士論文，1998
　　年。

5. 黃啓書：《春秋公羊災異學說流變研究——以何休《春秋公羊解詁》爲中
　　心之考察》，臺灣大學中文所博士論文，2002 年。

6. 張寶三：《五經正義研究》，臺灣大學中文所博士論文，1992 年。

7. 張育敏：《唐代後期古文運動與經書關係之研究》，東吳大學中文所碩士論
　　文，1994 年。

8. 張穩蘋：《啖、趙、陸三家之〈春秋〉學研究》，東吳大學中文所碩士論文，
　　1999 年。

9. 陳秀玲：《楊士勛〈春秋穀梁傳注疏〉之研究》，中興大學中文所碩士論文，
　　1995 年。

10. 謝明憲：《「經傳集解」的形成——杜預春秋左氏學析論》，南華大學文學
　　所碩士論文，2001 年。